Histoire
de la guerre
d'Algérie

Bernard Droz/Évelyne Lever

Histoire
de la guerre
d'Algérie

(1954-1962)

édition revue et corrigée
en 1984

Éditions du Seuil

EN COUVERTURE

Photos Nicolas Tikhomiroff (gauche),
Marc Riboud (droite) — Magnum.

ISBN 2 02 006100-7

© *Éditions du Seuil, 1982.*

Avant-propos

Vingt années après la signature des accords d'Évian, le temps est venu pour l'historien de faire le point sur une guerre qui opposa irréductiblement Français et Algériens, et qui déchira la France tout entière. Si les Algériens exaltent volontiers la geste nationale qui les a conduits à l'indépendance, beaucoup de Français ont oublié ou préféré oublier les dramatiques étapes du conflit. Quant aux nouvelles générations, elles en ignorent généralement jusqu'aux données fondamentales et ne devinent que par des prises de position extrêmes les contradictions qu'il recouvre. Car pour beaucoup les passions restent vives et les protagonistes du drame s'emploient inlassablement depuis vingt ans à justifier leur choix. Si la sincérité de leur témoignage n'est pas en cause, il manque évidemment à l'objectivité nécessaire. Réparer un oubli et dépassionner un débat sont donc les deux objets de cette synthèse, étant entendu que ce but ne pourra être complètement atteint qu'avec l'ouverture et la publication des archives françaises.

Bernard Droz a rédigé la première partie et la deuxième partie jusqu'au 13 mai 1958. Évelyne Lever a rédigé le chapitre sur le 13 mai et la troisième partie. La conclusion et les annexes sont communs aux deux auteurs.

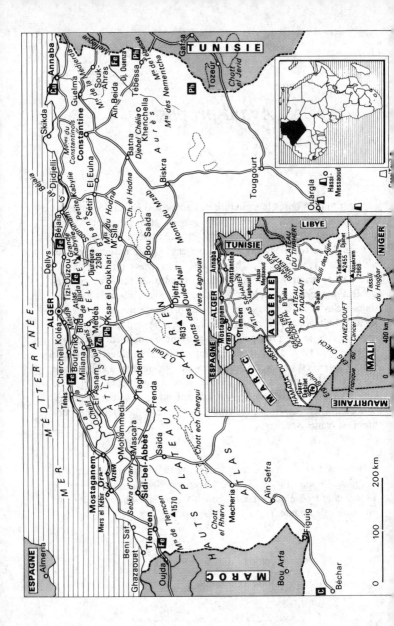

1

La genèse d'une guerre

Comme tout autre épisode de la décolonisation, la guerre d'Algérie s'enracine dans l'âge colonial qui l'a précédée. Cette première partie n'a pas l'ambition de retracer une histoire exhaustive, ni même détaillée, de la domination française en Algérie [1]. Elle n'a d'autre objet que de poser les principaux jalons de la longue maturation du conflit, et d'éclairer les structures coloniales qui seules peuvent rendre compte de la complexité, et de la cruauté, du drame algérien.

1. Le lecteur se rapportera à la magistrale *Histoire de l'Algérie contemporaine,* Paris, Presses Universitaires de France, 1964 et 1969. Le tome 1, *La Conquête et les Débuts de la colonisation (1827-1871)* est dû à Charles-André Julien, le tome 2, *De l'insurrection de 1871 au déclenchement de la guerre de libération,* à Charles-Robert Ageron.

1

De la conquête à la colonisation

L'expédition d'Alger.

A l'origine de l'expédition de 1830, il est traditionnel de distinguer le prétexte de la cause. Les quelques coups de chasse-mouches portés par le dey Hussein, le 27 avril 1827, sur la personne du consul Deval, après le refus du gouvernement français d'honorer une créance remontant au Directoire, ne constituaient à vrai dire qu'une offense assez minime. L'honorabilité du consul était sujette à caution et ses interventions continuelles dans les affaires intérieures de la Régence auraient dû normalement provoquer son rappel. Mais le gouvernement Villèle estima le cas suffisamment grave pour exiger des excuses qui lui furent refusées. Il réagit en soumettant Alger à un blocus maritime aussi onéreux qu'inefficace, auquel le dey répondit par la destruction des comptoirs de Bône et de La Calle. Deux ans plus tard, un vaisseau français venu en parlementaire, ayant été accueilli par une canonnade, le principe d'une action punitive fut retenu par le gouvernement Polignac. Le projet un instant caressé d'une conquête du Maghreb par le pacha d'Égypte Méhémet Ali ayant été abandonné, du fait de la double hostilité du Sultan et de l'Angleterre, c'est sans enthousiasme mais avec les apparences de la résolution que le gouvernement décida de conduire une opération purement française.

Ce faisant, Charles X et ses ministres visaient surtout à donner aux Bourbons et au drapeau blanc le prestige extérieur qui lui avait toujours fait défaut et une popularité intérieure que la formation du ministère Polignac avait réduite à néant. Car la véritable cause de l'expédition d'Alger est bien politique. Ni la pression des négociants marseillais, ni l'appât du fameux trésor d'Alger ne peuvent être retenus comme des raisons déterminantes. A l'inverse, une victoire contre la Régence devait permettre de s'attirer la reconnaissance d'une Europe délivrée du péril barbaresque et d'affronter en position avantageuse les élections rendues inévitables par l'Adresse des 221.

En se ralliant à une solution de force, le gouvernement français faisait preuve, au demeurant, d'une réelle audace, tant était établie la réputation militaire de la Régence. Les échecs de Charles Quint et de Louis XIV à s'emparer d'Alger étaient dans toutes les mémoires et, en ce début du XIXe siècle, la plupart des grands États, dont l'Angleterre, payaient encore d'un tribut substantiel la liberté de navigation en Méditerranée.

La réalité était pourtant sensiblement différente. Vassal nominal du Sultan, le dey d'Alger était à la fois l'élu de la puissante milice des janissaires *(l'odjak)* et le fondé de pouvoir de la corporation des corsaires *(la taifa)*. Son gouvernement théoriquement absolu était limité, en fait, par la turbulence des janissaires et par la liberté d'action qu'il reconnaissait aux trois *beys* d'Oran, Constantine et du Titteri. Faute d'une armée suffisamment nombreuse, la pression de l'administration turque s'exerçait très inégalement. Les villes jouissaient d'une réelle autonomie et des régions entières n'étaient surveillées que par quelques garnisons ou quelques tribus privilégiées et dévouées au régime *(makhzen)*. Mais cette décentralisation ne suffisait pas à assurer à la Régence une popularité ni, à fortiori, une légitimité qui lui ont toujours fait défaut. Le régime deylical présentait trop des aspects d'une exploitation coloniale des populations indigènes [1]. A la fiscalité écrasante et surtout très injustement répartie, s'ajoutaient les exactions des janissaires et le fructueux pillage opéré par les tribus makhzen. La collusion ouverte qui régnait entre le dey et quelques Juifs livournais, véritables maîtres du commerce algérien, ajoutait au discrédit du régime. D'où la permanence d'un sentiment anti-turc généralisé qui tournait la population vers ses chefs naturels : les cheikhs héréditaires parés du prestige de la noblesse guerrière et les confréries religieuses, hostiles pour la plupart à toute compromission avec l'occupant. Mais ce sentiment persistant d'autonomie ne sut jamais prendre un caractère national. Le cloisonnement géographique et la nature de la configuration sociale

1. On ne saurait toutefois abuser du terme de colonie appliqué à la Régence d'Alger, ne serait-ce que par sa personnalité internationale reconnue par tous les grands États. De plus, malgré ses défauts, l'administration turque n'a entravé ni le développement de l'instruction ni le maintien, dans le cadre d'une économie de subsistance nécessairement fragile, d'un relatif équilibre des hommes et des ressources.

condamnaient les fréquentes révoltes à un cadre étroitement tribal et à l'impuissance, alors que les dirigeants turcs excellaient à acheter les fidélités et à fomenter des rivalités de clans à l'intérieur des tribus.

A la veille de l'expédition française, le régime traversait pourtant une crise grave. Le pays était appauvri par la désorganisation des échanges consécutive aux guerres napoléoniennes et par la baisse des revenus de la course. Un état de révolte endémique régnait depuis le début du siècle, mené par la puissante confrérie des Derqaoua, à tel point que l'autorité du dey était mal rétablie en 1830. Mais si cette crise aide à comprendre le rapide écroulement de la domination turque, il ne semble pas qu'elle soit entrée dans les calculs du gouvernement français.

Les préparatifs furent rondement menés grâce à l'intelligence active du baron d'Haussez, ministre de la Marine, qui sut venir à bout de tous les obstacles, à commencer par l'impéritie de ses propres bureaux et la mauvaise volonté des amiraux. Plus délicat fut le problème du commandement. Si le choix de l'amiral Duperré ne suscita pas d'opposition majeure, celui du général de Bourmont comme commandant en chef souleva un tollé. Cet ancien chouan, ministre de la Guerre du gouvernement Polignac, n'avait pour principal fait d'armes que sa désertion à la veille de Waterloo. Sa nomination accrut encore l'impopularité d'une expédition dont l'opinion sentait bien ce qu'elle pouvait avoir de préalable à une guerre d'un autre type.

Fort de 37 000 hommes et dans l'ensemble bien doté, le corps expéditionnaire quitta Toulon le 25 mai 1830. Trois semaines plus tard il débarquait dans la rade de Sidi-Ferruch, à l'ouest d'Alger. Le dey avait à lui opposer une cinquantaine de milliers d'hommes, commandés par son gendre l'agha Ibrahim. Mais ses troupes étaient disparates et son artillerie médiocre. C'est là que réside l'explication du succès français, bien plus que dans les mérites d'un commandement qui fut dans l'ensemble inférieur à sa tâche. L'assaut contre le camp de Staouëli et la destruction du fort l'Empereur décidèrent du sort d'Alger qui se rendit le 5 juillet. Mais ce succès ne put être exploité et, en France, il ne changea rien au cours des choses. Quelques semaines plus tard, les *Trois Glorieuses* contraignaient Charles X à l'exil, tandis que sur place Bourmont laissait l'armée au général Clauzel.

Les choix décisifs de la monarchie de Juillet.

De ce « legs onéreux de la Restauration », qu'allait faire le régime de Juillet? Le personnel orléaniste, pacifique, économe et soucieux de bonnes relations avec l'Angleterre, penchait instinctivement pour l'évacuation. Polignac l'avait d'ailleurs envisagée, assortie d'une conférence internationale qui aurait réglé définitivement les problèmes de la piraterie et du commerce méditerranéen. Un parti *anticoloniste,* selon le mot de l'époque, se forma très tôt à la Chambre, mené par l'économiste Hippolyte Passy, qui dénonça inlassablement le coût excessif de la colonisation et ses entraves au libre commerce. Mais Louis-Philippe, par souci de prestige et pour donner un « roman guerrier » à la monarchie bourgeoise, s'affirma favorable au maintien des conquêtes, à l'unisson de quelques hommes politiques influents et des militaires pour qui l'Algérie était la chose de l'Armée.

Mais à Paris, comme sur place, on ignorait tout de l'Algérie. D'où une période de tâtonnements longue de dix années, faite de politiques contradictoires et d'entreprises héroïques autant que maladroites. Entre le système « guerroyant » cher au maréchal Clauzel et l'occupation « restreinte » défendue par les généraux Damrémont et Valée, les gouvernements de Louis-Philippe eurent du mal à fixer une doctrine, oscillant sans cesse entre la conquête armée et la conclusion d'accords politiques avec des beys ou des chefs indigènes supposés fidèles.

L'occupation restreinte semblait devoir l'emporter depuis le rappel de Clauzel en février 1837 et la signature, quelques mois plus tard, du traité de la Tafna qui reconnaissait à Abd el-Kader une souveraineté sur les deux tiers de l'Algérie. Ce jeune marabout de naissance chérifienne, véritable puritain de l'Islam, se révéla un guerrier redoutable et un diplomate habile. Ralliant à lui les tribus par la prédication, et au besoin par la terreur, il amorça la constitution d'un État arabe, sinon algérien, doté de moyens éton-namment modernes. Persuadé que le temps jouait en faveur des Français, l'Émir rompait la trêve en 1840 et appelait les musul-mans à la guerre sainte contre l'envahisseur. La rébellion d'Abd el-Kader créait pour la France une situation critique, mais posait en termes clairs l'alternative d'une évacuation complète ou d'une conquête totale. Thiers, qui brûlait de réparer en Algérie la déconfiture de sa politique égyptienne, désigna le général Bugeaud au remplacement de Valée, nomination qui fut agréée par le ministère Soult-Guizot.

Les historiens ont depuis longtemps révisé une légende complaisamment accréditée par l'intéressé. Volontaire et courageux, attentif — chose rare — au détail de l'intendance, soit; mais le « Père Bugeaud » se révéla aussi un rustre dictatorial, totalement dénué de sensibilité, indiscipliné et passablement prévaricateur. Pourtant, quel que soit le jugement que l'on porte sur sa personnalité, il est indéniable que Bugeaud a profondément marqué l'Algérie de son empreinte. Converti à la conquête totale qu'il tenait jusqu'alors pour une chimère, bien soutenu à Paris et bien doté en effectifs, il sut forger une méthode et un instrument à la mesure de l'entreprise. Hostile aux lourdes colonnes de Clauzel qui réprimaient sans soumettre, et à l'éparpillement des fortins de Valée, trop faciles à cerner, il préféra la concentration des troupes dans de grosses garnisons d'où pouvaient rayonner de légères et mobiles unités opérant par surprise[1]. L'attaque se doublait d'une impitoyable razzia des récoltes et du bétail, de la destruction systématique des douars et des silos pour contraindre les tribus à la soumission. La méthode impliquait beaucoup d'opiniâtreté et de cruauté. Élevé à la dure école de la guérilla espagnole, Bugeaud fit preuve de l'une et de l'autre, à défaut d'un quelconque génie militaire dont plus personne ne songe à le créditer.

L'instrument de la conquête, ce fut l'armée d'Afrique dont il acheva la transformation. Une armée nombreuse (108 000 hommes en 1846, soit le quart de l'armée française) et originale par son mélange d'endurance et de débrouillardise, d'héroïsme et d'esprit de rapine. Ses chefs, parmi lesquels beaucoup de futurs maréchaux d'Empire, se montrèrent de rudes entraîneurs d'hommes, souvent inhumains à l'égard des vaincus, tel le dur Pélissier qui enfuma des centaines d'Arabes réfugiés dans les grottes du Dahra.

La conquête, du reste incomplète, demanda sept années et aboutit à la reddition d'Abd el-Kader le 23 décembre 1847. Il n'a pas semblé utile de démêler la trame complexe d'une guerre qui, dans l'ensemble, révéla la terrible efficacité de la méthode Bugeaud. Elle laissait un

1. On retrouvera cette diversité tactique dans les premières années de la guerre d'Algérie.

pays exsangue, dévasté par les razzias et livré sans défense aux épidémies des années 1845-1851.

Dans l'esprit de Bugeaud, la conquête devait être consolidée par les colonies militaires confiées à d'anciens soldats, à la manière des vétérans romains. Ses projets n'eurent guère de suite et il leur fut préféré une colonisation civile encadrée par l'État. Par les moyens les plus divers et dans la plus grande confusion juridique, un important patrimoine foncier fut exproprié et concédé gratuitement sous forme de lots individuels à des colons officiellement introduits. S'il est vrai qu'il s'était affirmé soldat bien plus que colonisateur, Bugeaud laissait, en quittant l'Algérie, 110 000 Européens dont 47 000 Français et 15 000 colons, la Mitidja assainie et 1 500 kilomètres de routes tracées.

Les incertitudes du second Empire.

Bien accueillie par les colons qui plaçaient en elle l'espoir d'une abolition du régime militaire, la IIᵉ République répondit partiellement à leurs vœux en proclamant l'Algérie partie intégrante du territoire français et en procédant à sa départementalisation. Point de départ d'une *assimilation* qui allait devenir l'une des revendications permanentes du colonat européen.

Mais déjà la République cédait la place à l'Empire, dont la politique algérienne, éclairée par d'excellentes études récentes [1], a suscité un regain d'intérêt et de faveur. Initialement peu soucieux d'une terre qu'il estimait tout juste bonne à la transplantation des opposants républicains, Napoléon III laissa d'abord carte blanche aux généraux d'Afrique dont on sait le rôle dans la réalisation du coup d'État en 1851. Servis par une conjoncture favorable, ceux-ci parvinrent à mener de pair l'achèvement de la conquête, une colonisation européenne de grande ampleur et une politique de progrès social en faveur des populations musulmanes. Malgré leur paternalisme autoritaire, ou à cause de lui, les officiers des Bureaux

---

1. En particulier l'article de Ch.-R. Ageron, « L'évolution politique de l'Algérie sous le second Empire », in *Politiques coloniales au Maghreb*, Paris, Presses Universitaires de France, 1973, p. 45-89 et la thèse d'Annie Rey-Goldzeiguer, *Le Royaume arabe : la politique algérienne de Napoléon III, 1861-1870*.

arabes tentèrent, avec un dévouement admirable, de réparer les terribles épreuves de la décennie précédente, de relever le niveau de vie des masses indigènes et d'organiser une justice respectueuse des coutumes musulmanes [1].

La protestation des colons trouva un écho dans l'opinion métropolitaine, républicaine en particulier, qui fit preuve en l'occurrence d'une ignorance coupable. L'Empereur céda et remplaça en 1858 le régime militaire par un ministère de l'Algérie confié d'abord au prince Jérôme puis au marquis de Chasseloup-Laubat. Nouvelle expérience d'assimilation, bien plus radicale que celle amorcée dix ans plus tôt. Mais si elle donnait toute satisfaction à la minorité européenne, elle menaçait gravement la cohésion des cadres économiques et sociaux de la population musulmane.

Un voyage de Napoléon III apporta un nouveau changement : le ministère était supprimé en novembre 1860 et le régime antérieur rétabli. Puis, cédant aux conseils de certains officiers et administrateurs, comme le colonel Lapasset ou l'étonnant Ismaël Urbain, l'Empereur définissait par la lettre du 6 février 1863 les termes de sa nouvelle politique. L'Algérie n'était plus définie comme une colonie mais comme un « Royaume arabe » que la France avait pour tâche de protéger et de civiliser. L'heure n'était plus à l'assimilation telle que la réclamaient les colons mais à l'égalité des droits assortie d'une répartition des rôles : les indigènes pourraient obtenir la citoyenneté dans le respect de leur statut personnel et accéder aux emplois civils et militaires; ils seraient par excellence les cultivateurs d'une terre dont ils avaient été injustement spoliés, alors que revenaient tout naturellement à l'immigration européenne les activités du commerce et de l'industrie.

Une indéniable générosité personnelle, l'intuition très claire que l'avenir de la France en Algérie passait par des réformes hardies, quelques réminiscences du principe des nationalités et des thèmes civilisateurs du saint-simonisme entrent dans la définition d'une politique qui visait à une association, voire à un protectorat bien compris.

Divers textes, en particulier l'important sénatus-consulte du

---

1. Ce double visage de l'armée d'Afrique, fait d'inutile cruauté en campagne et de protection de l'indigène face à la rapacité des colons, s'est montré durable, jusqu'à la guerre d'Algérie comprise. Il interdit tout jugement autre que nuancé.

22 avril 1863 [1], tentèrent de concrétiser cette nouvelle orientation. Il faut reconnaître que leur impact fut médiocre. Outre qu'à cette date l'Empereur n'avait plus les moyens de sa politique [2], il aurait fallu sur place un esprit moins borné que le maréchal Pélissier et moins timoré que son successeur Mac-Mahon. D'ailleurs, après une série de catastrophes naturelles qui ruinaient, à la fin des années soixante, une grande partie des efforts entrepris, la formation du ministère Ollivier mettait un terme à la politique dite du Royaume arabe. Ainsi avortait la seule politique clairvoyante et généreuse que la France ait tentée en Algérie, la seule qui aurait pu imprimer un tour différent à la colonisation et, peut-on penser, rendre plus improbable son dramatique dénouement.

Colonisation et assimilation sous la IIIe République.

Une fois surmontées les épreuves de la Commune d'Alger et de l'insurrection musulmane de 1871 [3], la République orienta durablement les destinées de l'Algérie. La victoire des républicains, que tant de liens sentimentaux unissaient aux premiers colons, signifiait dans l'immédiat l'abandon de la « politique du sabre » et l'instauration d'un régime civil. A plus long terme, l'ambition de réparer par les voies coloniales la défaite contre l'Allemagne ouvrait à l'Algérie de brillantes perspectives dans une politique de présence française en Méditerranée.

Un effort considérable en faveur de l'immigration fut amorcé dès 1871 et se poursuivit sans désemparer jusqu'à la Grande Guerre. La population européenne tripla approximativement, passant de 245 000 en 1872 à plus de 750 000 en 1914, ce qui suppose, compte

1. Ce texte visait à mettre fin aux abus du cantonnement, procédure inspirée du Code forestier qui revenait à un véritable refoulement des tribus sur les terres les moins bonnes.
2. Contradiction fondamentale d'un régime qui, dans ce domaine comme dans d'autres, pratiqua une politique libérale dans sa phase autoritaire et ne disposait plus des moyens de contrainte nécessaires dans sa phase libérale.
3. Deux événements très différents. La Commune d'Alger fut l'expression des sentiments antibonapartistes et autonomistes de la population française. D'une tout autre ampleur, le soulèvement indigène de 1871, qui trouva un chef prestigieux dans le bachagha Moqrani, fut la dernière grande insurrection avant 1954. Elle s'explique principalement par la nouvelle des défaites françaises et la substitution du régime civil aux militaires.

tenu de l'accroissement naturel, environ 300 000 entrées. Parmi les nouveaux arrivants, on compta bien quelques milliers d'Alsaciens-Lorrains, mais ce sont les départements méridionaux qui fournirent les plus gros contingents. L'immigration française se doubla d'une importante immigration étrangère – espagnole, italienne, maltaise –, ce qui n'alla pas sans créer de difficiles problèmes d'assimilation. D'autant plus que si le décret Crémieux de 1870 avait prononcé la naturalisation des 35 000 israélites d'Algérie, ceux-ci continuaient d'être comptabilisés à part et mal acceptés par la communauté « française ». En conséquence, la loi du 26 juin 1889 instaura un régime de naturalisation automatique qui porta largement ses fruits dans les décennies suivantes. En 1930, il ne restait que 150 000 étrangers sur une population européenne estimée à près de 900 000 habitants. Ainsi était né, par la fusion d'apports très divers, un peuple puissamment original, fier de son appartenance française mais prompt à affirmer sa spécificité algérienne dès lors que la métropole n'entrait pas totalement dans ses vues.

Même si la population européenne s'affirma d'emblée plus urbaine que rurale, l'acquisition et la mise en valeur des terres progressèrent rapidement. Comme auparavant, les deux voies de la colonisation officielle et de la colonisation libre furent utilisées. La première eut les faveurs de la République, en réaction contre l'Empire qui avait encouragé la formation d'une grande propriété capitaliste. En recourant aux procédés les plus divers de la confiscation et de l'expropriation, les Domaines se constituèrent un énorme patrimoine foncier dont une partie fut rétrocédée gratuitement ou à très bas prix aux colons. Parallèlement, un effort considérable fut consenti pour leur fournir les infrastructures nécessaires à la mise en valeur du sol. La construction de villages, de routes, de voies ferrées et de ports modernes modifia profondément le visage de l'Algérie.

Facilitée par une législation de circonstance, la colonisation libre connut elle aussi un vigoureux essor. Il suffisait de disloquer l'indivision des terres melk (terres en copropriété indigène) pour permettre aux colons d'acquérir à bas prix de vastes domaines. Tels furent le but et l'effet de la loi Warnier de 1873, utilisée d'ailleurs à des fins de spéculation foncière bien plus que de colonisation agricole.

Les deux modes de colonisation avaient abouti à une énorme dépossession de la propriété indigène, même s'il est difficile de la chiffrer avec exactitude. Vers 1930, on peut estimer la propriété européenne à 2 400 000 hectares, soit 1/8 de la surface utile et constituée des meilleures terres. Sur cette puissante assise foncière se développa une agriculture spécialisée et rémunératrice qui est restée la grande fierté des colons. Bien soutenue par le crédit et l'assimilation douanière, l'activité agricole s'orienta d'emblée vers les marchés étrangers et métropolitains. Si la culture du tabac, des primeurs, des plantes tinctoriales et aromatiques connut des fortunes diverses, le blé et surtout la vigne s'imposèrent durablement. Le blé domina jusqu'aux années 1880-1890, date à laquelle la chute des cours mondiaux et la relative stagnation des rendements ouvrirent la voie à une remarquable extension du vignoble qui se poursuivit pendant tout l'entre-deux-guerres.

L'appauvrissement et la désagrégation de la société musulmane furent la rançon de la colonisation triomphante. La décadence des grandes familles, privées de leurs clientèles traditionnelles, s'accentua. Seules surnagèrent quelques centaines de notables — aghas, caïds, cadis et marabouts — habilement maniés par l'administration qui savait leur amour des titres et des décorations. La bourgeoisie artisanale s'étiola, victime de la concurrence française, tandis que la bourgeoisie lettrée se repliait sur elle-même ou s'exilait. Quant à la masse des fellahs, elle fut victime des effets conjoints de la dépossession foncière, de la pression fiscale et de l'intégration du marché indigène dans le circuit capitaliste de commercialisation. S'il est vrai que la pression démographique demeurait faible, elle contribuait tout de même à leur appauvrissement dans la mesure où la production et le cheptel ne cessaient de s'amenuiser. La colonisation entraîna donc une paupérisation profonde du monde rural [1], visible dans la dégradation de l'habitat et du costume. L'évolution des structures de la population active en rend également compte, qui font apparaître une prolifération de métayers et de salariés agricoles au détriment du nombre des propriétaires exploitants.

La politique de l'assimilation fit le reste. Elle aurait pu être, conformément à un certain idéal civilisateur, un alignement, même progressif, des droits et des devoirs des indigènes sur ceux de la

---

1. L'étude la plus probante sur ce point demeure la thèse d'André Nouschi, *Enquête sur le niveau de vie des populations rurales constantinoises de la conquête jusqu'en 1919,* Paris, Presses Universitaires de France, 1961.

population européenne, elle-même assimilée aux lois de la métropole. Telle était d'ailleurs l'interprétation qui prévalait, non sans naïveté, dans l'opinion métropolitaine. Elle se révéla tout autre chose, une entreprise consciente de destructuration de la société musulmane et de ses institutions traditionnelles par l'introduction modulée du droit français. Car s'il est vrai que l'état civil et le droit de propriété, la justice et la conscription furent bien alignés sur la législation française, il n'en fut rien pour le régime communal, les lois scolaires et la fiscalité, qui demeurèrent très en deçà des garanties dont pouvait se prévaloir la population française. La politique d'assimilation fut en fait une politique de soumission.

Face à ces deux communautés de plus en plus radicalement séparées, sinon encore opposées, les autorités françaises ne surent ou ne voulurent jamais adopter une position d'arbitre. L'Algérie eut certes des observateurs lucides, tel Ferry qui porta, à la suite d'une enquête sénatoriale effectuée en 1892, un jugement sans complaisance sur les méthodes en vigueur; elle eut des administrateurs compétents et dévoués, tels Jules Cambon ou Charles Jonnart. La cause musulmane sut trouver dans les années d'avant-guerre des avocats chaleureux à la Chambre, dans la presse et jusque dans les loges maçonniques. Rien n'y fit, ou presque. L'indifférence et l'ignorance de la classe politique laissaient le champ libre au puissant lobby algérien animé par les députés Thomson et Étienne, maîtres dans l'art de brandir le spectre du « nationalisme » indigène et de noyer par des manœuvres dilatoires tout projet de réforme dans le maquis de la procédure parlementaire.

Faut-il s'étonner dès lors que le régime de l'Algérie ait fonctionné au profit exclusif des colons? Si le système des Rattachements fut abandonné [1], c'est moins pour des raisons de principe que d'efficacité. Et le statut adopté par les lois de 1898 et de 1900 accédait généreusement aux revendications autonomistes de la population française. L'Algérie recevait la personnalité civile, condition nécessaire à toute émission d'emprunts, et un budget spécial élaboré par une assemblée dont la composition faisait la part belle aux intérêts des colons [2].

1. Ce système, adopté en 1881, procédait à une intégration administrative complète, en traitant la totalité des affaires algériennes dans les ministères parisiens. Il fut abandonné en 1896.
2. Sous le nom de Délégations financières, cette assemblée comprenait 24 représentants des colons, 24 représentants des Français non colons (en

Cependant, l'ébauche d'un enseignement primaire, l'admission de quelques musulmans dans les lycées et les facultés, avaient fini par lever au début du siècle une mince élite de citadins évolués. Il s'agissait surtout d'instituteurs, souvent d'origine kabyle, mais aussi de quelques médecins, avocats et commerçants qui se regroupèrent autour de quelques journaux et d'amicales diverses. Séduits sans doute par le mouvement jeune turc, ils prirent le nom de *Jeunes Algériens*. Mais naturalisés ou à tout le moins profondément francisés, leur revendication n'avait rien de nationaliste et n'exprimait en fait que le désir d'une assimilation plus généreuse et conforme aux principes égalitaires de la République. Ils surent intéresser à leur cause quelques députés et journalistes, et obtinrent en 1914 un adoucissement du Code de l'Indigénat. Si modeste que fût ce résultat, il montrait du moins que le temps de la soumission et de la résignation était clos.

---

fait pour la plupart propriétaires) et 21 représentants de la population musulmane.

2

La rupture
des grands équilibres coloniaux

L'épanouissement du système colonial avait duré un demi-siècle. A l'heure où la France s'apprêtait à célébrer dans le faste et la bonne conscience le centenaire de la prise d'Alger, les premières lézardes apparaissaient dans l'édifice patiemment édifié par la ténacité des colons. Dans un monde traversé d'idéologies émancipatrices et propice à la renaissance de l'arabisme, les années trente introduisirent une série de ruptures cumulatives, d'ordre économique et démographique, social et politique, annonciatrices des graves événements de 1945 et de 1954.

La crise et l'inertie gouvernementale.

Après la relative euphorie des années vingt, l'Algérie ne put échapper aux contrecoups de la crise mondiale. Elle le pouvait d'autant moins que la colonisation avait orienté ses activités essentielles vers l'exportation. Crise relativement tardive, dont les premiers signes ne se firent guère sentir avant 1933, mais qui fut durable, car prolongée par l'épreuve de la guerre.

Comme ailleurs, ce fut une crise de déflation. La surproduction générale, et particulièrement française, engendra la mévente et l'effondrement des cours. L'industrie extractive et l'artisanat local en furent affectés au même titre que le secteur agricole qui souffrit d'une chute brutale des prix entre 1933 et 1936 puis, pendant la guerre, d'une pénurie persistante d'engrais.

La crise frappa indéniablement nombre de colons, en particulier les petits exploitants victimes des effets conjugués de l'endettement et de la mévente. Il en résulta un mouvement de concentration de la propriété foncière européenne et un reflux de la population rurale vers les villes. Pourtant, l'économie européenne s'en tira sans grand dommage grâce à un resserrement des liens avec la France et à l'émission de divers emprunts qui facilitèrent, à la fin des années trente, une vigoureuse extension du vignoble.

La crise pesa bien davantage sur les masses musulmanes car elle coïncidait avec une rupture brutale de l'équilibre démographique. Le recul du taux de mortalité, l'une des grandes victoires de la colonisation, fit bondir la population musulmane de cinq à sept millions entre 1920 et 1940. Véritable révolution démographique qui ne se doubla malheureusement pas d'une augmentation comparable de la production. L'économie traditionnelle ne cessait au contraire de régresser. L'endettement des fellahs entraîna une nouvelle vague d'aliénation foncière et un morcellement accru de la propriété. Partant, la production céréalière et le cheptel accusèrent une diminution substantielle. Or, la mécanisation du secteur européen et le marasme en métropole interdisaient tout transfert important de main-d'œuvre vers le salariat agricole et industriel. Véritable cycle infernal de l'endettement et de la misère qui précipita vers les villes, plus exactement vers les bidonvilles, une masse de chômeurs faméliques, alors que dans les campagnes revivait par endroits le spectre de la disette et des épidémies.

Face à cette situation, l'administration se montra timorée. Quelques efforts furent tentés pour renforcer l'action des SIP (Sociétés indigènes de prévoyance), qui furent dotées en 1933 d'un fonds commun; mais le recours au crédit pour le paysan endetté demeura à peu près impossible. Sous l'impulsion du gouverneur Le Beau, des expériences tardives et limitées furent tentées en faveur de la commercialisation, et du recasement des fellahs sans terre. Rien de sérieux ne fut véritablement entrepris.

A défaut d'une action agricole et sociale énergique, les gouvernements de la République auraient pu accomplir certains gestes politiques propres à désamorcer les mécontentements et à satisfaire au moins la fraction évoluée de la population qui continuait à placer ses espoirs dans l'assimilation et l'égalité des droits. Clemenceau en avait senti la nécessité au lendemain de la guerre en abolissant la double fiscalité indigène et en élargissant l'électorat musulman des diverses institutions délibératives de l'Algérie. Mais s'il osa braver la fureur des colons, le Tigre déçut la bourgeoisie musulmane qui revendiquait depuis longtemps le droit de participer à l'élection des députés et des sénateurs. Ce geste n'eut d'ailleurs aucune suite. Le gouverneur Jonnart fut rappelé et la Chambre Bleu Horizon se montra on ne peut mieux disposée à l'égard des intérêts traditionnels. Si elle n'entendit pas donner suite aux dangereux projets de la minorité française en faveur d'une assemblée souveraine, qui aurait conduit tout droit à un séparatisme algérien, elle rétablit dans toute sa rigueur le régime de l'indigénat et autorisa une dispendieuse politique d'emprunts dont les bénéficiaires étaient tous désignés.

Par la suite, l'Algérie subit, de façon quelque peu amortie, les oscillations du balancier politique français.

Le Cartel suscita quelque espoir. Parlant des musulmans d'Algérie, le président Herriot n'affirmait-il pas, dans le style emphatique qui était le sien, que « la patrie les chérissait comme ses autres enfants ». S'il laissa son ministre Chautemps réglementer sévèrement l'entrée en métropole des travailleurs indigènes, du moins recommanda-t-il à Painlevé la nomination en mai 1925 d'un gouverneur de grande classe en la personne de Maurice Viollette. Ce libéral, de surcroît bon connaisseur des affaires algériennes, était sincèrement convaincu des bienfaits d'une assimilation progressive par l'instruction et l'égalité des droits. En accord avec les Jeunes Algériens il proposa une incorporation de l'élite indigène, soit une dizaine de milliers de noms, dans le corps électoral français. Une fois encore le lobby algérien mené par le sénateur radical Duroux fit efficacement pression sur Paris. Viollette « l'Arabe » fut rappelé en 1927 comme l'avait été en 1919, et pour les mêmes raisons, Jonnart « le musulman ».

Dès lors et pour longtemps la quiétude de la communauté française ne fut guère troublée. La fastueuse commémoration du centenaire fut relayée en métropole par une imposante campagne de presse qui s'employa à donner de la colonisation le visage le plus flatteur [1]. Quelques fautes de goût ne furent pourtant pas évitées, tel ce défilé de tribus vaincues « en costumes de 1830 », ou la répétition de gestes trop symboliques de soumission. L'humiliation fut perceptible dans la communauté musulmane, d'autant plus qu'aucun geste politique ne vint illustrer l'affirmation rituelle des grands principes républicains. Contrairement aux règles non écrites, le

---

1. Encore qu'il soit difficile de l'évaluer avec précision, l'attachement sentimental de l'opinion métropolitaine à l'Algérie française doit sans doute beaucoup à cette mobilisation des moyens d'information.

gouvernement général fut confié à cette époque à un administrateur natif d'Algérie, Jules Carde, qui traita durement les élus indigènes et parvint à empêcher toute amorce de dialogue entre le gouvernement parisien et l'élite musulmane. Et du long voyage d'information qu'entreprit en 1935 le ministre de l'Intérieur Marcel Régnier, il ne sortit qu'un décret sévèrement répressif à l'égard des manifestations jugées attentatoires à la souveraineté française.

Le succès du Front populaire sembla poser le problème algérien en termes nouveaux. L'équipe ministérielle réunie autour de Léon Blum comptait des esprits ouverts à l'adoption de réformes trop longtemps différées, tel Maurice Viollette, ministre d'État, tel Marius Moutet aux Colonies, tel le brillant Pierre Viénot, chargé des relations avec les mandats et les protectorats. De leur côté, les mouvements politiques indigènes surent provisoirement gommer leurs divergences et présenter au Congrès musulman d'Alger en juin 1936 une plate-forme audacieuse mais nettement assimilationniste.

Pourtant, le gouvernement temporisa. Au lieu d'agir vite, et par décret, il préféra la procédure parlementaire avec tous ses aléas. Le 30 décembre 1936 paraissait au *Journal officiel* un projet de loi qui prévoyait un accroissement de la représentation algérienne au Parlement et conférait la qualité d'électeur français à diverses catégories de musulmans : anciens gradés, soldats décorés, diplômés, fonctionnaires, élus et responsables syndicaux. L'originalité du projet résidait moins dans le nombre des électeurs ainsi désignés — entre 20 000 et 25 000 — que dans les critères de leur sélection. Répudiant toute démarche « censitaire » fondée sur la richesse et les capacités, il procédait d'une coupe transversale de la société algérienne en conférant l'électorat à des membres issus des couches sociales les plus diverses.

Si timoré qu'il apparaisse aujourd'hui, le projet Blum-Viollette déclencha en Algérie une furieuse campagne de protestation, assortie çà et là de dérisoires contre-propositions. Loin de comprendre que la naissance d'une citoyenneté franco-musulmane pourrait être dans l'avenir un sérieux obstacle au développement du nationalisme algérien, les élus de la communauté française firent peser sur le gouvernement la menace d'une démission collective et sur l'opinion une formidable campagne de presse. Le projet se heurtait aussi à l'hostilité à peine dissimulée du président de la République Albert Lebrun qui n'oubliait pas qu'il avait été en son

temps ministre des Colonies. Cette campagne d'obstruction porta
ses fruits et le projet ne vint jamais en discussion. Faute de mieux,
un décret de 1937 porta le nombre des délégués financiers musulmans de 21 à 24. Il va de soi que cet os à ronger ne pouvait en
rien atténuer l'amertume de l'opinion algérienne la mieux disposée
à l'égard de la France. La dramatique impuissance de la IIIe République à envisager le devenir algérien en termes de réformes et
d'évolution donnait tout son poids à l'interrogation angoissée de
Maurice Viollette, formulée en 1931 : « L'Algérie vivra-t-elle? »

Les débuts du nationalisme algérien.

L'immobilisme gouvernemental n'explique pas à lui seul l'éclosion
et l'essor du nationalisme algérien. L'hostilité du parti communiste
au statu quo colonial, la renaissance de l'Islam et la montée de l'arabisme au Moyen-Orient, les exemples contagieux des Protectorats
du Maghreb, plus avancés que l'Algérie dans cette voie, sont autant
de facteurs constitutifs, qui vont d'ailleurs imprimer au nationalisme
algérien sa durable diversité d'inspiration.

Né au début du siècle sur des bases délibérément assimilationnistes, le mouvement Jeune Algérien connut entre les deux guerres
une crise de croissance. Il s'enrichissait de personnalités nouvelles,
comme le Dr Bendjelloul, médecin à Constantine, comme Ferhat
Abbas, pharmacien à Sétif et délégué financier, il étendait son
influence grâce à une presse vivante, et coordonnait son action
par la constitution en 1927 d'une Fédération des élus indigènes
soutenue dans la communauté française par une poignée de républicains libéraux. Mais les Jeunes Algériens souffraient aussi de
divisions chroniques et de rebuffades que ne lui ménagèrent pas les
autorités administratives. Représentatif de la minorité évoluée,
pétri de culture française et sincèrement admiratif des principes
républicains, le Mouvement des élus tenta à trois reprises, en 1927,
en 1933 et en 1936-1937, de négocier loyalement les modalités d'une
intégration progressive de la communauté musulmane dans le corps
électoral français. On sait que rien n'y fit, ni l'extrême modération
du programme social, ni la démission massive des élus, ni même,
ce qui était s'aventurer bien loin, la suggestion, confidentielle il est
vrai, d'une abolition du statut personnel des musulmans en échange
de la citoyenneté française. De telle sorte que ce mouvement fon-

damentalement antinationaliste [1] fut contraint, sous peine de perdre toute audience, de raidir ses positions et d'opérer un rapprochement avec les tendances plus affirmées du nationalisme algérien.

Très différent du précédent, le Mouvement des Oulémas (docteurs de la Loi) relève primitivement du grand mouvement de renaissance islamique qui s'est emparé du monde arabe à la fin du XIXe siècle. Convaincus qu'il n'existe pas de vérité en dehors du Coran et de la Tradition, adversaires déclarés des innovations, les Oulémas travaillèrent d'abord à rétablir la pureté de la foi et des mœurs. Cet intégrisme n'avait à priori rien de politique mais débouchait très vite sur une lutte contre le maraboutisme, suspect de déviation religieuse et de collaboration avec l'infidèle, et contre les fléaux sociaux (alcoolisme, danse, jeux de hasard) engendrés par la colonisation. Ce retour aux sources ne pouvait non plus négliger une interrogation du passé et aboutissait à la conclusion qu'une nation algérienne s'était forgée dans l'histoire avant et pendant la colonisation française.

Animé par le cheikh Abd el-Hamid Ben Badis, l'une des plus hautes figures de l'Islam maghrébin, le Mouvement des Oulémas se fédéra en 1931 en une Association des Oulémas réformistes, surtout active dans le département de Constantine dont était originaire Ben Badis. Malgré diverses tracasseries administratives, l'Association ne cessa d'étendre son action par l'édition de revues, le recours à la prédication, l'ouverture d'écoles primaires et de medersas. En insufflant aux musulmans, et en particulier à la jeunesse, les valeurs suprêmes de l'Islam et la profondeur des racines culturelles de leur pays, le Mouvement des Oulémas leva une conscience nationale. Comme tel, il fut le véritable fondateur du nationalisme algérien.

Encore fallait-il à ce nationalisme naissant un parti structuré. Ce fut l'œuvre de Messali Hadj. Né à Tlemcen en 1898 dans une famille assez obscure, venu en France par le hasard de la conscription, Messali finit par se fixer à Paris. Touché par la propagande anticolonialiste déclenchée par le PCF lors de la guerre du Rif, il adhéra semble-t-il à ce parti et à la toute jeune Étoile nord-africaine qui avait été fondée en 1926 dans son sillage. Peu cultivé mais remar-

---

1. On connaît la profession de foi de Ferhat Abbas : « Je ne mourrai pas pour la patrie algérienne parce que cette patrie n'existe pas. Je ne l'ai pas découverte. J'ai interrogé l'histoire, j'ai interrogé les vivants et les morts; j'ai visité les cimetières. Personne ne m'en a parlé » (*l'Entente*, 23 février 1936).

quable orateur et organisateur, il sut toucher rapidement plusieurs milliers de membres de la communauté musulmane, kabyles en particulier, de la région parisienne. Messali se posa d'emblée en champion d'une Algérie indépendante et révolutionnaire. Son journal, symboliquement intitulé *El Ouma* (La Nation), mêlant dans une même condamnation Algériens francisés et caïds à la solde de l'administration, en appelait à la constitution d'un État musulman et prolétarien.

En octobre 1935, Messali s'exila à Genève pour échapper à une inculpation que lui avaient value ses articles incendiaires. Séjour décisif qui vit sa rencontre avec l'émir druze Chekib Arslan, l'apôtre le plus écouté du nationalisme panarabe, qui l'incita à s'éloigner du communisme et à se rapprocher des Oulémas. Or, au même moment, le parti communiste amorçait un tournant spectaculaire qui contribua grandement à la dissociation des deux mouvements. Primitivement acquis au séparatisme intransigeant, ce qui le condamnait du reste à des effectifs dérisoires, le parti se ralliait à la thèse très différente de l'émancipation des masses musulmanes dans le cadre des lois et des institutions républicaines. Cette brusque conversion à l'assimilation ne pouvait qu'éloigner davantage Messali Hadj du communisme. Même si l'Étoile fit officiellement partie du Front populaire, ses relations avec le PCA étaient devenues franchement et durablement mauvaises.

Rentré en Algérie, Messali se préoccupa d'emblée de populariser ses thèmes nationalistes et sociaux, au point d'inquiéter le gouverneur Le Beau qui obtint en janvier 1937 la dissolution de l'Étoile nord-africaine. Il riposta par la création d'un Parti du peuple algérien qui, avec un programme un peu adouci, se comporta plus qu'honorablement dans diverses consultations locales. Mais l'ostracisme dont il souffrait auprès des communistes algériens et des notables musulmans incita Messali à en appeler aux masses. Une manifestation bruyante de ses sympathisants permit, en application du décret Régnier, son arrestation en août 1937. Pourtant, même décapité, le PPA étendait son action et s'implantait dans la jeunesse des écoles. A la veille de sa dissolution en septembre 1939, il pouvait revendiquer plusieurs dizaines de sections et plusieurs milliers de militants. De toute évidence un parti nationaliste algérien était né.

L'épreuve de la Seconde Guerre mondiale
et la révolte du printemps 1945.

Ni la déclaration de guerre ni la défaite de juin 1940 n'entamèrent dans l'immédiat le loyalisme des populations algériennes.

La population européenne adhéra instinctivement et durablement à l'idéologie de la Révolution nationale dont les thèmes autoritaires lui étaient à la fois familiers et rassurants. L'antisémitisme déclaré du régime n'était pas pour déplaire, pas plus que l'exaltation des vertus terriennes et des hiérarchies nécessaires. En dehors de la minorité communiste d'emblée hostile mais condamnée à une audience infime par la clandestinité et la répression, la résistance fut tardive et numériquement dérisoire. Résister à Alger ce fut, comme on l'a dit plaisamment, surtout résister contre soi-même; et le gaullisme, même après 1942, y fut longtemps suspect.

De façon plus surprenante Vichy souleva aussi des espoirs du côté des élites musulmanes. Le prestige du maréchal y fut pour beaucoup, joint à quelques gestes bien accueillis, comme la liquidation de quelques fonctionnaires francs-maçons notoirement liés au régime colonial, l'abrogation du décret Crémieux ou l'entrée de quelques musulmans au Conseil national. C'était peu mais c'était assez pour inciter Ferhat Abbas à faire un bout de chemin avec Vichy. En coquetterie avec le gouverneur Abrial, il s'adressa directement au « chef vénéré de l'État français » sous la forme d'un rapport intitulé « L'Algérie de demain » et daté du 10 avril 1941. D'inspiration encore très Jeune Algérien, ce mémoire s'articulait en une vigoureuse dénonciation du régime colonial suivie d'un plan de réformes administratives, scolaires et financières. Il obtint une réponse polie du maréchal Pétain et Ferhat Abbas fut nommé peu après à la commission financière de l'Algérie. Mais moins d'un an plus tard il en démissionnait avec éclat.

Car s'il est vrai que Vichy ne connut pas de réelle opposition indigène, son prestige s'étiola vite. Deux années après la défaite, tous les rapports en font foi, il était tombé au plus bas dans la confiance des masses, même s'il est difficile d'établir la responsabilité exacte, dans cet état de choses, de l'immobilisme gouvernemental, de la dégradation préoccupante des conditions économiques et des effets de la propagande allemande.

Le débarquement anglo-américain du 8 novembre 1942 amorça un tournant décisif et fut le point de départ d'une vigoureuse relance du nationalisme algérien.

Alors que les autorités françaises, civiles et militaires, se livraient à leurs luttes de clans dans la plus parfaite indifférence aux réalités musulmanes, Ferhat Abbas et les siens trouvaient une oreille attentive auprès de Robert Murphy, représentant personnel du président Roosevelt à Alger. Fort de cet appui, le leader algérien rendit public en février 1943 *le Manifeste du peuple algérien*. Ce texte de principe, bientôt suivi d'un programme de réformes précises, allait bien au-delà, par le ton comme par le contenu, de la respectueuse lettre au maréchal de 1941. Entre l'assimilation révolue et une indépendance qui n'osait pas encore dire son nom, Ferhat Abbas s'engageait dans la voie du fédéralisme en posant le principe d'un État algérien autonome, reconnu et protégé par la France.

Soucieux avant tout de lever des recrues indigènes, le général Giraud laissa le gouverneur Peyrouton accepter le Manifeste comme une hypothèse de travail. De toute évidence il s'agissait de gagner du temps. C'est donc au général de Gaulle, maître du jeu politique algérien depuis juin 1943, et à son adjoint le général Catroux, qu'il revenait de faire connaître leur position. Celle-ci se révéla décevante. L'ordonnance du 7 mars 1944 ne manquait pas de courage mais elle venait trop tard. En abolissant toutes les mesures d'exception qui frappaient encore les musulmans et en élargissant considérablement leurs droits électoraux, elle réalisait enfin une politique d'assimilation digne de ce nom. Mais l'Algérie de 1944 n'était plus celle de 1936. Face à la puissance impressionnante des moyens américains, la France y avait trop donné le spectacle de ses faiblesses et de ses divisions, et à l'heure où les soldats indigènes de l'armée d'Afrique se couvraient de gloire en Italie, les musulmans se croyaient en droit d'attendre autre chose qu'une assimilation maintes fois promise et jamais réalisée. Ferhat Abbas riposta donc dès le 14 mars par la création d'une Association des amis du Manifeste et de la liberté, sorte de front national élargi aux Oulémas et au PPA clandestin de Messali Hadj. L'administration du gouverneur Chataigneau laissant faire, les adhésions affluèrent et le journal *l'Égalité,* qui exprimait en gros la doctrine du Manifeste, connut un réel succès.

Mais au début de 1945, dans le dramatique contexte économique de l'époque fait de pénurie généralisée et de marché noir florissant, le climat politique se détériora rapidement. Encouragé par les promesses émancipatrices de la Charte des Nations unies, en cours de rédaction, et par la constitution de la Ligue arabe, le nationalisme algérien opérait une brusque radicalisation. Au Congrès des amis du Manifeste tenu à Alger en mars 1945 les thèses fédéralistes de Ferhat Abbas furent mises en minorité au profit d'une motion d'inspiration messaliste. Partout dans le pays se multipliaient les signes d'une inquiétante nervosité populaire.

Des troubles éclatèrent à Alger, le 1er Mai, qui provoquèrent plusieurs morts. Une manifestation, à Sétif, dégénéra le 8 mai en émeutes meurtrières où 21 Européens furent massacrés. Le mouvement insurrectionnel s'étendit les jours suivants aux campagnes et à d'autres villes comme Bône, Guelma et Batna. Une centaine de victimes françaises étaient à déplorer, parfois sauvagement mutilées.

La répression fut impitoyable et souvent aveugle. Le général Duval, commandant la division de Constantine, engagea des dizaines de milliers d'hommes dans le ratissage des régions soulevées, il fit appel à l'aviation et à la marine qui frappèrent des objectifs parfaitement innocents. L'administration ferma les yeux sur d'atroces expéditions punitives et les tribunaux militaires procédèrent à plusieurs milliers de condamnations. Le nombre des victimes de la répression ne fut jamais connu. Si l'on ne peut accepter le chiffre de 40 000, et même davantage, avancé par la propagande du futur FLN, celui de 1 500 admis par l'administration paraît très inférieur à la réalité et doit vraisemblablement être multiplié par quatre ou cinq.

Il n'est pas facile, encore aujourd'hui, de donner du soulèvement une explication pleinement satisfaisante. Comme l'insurrection de 1871, les troubles du Constantinois ne sont pas réductibles à une cause unique. La provocation policière, si elle eut lieu, n'explique pas tout. Ce ne fut pas non plus une simple émeute de la misère et de la faim, les scènes de pillage ayant été fort rares. On a plus valablement allégué une tentative d'insurrection déclenchée par des militants locaux qui auraient devancé les consignes de la direction du PPA clandestin. Ce n'est pas impossible, mais cette erreur ne suffit pas à rendre compte de l'ampleur et de la violence du mouvement. Celles-ci ne peuvent être valablement interprétées que comme l'explosion d'une colère de masse trop longtemps contenue, dans le contexte très particulier de l'année 1945.

En tout état de cause, le peuple algérien n'oublia jamais. Et l'on peut observer que si la rébellion de 1954 a été déclenchée dans les

Aurès, c'est dans le quadrilatère Bougie-Sétif-Guelma-Bône, c'est-à-dire la future wilaya II, qu'elle s'est le plus profondément enracinée. La guerre d'Algérie a commencé, en vérité, en mai 1945.

Le statut de 1947.

Ce fut le mérite du gouverneur Chataigneau que de ne pas désespérer de l'avenir. En même temps qu'il mettait en œuvre un programme de redressement économique, il s'attachait à réintégrer l'Algérie dans la vie politique nationale. La loi d'amnistie du 16 mars 1946 l'y aida beaucoup, qui permit à Ferhat Abbas de revenir au premier plan. Celui-ci remplaça les Amis du Manifeste, dissous en mai 1945, par l'Union démocratique du Manifeste algérien (UDMA). Ce parti se voulait à égale distance d'une assimilation jugée périmée et d'un nationalisme indépendantiste tenu pour anachronique; il restait donc fidèle à l'idée fédéraliste d'une République algérienne autonome, souveraine en matière financière et législative, associée à la France pour sa diplomatie et sa défense. Élu à la seconde Assemblée constituante, Ferhat Abbas déposa un projet de loi en ce sens, mais, mal accueilli, son texte ne vint pas en discussion.

Cependant Messali Hadj était libéré en novembre 1946 de son exil gabonais. Rentré en Algérie, il créa derechef un nouveau parti qui, sous le nom de Mouvement pour le triomphe des libertés démocratiques, reprit au PPA son projet d'une Constituante algérienne et d'une évacuation des troupes françaises. Le MTLD obtenait un succès honorable aux élections générales de novembre 1946 en enlevant cinq sièges de députés sur les quinze à pourvoir, l'UDMA prenant sa revanche au Conseil de la République avec quatre sièges sur sept [1].

La mise en place des institutions de la IVe République, effectives à la fin de 1946 après l'élection du président Auriol, ne permettait plus de différer la discussion d'un statut de l'Algérie. Celle-ci commença en mai 1947 devant l'Assemblée nationale. Le projet gouvernemental, défendu par le ministre de l'Intérieur, Édouard Depreux, reprenait l'essentiel d'un texte retenu l'année précédente

---

1. Un tableau détaillé des diverses consultations électorales algériennes figure au chapitre III, p. 46.

par le gouvernement Bidault. Considéré comme trop conservateur par les partis de gauche, la SFIO et le PC lui en opposèrent chacun un autre. Les élus musulmans proposèrent quatre projets différents qui, sans viser explicitement à l'indépendance, mettaient l'accent sur l'autonomie de l'Algérie et prévoyaient des liens avec les protectorats dans le cadre de la toute nouvelle Union française.

Le socialiste Depreux sut manœuvrer habilement, tant au sein de son propre parti que face aux élus musulmans peu rompus à la procédure parlementaire. Le projet gouvernemental fut donc adopté par 322 voix contre 92 et promulgué le 20 septembre 1947 [1].

De fait, le statut innovait peu par rapport au régime légué par la IIIᵉ République et l'ordonnance du 7 mars 1944. L'Algérie était, comme par le passé, définie comme un « groupe de départements doté de la personnalité civile et de l'autonomie financière ». Assisté d'un conseil de gouvernement de 6 membres (4 élus et 2 nommés), le gouverneur général continuait d'exercer le pouvoir exécutif et administratif, en dehors des services de la Justice et de l'Éducation nationale qui relevaient directement de Paris. Les Délégations financières, d'ailleurs dissoutes en 1945, étaient remplacées par une Assemblée algérienne de 120 membres élus à parité par deux collèges électoraux [2]. Ses compétences étaient strictement définies en matière législative et financière. D'une part, certaines lois métropolitaines s'appliquaient de plein droit sans intervention de sa part; d'autre part les lois soumises à sa délibération ne devenaient applicables que par un jeu complexe de majorités qualifiées et d'homologation française.

La seule innovation réelle du statut de 1947 résidait dans les tâches nouvelles qu'il confiait à l'examen de l'Assemblée algérienne : l'élaboration d'un nouveau régime communal, l'organisation du vote des femmes musulmanes, la définition d'un nouveau régime du culte musulman, l'extension de la langue arabe à tous les degrés

1. Les communistes s'abstinrent. Les votes négatifs proviennent des rangs conservateurs et de la totalité des élus d'Algérie, européens et musulmans, pour des raisons évidemment différentes.
2. Cette organisation en deux collèges de l'électorat algérien valait également pour les élections de l'Assemblée nationale. Le premier collège comprenait les citoyens français de plein droit et 58 000 citoyens musulmans « de statut local ». Le second collège comprenait 1 300 000 électeurs musulmans. Rappelons qu'en 1948, la population algérienne comptait 860 000 Français et 7 700 000 musulmans.

d'enseignement. Il y avait là la reconnaissance implicite d'une spécificité algérienne qui rompait avec la conception coloniale de
l'assimilation. Il est vrai que cette reconnaissance risquait de s'avérer
purement formelle compte tenu de la majorité des deux tiers
requise pour l'adoption de ces nouvelles mesures.

Tel quel, ce statut devait encore être appliqué. Or le gouverneur
général Chataigneau faisait depuis longtemps l'objet de vives
critiques de la part de la population française et de ses élus. Son
libéralisme le rendait responsable, disait-on, des émeutes de 1945
et du résultat inquiétant des élections municipales d'octobre 1947
qui avaient vu le succès des listes du MTLD et de l'UDMA. Le
ministre René Mayer, député de Constantine et figure montante du
radicalisme, obtint donc sa tête. Le Conseil des ministres désigna
à sa succession le député socialiste Marcel-Edmond Naegelen.
Outre des qualités éprouvées d'administrateur, ce dernier apportait
en Algérie la conviction inébranlable que le nationalisme algérien
était aussi dangereux que le séparatisme alsacien coupable de
compromission avec l'hitlérisme, et contre lequel il avait lutté.
Aussi donna-t-il d'emblée quelques avertissements bien sentis aux
messalistes et un gage de ses intentions en retardant de plusieurs
mois l'élection de l'Assemblée algérienne.

Celle-ci eut finalement lieu les 4 et 11 avril 1948, au terme d'une
campagne violente où il fut procédé à plusieurs centaines d'arrestations. Mais alors que le premier tour laissait pressentir une nette
victoire du MTLD, une gigantesque opération de trucage dénatura
totalement le scrutin du second tour. Le bourrage des urnes,
l'arrestation préventive des assesseurs suspects et le quadrillage
des douars par l'armée, aboutissaient à l'« élection » de 41 candidats administratifs (sur 60), le MTLD obtenant 9 sièges et
l'UDMA 8. L'administration reconnut implicitement l'ampleur de
la fraude en affirmant qu'il s'agissait d'arracher l'électorat musulman aux mesures d'intimidation, d'ailleurs réelles, auxquelles
s'étaient livrés des militants du MTLD. Mais elle n'en était pas
moins déshonorée aux yeux de l'opinion française et internationale.
Aux élections suivantes, celles de 1951 et de 1954, qui procédèrent
au renouvellement triennal de l'Assemblée algérienne, des résultats
plus mirifiques encore furent obtenus avec les mêmes méthodes.

Une assemblée aussi docile ne pouvait guère aller de l'avant.
De fait, entre 1948 et 1956, année de sa dissolution définitive, elle
ne se pencha pratiquement sur aucune des matières que le statut

avait assignées à ses délibérations et se contenta de voter le budget que lui présentait l'administration. Celle-ci, du reste, s'enfonça dans la routine. Le gouverneur Naegelen comme son successeur Roger Léonard (jusqu'alors préfet de police) abandonnèrent l'essentiel des tâches de planification et de progrès social que Chataigneau avait tenté de lui insuffler. Et la tentative amorcée par le maire d'Alger, Jacques Chevallier, en vue de créer entre le nationalisme et les élus officiels une sorte de tiers parti musulman réformiste échoua à peu près totalement.

Dans ce morne climat, et à l'heure où la question des protectorats était mise à l'ordre du jour de l'Assemblée générale de l'ONU, on comprend mieux la sombre prophétie que Ferhat Abbas aurait formulée devant le maréchal Juin : « Il n'y a plus d'autre solution que les mitraillettes. »

3

L'Algérie en 1954

Par-delà les artifices juridiques entretenus par le mythe tenace de l'assimilation, l'Algérie présentait en 1954 tous les aspects d'une colonie. Colonie originale au demeurant, à la fois d'exploitation et de peuplement, dont l'ensemble des rouages économiques et administratifs fonctionnait moins au profit de la métropole qu'à celui d'une communauté européenne de plus en plus minoritaire. Le phénomène en soi n'était pas nouveau, mais s'était aggravé depuis 1945 dans le double contexte de l'explosion démographique musulmane et de l'immobilisme gouvernemental, au point de créer une dramatique disparité des conditions sociales dans laquelle le nationalisme algérien a trouvé sa légitimité et l'insurrection son principal atout.

Une économie dualiste.

Au voyageur fraîchement débarqué de la métropole, l'Algérie offrait volontiers le visage d'un pays moderne et bien équipé. De fait, un siècle de colonisation tenace et entreprenante avait forgé une économie européenne en pleine expansion.

L'agriculture n'occupait plus que 10 % à peine des actifs européens mais représentait 55 % de la valeur de la production agricole globale; elle procurait en 1954 un revenu net de 93 milliards de francs, soit un chiffre comparable au budget ordinaire de l'Algérie pour la même année. Bien soutenue par un efficace système de crédit qui lui permettait de recourir à la mécanisation, elle livrait au marché algérien et métropolitain l'essentiel de la production viticole, une part notable de la production céréalière et la quasi-totalité des agrumes et des primeurs.

L'Algérie avait vécu jusqu'à la guerre dans un état de sous-industrialisation qui satisfaisait, pour des raisons aisément compréhensibles, à la fois les industriels français et le grand colonat prépondérant dans les Délégations financières. La cruelle expérience de la guerre et l'isolement auquel elle contraignit le pays, firent éclore des projets qui se concrétisèrent en 1946 par l'adoption d'un plan quinquennal d'industrialisation, suivi d'un plan quadriennal pour les années 1954-1957. Si leurs objectifs ne furent pas entièrement réalisés, ces plans lancèrent ou accélérèrent l'activité industrielle dans des secteurs aussi divers que le bâtiment, la métallurgie, l'appareillage électrique, les produits chimiques et alimentaires, qui s'ajoutèrent aux traditionnelles extractions de minerais et de phosphates. La prospection pétrolière, entamée depuis 1951 dans les sables sahariens, ne devait s'affirmer vraiment fructueuse que cinq ans plus tard.

L'industrie concourait ainsi en 1954 à la formation d'un quart environ du produit intérieur brut, son financement incombant pour une part au budget extraordinaire (c'est-à-dire en fait à la métropole), pour le reste à de puissants groupes financiers ou industriels français installés en Algérie [1]. Cet effort, qui n'avait abouti qu'à la création d'une centaine de milliers d'emplois nouveaux, peut paraître modeste; il est considérable si l'on songe à l'ampleur des obstacles, qu'il s'agisse de la pénurie de capitaux proprement algériens, de l'absence d'une main-d'œuvre qualifiée ou du coût très élevé de l'énergie.

L'économie musulmane n'offrait évidemment pas le même visage de prospérité. Alors que la population indigène avait plus que doublé en un demi-siècle, le volume des ressources oscillait dangereusement entre la stagnation et la récession.

L'agriculture était censée occuper les trois quarts des actifs. Si l'on excepte une vingtaine de milliers d'exploitations de type moderne, il s'agissait d'une agriculture traditionnelle de subsistance que l'usure des sols et l'archaïsme des techniques rendaient de moins en moins productive. Grâce à une extension des emblavures,

---

1. Pour s'en tenir aux principaux, on retiendra, parmi les groupes financiers, la Compagnie algérienne de crédit (filiale de la Banque de l'union parisienne), le Crédit foncier d'Algérie et de Tunisie (filiale du Crédit foncier de France), la Banque industrielle de l'Afrique du Nord. Parmi les groupes industriels les plus importants, Pont-à-Mousson et Forges de Basse-Indre (métallurgie), Ciments Lafarge (bâtiment), Solvay (chimie), Schlumberger et Forex (prospection et forage pétroliers).

la production céréalière égalait péniblement celle du début du siècle, mais le rendement moyen était tombé de 6 à 4,6 quintaux à l'hectare et le cheptel ovin avait régressé de 9 à 5 millions de têtes.

Un effort de modernisation avait bien été entrepris. A l'expérience déjà ancienne des Sociétés agricoles de prévoyance (SAP) qui continuaient de distribuer un modique crédit à court terme, le gouverneur Yves Chataigneau avait ajouté en 1946 la tentative plus ambitieuse des Secteurs d'amélioration rurale (SAR) qui combinaient, dans une structure coopérative, un plan annuel de culture, une modernisation des techniques et une aide financière aux fellahs. Diversement accueillie, l'expérience marquait le pas depuis 1948 malgré des résultats encourageants. En 1954, on ne comptait que 200 SAR intéressant environ 300 000 personnes. De toute évidence les problèmes économiques de quelque 6 millions de ruraux ne pouvaient être résorbés que dans le cadre d'une réforme agraire, s'agissant d'un pays où le colonat européen, représentant 2 % de la population agricole totale, accaparait un quart des terres cultivées. Cette inégalité flagrante dans la distribution de l'espace rural condamnait au sous-emploi et au chômage peut-être un million de paysans sans terres et de pasteurs sans troupeaux.

Les activités urbaines ne donnaient guère plus de motifs de satisfaction. Faute de formation professionnelle suffisante et de main-d'œuvre qualifiée, l'industrialisation récente n'avait fourni que 15 000 emplois à la population musulmane. Victime de la reprise des échanges avec la métropole et de l'évolution du goût, l'artisanat traditionnel, qui avait connu un vif essor pendant la guerre, semblait condamné à végéter. Une foule d'emplois tertiaires, précaires et peu rémunérateurs, ne suffisait pas à enrayer un chômage endémique que l'on a pu évaluer en 1954 à 25 % de la population masculine en âge de travailler.

Il convient d'ajouter que l'interpénétration, même partielle, des deux économies jouait au détriment du secteur musulman. Car si la population musulmane tirait peu parti de la modernisation accélérée du pays, l'introduction du circuit capitaliste concourait à l'affaiblissement de l'économie traditionnelle. Pressé par l'impôt et par l'usure, le fellah était contraint de vendre sa récolte au cours le plus bas et d'acheter à prix élevé les semences et les rares produits industriels qui lui étaient nécessaires. La fameuse complémentarité des deux économies, l'une spéculative et l'autre de subsistance, aboutissait en fait à une situation de sujétion partielle.

Une société éclatée.

Une approche même sommaire de la réalité sociale algérienne doit éviter les pièges du schématisme et de la généralisation. Tous les Européens d'Algérie n'étaient pas, tant s'en faut, de riches colons, pas plus que la clochardisation n'était le fait de la totalité des masses musulmanes. Mais il n'est pas niable qu'un fossé s'était creusé dans la condition globale des deux communautés, qui entretenait de part et d'autre incompréhension, méfiance et rancœur.

La population européenne s'élevait en 1954 à 984 000 habitants, soit un peu plus du dixième de la population de l'Algérie. Par les effets de la naturalisation automatique et de l'arrêt à peu près total de l'immigration, c'était pour l'essentiel une population française, le nombre des étrangers étant tombé à moins de 60 000. A 80 % ces Européens étaient nés en Algérie et, plus encore que par le passé, s'y considéraient totalement, et pourquoi pas légitimement, comme chez eux. Leurs activités et leur condition étaient celles d'une société hautement différenciée où le colonat agricole était devenu depuis longtemps minoritaire. Les chefs d'exploitation agricole, colons au sens propre du terme, n'étaient plus que 22 000, dont un tiers il est vrai détenait plus de 100 hectares et accaparait 87 % du domaine rural européen. Très largement urbanisée, cette population était surtout composée de commerçants, de cadres, d'employés et d'ouvriers, de retraités aussi. Son niveau de vie n'avait dans l'ensemble rien de fastueux, sensiblement inférieur à celui de la population métropolitaine, qui à cette époque entrevoyait à peine le cap de l'abondance et du bien-être.

Mais rarement société aussi essentiellement populaire ne s'est révélée aussi étroitement oligarchique. Entendons par là tenue en main par une minorité de potentats qui, maîtrisant l'essentiel des circuits économiques et des moyens d'information, ont su forger à leur profit une solidarité d'intérêts. Étonnant phénomène d'aliénation qui porte en lui tout le drame de l'Algérie française.

Pour ne puiser que parmi les noms les plus illustres, l'histoire retiendra celui de Raymond Laquière, président de l'Assemblée algérienne, maître incontesté du jeu politique, sûr de ses relations et sûr de ses urnes; celui d'Amédée Froger, président de la Fédération des maires de l'Algérie, tout-puissant dans la distribution du crédit agricole. C'étaient aussi Georges Blachette, député, propriétaire du *Journal d'Alger,* surnommé le « roi de l'alfa [1] », qui aimait à se faire passer pour libéral et patronnait les débuts politiques du maire d'Alger, Jacques Chevallier; le sénateur Henri Borgeaud, seigneur du grand domaine viticole de La Trappe, riche d'immenses plantations de liège et de tabac; l'armateur Laurent Schiaffino, autre sénateur, président de la Chambre de commerce d'Alger et d'innombrables conseils d'administration. C'étaient aussi Gratien Faure, le plus grand propriétaire de terres à blé du Constantinois, Jean Duroux, gros minotier de l'Algérois, qui laissait à son beau-frère Alain de Sérigny la direction du puissant *Écho d'Alger.*

Ainsi conditionnée, et d'ailleurs instinctivement convaincue que toute réforme serait fatale à sa prééminence de fait, la population française professait massivement les opinions les plus conservatrices [2]. Il y avait certes dans les quartiers populaires d'Alger ou d'Oran un électorat populaire tourné vers la gauche qui avait envoyé, aux élections législatives de juin 1951, deux députés communistes et un socialiste à l'Assemblée nationale. Mais la coalition des conservateurs avait remporté les douze autres sièges, la diversité des étiquettes ne devant pas faire illusion, car l'Algérie ne voulait rien savoir des subtilités métropolitaines. Le sigle radical dont s'affublaient un René Mayer ou un Borgeaud était évidemment à mille lieues de son sens étymologique et, à Oran, un gaulliste comme Fouques-Duparc faisait bon voisinage avec un ancien chef de cabinet du maréchal Pétain.

Forte de 8 400 000 habitants, la société musulmane connaissait une évolution globalement inverse. Un accroissement très rapide de sa population l'entraînait dans un processus de paupérisation, qu'en l'absence de toute réforme de structure les autorités françaises n'étaient plus à même de maîtriser.

Les données démographiques sont essentielles [3], qui font appa-

---

1. En vertu d'une convention remontant à 1873, le concessionnaire des mers d'alfa du Sud-Oranais était « tenu » de verser à l'État 15 centimes par tonne récoltée jusqu'à concurrence de 1 000 tonnes, 25 centimes au-delà. Ce scandale dura jusqu'en 1956.
2. Ce n'était pas chose nouvelle. En 1898, Drumont et trois des siens furent élus en Algérie. Croix-de-Feu et PPF y furent fort actifs avant la guerre, sans parler du maréchalisme militant dont on a fait état.
3. En 1954, le taux de natalité s'établissait à 45 ‰, le taux de mortalité à 17,5 ‰.

raître une natalité en hausse constante (pour des raisons difficilement explicables), une diminution sensible de la mortalité et un
taux d'accroissement naturel de 2,5 % par an. Aux traditionnels
problèmes de l'approvisionnement minimal des familles, de la terre
et du logement, l'extrême jeunesse de cette population ajoutait ceux,
apparemment insolubles, de la scolarisation, de la formation professionnelle et de l'emploi.

Certes, la totalité de la population musulmane ne vivait pas dans
le dénuement. Volontiers cités en exemple par les autorités françaises, quelques milliers de familles constituaient une puissante
oligarchie foncière, de même que s'était formée dans les villes une
élite aisée d'industriels, de commerçants et de professions libérales.
La société musulmane n'était pas davantage fermée à toute perspective d'ascension sociale [1] et c'est au total quelque deux millions
d'indigènes qui, par la mise en valeur du sol, un emploi stable ou un
mandat providentiel venu de métropole, accédaient peu ou prou à
une condition que l'on peut qualifier d'européenne. A ce titre la
population musulmane relevait d'un sous-développement nettement
inférieur à celui de pays comparables comme l'Égypte ou la Jordanie. Réalité indéniable, mais qui ne peut masquer pour autant la
faillite du système français à assurer aux trois quarts de la population algérienne un niveau de vie décent [2]. D'autant plus que les
statistiques sont impuissantes à rendre compte de la totalité du
paupérisme algérien. Le passage en métropole de nombreux soldats
et ouvriers, l'urbanisation accrue, l'information diffusée par la radio,
avaient développé dans les masses algériennes une perception de
leur condition plus relativisée qu'auparavant et engendré un sentiment aigu de frustration.

Le paupérisme n'était d'ailleurs que l'un des aspects critiques de

1. En 1954, l'université d'Alger comptait 10 % de musulmans parmi
ses 5 000 étudiants inscrits. Mais leur répartition faisait apparaître une
nette sur-représentation du droit et des lettres. De toute évidence, les autorités préféraient former des avocats et des professeurs plutôt que des médecins ou des ingénieurs.
2. Au chapitre, inépuisable, des injustices choquantes régnant en Algérie, on révélera certains chiffres avancés par la commission parlementaire
qui enquêta en juin 1955 : le salaire d'un ouvrier agricole s'établissait alors
à 360 francs (centimes actuels) par jour, pour dix heures de travail. A
l'autre bout de l'échelle sociale, un grand propriétaire de l'Oranais possédant
1 290 hectares de vignoble acquittait en tout et pour tout 25 000 francs
(centimes) d'impôts directs.

la réalité musulmane. D'autres avaient surgi, qui ne recevaient que des solutions partielles.

Le retard de la scolarisation était patent. Non qu'un effort considérable n'ait été entrepris, encore qu'inférieur aux objectifs définis en 1944 par la Commission des Réformes musulmanes. En dix ans le nombre des écoliers avait triplé et 3 700 classes furent construites pour la seule année scolaire 1953-1954. Mais moins de 13 % des enfants musulmans accédaient à l'école publique, moins de 18 % si l'on inclut les écoles coraniques. De toute évidence, l'instruction primaire restait un privilège, très relatif du reste, compte tenu du surpeuplement en vigueur dans les classes musulmanes.

La situation administrative de l'Algérie connaissait une évolution plus inquiétante encore. Le contraste était frappant entre la pléthore bureaucratique au service de la population européenne et le sous-encadrement tragique des masses musulmanes. Au gouvernement général et dans les préfectures, la plupart des emplois, et assurément les meilleurs, étaient tenus par une myriade de fonctionnaires européens, naturellement peu enclins à modifier le cours des choses. L'impulsion aurait pu venir d'en haut, mais il n'en était rien. Le gouverneur général, homme politique ou haut fonctionnaire venu de Paris, ignorait généralement tout de l'Algérie et s'en remettait, sauf rares exceptions, à ses subordonnés. Les véritables patrons étaient en fait le secrétaire général [1], son cabinet et les chefs de services placés à la tête des grandes directions [2]. Quant aux jeunes fonctionnaires, frais émoulus de l'École nationale d'administration et venus accomplir leur stage en Algérie, leur passage était trop bref pour qu'il fût utile. Purgatoire ou paradis, selon les tempéraments, l'Algérie n'était qu'un moment à passer au seuil d'une carrière métropolitaine ou diplomatique. La machine assez lourde et compliquée de la bureaucratie algérienne fonctionnait donc à sens unique.

A l'inverse, l'encadrement de la population musulmane ne suivait pas, et de loin, son accroissement numérique, et tout donne à penser que cette situation procédait au mieux de l'inconscience, au pire d'une volonté délibérée. La Direction des réformes, mise en place en 1945, avait été dissoute deux ans plus tard, tout comme avait été

1. En 1954, cette fonction était tenue par Maurice Cuttoli, fils du sénateur Cuttoli, l'un des maîtres du lobby algérien pendant l'entre-deux-guerres.
2. Sur la quinzaine de Directions que comptait le gouvernement général, on ne comptait qu'un seul musulman, Salah Bouakouir, directeur du Commerce et de l'Industrie.

supprimé en 1948 le poste de secrétaire général aux Affaires musulmanes. Seul subsistait au gouvernement général un Service des
liaisons nord-africaines, dirigé par le colonel Schoen, qui était surtout un organe de renseignement. Sur place, la situation était plus
dramatique encore. Le statut de 1947 ayant prévu la disparition
progressive des communes mixtes [1], le recrutement des administrateurs dits des « services civils » était arrêté. Ce corps vieillissait donc,
ne se déplaçait plus et ne suffisait pas aux tâches toujours plus
lourdes que requérait une population sans cesse plus nombreuse.
L'exemple le plus fréquemment cité est celui de la commune mixte
d'Arris, dans les Aurès, qui, avec 60 000 habitants, comptait en tout
et pour tout 1 administrateur, ses 2 adjoints et 7 gendarmes. Il
est clair que des régions aussi tragiquement sous-encadrées ont
constitué une proie facile pour la rébellion. La population ne pouvait
guère compter par ailleurs sur les cadres musulmans que le pouvoir colonial associait à son administration. Caïds, aghas et bachaghas, couverts de décorations et très convenablement dotés, savaient
se montrer dévoués aux autorités françaises en participant au trucage
des consultations électorales. Mais à l'égard de leurs coreligion-
naires, ils avaient généralisé le *bakhchich* sans lequel aucune carte
d'identité ou aucun permis de chasse ne pouvait être obtenu.

Face à tant de problèmes non résolus, l'opinion métropolitaine,
au demeurant peu informée, faisait preuve de beaucoup d'indifférence. Les Français d'Algérie, marqués par le soulèvement de
1945, effrayés par l'augmentation vertigineuse de la population
musulmane, s'accrochaient au statu quo. Leur attitude à l'égard
des Algériens musulmans variait évidemment beaucoup selon les
régions et les conditions sociales, allant d'un paternalisme qui
pouvait ne pas être exempt de cordialité et d'affection aux manifestations les plus répréhensibles du racisme ordinaire [2]. Mais tous,

1. Héritage de la IIIᵉ République, le régime communal de l'Algérie dis-
tinguait deux types de communes : les *communes de plein exercice,* où la
population européenne était, sinon majoritaire, du moins importante, fonc-
tionnaient à peu près comme des communes métropolitaines — mais où la
représentation des musulmans dans les conseils municipaux ne pouvait
excéder 2/5 des sièges; les *communes mixtes,* de population à peu près
exclusivement musulmane, étaient gérées par un administrateur, ses adjoints
et quelques notables, en général nommés.
2. Sur ce sujet, plus que l'essai, brillant mais partial de Pierre Nora, *Les
Français d'Algérie* (Paris, Julliard, 1961), on consultera le livre de Daniel

ou presque tous, communiaient dans cette certitude que les Arabes étaient de grands enfants qui ne respectaient rien autant que la force, et que toute concession serait fatale aux acquis de la colonisation. A cela, la population musulmane répondait par un comportement fait de crainte et d'humilité, qui masquait en fait un sentiment de dignité bafouée. Aussi était-il vain de mettre en avant l'ampleur des réalisations françaises en matière d'équipement, de scolarisation et de santé. Ce que la France a fait en Algérie et ce qu'elle n'a pas fait se rejoignaient dans la conscience populaire pour entretenir l'amertume d'une immense injustice.

La permanence du nationalisme.

Aucun de ces paramètres traditionnels que sont l'activité des partis, les mouvements de l'opinion et les élections, ne permet de rendre compte avec précision de l'audience réelle du nationalisme algérien à la veille de l'insurrection. La division chronique des forces d'opposition comme l'apathie relative des masses musulmanes entretenaient la confiance des autorités dans les vertus de la paix française et semblaient justifier tous les immobilismes. Les dernières consultations électorales, conduites avec les méthodes habituelles, avaient peuplé l'Assemblée nationale et l'Assemblée algérienne de candidats administratifs dénués de toute représentativité réelle [1]. S'il est probable que la grande masse des fellahs n'avait pas nettement conscience de son devenir et demeurait incapable, lui en eût-on laissé les moyens, de donner une traduction politique claire aux sentiments qui l'agitaient, il est certain aussi que la quiétude gouvernementale s'est révélée trompeuse et relevait d'une sous-évaluation systématique d'un nationalisme, latent certes, mais beaucoup plus répandu qu'on ne se plaisait à le reconnaître.

Pour autant, sa configuration politique restait la même que par le passé, mais le rapport des forces entre ses diverses composantes s'était notablement modifié.

Leconte, *Les Pieds-Noirs, histoire et portrait d'une communauté,* Paris, Éd. du Seuil, 1980.

1. Cf. le tableau p. 46. Ce tableau rend compte de l'audience à la fois concurrente et alternative de l'UDMA et du messalisme. A partir de 1948, il n'a guère d'autre utilité que de révéler l'ampleur de la fraude électorale.

RÉSULTATS ÉLECTORAUX DU DEUXIÈME COLLÈGE
1945-1954

	Fédération des élus	Amis du manifeste UDMA	PPA MTLD	indépend. candidats officiels	PCA	SFIO
CANTONALES *sept. 1945* 58 sièges	7	9	pas de candidats	32	4	6
1re CONSTITUANTE *21 oct. 1945* 13 sièges	7	pas de candidats	pas de candidats	0	2	4
2e CONSTITUANTE *2 juin 1946* 13 sièges	pas de candidats	11	pas de candidats	0	0	2
ASSEMBLÉE NATIONALE *10 nov. 1946* 15 sièges	x	pas de candidats	5	8	0	2
CONSEIL DE LA RÉPUB. *10 nov. 1946* 7 sièges	x	4	pas de candidats	3	0	0
ÉLECTIONS MUNICIPALES *octobre 1947*	x	18 % des sièges	33 % des sièges	45 % des sièges	4 % des sièges	
ASSEMBLÉE ALGÉRIENNE *4 et 11 avril 1948* 60 sièges	x	8	9	41	0	2
ASSEMBLÉE ALGÉRIENNE renouvellement triennal — *fév. 1951* 60 sièges	x	7	5	48	0	0
ASSEMBLÉE NATIONALE *17 juin 1951* 15 sièges	x	0	0	15	0	0
ASSEMBLÉE ALGÉRIENNE renouvellement triennal — *fév. 1954* 60 sièges	x	5	0	53	0	2

Le parti communiste algérien demeurait un cas singulier. Bénéficiant d'une solide organisation et d'une presse dont l'audience dépassait largement un tirage assez modeste [1], il jouissait d'une réelle influence sur le petit peuple urbain de la communauté européenne. Par le biais de la CGT, il contrôlait quelque 60 000 syndiqués, et si ses effectifs, de l'ordre de 12 000, demeuraient stationnaires, il disposait d'un appareil militant remarquablement actif.

Pourtant, le PCA surmontait mal certains handicaps majeurs. Ses fluctuations, pour ne pas dire ses volte-face, à l'égard du nationalisme algérien [2], son soutien apporté à la répression lors du soulèvement de mai 1945, son idéologie matérialiste, ses références à la laïcité, et jusqu'à sa clientèle européenne, continuaient de le rendre suspect aux yeux des musulmans. Un certain nombre de redressements avaient bien été opérés dans le sens d'une arabisation très nette de ses cadres dirigeants et d'une réorientation de sa propagande à des fins plus résolument autonomistes. Au lendemain des élections de 1951 et à diverses autres reprises, des ouvertures furent faites aux partis algériens en vue d'une action commune. Rien n'y fit. Ces efforts n'eurent pour effet que de lui faire perdre dans la population européenne une partie de la confiance qu'il n'avait pas réussi à gagner dans l'opinion musulmane.

Même tendance à la marginalisation, mais pour de tout autres raisons, en ce qui concerne l'UDMA. Parti de cadres et de notables francisés, son programme n'avait guère varié depuis 1944. Ferhat Abbas et ses amis continuaient de plaider en faveur d'une Algérie autonome et démocratique, et n'avaient pas perdu tout espoir d'engager un dialogue constructif avec l'administration. Tant de patience était mal payée de retour. Les autorités françaises croyaient habile de rogner à chaque consultation électorale la représentation de l'UDMA qui n'obtint aucun siège aux élections générales de juin 1951 et qui tomba à cinq sièges (sur 60) lors du renouvellement

1. *L'Alger républicain* ne tirait qu'à 20 000 exemplaires mais était très lu par les musulmans évolués.
2. Il semble nécessaire de rappeler qu'après avoir soutenu originellement une ligne nettement séparatiste, le PCA se rallia en 1936 aux thèses assimilationnistes; que revenu en 1940 à la revendication de l'indépendance, il défendit à partir de 1943 l'« union avec le peuple de France »; et que, partisan en 1946 d'un statut d'État associé, il revint, à partir de 1949, à l'idée d'une République algérienne plus ou moins liée à la France selon la communauté à laquelle il s'adressait.

triennal de l'Assemblée algérienne en février 1954. Cette politique
à courte vue semblait porter ses fruits. Car si elle conservait
quelque audience dans les villes moyennes, l'UDMA ne recrutait
plus. Sa modération et son légalisme détournaient d'elle en particulier la jeunesse intellectuelle, qui lui préfère le MTLD ou, dans
une moindre mesure, le PCA.

Le mouvement des Oulémas, dont on a dit l'importance dans la
genèse du nationalisme algérien, donnait aussi quelques signes
d'essoufflement. La mort de Ben Badis en 1940 avait ouvert une
crise de succession mal résorbée par la nomination du cheikh Bachir
el-Ibrahimi qui ne valait pas son illustre prédécesseur. Partagé
d'autre part entre la tentation d'une action unitaire et une volonté de
retour à ses tâches traditionnelles d'enseignement et de défense de
l'Islam, le mouvement éprouvait le plus grand mal à définir une
ligne politique. Cette démarche chaotique ne doit pas masquer une
extension réelle de son réseau d'écoles et de medersas, ni l'influence
de sa prédication en milieu rural. Mais cette activité ne pouvait se
révéler fructueuse que si elle débouchait sur un projet politique. Tel
n'était plus, semble-t-il, l'objet d'un mouvement devenu quelque
peu conservateur et compassé.

C'est donc au MTLD de Messali Hadj qu'il revenait d'exprimer
avec le plus d'ampleur et de détermination les revendications du
nationalisme algérien. Ni son inspiration ni son programme n'avaient
beaucoup changé depuis les temps héroïques de l'Étoile nord-
africaine et du PPA. Son idéologie restait rudimentaire, réduite à
un populisme prophétique étroitement lié à un islamisme volontiers
moralisateur; son but était toujours l'indépendance totale de l'Algérie, assortie d'une profonde réforme sociale; ses armes, un dosage
mouvant de propagande et d'activisme clandestin portés par une
organisation strictement centralisée et hiérarchisée.

Le visage du parti s'était, lui, davantage modifié. Si la mobilité
et la clandestinité [1] auxquelles étaient contraints nombre de ses
militants rendent aléatoire toute appréciation chiffrée, il est plausible
d'admettre un élargissement sensible de son audience et une stabi-
lisation de ses effectifs à quelque 25 000 adhérents en 1953-1954,
chiffre relativement modeste au regard de la population musulmane,

---

1. Jusqu'en 1949, le MTLD, parti politique autorisé, s'est superposé à
la structure semi-clandestine du PPA, qui a survécu quatre ans à son
interdiction de mai 1945.

mais qui plaçait le MTLD au premier rang des forces d'opposition. D'autant plus que son rayonnement s'étendait bien au-delà de sa base strictement militante, le parti s'étant implanté avec succès dans la jeunesse scolaire, dans le scoutisme algérien et, à un moindre degré, dans les syndicats. L'évolution la plus remarquable semble toutefois résider dans l'élargissement de son assise sociale. Ce parti traditionnellement populaire et prolétarien a su attirer à lui, depuis 1948, des membres de la classe moyenne et des intellectuels que rebutaient autant le légalisme impénitent de l'UDMA que le double langage du PCA. Apport décisif, qui allait profondément perturber son évolution politique.

Car indépendamment des coups plus ou moins rudes que lui portait périodiquement l'autorité française, le MTLD vivait depuis sa naissance dans un état de crise endémique.

Une première source de tension avait surgi à propos de l'éternel dilemme des partis nationalistes confrontés à une situation coloniale : action légale ou insurrectionnelle? On a vu qu'en 1945 le PPA avait nettement choisi la voie de l'insurrection armée. Mais l'ampleur de la répression avait convaincu Messali de son caractère prématuré. D'où la création l'année suivante d'un parti légalement reconnu, le MTLD, délibérément orienté vers la participation aux élections. Ce revirement n'avait pas fait l'unanimité et les partisans de l'illégalité, conduits par le Dr Lamine Debaghine, imposèrent au Congrès de février 1947 la création d'une Organisation spéciale (l'OS), chargée de préparer secrètement l'insurrection. La mascarade des « élections Naegelen » de 1948 eut pour effet de renforcer cette tendance et de donner la priorité aux activités de l'OS. Sous la direction d'Aït Ahmet puis, à partir de janvier 1949, d'Ahmed Ben Bella (jusqu'alors responsable de l'Oranie), l'OS s'attacha donc à réunir des fonds [1], à se procurer des armes et des explosifs, à recruter et à instruire de véritables commandos. Mais elle pâtit des temporisations de la direction du MTLD et de sordides règlements de comptes internes, pour être finalement démantelée par la police française au printemps 1950. Si ses effectifs ne semblent pas avoir dépassé 1 500 hommes, l'OS a durablement marqué une génération de militants nationalistes et nourri une nostalgie de l'action clandestine qui a pesé lourd dans la naissance du FLN.

---

1. L'attaque de la poste centrale d'Oran, le 5 avril 1949, lui rapporta 3 millions de francs.

Mais déjà d'autres affrontements se faisaient jour, qui remettaient en cause les méthodes autoritaires de la direction du MTLD et, à travers elles, les pouvoirs dictatoriaux dont jouissait Messali Hadj au sein du parti. Ce fut d'abord la « crise berbériste [1] » qui, venue de France, menaça la cohésion du MTLD durant l'année 1949. Elle se solda par une victoire provisoire de Messali, qui en profita pour éliminer quelques adversaires gênants. Mais le problème de la spécificité berbère était posé et il y aura lieu de voir qu'il l'était durablement. Dès l'année suivante la crise rebondissait quand le comité central refusa à Messali la présidence à vie et son traditionnel droit de veto. De toute évidence quelque chose avait changé, qui ne peut être compris qu'à la lumière des mutations sociologiques enregistrées dans le recrutement du MTLD. Car si les couches populaires demeuraient sensibles au prestige de Messali Hadj et à sa prédication enflammée, les bourgeois et les intellectuels, qui grossissaient les rangs du parti et accédaient au comité central, se montraient plus réservés. Ils se prirent à dénoncer le culte de la personnalité entretenu par l'atmosphère d'adulation et de flatterie qui régnait dans l'entourage de Messali. Un voyage de propagande qu'entreprit ce dernier en Algérie au mois de mai 1952, et qui dégénéra à plusieurs reprises de façon très violente, ne fit rien pour le rapprocher de dirigeants qui se reconnaissaient de moins en moins dans les initiatives brouillonnes du Zaïm.

Conflit de générations, certes, mais qui n'était pas exempt d'arrière-pensées sociales et politiques. Les opposants, au premier rang desquels se trouvaient Hocine Lahouel, Abderrhamane Kiouane et Benyoucef Ben Khedda, entendaient orienter le MTLD dans un sens moins strictement prolétarien et islamique, et faire sortir le parti de son isolement, ce qui impliquait une ouverture en direction de l'UDMA et le retour à une attitude légaliste à l'égard de l'administration française [2]. Ces thèses l'emportèrent au Congrès clan-

---

1. Rappelons qu'il existe en Algérie une importante minorité berbère, concentrée surtout en Kabylie et dans l'Aurès, et qui, outre l'originalité linguistique, se différencie du reste de la population musulmane par une moindre sensibilité à l'Islam et à ses normes sociales. Les Kabyles étaient particulièrement nombreux dans l'émigration algérienne en France et la Fédération française du MTLD entendait défendre le caractère algérien (plutôt qu'arabe) et démocratique (plutôt qu'islamique) de l'Algérie future.

2. L'illustration la plus spectaculaire de ce nouvel état d'esprit fut l'entrée de 25 élus du MTLD au conseil municipal d'Alger en juin 1953

destin tenu à Alger en avril 1953. En l'absence de Messali, assigné à résidence à Niort, ses adversaires désignèrent un comité central dont ses fidèles étaient exclus. Une reprise en main ayant échoué, le conflit devint ouvert entre *messalistes* et *centralistes* qui tinrent, l'année suivante, en juillet 1954, deux congrès séparés, les premiers à Hornu (Belgique), les seconds à Belcourt (Alger). Des deux côtés on procéda à des exclusions et à des condamnations sans appel. La scission était donc totale et l'affrontement dégénérait çà et là en de véritables expéditions punitives.

Vers l'insurrection.

L'insurrection du 1er novembre 1954 n'est nullement le produit d'une poussée paroxystique de nationalisme populaire, et en ce sens l'histoire du mouvement national algérien est très différente de celle de la Tunisie et du Maroc. L'insurrection découle en fait de la volonté de quelques hommes décidés, conscients de l'impasse politique dans laquelle s'était enfermé le nationalisme algérien à l'heure où Diên Biên Phu sonnait le glas de la domination coloniale française, et convaincus que la voie de l'indépendance passait par le seul recours à l'action directe.

C'est au printemps 1954 qu'une poignée de militants du MTLD, pour la plupart anciens membres de l'OS, va tenter de trancher le nœud gordien des querelles intestines et des rivalités de personnes. Leur but était de refaire l'unité du parti en préférant à une médiation politique aléatoire la préparation immédiate d'une insurrection qui aurait le mérite de placer le débat hors des discussions stériles et de mettre chacun face à ses responsabilités.

Si l'idée de cette troisième force semble revenir à Mohammed Boudiaf, qui dirigeait alors la Fédération française du MTLD, elle rallia vite d'autres dirigeants de l'ancienne OS que liait une nostalgie commune de l'action directe. Parmi eux, Mourad Didouche, adjoint de Boudiaf, Larbi Ben M'Hidi et Mostafa Ben Boulaïd, anciens responsables de l'OS en Oranie et dans l'Aurès. Ainsi naquit à la fin du mois de mars 1954 le Comité révolutionnaire pour l'unité et l'action, le CRUA.

---

et qui collaborèrent activement à la gestion de la cité aux côtés du nouveau maire Jacques Chevallier.

A vrai dire, cette tendance activiste n'était pas totalement inno-
cente au regard des factions qui déchiraient le MTLD. D'emblée
ses critiques les plus résolues se portèrent contre les messalistes,
accusés de préférer l'éclatement du parti à toute remise en cause
des pouvoirs du Zaïm. De fait, des relations privilégiées s'établirent
entre activistes et centralistes. Ces derniers, maîtres des fonds du
parti, permirent au CRUA d'imprimer un bulletin, *le Patriote,* et les
deux tendances s'unirent fréquemment pour évincer les messalistes
des instances locales du MTLD. Cette alliance tactique se doubla
d'une négociation serrée qui visait à convaincre les centralistes du
bien-fondé de la démarche du CRUA. Ces derniers étaient embar-
rassés. Leurs origines sociales et leur formation d'hommes d'appareil
les poussaient instinctivement à préférer, dans l'immédiat au moins,
la voie légaliste. Sans être hostiles par principe à une insurrection
armée, ils en estimaient le déclenchement prématuré, sinon suici-
daire. La rupture n'eut lieu qu'au mois d'octobre 1954 et c'est lors
d'un ultime voyage de conciliation au Caire que Hocine Lahouel et
M'Hammed Yazid apprirent le déclenchement de l'insurrection. Cette
longue connivence ne devait pourtant pas être stérile, dans la mesure
où de nombreux centralistes furent les premiers à rallier le FLN,
pour quelques-uns dès novembre 1954.

Entre-temps les fondateurs du CRUA s'attachaient à étoffer leur
organisation et à jeter les bases de l'insurrection, battant le rappel
dans les diverses régions de l'Algérie. Rabah Bitat se chargea du
Constantinois, Ben M'Hidi de l'Oranie, Mourad Didouche de l'Algérois et Ben Boulaïd de l'Aurès. Anciens de l'OS et militants éprou-
vés du MTLD furent recrutés sur la base d'un système pyramidal
strictement cloisonné. Il semble que la nouvelle de la chute de Diên
Biên Phu en mai 1954 jointe à la propagande venue du Caire par
la Voix des Arabes aient eu quelque effet mobilisateur. Fin juin eut
lieu à Alger la réunion historique des « 22 » qui, après une première
évaluation des forces, prit la décision d'une guerre illimitée jusqu'à
l'indépendance et désigna, ou plutôt confirma, une direction collégiale de cinq membres [1].

Une autre négociation se révéla fructueuse, qui apportait au
CRUA le ralliement de Belkacem Krim et de son adjoint Omar
Ouamrane. Fils d'un notable kabyle en rupture avec son milieu,

---

1. Ben M'Hidi, Boudiaf, Ben Boulaïd, Rabah Bitat et Mourad Didouche.
Les « cinq » deviendront « six » avec le ralliement de Belkacem Krim.

activement recherché par la police française, Krim tenait depuis 1947 le maquis dans les montagnes de Kabylie et pouvait apporter à l'insurrection quelques centaines de militants sur lesquels il jouissait d'un réel ascendant. Ralliement précieux, mais lourd d'arrière-pensées réciproques, qui tenaient autant à la longue fidélité messaliste de Krim qu'à la vigueur de son particularisme berbère.

Un dialogue s'était d'autre part établi au Caire entre le CRUA et la délégation extérieure qu'y entretenait le MTLD. Depuis 1945, la capitale égyptienne se voulait aussi celle du panarabisme. Elle y abritait les bureaux de la Ligue arabe et, depuis 1948, les services d'un Comité de libération du Maghreb, représentatif du Néo Destour tunisien, de l'Istiqlal marocain et du MTLD algérien, le tout coiffé par Abd el-Krim, le prestigieux héros de la guerre du Rif. Comité à vrai dire quelque peu somnolent mais qui fut tiré de sa torpeur quand en 1952 de jeunes officiers égyptiens déposèrent le roi Farouk et instaurèrent le Conseil de la Révolution. Mais à l'heure où la Tunisie et le Maroc étaient en pleine ébullition, la représentation algérienne faisait figure de parent pauvre et n'échappait pas aux sarcasmes que lui valaient les crises à répétition du MTLD. Il y avait là Mohammed Khider, ancien député à l'Assemblée nationale qui, arrêté lors du démantèlement de l'OS, avait trouvé refuge au Caire en 1950. Il avait été rejoint par son beau-frère Aït Ahmed, en disgrâce auprès de Messali Hadj pour ses sympathies berbéristes, et, en 1952, par Ahmed Ben Bella qui était parvenu à s'évader de sa prison de Blida. Or ce dernier disposait de solides atouts personnels. Outre sa gentillesse naturelle et son excellente mémoire, il connaissait seul, en tant que dernier dirigeant de l'OS, la localisation des armes qui avaient échappé aux rafles de la police française. Il conduisit donc la négociation à son gré, tant auprès des dirigeants du CRUA qu'auprès du colonel Nasser qu'il sut intéresser à la cause de l'insurrection naissante. Celui-ci promit, de façon toute formelle d'ailleurs, l'appui matériel et moral de l'Égypte. Ce faisant Ben Bella acquérait un prestige personnel indéniable, mais s'attirait les ressentiments durables de Khider et d'Aït Ahmed, qu'il n'informait guère de ses négociations et qu'il s'appliquait secrètement à déconsidérer auprès des services égyptiens. Il s'attirait aussi la méfiance des dirigeants de l'intérieur, soupçonneux à l'égard de toute ingérence étrangère, fût-elle égyptienne.

Les ultimes réunions se tinrent les 10 et 24 octobre 1954 à

Alger. Il y fut prononcé la dissolution du CRUA et son remplacement par un mouvement politique, le Front de libération nationale (FLN), doté d'une armée du même nom (ALN). Le territoire algérien fut divisé en six zones et à chaque responsable furent assignés des objectifs précis [1]. Une proclamation politique fut également adoptée et le jour de l'insurrection fixé au 1er novembre [2].

Qui étaient-ils ces neuf « chefs historiques » du FLN et de quels moyens disposaient-ils à la veille de l'insurrection?

S'il n'est pas indifférent que plusieurs d'entre eux [3] proviennent de l'Est algérien (Constantinois et Aurès), traditionnellement rebelle à la loi de la colonisation, le FLN se relève d'aucun particularisme régional. On compte parmi ses fondateurs des Kabyles comme Aït Ahmed ou Krim Belkacem, des représentants de l'Algérois et de l'Oranais comme Ben Bella. A l'inverse la diversité de leurs origines sociales n'est qu'apparente. Des fils de familles relativement aisées comme Aït Ahmed ou Boudiaf côtoient d'authentiques prolétaires comme Mohammed Khider ou Rabah Bitat. Mais tous partagent un long passé de militantisme et de clandestinité qui les ont déclassés de leur milieu originel. Devenus des professionnels de la révolution, ils n'attachent d'importance qu'au renversement de l'ordre colonial et nourrissent une totale indifférence à toute forme de promotion sociale, comme aux libertés individuelles qui l'accompagnent. Leur niveau d'instruction généralement modeste (sauf pour Aït Ahmed, réellement cultivé) suffit à dispenser au groupe une idéologie élémentaire, encore que le passage dans l'armée française de certains d'entre eux (Ben Bella, Boudiaf, Krim) et leur participation antérieure aux consultations électorales aient pu élargir leur horizon ou aiguiser leur sens politique. Tous communient dans un nationalisme vaguement populiste et dans la conviction inébranlable que l'indépendance ne pourra être arrachée qu'au prix d'une

1. La zone des Aurès fut confiée à Mostefa Ben Boulaïd, le Nord-Constantinois à Rabah Bitat, la Kabylie à Krim Belkacem, l'Algérois à Mourad Didouche et l'Oranais à Larbi Ben M'Hidi. La zone saharienne fut laissée provisoirement sans commandement.
2. Le choix de cette date a une valeur évidemment symbolique, mais il semble avoir reposé sur une confusion entre la Toussaint et le jour des Morts.
3. C'est le cas de Ben Boulaïd, Khider, Bitat et Boudiaf. C'est le cas aussi de Ben Tobbal, Boussouf et Zighout Youssef qui ont fait partie du « Comité des 22 ».

longue lutte armée. Mais leur choix s'opère, pour ainsi dire, négative-
ment, en rupture avec tous les schémas antérieurs [1], de sorte
que leur projet révolutionnaire reste flou et n'accorde, au-delà du
mot magique d'indépendance, aucune attention à la configuration
politique et sociale de l'Algérie future.

Quant aux moyens dont ils disposent, ils peuvent à juste titre
paraître dérisoires. Le FLN aborde la lutte sans organisation
politique distincte de ses minces structures militaires et sans chefs
véritablement connus. Ses forces n'atteignent vraisemblablement
pas un millier d'hommes, très inégalement répartis à travers le territoire algérien. Si la Kabylie et les Aurès peuvent revendiquer
respectivement 450 et 350 combattants, on n'en compte pas plus
d'une cinquantaine dans le Nord-Constantinois, l'Algérois et l'Oranais. La faiblesse des moyens financiers rend pour l'instant impossible tout effort d'équipement et d'armement. Si les caches de l'OS
recèlent encore quelques armes de guerre, les fusils de chasse
dominent largement et il reste beaucoup à faire pour amener les
services égyptiens à s'intéresser au sort matériel des combattants. Le
colonel Nasser entend en effet subordonner son aide à des résultats
tangibles que le FLN n'est nullement certain d'obtenir. Si la révolte
nourrit leur détermination, un immense sentiment d'impuissance
n'épargne pas les dirigeants au seuil de la rébellion. Un millier
d'hommes et de mauvais fusils pour défier tout à la fois la France
coloniale et les partis nationalistes existants semble bien relever
d'un pari impossible.

Encore ont-ils vaguement conscience de l'opportunité du moment.
S'ils n'attendent des premiers attentats aucun soulèvement généralisé, du moins pressentent-ils la lassitude de l'opinion musulmane à
l'égard des partis traditionnels, l'ampleur des complicités qu'ils
pourront trouver dans la population, les ralliements que ne manquera
pas de provoquer la brutalité de la répression. Un autre atout réside
dans l'insuffisance des forces militaires françaises stationnant en
Algérie à la suite des ponctions opérées par la guerre d'Indochine
et les opérations de maintien de l'ordre au Maroc et en Tunisie.
Sous le commandement du général Cherrière, un officier dont chacun s'accorde à reconnaître qu'il n'était nullement préparé à la

---

1. « Le 1er novembre fut d'abord et avant tout le résultat d'une révolte,
d'une remise en cause de tous les appareils établis, c'est-à-dire une rupture
catégorique avec les anciens mouvements nationalistes » (Déclaration de
Mohammed Boudiaf, in El Djarida, 21 février 1970).

guerre qui s'annonce, la Xe région militaire dispose à peine de 50 000 hommes, dont quelques milliers seulement peuvent être considérés comme opérationnels. L'armement terrestre est insuffisant, souvent hors d'usage et inadapté au terrain. Quantitativement et qualitativement, l'armée française n'aborde pas forcément en position de force une rébellion qui a pour elle sa dispersion dans l'immense espace algérien, la mobilité de ses combattants et leur connaissance du terrain. Les données militaires ne sont d'ailleurs pas isolées du contexte politique. A l'heure de Diên Biên Phu et du réveil nationaliste des Protectorats, le sort de l'insurrection se jouera aussi dans la capacité de ses dirigeants à faire entrevoir aux masses algériennes la fin inéluctable du vieil ordre colonial.

2

La guerre d'Algérie sous la IVᵉ République

(1954-1958)

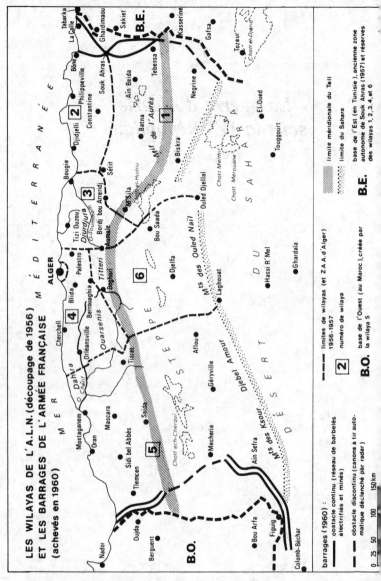

LES WILAYAS DE L'A.L.N. (découpage de 1956)
ET LES BARRAGES DE L'ARMÉE FRANÇAISE
(achevés en 1960)

barrages (1960) :
obstacle continu (réseau de barbelés électrifiés et mines)
obstacle discontinu (canons à tir automatique déclenché par radar)

─── limites de wilayas (et Z.A.A. d'Alger)
      1956-1957
2 numéro de wilaya

B.O. base de l'Ouest (au Maroc), créée par la wilaya 5

/// limite méridionale du Tell
···· limite du Sahara

B.E. base de l'Est (en Tunisie), ancienne zone autonome de Souk Ahras (1957) et réserves des wilayas 1, 2, 3, 4, et 6

0 25 50 100 150 km

Reproduite d'après Armée, Guerre et Politique en Afrique du Nord (XIXᵉ-XXᵉ s.), *Presses de l'ENS, Paris, 1977.*

1

L'insurrection et le gouvernement de Jacques Soustelle

L'insurrection.

C'est donc dans la nuit du 31 octobre au 1er novembre 1954, particulièrement entre minuit et 3 heures du matin, qu'éclatent sur une trentaine de points du territoire environ soixante-dix attentats [1]. Leur intensité très variable rend bien compte de l'inégale implantation du FLN à sa naissance.

Dans le département d'Oran, l'insurrection se réduit à peu de chose : quelques tentatives d'incendies, quelques lignes téléphoniques coupées, mais aussi un colon européen, venu donner l'alerte à la gendarmerie de Cassaigne, mortellement blessé. A Alger, plusieurs bombes de fabrication artisanale, déposées en plusieurs points de la ville, n'ont pas explosé ou ont seulement causé des dégâts minimes. Dans la Mitidja, berceau et bastion de la colonisation française, quelques incendies sont signalés, mais une attaque d'Omar Ouamrane sur la caserne de Boufarik et une autre de Rabah Bitat contre celle de Blida sont un échec total. En Kabylie, le bilan est déjà plus lourd : un garde champêtre musulman tué à Dra el-Mizan, des coups de feu tirés sur des casernes et des gendarmeries, d'importants dépôts de liège et de tabac ravagés par l'incendie.

L'insurrection se manifeste avec le plus de vigueur dans le département de Constantine et en particulier dans le massif des Aurès, là où les recrues du FLN étaient les plus nombreuses et l'encadrement français le plus relâché. Si une attaque contre Biskra échoue piteusement, la ville d'Arris est totalement isolée

---

1. La liste complète en a été établie par Claude Paillat dans « La liquidation », *Vingt ans qui déchirèrent la France,* t. II, Robert Laffont, p. 142-147.

pendant plusieurs heures par les rebelles. A Batna, deux sentinelles en faction devant une caserne sont tuées, de même qu'à Kenchela le lieutenant Darnault, commandant d'armes, et un soldat. Au matin du 1er novembre, le car de la ligne Biskra-Arris est attaqué dans les gorges du Tighanimine : le caïd de M'Chounèche, ancien officier de l'armée française, est abattu, ainsi qu'un jeune instituteur de 23 ans, Guy Monnerot, venu volontairement enseigner en Algérie. Sa femme, grièvement atteinte, a pu survivre à ses blessures.

L'insurrection faisait au total huit morts, quatre blessés et d'importants dégâts matériels. Son déclenchement coïncidait avec la diffusion d'un Manifeste qui, sous forme de tracts abandonnés çà et là, devait apprendre au monde la naissance du FLN et la teneur de son programme. Rédigé dans un style grandiloquent, encore alourdi par une syntaxe approximative et de multiples redites, ce texte [1] comprend en gros trois parties. La première, procédant à une analyse de la situation, met l'accent sur la misère des masses et sur leur dignité bafouée; pour mettre fin au joug colonial, une guerre de libération nationale s'impose, compte tenu du blocage politique entretenu par l'administration française et des contradictions qui minent les forces traditionnelles du nationalisme algérien. En second lieu sont recensés les buts et les moyens du Front : l'indépendance totale, très improprement assimilée à la « restauration de l'État algérien », par la lutte armée et l'internationalisation de la question algérienne. Le Manifeste énumère enfin les conditions d'une paix négociée, fondées sur le préalable intangible d'une reconnaissance du droit à l'indépendance, et définit en des termes plus que sommaires les garanties apportées à la permanence des intérêts français.

Face à cette vague d'attentats et à la proclamation qui l'accompagnait, la surprise fut totale dans l'opinion, sur place comme en métropole, où les journaux n'accordèrent à l'événement qu'une place réduite. Elle le fut moins chez les responsables de l'ordre public en Algérie, qui accumulaient depuis plusieurs mois les indices de l'imminence d'une rébellion armée. Les autorités du Constantinois, le préfet Dupuch et le général Spillmann, avaient

---

1. On le trouvera intégralement publié dans Mohammed Harbi, *Les Archives de la révolution algérienne,* Paris, Éditions Jeune Afrique, p. 101-103.

signalé à plusieurs reprises la présence de bandes armées dans les Aurès et à proximité de la frontière tunisienne. Le directeur de la sécurité publique, Jean Vaujour, connaissait l'existence d'un mystérieux CRUA et savait plus ou moins ce qui se tramait en Égypte. Il s'était ouvert de ses craintes auprès de diverses personnalités politiques, parmi lesquelles Henri Queuille, au cabinet duquel il avait appartenu. Le général Cherrière, commandant de la Xe région militaire, s'en était fait l'écho auprès du secrétaire d'État à la Guerre, Jacques Chevallier, qui était aussi maire d'Alger, et avait demandé des renforts. Mais il est vrai que ces inquiétudes étaient contredites par des rapports plus rassurants émanant des autorités de l'Aurès, qui se disaient sûres d'une région riche en bandits d'honneur plus qu'en fellaghas. Elles n'étaient d'autre part fondées que sur des supputations et, de ce fait, n'avaient pas rencontré beaucoup d'écho à Paris, où l'on se plaisait à voir dans l'Algérie une région calme et sûre face à la turbulence des protectorats. De telle sorte que rien d'alarmant n'avait été rapporté au ministre de l'Intérieur, François Mitterrand, venu en Algérie du 16 au 22 octobre à la suite du tremblement de terre qui avait ravagé la région d'Orléansville. Quoi qu'il en pensât en son for intérieur [1], celui-ci s'était montré délibérément rassurant et avait esquissé devant l'Assemblée algérienne de brillantes perspectives d'avenir.

De fait, la réaction des autorités algéroises au lendemain de l'insurrection est à la fois désordonnée et brutale. Dans l'ignorance totale de l'identité des organisateurs, les responsables civils et militaires multiplient les déclarations discordantes. Roger Léonard dénonce un complot fomenté au Caire, là où le général Cherrière ne veut voir qu'un soulèvement tribal. Tous s'accordent néanmoins, au vu du caractère artisanal des bombes découvertes à Alger, à souligner l'improvisation et l'amateurisme de l'insurrection. Comme il faut bien des suspects, la police procède sans attendre à la saisie de journaux nationalistes et à l'arrestation de militants du MTLD, qu'ils soient messalistes comme Moulay Merbah ou centralistes comme Ben Khedda ou Abderrhamane Kiouane. La dissolution

---

1. Selon F. O. Giesbert, *Mitterrand ou la Tentation de l'histoire,* Éd. du Seuil, 1977, p. 120, François Mitterrand aurait, lors de la constitution du ministère Mendès France, demandé le ministère de l'Intérieur et ainsi justifié son choix : « Je crois qu'il faut tout de suite s'occuper de l'Algérie si nous voulons éviter une explosion. » Soit, mais qu'a-t-il été fait de substantiel pour l'Algérie de juin à octobre 1954?

du MTLD, prononcée le 5 novembre par le Conseil des ministres, va permettre d'aller beaucoup plus loin dans cette voie. Dès la fin novembre, le nombre des arrestations, tant en Algérie qu'en métropole, s'élève à 750, pour atteindre 2 000 à la fin de l'année. Dans ce vaste coup de filet la police marque effectivement quelques points et parvient à démanteler certains réseaux FLN à Oran et surtout à Alger. Mais la plupart des suspects sont totalement innocents d'une insurrection dont ils ignorent tout et dont la plupart désapprouvent le déclenchement. Ils sont néanmoins maintenus en détention et traités avec la plus extrême brutalité, au point de susciter en métropole une première campagne de protestation [1].

Il restait au gouvernement présidé par Pierre Mendès France à définir sa position face à la rébellion et à ses offres de négociation immédiate. Elle fut sans ambiguïté et d'une fermeté toute jacobine. Prenant la parole le 5 novembre devant la commission de l'Intérieur, François Mitterrand affirme qu'il ne saurait être question de négocier avec des rebelles qui, par l'ampleur même de leurs méfaits, ne peuvent que s'exposer aux rigueurs de la répression, ce que l'histoire a retenu sous la forme du trop fameux « la seule négociation, c'est la guerre », qui ne fut en fait jamais prononcé. Il précise sa pensée deux jours plus tard : « L'Algérie, c'est la France et la France ne reconnaîtra pas chez elle d'autre autorité que la sienne. » Même langage le 12 novembre quand s'ouvre devant une Chambre nerveuse et inquiète le premier débat consacré à l'Algérie. La déclaration du président du Conseil ne prête à aucune équivoque : « Qu'on n'attende de nous aucun ménagement à l'égard de la sédition, aucun compromis avec elle. On ne transige pas lorsqu'il s'agit de défendre la paix intérieure de la nation et l'intégrité de la République (...) Entre l'Algérie et la métropole, il n'y a pas de sécession concevable. Cela doit être clair pour tout le monde. » Renchérissant, le ministre de l'Intérieur affirme que « Des Flandres au Congo il y a la loi, une seule nation, un seul Parlement. » Joignant les actes à la parole, le gouvernement a dépêché en Algérie d'importants renforts de police et six batail-

1. A l'Assemblée nationale par la voix de certains députés musulmans du second collège, comme Mostefa Benbahmed, député socialiste de Constantine. Dans la presse *L'Humanité* et *France Observateur* dénoncent dès la fin de 1954 la pratique de la torture dans les commissariats et les prisons d'Alger.

lons de la 25ᵉ division aéroportée sous les ordres du colonel Ducournau. Le 5 novembre il procède, très inconsidérément, à la dissolution du MTLD qui va permettre les arrestations que l'on sait. René Mayer, qui n'en demande pas davantage, félicite le président du Conseil pour la promptitude et l'énergie de sa riposte.

Une telle conviction dans le propos et tant de hâte dans le choix des moyens étonnent aujourd'hui, s'agissant d'hommes politiques qui s'étaient jusqu'alors opposés aux solutions de force dans le domaine colonial[1]. On a pu invoquer le souci de ménager la vingtaine de voix que représentaient à l'Assemblée nationale René Mayer et ses amis, et qui étaient nécessaires à la survie du gouvernement; expliquer aussi que le langage de la fermeté à l'égard des rebelles permettait de mieux faire avaliser par le Parlement la politique libérale menée en Tunisie. Ce sont là des raisons estimables, mais qui n'ont pas forcément valeur de justification. En fait, la vigueur de la réaction gouvernementale est affaire de contexte. En 1954 et pour plusieurs années encore, l'affirmation de l'identité française de l'Algérie ne choquait à vrai dire pas grand monde, tout comme il apparaissait normal de donner au pays les moyens de juguler une insurrection dont nul ne pouvait prévoir l'ampleur ni la durée.

Une évolution est du reste rapidement perceptible. Dans un esprit de détente, quelques policiers algérois, patronnés par le sénateur Borgeaud et connus pour leur brutalité, sont mutés en métropole à la requête de Jacques Chevallier, qui a très mal pris les poursuites intentées contre des personnalités du MTLD à l'égard desquelles il n'avait cessé de témoigner sa confiance. Répondant d'autre part, le 12 décembre, aux interpellations des élus du premier collège qui, avec le général Aumeran, dénoncent les « concessions sans issue », le ministre de l'Intérieur, après avoir procédé à une analyse plus pertinente des origines de la rébellion[2],

---

1. Faut-il rappeler qu'après avoir mis fin à la guerre d'Indochine par les Accords de Genève, Mendès France menait alors en Tunisie une politique de dialogue qui devait faire accéder l'ancien protectorat à l'autonomie interne puis à l'indépendance. Et que François Mitterrand avait démissionné le 3 septembre 1953 du gouvernement Laniel pour protester contre la nomination du résident général Voizard en Tunisie et contre la déposition du Sultan marocain par le général Guillaume.

2. « De jeunes activistes ont voulu réunifier leur parti dans le sang », ce qui correspond en gros à la démarche du CRUA, mais qui n'est plus évidemment le propos du FLN.

annonce la mise en chantier d'un certain nombre de réformes indispensables. Il n'est pas impossible que Mendès France ait songé alors à engager une politique évolutive qui, à la manière tunisienne, aurait posé à plus ou moins brève échéance le statut politique de l'Algérie en des termes entièrement nouveaux. Telle est du moins la thèse qu'il n'a cessé de soutenir par la suite. Une voie qui en tout état de cause ne manquait pas de courage, car elle ne pouvait que compromettre la situation parlementaire de son gouvernement.

Sur le terrain, cependant, la situation reste insaisissable. Le général Cherrière qui, outre des parachutistes, a reçu d'importants renforts en tirailleurs et en tabors, déclenche à plusieurs reprises de vastes opérations de « ratissage ». Mais usant d'un matériel lourd et inadapté, ces raids restent terriblement esclaves des axes routiers et frappent dans le vide. L'appui aérien, par le bombardement (au napalm parfois, malgré les ordres officiels) d'innocentes mechtas, s'avère psychologiquement désastreux. Plus heureux, les parachutistes du colonel Ducournau remportent le 19 novembre un important succès au terme d'un accrochage très vif entre Arris et Batna. Mais un peu partout dans le massif des Aurès les incidents se multiplient : poteaux télégraphiques sciés, voies ferrées et routes sabotées, notables musulmans égorgés, accrochages avec les forces de l'ordre. Intimidées par la détermination du FLN, mais aussi exaspérées par l'arbitraire de la répression et l'ouverture des premiers camps de regroupement (baptisés « zones de sécurité »), les populations Chaouias se ferment aux autorités françaises ou font preuve d'une solidarité tacite avec les rebelles. A partir de janvier l'insurrection s'étend à la Kabylie, où l'armée a cru utile de déclencher le mois précédent une opération de grande envergure baptisée *Aloès* et dont tous les témoignages s'accordent à dénoncer l'effet déplorable sur les populations. S'il est vrai qu'elle n'a pas suscité de soulèvement généralisé, la rébellion a surmonté avec succès, en deux points du territoire, les rigueurs conjuguées de l'hiver et de la répression.

Le gouvernement en semble conscient et c'est le 5 janvier 1955 que François Mitterrand présente au Conseil des ministres un vaste programme de réformes. Dans l'immédiat, on relève la création à Alger d'une École d'administration destinée à favoriser l'accès des musulmans aux postes de responsabilité de la fonction publique, la fusion des polices d'Algérie et de métropole, la disparition effective des communes mixtes. A plus long terme il est prévu un effort en matière de logements sociaux, une péréquation des tarifs de l'énergie électrique à des fins d'industrialisation et une redistribution des terres ayant acquis une plus-value grâce à l'irrigation [1].

Ce programme sonne désagréablement aux oreilles des élus de la colonisation, prêts à admettre les projets d'équipements économiques et sociaux, mais hostiles à toute modification du régime foncier et du statu quo politique. Prenant la parole au parti radical, René Mayer fait savoir que, faute d'obtenir le retrait des projets en question, ses amis porteront la politique algérienne du gouvernement sur le terrain parlementaire. Un débat est donc prévu pour le 3 février. Ce n'était pas le premier du genre. Le gouvernement avait déjà dû répondre les 12 novembre et 9 décembre à une série d'interpellations à l'Assemblée nationale et le 24 novembre au Conseil de la République. A quelques exceptions près — celles de l'ancien gouverneur Maurice Viollette, ou du député MRP Fonlupt-Esperaber, dont les positions sur l'Algérie rompaient de longue date avec le conformisme de son parti —, le niveau des interventions avait été dans l'ensemble fort médiocre [2] et le gouvernement s'en était tiré avec honneur.

Les choses cette fois-ci se présentaient plus mal, compte tenu de la défection prévisible d'une bonne partie des radicaux, du MRP et de la droite, sans parler des communistes pour qui Mendès France était, depuis le réarmement allemand, l'homme à abattre. La question algérienne n'était d'ailleurs qu'un prétexte à l'élimination d'un homme contre qui s'étaient accumulées depuis plusieurs mois les rancœurs les plus diverses.

---

1. Cette ébauche de réforme agraire devait toucher environ 50 000 hectares et fournir de la terre ou du travail à 250 000 fellahs. Elle s'inspirait largement d'une ancienne loi de Vichy, la loi Martin, qui n'avait jamais été appliquée.

2. On en voudra pour preuve cet échange de vues au Conseil de la République, le 24 novembre 1954 :

M. Moral : Rappelons-nous que Louis XIV a réduit l'insurrection des camisards le jour où ses troupes occupèrent les crêtes de la Lozère. La même tactique s'impose dans l'Aurès.

M. Mitterrand : Encore faudrait-il qu'il y eût des routes dans l'Aurès.

M. Moral : Il aurait fallu en faire. Au reste dans la métropole ces vérités stratégiques restent les mêmes : nos forces de police sont massées dans les plaines et le Massif central n'est pas défendu.

Les débuts de Jacques Soustelle.

Pour conduire sa politique de réformes et compte tenu de la politisation croissante du problème algérien, le chef du gouvernement estimait que le gouverneur général Roger Léonard n'était plus l'homme de la situation. Son loyalisme, à défaut d'autre chose, avait bien mérité quelque retraite dorée à la présidence de la Cour des comptes, mais il fallait pour lui succéder un homme d'autorité et d'imagination, rompu de surcroît aux jeux politiques. Plusieurs noms furent avancés. Celui du maréchal Juin, pour lequel on envisagea un vaste commandement étendu à l'ensemble de l'Afrique du Nord, ne fut pas retenu, pas plus que celui, avancé par François Mitterrand, d'André Dubois qui, à la tête de la police parisienne, avait bien réussi la succession difficile du préfet Baylot. Fallait-il en effet, pour mener une politique de détente, substituer un préfet de police à un autre? Payant d'audace, le président du Conseil imposa le nom de Jacques Soustelle, alors député gaulliste, qui fut nommé le 25 janvier.

Le choix suscita l'étonnement et des critiques mais il était habile. Malgré sa relative jeunesse, l'homme avait un passé brillant et étonnamment éclectique. Normalien et agrégé de philosophie, ses travaux sur les populations aztèques le rendaient à même d'aborder avec sympathie une société différente. Ancien chargé de cours à l'École coloniale, il pouvait, sans connaissance particulière de l'Algérie, s'adapter rapidement à sa tâche. Gaulliste intransigeant, son militantisme antifasciste d'avant-guerre et ses titres de Résistance lui valaient à gauche des amitiés, à tout le moins le respect.

Sévèrement commentée par les élus du premier collège, au parti radical et jusque dans les rangs gaullistes, sa nomination fut particulièrement mal accueillie par les Européens et la presse d'Algérie. Ce protestant cévenol y fut décrété juif et d'emblée baptisé Ben Soussan, dénoncé comme crypto-progressiste et naturellement comme « bradeur ». Mais fort de l'approbation du général de Gaulle, Soustelle accepta ce poste qu'il jugeait à sa mesure et recevait les instructions de Mendès France : fermeté et souplesse tout à la fois, modernisation économique et progrès social et, dans un premier temps au moins, application loyale du statut de 1947. Le chef du gouvernement ajoutait : « Il vous faudra faire plier les féodalités qui règnent là-bas, épurer la police, mettre fin aux velléités d'indépendance et à la fronde de la haute administration locale. Il vous faudra du courage pour affronter les gros manitous qui, à Alger, ont fait jusqu'ici la pluie et le beau temps. »

Lucidité prémonitoire, dont le président du Conseil n'allait pas tarder à faire les frais. La nomination de Soustelle a en effet levé les derniers scrupules de ceux qui, au centre ou à droite, hésitaient encore, et c'est sans illusion que Pierre Mendès France abordait la séance du 3 février. Après les habituelles diatribes des élus de la colonisation (Aumeran, Quilici, Saivre) dirigées contre une répression jugée trop molle et des réformes « prématurées », le débat tourna à l'affrontement entre deux radicaux d'une espèce très différente. A René Mayer, tout à la joie de sonner l'hallali et qui lançait son décisif « Je ne sais pas où vous allez », le président du Conseil répondait, prenant date pour l'avenir : « Il n'y a que deux politiques possibles en Afrique du Nord, une politique de détente et de réformes ou une politique de répression et de force avec toutes ses horribles conséquences. Le gouvernement a choisi la première. » Sans doute, mais le 6 février au matin le gouvernement était renversé par 319 voix contre 273.

Dans l'esprit de René Mayer comme du sénateur Borgeaud, la chute du gouvernement devait entraîner le retrait de Jacques Soustelle. Il n'en fut rien. Après les tentatives infructueuses d'Antoine Pinay et de Pierre Pflimlin, le nouveau président du Conseil, Edgar Faure — et avant même qu'il fût investi — le maintenait dans ses fonctions et confirmait les orientations de son prédécesseur.

C'est donc le 15 février que le nouveau gouverneur général fait son entrée à Alger. Malgré l'accueil gourmé des autorités et franchement glacial de la population européenne, il entend se mettre rapidement à la tâche. Après un contact rassurant avec l'Assemblée algérienne, il s'envole le 21 pour le massif des Aurès où la rébellion, facilitée par le caractère impénétrable du terrain, semble se durcir et gagner son prolongement pré-saharien des Nemencha. Par sa longueur inusitée, la multiplicité et la diversité des contacts, ce voyage, comme d'autres qui suivront, porte la marque des méthodes de l'ethnologue enquêtant sur le terrain. Il révèle au visiteur l'ampleur des retards et des erreurs à rattraper, la misère de ces populations sous-administrées, l'emprise facile dont jouit l'insurrection. Quelle que soit la sévérité du jugement que l'on porte sur son itinéraire politique ultérieur, Jacques Soustelle aura eu le rare mérite de rompre avec la bonne conscience compassée de tant de ses prédécesseurs et d'approcher avec humilité les terribles réalités algériennes.

Regagner la confiance des populations, nouer le dialogue avec ces élites musulmanes qu'une rébellion étroitement circonscrite n'a pas encore ralliées, tenir la dragée haute aux forces de la grande colonisation pour arracher l'Algérie au sous-développement et au chômage, telle est la tâche exaltante que s'assigne Soustelle et qu'il a entreprise dans les premiers mois de son gouvernement avec optimisme et conviction. Autour de lui, il a su constituer une équipe sûre dirigée par Jacques Juillet, un préfet de grande valeur venu de l'entourage de Mendès France, dont il fait le directeur de son cabinet civil et militaire. Il sera secondé par Guy Lamassoure comme directeur du cabinet civil. Si le colonel Constans, un rescapé sans gloire du désastre de Cao Bang, fera surtout de la figuration comme directeur du cabinet militaire, le commandant Vincent Monteil se voit confier la tâche officieuse mais essentielle des contacts avec les milieux les plus divers du nationalisme algérien. Arabisant érudit et polyglotte, cet ancien officier des Affaires indigènes au Maroc, gaulliste fervent mais aussi très influencé par le spiritualisme de Louis Massignon [1], va se poser d'emblée en adversaire des solutions répressives. Le cabinet est complété en mars 1955 par l'arrivée de Germaine Tillion qui, au retour d'une enquête dans les Aurès, accepte de placer sa connaissance du milieu berbère et sa générosité au service de Soustelle. Juillet, Monteil et Germaine Tillion constituent l'« aile gauche » du cabinet, celle qui au début semble avoir eu la préférence du gouverneur général.

De fait, les premiers mois du gouvernement de Jacques Soustelle sont placés sous le signe du réformisme et du dialogue. Dès le 23 février, un train de mesures d'urgence a été adopté : un doublement du budget d'investissement et six milliards de crédits supplémentaires au titre du budget ordinaire. Ces fonds serviront à divers travaux dispensateurs d'emplois ou de mieux-être, concernant surtout l'équipement sanitaire, scolaire et agricole. Simple ballon d'oxygène, qui ne préjuge en rien des réformes de structure.

Vincent Monteil amorce dès février un dialogue politique en rencontrant à Tunis Mostefa Ben Boulaïd, chef de la zone des

---

1. Sous le pseudonyme de François Sarrazin, il a écrit en 1955 divers articles dans la revue *Esprit*.

Aurès, qui vient d'être arrêté par la DST aux confins tuniso-libyens. Mis en confiance, celui-ci révèle la faiblesse de l'implantation rebelle et la précarité de ses soutiens extérieurs, mais aussi la perte de prestige de l'autorité française face aux premiers succès de la rébellion. Monteil interprète cet entretien comme un appel à la négociation et s'en ouvre à Soustelle. Mais celui-ci, qui n'a reçu aucun mandat pour négocier quoi que ce soit, ne se croit pas autorisé à l'encourager dans cette voie et l'invite à s'en tenir à un simple dialogue. Monteil multiplie donc les contacts, avec Ali Zamoun, un adjoint de Krim Belkacem capturé en février 1955, avec des Oulémas, des étudiants, des dirigeants de l'UDMA. Il parvient, non sans mal, à faire libérer de prison des leaders centralistes comme Ben Khedda ou Kiouane. Le 28 mars il fait rencontrer nuitamment à Soustelle, au palais d'Été, une délégation savamment composée, comprenant le cheikh Kheireddine (Ouléma), Hadj Cherchali (centraliste), l'avocat Ouagouag (messaliste) et Ahmed Francis (UDMA). Mais la courtoisie de l'entretien ne suffit pas à jeter les bases d'un accord. Soustelle n'entend rien négocier et le vote imminent de la loi sur l'état d'urgence rend ses interlocuteurs méfiants.

Car la brusque recrudescence, en mars 1955, du terrorisme dans les Aurès, son extension à la Kabylie et au Nord-Constantinois, conduisent Soustelle à porter simultanément ses efforts sur le terrain militaire. Encore dans ce domaine tente-t-il d'innover et de substituer à la répression plus ou moins aveugle une politique de pacification qui implique une reconquête sociale et psychologique des populations. Ainsi a-t-il interdit au général Cherrière ses « ratissages » aussi spectaculaires qu'inefficaces. Baptisées « Véronique », « Ariane » ou « Aloès », ces opérations engagées avec plusieurs milliers d'hommes, véhicules blindés et appui aérien, dans les meilleures traditions du Kriegspiel, n'ont réussi qu'à arrêter de faux suspects et à terroriser les populations. Exigeant de l'armée qu'elle s'adapte au terrain, il prescrit d'alléger l'équipement des troupes pour accroître leur mobilité. Il entend aussi faire participer la population à la défense de ses douars et de ses villages. Les anciens goums, ressuscités par le gouverneur Léonard mais dénués de statut et de moyens, sont remplacés par des Groupes mobiles de police rurale (GMPR) composés d'autochtones encadrés par des officiers français. Une quarantaine sont constitués dans les zones les plus sensibles, avec des résultats jugés satisfaisants. Considérant d'autre part que l'emprise de la rébellion est largement redevable à la sous-administration, Soustelle tente d'y remédier par la multiplication de centres administratifs confiés à des officiers des Affaires indigènes rapatriés du Maroc. L'expérience n'est pas nouvelle puisqu'elle renoue avec la tradition des Bureaux arabes, mais confiée à un excellent connaisseur du milieu berbère, le général Parlange, qui reçoit en mai 1955 la plénitude des pouvoirs civils et militaires dans l'Aurès, elle va donner des résultats appréciables. Elle sera d'ailleurs étendue quelques mois plus tard à la Kabylie, sous la responsabilité du général Olié, mais avec moins de succès.

Les centres administratifs ne sont du reste que le point de départ d'une expérience beaucoup plus vaste appliquée à l'Algérie tout entière. Un arrêté du 26 septembre 1955 crée les Sections administratives spécialisées (SAS), auxquelles sont assignées les tâches les plus diverses, de l'état civil au ravitaillement et des soins médicaux à l'alphabétisation. Au début de 1956 une centaine de SAS fonctionnent déjà, et elles constituent assurément la forme la plus originale et la moins discutable de la pacification [1].

Mais l'armée demandait davantage, en particulier le général Allard qui avait remplacé en mars 1955 le général Spillmann, complètement dépassé, à la tête des troupes du Constantinois. Face à des rebelles qui, délaissant les accrochages trop coûteux avec les forces de l'ordre, recouraient de plus en plus aux formes anonymes du terrorisme individuel, les militaires s'estimaient démunis. L'Algérie, partie intégrante de la République, n'étant pas juridiquement en guerre contre la France, les procédures de droit commun restaient applicables. Hors cas très rare de flagrant délit, il ne pouvait être procédé à une arrestation que par les agents habilités de la force publique, qui devaient constater le délit et procéder à une enquête. Faute de preuve formelle, les suspects étaient relâchés dans un délai plus ou moins long et dans un état plus ou moins bon. Or, pour des raisons aisément compréhensibles, le gouvernement n'entendait pas recourir à l'état de siège que réclamaient à cor et à cri les élus du grand colonat, et dut se rabattre sur une solution médiane. Ce fut la loi du 3 avril 1955 instaurant l'état d'urgence, adoptée malgré les protestations de la gauche et des élus musulmans, même les plus francisés. Ce dispositif juridique, apparemment souple, opérait doublement. Il renforçait d'une part les pouvoirs de police des autorités civiles sur la circulation des personnes,

1. Sur le détail de l'expérience, cf. *infra,* p. 138-139.

les réunions et la presse; il transférait d'autre part certains de ces pouvoirs à l'autorité militaire à qui revenaient désormais la connaissance et la répression des crimes et des délits. La loi n'était pas applicable à la totalité de l'Algérie, mais aux seules zones arrêtées par le gouverneur général[1]. Adoptée pour un temps limité, elle n'était reconductible que par un vote du Parlement et devenait caduque en cas de dissolution. Justifié peut-être dans son principe, l'état d'urgence a donné lieu à de nombreux abus. Outre que certaines dispositions de la loi furent rapidement transgressées, notamment l'article 7 qui interdisait que l'assignation à résidence se transformât en détention dans un camp, elle a par l'usage qui en a été fait alimenté le cycle répression-rébellion et contribué à étendre l'insurrection plus qu'à la contenir.

S'agissant de l'évolution à long terme de l'Algérie, le gouverneur général s'était entre-temps forgé une doctrine et avait défini les axes d'une politique. La doctrine se résumait en un mot : l'intégration. Entre l'assimilation, dont l'échec n'était plus à démontrer, et la sécession, dont il ne pouvait être question, deux solutions étaient envisageables, le fédéralisme et l'intégration. La première était parfaitement concevable, au prix il est vrai d'une révision constitutionnelle. Elle avait encore la faveur des nationalistes modérés, et de nombreuses personnalités libérales du monde politique français s'y seraient peut-être ralliées. Mais, ni le chef du gouvernement ni Jacques Soustelle n'y étaient favorables, et ils affirmaient que, faute de traditions et de structures appropriées, cette solution courait droit à la sécession totale. Ce serait donc l'intégration, qui reposait sur le double postulat de la totale appartenance de l'Algérie à la France et de l'originalité algérienne, notamment dans les domaines linguistique, culturel et religieux. En quelque sorte, l'égalité des droits dans le respect de la différence.

Entendue ainsi, l'intégration avait le mérite de la cohérence et il faut quelque hâte ou quelque mauvaise foi pour n'y voir qu'un replâtrage de la vieille assimilation. La violente opposition qu'elle suscita chez les porte-parole de la colonisation suffirait à démontrer qu'elle dérangeait bien des habitudes. Mais outre qu'elle n'avait que l'apparence de l'originalité, dans la mesure où elle découlait de la lecture

1. Dans l'immédiat ce furent les Aurès et la Grande Kabylie; puis la loi fut étendue au Nord-Constantinois et à l'Algérois.

même du statut de 1947, elle supposait une hardiesse dont on peut douter que la France était prête à faire preuve. L'intégration impliquait en effet l'instauration du collège unique et, partant, la création à l'Assemblée nationale d'une centaine de sièges algériens en grande majorité musulmans, ce qui ne manquerait pas d'entraîner une profonde perturbation du jeu politique. Le président Herriot affirmait publiquement que la France risquait de devenir sous peu la colonie de sa colonie. L'intégration supposait aussi le soutien sans faille du gouvernement et de sa majorité. Or, si Soustelle semble y avoir cru sincèrement, il n'a jamais trouvé à Paris la même fermeté de conviction. Accaparé il est vrai par le règlement de la question marocaine, Edgar Faure n'y a adhéré que du bout des lèvres. L'intégration n'aura guère été pour lui qu'un prétexte à des formules brillantes et à des propos superficiels, comme en témoigne, par exemple, son discours du 13 octobre devant l'Assemblée nationale, modèle d'autosatisfaction dans la forme et d'indécision quant au fond. Si elle eût été, enfin, la bienvenue en 1936 et même encore en 1945, il est fort douteux que l'intégration fût une solution viable en 1955. Le sentiment national avait trop progressé depuis la guerre et l'emprise du FLN s'était assez affirmée depuis le déclenchement de l'insurrection pour qu'elle pût être, telle quelle, imposée à la population musulmane. Encore une fois la France était en retard d'une politique.

Mais puisque l'intégration était la doctrine officielle du gouvernement, encore fallait-il définir les moyens de sa mise en œuvre. Ce fut l'objet du plan Soustelle. Simple formule journalistique, car il n'y eut jamais de plan Soustelle, mais une série de réformes présentées (ce qui ne veut pas dire adoptées) au Conseil des ministres du 1er juin 1955. Ces mesures étaient largement inspirées des projets avortés de François Mitterrand et des conclusions de la commission présidée par le conseiller d'État Maspétiol, qui venait de rendre un important rapport sur les moyens d'une élévation rapide du niveau de vie en Algérie.

Dans le domaine administratif, la promotion des élites musulmanes devait être assurée par la création à Alger d'un centre de formation et un régime de parité dans le recrutement des fonctionnaires. Une refonte profonde de l'administration locale passait par la création de deux nouveaux départements (Bône et Sahara) et de douze nouveaux arrondissements, par la disparition effective des communes mixtes et leur remplacement par des communes de plein exercice, des centres ruraux ou des douars-communes librement gérés. Le respect de la personnalité musulmane devait s'affirmer par la scolarisation accélérée des enfants musulmans, l'enseignement obligatoire de l'arabe à tous les niveaux et l'autonomie de gestion du culte musulman. Une modernisation économique et sociale était également prévue. Dans les campagnes, le khemessat (métayage au cinquième d'une rare iniquité) devait être remplacé par un métayage à moitié de type métropolitain; une réforme agraire devait être amorcée, confiée à une caisse d'expansion et de modernisation chargée des expropriations et des attributions de terres par vente à crédit ou location de longue durée. Dans le domaine industriel, la création d'un Commissariat à l'industrialisation jouxtait un projet d'intégration de l'EGA à l'EDF avec abaissement progressif du prix de l'énergie.

Ainsi ramené à ses grandes lignes, ce plan de réformes ne manquait ni de courage ni de bonnes idées, mais comme tant de ses prédécesseurs, il arrivait bien tard. Outre d'importants moyens matériels, sa réalisation supposait une adhésion qui fit totalement défaut. A Alger le plan Soustelle déclenche d'emblée une levée de boucliers chez les pieds-noirs qui s'obstinent à n'y voir qu'une prime à la rébellion. La protestation commence à s'organiser autour de Benquet-Crevaux, maire de Philippeville, autour de Boyer-Banse, un ancien fonctionnaire du gouvernement général, et de Robert Martel, un colon de la Mitidja, qui jettent les bases d'une Union française nord-africaine (UFNA) dont le rôle ne va cesser de grandir dans les mois suivants. L'ancien sous-préfet de Guelma, André Achiary, qui mena en mai 1945 la répression que l'on sait, tient également à son domicile du boulevard Saint-Saëns de menaçantes réunions. Même l'opinion libérale se détache, comme en témoignent les déclarations de Jacques Chevallier au journal *le Monde* du 4 octobre 1955. Le maire d'Alger affirme dépassée l'intégration et se rallie à une reconnaissance du fait national algérien organisé dans un cadre fédéral [1].

Du côté musulman, Soustelle semble avoir laissé passer l'occasion d'un dialogue constructif avec les leaders de l'opposition modérée qui avaient pourtant accueilli sa nomination avec sympathie.

1. Jacques Chevallier, et avec lui un certain capitalisme algérien dégagé des structures coloniales, semble avoir misé assez vite sur une Algérie indépendante dans laquelle il aurait pu jouer un rôle actif entre les deux communautés.

Souvent cité comme un exemple d'intégration réussie, Abderhamane
Farès, notaire à Koléa et délégué à l'Assemblée algérienne, ne se
prête que pour mieux se dérober. Ferhat Abbas, qui avait placé de
grands espoirs en Mendès France et réaffirmé son légalisme au lendemain de l'insurrection, ne cache pas sa déception; sans rompre
encore ouvertement avec l'administration, il prend ses premiers
contacts avec le FLN au printemps 1955. Quelques mois à peine
après son arrivée, Soustelle est un homme seul, condamné à réaliser
l'intégration avec les bachaghas ignares et les caïds corrompus qui
ont fait les beaux jours de l'assimilation.

Chez Soustelle d'ailleurs, et dès avant la présentation de ses projets de réformes, une mutation s'est opérée. Exaspéré par les formes
particulièrement odieuses du terrorisme répandu par le FLN en
Kabylie et, fait nouveau, dans le Nord-Constantinois, l'homme de
dialogue s'est converti aux solutions de force. Évolution perceptible
dès la fin avril, quand Vincent Monteil n'a pu obtenir que réparation
soit faite aux graves sévices subis par les élèves d'une medersa de
Kabylie à la suite de la destruction de quelques poteaux télégraphiques, et confirmée le mois suivant quand Soustelle donne son
accord à l'application par l'armée des méthodes de la responsabilité collective [1]. Une telle décision ne pouvait que heurter les sentiments élémentaires de justice de la population musulmane et ouvrait
inévitablement la voie aux représailles et au système des otages.

Cette évolution va avoir d'importantes répercussions sur la
composition et l'équilibre de son cabinet. Venue rendre compte des
effets déplorables de l'état d'urgence dans les Aurès et très mal
reçue par Soustelle, Germaine Tillion se retire le 30 mai et retourne
à ses centres sociaux. Le retrait de Vincent Monteil est également
imminent, tant entre Soustelle et lui le contentieux n'a cessé de
s'alourdir. Tout y est prétexte, l'intégration que Monteil juge dépassée avant même d'avoir été appliquée, l'immobilisme politique du
gouverneur général, les fonctionnaires qui l'entourent, l'arbitraire
de la répression. Présentée le 1er juin et reprise à la demande insistante de Soustelle, sa démission est définitive le 24 juin, suivie
quelques semaines plus tard de celle de Jacques Juillet, remplacé
par Guy Lamassoure. L'homme fort du cabinet est désormais
Henri-Paul Eydoux, ancien collaborateur de Soustelle au BCRA

---

1. Télégramme du général Cherrière au général Allard du 14 mai 1955.

et conseiller aux questions de sécurité. Avec lui triomphe le langage de la fermeté que tiennent des personnalités aussi importantes que Maurice Cuttoli, secrétaire général du gouvernement général, le préfet de Constantine Pierre Dupuch et le procureur général Susini.

Le 20 août 1955 et ses prolongements.

Date essentielle de la guerre d'Algérie, les journées d'émeutes des 20 et 21 août 1955 constituent à bien des égards une répétition des troubles de mai 1945. Dans ce Constantinois, où la coexistence des deux communautés a toujours été plus tendue que dans le reste de l'Algérie, on retrouve à dix ans d'intervalle la même explosion de violence déchaînée, relayée par une répression aveugle et démesurée. La différence essentielle tient au fait que les troubles de 1945 ne furent qu'une tentative prématurée et avortée de soulèvement nationaliste; ceux de 1955 se situent dans le contexte d'une guerre de libération nationale largement entamée. Comme tels, leur impact est bien supérieur et imprime au conflit plus qu'une radicalisation : un point de non-retour.

Sur la genèse du soulèvement, une incertitude demeure, compte tenu de son interaction avec les événements marocains [1]. Il est probable qu'une action commune a été envisagée en Suisse entre Allal el-Fassi, le leader de l'Istiqlal, et des représentants de la délégation extérieure du FLN, Ben Bella et Boudiaf. Mais ces derniers, arguant des faiblesses de l'ALN, auraient montré une certaine tiédeur. De fait, l'initiative semble bien revenir à Zighout Youssef, successeur de Mourad Didouche à la tête de la zone du Nord-Constantinois, et à son adjoint Lakhdar Ben Tobbal. Les deux hommes étaient liés par un passé politique commun qui les avait conduits du MTLD à l'OS, puis du CRUA au FLN. Mais Zighout Youssef, ancien conseiller municipal et adjoint au maire de Condé-Smendou, était mieux à même de concevoir les implications politiques d'un soulèvement de grande ampleur. Il s'agissait

1. Le 20 août 1955 constitue le deuxième anniversaire de la déposition du sultan Sidi Mohammed Ben Youssef. Il fut marqué au Maroc par des troubles graves, en particulier à Oued Zem, où une partie de la population française fut massacrée.

d'affirmer à la fois la solidarité maghrébine du FLN, de répliquer à la pratique des représailles collectives de l'armée française et d'intimider les hommes politiques modérés que Soustelle tendait, ou du moins le croyait-on, à ériger en troisième force. Le FLN devait ainsi faire preuve de sa capacité *militaire* à mobiliser les masses musulmanes et de sa volonté *politique* de s'exprimer seul en leur nom. A ces motivations fondamentales s'ajoutaient des considérations locales, dont la principale était la récupération d'armes modernes.

C'est dans le quadrilatère Collo-Philippeville-Constantine-Guelma que vont se dérouler le 20 août deux types d'action d'ampleur très inégale. D'une part quelques centaines de soldats de l'ALN en uniforme attaquent sans grand succès des postes de police et de gendarmerie, ainsi que divers bâtiments publics. D'autre part, plusieurs milliers de fellahs et de femmes recrutés dans les campagnes avoisinantes se lancent, vers midi, à l'assaut d'une trentaine de villes et de villages. L'encadrement par le FLN est faible et l'armement médiocre, mais les assaillants, survoltés par la fausse rumeur d'un débarquement égyptien à Collo, ne font pas de quartier. Français et musulmans, souvent confondus, sont assassinés à coups de haches, de serpes, de pioches ou de couteaux. Scènes horrifiantes de femmes éventrées et d'enfants fracassés contre les murs. Des personnalités politiques sont atteintes, comme Saïd Chérif, délégué UDMA à l'Assemblée algérienne, et Abbas Allaoua, neveu de Ferhat Abbas, assassiné dans sa pharmacie de Constantine[1]. Les attaques par bandes et les attentats individuels se poursuivent le lendemain, surtout à Guelma, et les jours suivants avec une intensité moindre. Le bilan des émeutes se solde à 123 morts, dont 71 dans la population européenne.

Mise en état d'alerte depuis le 18 août, l'armée riposta avec promptitude et il est hors de doute que la rapidité de son intervention permit d'éviter une insurrection généralisée en empêchant les rebelles de s'emparer par le pillage des armes des gendarmeries et des postes militaires. Mais il est sûr aussi qu'en procédant à une répression aveugle et collective, elle frappa de nombreux innocents. Comme en 1945, des milices privées se constituèrent, à l'appel du

---

1. Il va de soi que ce meurtre avait valeur d'avertissement. De toute évidence Youssef Zighout ignorait le rapprochement que Ferhat Abbas avait déjà amorcé en direction du FLN.

maire de Philippeville Benquet-Crevaux, dont les harangues passionnées constituèrent autant d'appels au meurtre. Jacques Soustelle,
arrivé sur place, tenta d'en limiter les excès et de leur imposer,
à tout le moins, un encadrement militaire. Mais ses objurgations
valaient peu face à une foule assoiffée de vengeance et qui, au
cimetière de Philippeville, avait piétiné les couronnes mortuaires qu'il
avait envoyées en hommage aux victimes. Le plus efficace fut le préfet
Dupuch qui, par camions entiers, parvint à soustraire à une mort
certaine un grand nombre de musulmans traqués. Le bilan officiel
de la répression s'établissait à 1 273 morts. Nul doute qu'il fut bien
plus élevé et que le nombre des victimes se situe aux alentours de
12 000 [1].

Le drame du 20 août porte en lui de graves conséquences. La
première réside assurément dans la coupure définitive, au moins
dans cette partie de l'Algérie, entre deux communautés désormais
irréductiblement dressées l'une contre l'autre. Une véritable psychose
de peur pousse la population européenne à réclamer, voire à appliquer, les solutions les plus extrêmes, et la population musulmane
à fuir ses douars dévastés et à rejoindre les maquis de l'ALN.
De ce fait, la rébellion, loin d'être matée, s'intensifie les mois suivants dans le Constantinois et dès la fin août le gouvernement procède à un rappel de réservistes. C'en est dès lors fini du mythe des
opérations ponctuelles de maintien de l'ordre. A défaut d'une révision complète de sa politique algérienne, la France est désormais
contrainte à s'engager dans une guerre totale et durable.

L'insurrection parachève d'autre part la conversion de Jacques
Soustelle. Bouleversé par le spectacle des cadavres, traumatisé
aussi, comme plus tard Guy Mollet, par les cris hostiles de la
population européenne, le gouverneur général est désormais acquis
à la primauté du rétablissement de l'ordre et va laisser carte
blanche à l'armée. S'il maintient intacts ses projets de réformes,
tout dialogue avec les nationalistes est désormais rompu et la cause
de l'Algérie française a trouvé l'un de ses porte-parole les plus
déterminés.

Autre effet, particulièrement recherché par les instigateurs du
20 août, l'opinion modérée, jusqu'alors réservée ou hostile à l'égard
de la rébellion, bascule. Non seulement Ferhat Abbas, pourtant

1. Aux termes d'une enquête minutieuse menée par le FLN le chiffre n'a
jamais été sérieusement démenti.

particulièrement visé, ne rompt pas les contacts qui l'unissent déjà
au FLN, mais le Dr Bendjelloul, un revenant du Mouvement des
élus de l'après-guerre, va tenter de se refaire une virginité politique
en prenant la tête d'un vaste revirement. Après diverses conversations préparatoires à Paris et en Algérie avec des élus de toutes
sortes, il préside le 26 septembre à Alger une réunion de 61 personnalités musulmanes [1]. Par une application inattendue du principe
du centralisme démocratique, Bendjelloul fait admettre que la
décision de la majorité emportera l'adhésion de tous, et fait voter
par 25 voix contre 17 (le reste s'abstenant) une motion condamnant
la répression, déclarant l'intégration dépassée et se prononçant
en faveur d'une reconnaissance de l'idée nationale algérienne.
Opération politicienne assurément, cette Motion des 61, adoptée
par des élus qui avaient un long passé de compromissions à se
faire pardonner, servait admirablement les desseins du FLN
et sa propagande. De toute évidence, il devenait difficile au gouvernement de susciter désormais dans les rangs de l'opinion
algérienne modérée le moindre interlocuteur valable.

Les derniers mois de l'expérience Soustelle vont être très tendus.
Sur le terrain, la répression massive consécutive aux massacres
du 20 août n'a rien résolu. Il n'est plus de jour où l'on ne signale
l'égorgement d'un notable musulman ou d'un colon, la mutilation
de quelques contrevenants aux interdictions de fumer, l'incendie
d'une école ou la décimation d'un troupeau. L'extension géographique de l'insurrection allant de pair avec la progression vertigineuse du nombre des actions terroristes, celles-ci, constamment
inférieures à 200 par mois jusqu'en avril 1955 sont passées à
900 en octobre et dépassent le millier à la fin de l'année. L'état
d'urgence ayant été étendu à toute l'Algérie, l'armée répond au
coup par coup, mais privée de renseignements et de moyens adaptés
à la poursuite des rebelles, arrive souvent trop tard et traite sans
ménagement les suspects et les populations apeurées.

Politiquement, l'impasse est devenue totale. Pressé de présenter à
l'Assemblée algérienne ses projets de réformes, Soustelle doit faire
face en septembre à l'obstruction du président Laquière qui dépose
d'étonnantes contre-propositions : l'élargissement du premier col-

---

1. Qui se décomposent ainsi : 10 députés à l'Assemblée nationale (sur
15), 5 sénateurs au Conseil de la République (sur 7), 4 conseillers de l'Union
française (sur 7) et 42 délégués à l'Assemblée algérienne (sur 60).

lège pour mieux éviter le collège unique et l'instauration d'un ministère de l'Algérie flanqué de deux secrétariats d'État, l'un chargé des Européens, l'autre des musulmans. En fait d'intégration, on s'acheminerait plutôt vers une ségrégation à la manière sud-africaine. Pour parer à ces manœuvres Soustelle doit ajourner le 27 septembre la session ordinaire de l'Assemblée algérienne. Mais son ouverture deux mois plus tard ne règle rien, car obéissant aux consignes du FLN, la totalité des délégués de l'UDMA et nombre d'indépendants en démissionnent.

La dégradation du climat politique est également sensible en métropole, où le rappel de réservistes et de disponibles à destination de l'Algérie a donné lieu, çà et là, à des scènes pénibles. Devant une Assemblée nationale déjà toute bruissante des rumeurs d'une dissolution, le débat sur l'Algérie engagé du 11 au 14 octobre s'est avéré décevant. L'exposé du ministre de l'Intérieur, Bourgès-Maunoury, a été jugé trop technique, celui du président du Conseil trop flou. Entre la droite qui la refuse, ou qui y adhère en sachant bien qu'elle ne se fera pas, et la gauche qui la récuse, l'intégration n'a trouvé aucun défenseur convaincu.

Face à tant d'adversité, Soustelle tente de maintenir fermement la barre. Le décret de dissolution ayant été signé le 2 décembre, il parvient à maintenir l'état d'urgence, rendu légalement caduc, par une application de la théorie des circonstances exceptionnelles issue de la jurisprudence du Conseil d'État. Conscient de l'impossibilité de tenir des élections dans l'effervescence du moment, il en obtient le report à une date indéterminée. Si Paris donne des signes évidents de flottement et semble plus ou moins se résigner à l'abandon, l'énergie du gouverneur général permet de parer au plus pressé et d'empêcher une insurrection généralisée. C'est assez pour attacher au cœur de la versatile population algéroise un homme qui, jusqu'alors, n'était jamais parvenu à s'en faire aimer. Adorant subitement celui qu'il avait si longtemps brûlé, Alain de Sérigny donne le ton dans *l'Écho d'Alger*. Aidé de quelques activistes, il va être l'artisan des manifestations, moins spontanées que l'on s'est plu à le dire, qui vont marquer le départ de Jacques Soustelle le 2 février 1956. Et c'est juché sur une automitrailleuse que le dernier gouverneur général de l'Algérie doit se frayer un passage au travers d'une foule unanime à le retenir.

Ce triomphe romain ne saurait pourtant masquer les carences d'un gouvernement long de près de douze mois. Car le bilan est maigre. Sur le plan militaire, malgré un accroissement substantiel des effectifs, passés de 80 000 hommes en janvier 1955 à 190 000 en février 1956, le général Cherrière et son successeur le général Lorillot n'ont pu empêcher l'extension de l'insurrection. Si la situation s'est améliorée dans les Aurès et reste calme dans l'essentiel de l'Oranais, elle n'a cessé de se dégrader en Kabylie et dans le Constantinois, tandis qu'Alger commence à connaître ses premiers attentats. Au début de 1956, ce sont peu ou prou les deux tiers de l'Algérie qui sont atteints par les formes diverses du terrorisme, auxquelles l'armée répond trop souvent par une brutalité mal contrôlée. S'agissant des réformes annoncées au mois de juin, si l'on excepte la création d'un département à Bône et un certain effort scolaire, le plan Soustelle est pratiquement au point mort. On peut légitimement invoquer le maigre soutien qu'il a trouvé à Paris, les manœuvres dilatoires du président Laquière et les pesanteurs bureaucratiques de l'administration algérienne. Il n'en reste pas moins que la réforme communale piétine, rendue plus aléatoire par la démission massive des élus musulmans, que la réforme agraire reste « à l'étude » et celle de l'enseignement à l'état de projet. Dès lors, l'intégration s'est rapidement révélée un leurre. Outre des réformes immédiates, sa mise en œuvre exigeait un consensus minimal qui fit totalement défaut, chaque communauté ne voulant en retenir que ce qu'elle avait d'inadmissible : la négation du fait national pour les uns, la fin des privilèges politiques pour les autres. Signe évident d'une profonde césure entre les deux populations. Certes le fossé de la haine ne s'est pas installé partout et en bien des endroits la coexistence se perpétue avec ses mille nuances qui interdisent toute généralisation. Mais les relations se sont indéniablement tendues, surtout depuis le 20 août, entre une communauté européenne traumatisée par le déferlement du terrorisme, angoissée pour sa survie sur le sol algérien, attentive de ce fait aux sirènes de l'activisme, et une population musulmane de plus en plus accessible à l'emprise du FLN.

Celui-ci peut en effet jeter un regard satisfait sur l'année écoulée. Commencée dans l'improvisation et maintenue pendant plusieurs mois dans une totale dispersion de ses centres de décision, la rébellion ne s'est pas seulement étendue, elle est devenue un mouvement de résistance organisé. Entre les différentes zones, entre l'intérieur et l'extérieur, des relations ont été nouées, qui permettent un minimum de coordination. Sans avoir reçu son articulation définitive, l'ALN, forte d'environ 6 000 réguliers à la fin de 1955, contraste avec les bandes inorganiques de l'insurrection à ses débuts. Sous la responsabilité de Ben Bella, qui travaille au Caire en étroite liaison avec les services égyptiens, et de son adjoint Ahmed Mahsas, installé à Tripoli, le ravitaillement en armes progresse et permet d'ouvrir de nouveaux fronts dans l'Ouest-Oranais et à la frontière algéro-tunisienne. Cette extension géographique de l'insurrection permet une emprise croissante sur la population musulmane. A cet égard, le mutisme des fellahs face aux forces de l'ordre, le taux élevé d'abstentions aux élections cantonales d'avril 1955, le succès relatif de la grève anniversaire du 1er novembre dans le Constantinois constituent des indices sûrs. Le recours à la terreur, aux formes combinées de l'intimidation et de la contrainte, y est pour beaucoup mais n'explique pas tout. Le caractère aveugle de la répression, une certaine admiration pour l'audace et l'endurance des fellaghas, une réelle désaffection à l'égard des autres partis d'opposition doivent également être pris en considération.

En un an, la direction de la rébellion s'est profondément transformée. Trois des chefs historiques en sont éliminés : Mourad Didouche, mort au combat le 18 janvier 1955, Mostefa Ben Boulaïd arrêté en février et Rabah Bitat arrêté à Alger en mars. Mais ce dernier a été en quelque sorte remplacé, avec le titre de conseiller politique de la zone de l'Algérois, par Abbane Ramdane, qu'Omar Ouamrane, son ancien camarade de régiment, est parvenu à convaincre, en février, d'entrer dans la révolution. Ancien élève du collège de Blida et bachelier, ce Kabyle a adhéré au PPA en 1945 et y a milité dans la région de Bougie. Arrêté en 1950 pour activités séparatistes et torturé, libéré seulement en janvier 1955, il a fait en prison de substantielles lectures. Intelligent et volontaire, exigeant et parfois brutal, Abbane Ramdane fut un chef d'une exceptionnelle envergure qui s'est imposé rapidement, jusqu'à sa mort en décembre 1957, comme la personnalité dominante du FLN.

Son programme est simple et immense : transformer la conspiration balbutiante du 1er novembre en un vaste mouvement de libération nationale. Ce qui implique tout à la fois l'élaboration d'un programme politique et d'une idéologie directrice, une structuration accrue des organes politiques et militaires du Front, l'extension à toutes les couches de la société algérienne d'un combat mené jusqu'ici par la seule paysannerie. Tout en nouant des relations privilégiées avec Krim et Ouamrane, Kabyles comme lui, il s'est constitué à Alger un état-major de valeur où l'on distingue les « politiques » comme Amar Ouzegane, ancien membre du PCA, Mohammed Lebjaoui, un commerçant aisé, familier des contacts avec les Européens, Ben Youssef Ben Khedda et Saad Dahlab, venus l'un et l'autre du centralisme — et les « militaires » comme Yacef Saadi et Arezki Bouzirna, dit H'Didouche, appelés à jouer un grand rôle dans la bataille d'Alger.

La principale préoccupation d'Abbane Ramdane est pour l'heure d'ériger le FLN en représentant exclusif du nationalisme algérien. Conscient de la faillite des anciens partis, il n'attend d'eux que leur dissolution et une adhésion purement individuelle de leurs membres au FLN. S'il n'exclut pas des conversations avec leurs dirigeants, voire certains accommodements tactiques, il ne recule pas devant l'intimidation et la violence. Le 20 août l'a bien montré. A ce processus d'intégration, les centralistes sont les premiers à se rallier. Hocine Lahouel et M'Hamed Yazid, qui étaient arrivés au Caire avant le déclenchement de l'insurrection, se sont placés assez vite au service du FLN et en deviennent de précieux diplomates. Ben Khedda et Kiouane se rallient également à leur sortie de prison. L'iniquité de leur arrestation et la manière dont ils ont été traités y ont certainement contribué. Avec Saad Dahlab et Aïssat Idir, ils accèdent rapidement à des fonctions importantes.

Le ralliement des modérés fut plus lent. Au lendemain de l'insurrection, leur incrédulité et leur désapprobation sont totales. Ferhat Abbas réaffirme le légalisme de l'UDMA et les Oulémas, qui jugent utopique la lutte armée pour l'indépendance, s'en tiennent à leurs revendications traditionnelles. Tous participent aux contacts informels noués par le commandant Monteil. Une évolution s'amorce au printemps quand Ferhat Abbas s'estime convaincu que la nomination de Soustelle ne changera rien d'essentiel. Prenant la parole à Djidjelli en mai, il lance le slogan de l'Algérie algérienne et affirme, dans un discours très dur, que les hors-la-loi sont aussi les préfets, les administrateurs et les colons qui bafouent depuis des décennies la dignité musulmane. Des négociations s'amorcent fin mai avec Abbane Ramdane, qui aboutissent provisoirement à une tolérance mutuelle. Contre toute attente, le 20 août, qui était, on l'a vu, en partie dirigé contre lui, lève les derniers scrupules légalistes du leader de l'UDMA. Quoi qu'on fasse, l'Algérie s'enfonce dans le terrorisme et la répression. S'il faut choisir son camp, ce ne peut être que celui du mouvement national. En décembre 1955 les élus de l'UDMA démissionnent massivement de l'Assemblée algérienne et des institutions locales, et au début de l'année suivante le ralliement au FLN est acquis. Trente années d'égoïsme et de cécité politique ont fini par jeter dans la rébellion un homme pétri de culture et d'intelligence françaises, qui, dit-on, parle avec plus d'aisance la langue de Voltaire que celle du Coran.

A cette date, le ralliement des Oulémas ne faisait plus de doute. Au terme d'une longue période de réserve, des contacts se sont noués avec le FLN à la fin de 1955, et le 7 janvier 1956, ils publient un manifeste qui en appelle à l'indépendance de la nation algérienne.

Sur sa gauche, le FLN va rencontrer plus de pugnacité. De toute évidence, le parti communiste algérien a été pris au dépourvu par l'insurrection. Celle-ci est d'ailleurs condamnée en termes très clairs par un communiqué du 2 novembre 1954, qui dénonce les attentats individuels et présente le FLN comme un mouvement irresponsable. Le terme d'indépendance est au reste soigneusement omis. Le PCF va plus loin encore en insinuant, dans sa déclaration du 8 novembre, que le soulèvement a pu être fomenté « par les pires colonialistes ». Mais cette intransigeance n'empêche pas certains militants communistes musulmans de prendre contact avec la rébellion, en particulier dans la zone des Aurès. Contraint à quelque assouplissement, le PCA s'en prend alors à la répression et commence à apporter une aide matérielle ou une assistance judiciaire à des militants du FLN. C'est cette « collusion » qui détermine Jacques Soustelle à procéder le 12 septembre 1955 à la dissolution du PCA. Mais on est loin encore du ralliement. Parti de classe, le PCA ne peut accéder à la prétention exorbitante du FLN à s'exprimer au nom du peuple algérien tout entier. Réduit à la clandestinité, il va donc tenter un moment de s'organiser seul.

Restent les messalistes. Bien que totalement étranger à l'insurrection, le MTLD a été dissous, on le sait, le 5 novembre 1954 et nombre de ses militants ont été jetés en prison. Mais ce déni de justice irrite moins Messali Hadj que la création du FLN dans laquelle il ne veut voir qu'un crime de lèse-majesté, et dans ses dirigeants que des renégats. Aussi fonde-t-il en décembre le Mouvement national algérien (MNA) dont il entend placer la lutte sur le même terrain que son rival : la conquête de l'indépendance par une guerre de libération. Une structure clandestine et quelques maquis s'implantent en Algérie, ces derniers sous la direction de Mohammed Bellounis, un ancien militant très actif du PPA. D'emblée les deux formations s'affirment donc comme concurrentes, mais dans le combat qui les oppose, le FLN n'a pas forcément l'avantage et se voit contraint à une certaine circonspection. Divers contacts ont lieu à Alger au début de 1955 entre les deux mouvements, où Krim Belkacem, dont les anciennes sympathies messalistes sont connues, est l'objet de vives sollicitations. Abbane Ramdane y met bon ordre et les relations se tendent rapidement. Guerre de tracts et excommunications réciproques préparent l'affrontement armé. Tout au long de l'année Alger résonne d'attentats terroristes qui tournent à l'avantage du FLN. Le MNA est alors contraint de se replier sur la Kabylie, la vallée du Chéliff et le Sud algérien. Mais, en métropole, le rapport est inverse et le FLN se heurte à une solide présence messaliste. C'est à Mohammed Boudiaf et à Mourad Tarbouche que revient la tâche de jeter les bases d'une fédération de France du FLN. Ceux-ci se tournent en priorité vers d'anciens militants du MTLD supposés hostiles à Messali, ou bien vers des immigrés de fraîche date. Débuts difficiles car le FLN doit faire face aux coups de filet policiers autant qu'à la propagande du MNA. De sorte que l'affrontement demeure pour l'instant essentiellement verbal et ne prendra la forme d'une lutte armée que dans les années suivantes.

Parallèlement, la délégation extérieure du Caire ne reste pas inactive. Outre une amorce d'implantation dans les pays arabes et la sollicitation de leurs concours, le FLN entend tirer parti du courant anticolonialiste qui s'affirme dans le monde en cette année cinquante-cinq. A la conférence de Bogor, les délégués du FLN sont parvenus à lever les réticences de Nehru à l'égard de tout mouvement recourant à la violence, et c'est à titre d'observateurs qu'Aït Ahmed, Hocine Lahouel et M'Hamed Yazid participent en avril à la Conférence de Bandoeng. Ils y obtiennent, avec les délégués marocains et tunisiens, la condamnation de la politique française en Afrique du Nord. Même si celle-ci n'a pas de grand retentissement en Algérie (où elle est d'ailleurs passée sous silence par la quasi-totalité de la presse), le FLN a fait à Bandoeng plus qu'acte de présence; il a obtenu du Tiers Monde la reconnaissance de sa représentativité et de la légitimité de son combat.

Ce premier succès diplomatique va trouver son prolongement à l'ONU, à l'occasion de la dixième session de l'Assemblée générale qui s'ouvre à New York en septembre 1955. Habilement manœuvré par M'Hamed Yazid, qui agit sous couvert d'un passeport syrien, le groupe des pays afro-asiatiques décide l'inscription du problème algérien à l'ordre du jour de l'Assemblée générale. S'appuyant sur l'article 2 § 7 de la Charte qui interdit à l'ONU de s'ingérer dans les affaires intérieures des États, la délégation française conduite par Antoine Pinay quitte la salle des séances avec éclat et ordonne le retrait de la France de toutes les commissions spécialisées. Pour sortir de l'impasse, la commission politique de l'ONU recommande le désaisissement de la question litigieuse. L'Assemblée y accède le 25 novembre, mais pour des raisons d'opportunité et sans se déjuger sur le fond. L'internationalisation du problème algérien est en marche.

Le proconsulat de Robert Lacoste

Robert Lacoste ministre résidant.

Dans le désarroi où il était plongé depuis l'automne, le gouvernement d'Edgar Faure désirait consulter le pays sur la marche à suivre en Afrique du Nord. L'impression prévalait en effet que la France s'enlisait au Maroc et en Tunisie dans des négociations sans fin, et en Algérie dans une guerre sans issue. De sorte que, conçue initialement comme une manœuvre de diversion propre à enrayer les progrès du mendésisme, la dissolution du 2 décembre 1955 se trouva placer implicitement l'opinion devant le choix d'une politique algérienne.

Au cours d'une campagne électorale brève mais confuse, fréquemment troublée par les incartades des candidats poujadistes, le sort de l'Algérie fut abordé dans des termes généralement empreints de circonspection. La plupart des partis, à quelques nuances près, s'en tinrent à l'affirmation rituelle de l'appartenance française des départements algériens et à la nécessité d'un dialogue avec les populations en vue de mettre fin à la guerre et d'élaborer un nouveau statut. Sans déroger au conformisme ambiant qui excluait toute négociation directe avec la rébellion[1], l'originalité du Front républicain, cartel électoral de socialistes, de radicaux mendésistes et de quelques gaullistes, fut de se démarquer de la politique d'intégration menée avec si peu de succès par le gouvernement précédent et d'offrir des perspectives claires. Fidèle à la méthode qui lui avait réussi pour mettre fin au conflit indochinois, Pierre Mendès France présenta, le 26 décembre à Marseille, un programme de

---

1. Même le parti communiste s'en tenait à l'idée d'une négociation avec les « représentants qualifiés » du peuple algérien, ce qui était évidemment très vague.

réformes assorti d'un calendrier précis. La dissolution de l'Assemblée algérienne devait précéder des élections libres tenues dans un délai de six mois; une modernisation rapide des structures économiques et une réforme agraire seraient entreprises dans le même temps et rendues effectives par la présence fréquente à Alger du président du Conseil investi par la nouvelle Assemblée, seul capable par son autorité de surmonter les résistances administratives et de briser les féodalités locales. Sans y mettre autant de conviction, le leader de la SFIO, Guy Mollet, souscrivait à ces projets et dénonça à plusieurs reprises, dans ses articles du *Populaire* et dans divers meetings électoraux, cette guerre « imbécile et sans issue ». Dans la mesure où les élections du 2 janvier 1956 ont une signification, en dehors bien sûr de la poussée poujadiste dont l'explication est d'un autre ordre, c'est bien cette orientation qui semble avoir été approuvée par le corps électoral, au détriment des thèses intégrationnistes de la majorité sortante de centre droit.

Edgar Faure ayant remis la démission de son gouvernement, le président Coty procéda aux consultations d'usage. Tout semblait désigner le choix de Mendès France, tant il est vrai que le relatif succès du Front républicain lui était redevable. Mais c'était compter sans l'ostracisme dont il faisait l'objet dans les rangs du MRP, sorti quelque peu échaudé des élections, mais que l'arithmétique parlementaire commandait de ménager. Guy Mollet fut donc appelé, et forma un gouvernement à direction socialiste et à participation radicale. Mendès France y était ministre d'État sans portefeuille, les Affaires étrangères, revenant à Christian Pineau, la Justice à François Mitterrand et la Guerre à Bourgès-Maunoury. Principale innovation, l'Algérie relevait désormais d'un ministère à part entière qui fut confié au général Catroux, alors grand chancelier de la Légion d'honneur. Bien informé sur l'Algérie, où il avait exercé divers commandements et dont il avait été le gouverneur général en 1943-1944, inspirateur d'une politique de détente au Maroc, ce disciple de Lyautey pouvait être l'homme d'une fin honorable de la guerre, sans que son patriotisme pût être mis en question. La déclaration d'investiture du président du Conseil, débordante de bonne volonté, augurait bien en ce sens.

Telle quelle, la composition de ce gouvernement souleva la fureur de la population algéroise. Le nom de Mendès France était honni de longue date à Alger et celui de François Mitterrand, auquel un bref passage au ministère de la France d'outre-mer avait suffi à faire une réputation de bradeur de l'Afrique noire, l'était à peine moins. La désignation du général Catroux fit le reste. N'était-il pas l'inspirateur de l'ordonnance « démagogique » du 7 mars 1944 et n'avait-il pas récemment préparé la « capitulation » de la France au Maroc en se rendant auprès du Sultan exilé à Madagascar? Il convenait dès lors que la population européenne montrât la détermination de son refus. Les tumultueuses manifestations organisées le 2 février autour du départ de Jacques Soustelle avaient pris valeur d'un avertissement qui pouvait fort bien se muer en répétition générale. Quand Guy Mollet, passant outre aux avertissements du préfet Collaveri et de Jacques Chevallier, fit savoir au Conseil des ministres qu'il se rendrait à Alger le 6 février pour procéder aux consultations préalables à l'intronisation du ministre résidant, tout ce que la ville comptait d'activistes se mobilisa pour préparer son accueil.

C'est le Comité d'entente des anciens combattants qui, dans les journées précédant le 6 février, va prendre la tête d'un véritable branle-bas de combat. Ayant envisagé un moment quelque geste hautement symbolique, comme de jeter les décorations au pied du monument aux morts, il se rabat sur l'organisation, plus traditionnelle, d'un défilé, assorti d'une lettre de protestation au président Coty. Se mobilisent aussi l'Association des élus d'Algérie, l'Interfédération des maires de l'Algérois présidée par Amédée Froger, le Comité d'action universitaire (où s'agite déjà l'étudiant en droit Pierre Lagaillarde) et quelques autres organisations de moindre importance. Plus frénétiques encore, quelques cadres de l'Union française nord-africaine (UFNA) avec à leur tête Robert Martel envisagent un rocambolesque coup d'État, avec occupation des bâtiments officiels et arrestation en bonne et due forme du président du Conseil. De leur côté, les leaders du poujadisme algérois, le cafetier Ortiz et le restaurateur Goutalier, appellent leurs troupes à de vigoureuses démonstrations populaires. Plus feutrée, mais plus efficace, l'activité de quelques gaullistes comme Mario Faivre, l'ingénieur l'Hostis et surtout l'avocat Jean-Baptiste Biaggi, récemment arrivé à Alger, aboutit à la formation d'un Comité de défense de l'Algérie française coiffant la plupart des organisations existantes. Celui-ci lance un appel à la grève générale et à une manifestation de grande ampleur, le 6 février, au monument aux morts.

Tout ce remue-ménage finit par inquiéter les autorités officielles et le secrétaire d'État à la Guerre, Max Lejeune, envoyé en éclaireur. Mais confiant dans le loyalisme de l'armée, dont le général Lorillot se porte garant, et rassuré par le déploiement de douze compagnies de CRS acheminées d'urgence par un véritable pont aérien, c'est sans inquiétude excessive que le président du Conseil débarque à Alger en début d'après-midi. Après une traversée rapide des faubourgs totalement déserts, le cortège est accueilli dans le centre par une foule au bord de l'émeute. Au monument aux morts, les cris hostiles fusent de toute part et avec eux tomates mûres, œufs pourris et mottes de terre. Impavide, Guy Mollet fait bonne contenance et doit à la fermeté des CRS de pouvoir regagner sa voiture.

Mais la force morale du président du Conseil ne fut pas à la hauteur de son courage physique. Bouleversé par les cris de haine qui l'avaient accueilli, frappé aussi par la condition modeste de tant de manifestants qui, à l'évidence, n'étaient pas tous de gros colons, il céda avec une facilité désarmante aux sollicitations insidieuses de quelques hauts fonctionnaires qui l'entouraient : le préfet d'Oran, Pierre Lambert, un ancien socialiste rallié à l'Algérie française, et l'inévitable Maurice Cuttoli. Parvenant à joindre le général Catroux à l'Élysée, il lui demanda, non sans quelque gêne, une démission que celui-ci tenait du reste prête depuis plusieurs jours. Dans un communiqué hâtivement rédigé, cette démission fut rendue publique et présentée comme une mesure propre « à ne pas ajouter au drame qui divise l'Algérie ». Cette interprétation spécieuse ne trompa personne et, le soir même, les manifestants se répandaient à travers la ville pour clamer leur victoire. Une tentative de coup de main sur le gouvernement général tentée par les maigres troupes de Robert Martel fut repoussée sans difficulté par les parachutistes du colonel Chateau-Jobert. Premier essai infructueux de fraternisation avec l'armée aux cris de « les paras avec nous »...

La capitulation du 6 février, car c'est bien de cela qu'il s'agit, marque un tournant capital de la guerre d'Algérie. La population musulmane ne s'était pratiquement pas montrée, mais la confiance qu'elle pouvait porter au nouveau gouvernement s'en trouva altérée et l'audience du FLN corrélativement renforcée. Pour les Européens, le 6 février est entré de plain-pied dans la légende. Journée véritablement magique qui a fait la preuve que, au prix d'une manifestation bien orchestrée, Alger pouvait dicter sa loi à Paris. Du 13 mai au putsch des généraux, la leçon ne sera pas oubliée, source de bien des illusions et de bien des déboires.

Pour succéder au général Catroux, Guy Mollet procéda d'Alger à quelques consultations. Après les refus de Gaston Defferre, alors ministre de la France d'outre-mer, et de Max Lejeune, son choix se porta sur Robert Lacoste qui accepta, avec moins d'enthousiasme que de discipline, de troquer le ministère de l'Économie et des Finances, couronnement de toutes ses ambitions, contre celui de l'Algérie. Arrivé presque incognito le 10 février, sans que sa nomination ait suscité le moindre écho à Alger, il était accueilli par le président du Conseil qui, pressé de regagner Paris, ne lui laissa que de vagues consignes, dont Lacoste ne tint d'ailleurs aucun compte.

Tour à tour jovial et colérique, madré et pugnace, doté d'un solide bon sens qui n'excluait ni la faconde ni la roublardise, Robert Lacoste n'était pas un intellectuel, à la différence de son prédécesseur, mais un modeste fonctionnaire de l'enregistrement que le syndicalisme, puis une magnifique Résistance, avaient propulsé à la députation et à quelques postes ministériels. Promotion rapide, dont il pouvait être le premier étonné, et qui avait développé en lui un goût prononcé pour le pouvoir et pour les fastes qui l'entourent. Sur l'Algérie il n'avait guère d'idées et aucune connaissance particulière, mais il adhérait instinctivement aux thèmes de la grandeur impériale et, comme tant d'hommes de gauche, il aurait cru déroger aux normes élémentaires du patriotisme en ne cédant pas à toutes les sollicitations des militaires. Sans avoir pratiquement réfléchi aux données du problème algérien, totalement fermé aux grandes mutations internationales en cours, Robert Lacoste qui, en brave socialiste, venait de faire campagne en Dordogne pour « la paix en Algérie », allait se muer en quelques semaines en un va-t-en-guerre inflexible. Admirateur de Bugeaud et de Clemenceau, il retint du premier la vigueur de ses méthodes répressives et du second la formule du « dernier quart d'heure », sûr qu'avec de telles références, il ne pouvait que forcer le sort des armes.

Son cabinet, son « brain-trust » comme il aimait à dire, faisait une moindre place que le précédent aux grands commis de l'État et devait davantage aux amitiés personnelles et aux camaraderies de parti. Comme directeur du cabinet civil et militaire, Pierre Maisonneuve, un préfet socialisant qui connaissait l'Algérie par la présidence de l'EGA, assisté de Charles Frappart comme directeur du cabinet civil. Ce dernier, ami de longue date du ministre, quitta son poste au bout de quelques mois au terme d'un désaccord total sur la politique à suivre et fut remplacé par Pierre Hosteing, alors sous-préfet de Mostaganem. Jean Peccoud, vieux camarade de la Résistance, accéda au poste essentiel du chef de la Sûreté, et Pierre Gorlin, un ancien journaliste passé aux Charbonnages de France, à celui de directeur de l'Information, pour lequel Lacoste fondait de grands espoirs. Du côté militaire, la direction du cabinet était confiée au colonel Ducournau, un parachutiste prestigieux qui, après un long séjour en Indochine, avait remporté des résultats notables dans l'Aurès. Une nomination qui se voulait à la fois symbole et gage du succès. Au secrétariat général, poste le plus élevé dans la hiérarchie après le ministre, le long règne de Maurice Cuttoli prenait fin en avril 1956 avec la nomination de Pierre Chaussade, périgourdin comme Lacoste et jusqu'alors préfet de la Marne. Courageux et lucide, passionné de réalisations économiques et sociales [1], il fut assurément un administrateur de grande classe qui a assisté, impuissant, aux débordements de l'illégalité et à la prolifération des complots.

Entre-temps, la politique algérienne du nouveau gouvernement s'est quelque peu précisée. La déclaration d'investiture du 1er février, un discours radiodiffusé du 9 et la déclaration ministérielle du 16 permettent en effet d'y voir plus clair. Ces différentes interventions forment un ensemble relativement cohérent, même si la déclaration du 16 février a pu paraître en léger retrait sur les précédentes, et s'ordonnent autour du triptyque « cessez-le-feu, élections, négociations ».

Même si le terme n'en est pas repris, l'intégration continue d'inspirer la politique gouvernementale, dans la mesure où la double affirmation des liens « indissolubles » qui unissent l'Algérie à la France et la reconnaissance de la spécificité algérienne commandent à l'ensemble de l'argumentation. Mais à la différence du précédent, le ministère n'entend pas imposer ses solutions. Le sort de l'Algérie sera réglé par de libres négociations, en des termes dont le gouvernement n'entend pas préjuger, mais qui excluent à l'évidence toute sécession. Ces discussions associeront les représentants authentiques de la population algérienne désignés par des élections dont la loyauté sera totale. Mais celles-ci restent subordonnées au

1. Son rapport sur les « perspectives décennales de développement en Algérie » a inspiré l'essentiel du plan de Constantine lancé en 1958 par le général de Gaulle.

rétablissement de l'ordre, seul garant de la sérénité du scrutin. En attendant que les rebelles déposent les armes, le gouvernement s'attachera à accélérer la modernisation économique de l'Algérie et à faire œuvre de justice sociale, étant entendu que « le temps de l'inégalité et du mépris est révolu ».

Intellectuellement ce schéma n'était pas absurde, mais reposant sur une analyse peu réaliste de la situation, il présentait de graves défauts. Le plus véniel concernait le mode d'élection des futurs représentants du peuple algérien. Le principe du collège unique était virtuellement acquis, mais depuis le 6 février Guy Mollet laissait entendre qu'il se heurtait dans son esprit à certaines limites. La déclaration du 16 février en faisait bien mention, mais « suivant des modalités qui assureront une représentation équitable des deux communautés », formulation hautement ambiguë qui n'était pas sans rappeler le statut de 1947 aux termes duquel, tous les citoyens étant égaux, la voix d'un Européen valait dix fois celle d'un musulman. Les intentions du gouvernement n'étaient d'autre part assorties d'aucun calendrier, ni dans l'échelonnement des réformes ni pour la tenue des futures élections. Cette carence risquait d'ouvrir la porte à tous les immobilismes, d'autant plus que le président du Conseil ne manifesta jamais l'intention de revenir en Algérie. On était loin évidemment du programme de Marseille. Les élections, enfin, étaient subordonnées à un hypothétique cessez-le-feu dont rien n'indiquait qu'il entrait dans les intentions du FLN. Outre que la situation militaire lui était alors favorable, celui-ci avait tout à redouter d'un scrutin ouvert et des solutions plus ou moins fédérales qui risquaient d'en sortir. Acquis dès sa naissance à la conquête coûte que coûte de l'indépendance, le Front ne pouvait se prêter à une opération dont le but avoué était de la rendre impossible. De sorte que, par un cruel retournement, la politique du gouvernement Mollet, qui se voulait placée sous le signe de la paix en Algérie [1], signifiait en fait la prolongation de la guerre.

On en eut confirmation dès le mois suivant quand, à la demande de Robert Lacoste, et pour faire face à une aggravation sensible du terrorisme, le gouvernement déposa un projet de loi lui conférant des « pouvoirs spéciaux » afin de renforcer son action en Algérie.

---

1. « L'objectif de la France, la volonté du gouvernement, c'est, avant tout, de rétablir la paix et d'obtenir que cessent le terrorisme et la répression aveugle » (discours d'investiture du 1ᵉʳ février 1956).

L'élaboration du projet donna lieu à des discussions passionnées au Conseil des ministres où deux tendances s'affrontèrent. Celle, largement majoritaire, de Lacoste, Bourgès-Maunoury et Max Lejeune, soucieux avant tout de juguler l'insurrection par un renforcement massif des moyens militaires, et celle de Mendès France et de Gaston Defferre qui voulaient ouvrir le dialogue, même avec ceux qui pourraient devenir « les interlocuteurs de demain ». La première tendance, qui avait la faveur de Guy Mollet, l'emporta facilement, mais moins d'un mois après la formation du ministère, la cohésion gouvernementale se trouvait ébranlée. La sourde hostilité qui opposait, sur la question algérienne, le ministre d'État au président du Conseil trouva son dénouement logique avec la démission de Pierre Mendès France le 23 mai 1956.

Par son ampleur et son imprécision, le projet était en effet redoutable. Il prévoyait un vaste dessaisissement du pouvoir législatif au profit du gouvernement, habilité à prendre en Algérie, par décrets et sur la base d'un illusoire contrôle parlementaire, toute mesure jugée nécessaire dans les domaines administratif, économique, social et militaire. L'article 5 précise en outre que « le gouvernement disposera des pouvoirs les plus étendus pour prendre toute mesure exceptionnelle en vue du rétablissement de l'ordre ». Concentrés en fait entre ses mains, le ministre résidant en Algérie détiendra des pouvoirs quasi dictatoriaux.

Le débat qui s'ouvrit le 8 mars à l'Assemblée nationale fut tendu mais sans passion. Le discours musclé de Robert Lacoste, celui, plus nuancé, de Guy Mollet furent accueillis par une large approbation des socialistes aux indépendants. Le ralliement du parti communiste étonna davantage dans la mesure où son porte-parole, Jacques Duclos, avait dénoncé sans ambages la capitulation du gouvernement devant le « complot fasciste » du 6 février et en appelait désormais à la négociation avec le FLN. En fait, des discussions animées s'étaient engagées au sein du parti, des cellules aux instances dirigeantes, sur le sort à réserver à un texte dont la teneur policière et militaire ne faisait guère de doute. Mais la direction souhaitait ne point rompre avec le Front républicain et faire sortir, par l'appoint de ses voix, le parti de l'isolement dans lequel il était confiné depuis 1947. Cette considération tactique l'emporta sur toute autre, même s'il fallut l'autorité de Maurice Thorez pour lever les hésitations de certains élus. Dès lors, le projet était adopté massivement par 455 voix contre 76, les seuls poujadistes, grossis d'une poignée de modérés (dont Paul Reynaud) ayant émis un vote hostile.

La loi sur les pouvoirs spéciaux ouvrait la voie à des mesures de deux types, réformatrices et répressives, dont le gouvernement Mollet fit également usage. Même si l'équilibre n'est qu'apparent, il serait injuste de méconnaître l'effort accompli dans la transformation des structures administratives et sociales. La lecture des documents officiels, en particulier le *Livre blanc* publié en octobre 1957 par les services de Robert Lacoste, donnerait même à penser que l'on ne s'était jamais autant soucié de réformes en Algérie que depuis l'avènement du Front républicain. Pour s'en tenir à l'essentiel, on relèvera les mesures prises en faveur de l'accession des musulmans à la fonction publique [1], la dissolution de l'Assemblée algérienne, la création de huit nouveaux départements et de nombreux arrondissements, la disparition des communes mixtes et la mise en place d'un régime communal transitoire faisant largement appel aux élus musulmans, divers relèvements de salaires, d'importants programmes de construction d'écoles et de logements. Pour ne rien dire des projets de lois-cadres dont il sera traité plus loin.

Cette réformite ne doit pourtant pas trop faire illusion. L'Assemblée algérienne était dénuée de toute représentativité depuis la démission générale de ses élus du second collège, et sa dissolution ne faisait qu'entériner un état de fait. Si le nouveau régime communal permettait à des musulmans d'accéder pour la première fois aux fonctions de maire, il est fort probable que nombre d'entre eux furent carrément désignés plutôt que démocratiquement élus. Certaines « délégations spéciales » furent d'ailleurs, en Kabylie surtout, rapidement noyautées par le FLN. Le souci avoué de lever, à la faveur d'une nouvelle génération de notables, une troisième force qui constituerait les interlocuteurs de demain échoua totalement. On peut également s'interroger sur la portée d'un redécoupage administratif qui avait pour effet de multiplier les autorités civiles au moment où l'armée, par le biais des SAS et de l'assistance médicale, assumait en fait l'essentiel de l'encadrement des populations.

L'échec le plus patent fut celui de la réforme agraire. A l'exemple

1. Ces mesures suscitèrent une vigoureuse campagne de protestation de la part des étudiants de l'université d'Alger, qui dénoncèrent la « concurrence déloyale » qu'elles allaient introduire dans le recrutement des fonctionnaires. Le professeur Bousquet en prit la tête, ce qui lui valut d'être muté en métropole à la demande de Lacoste.

de tant de projets antérieurs, les décrets du 26 mars et du 25 avril 1956 prévoyaient l'expropriation et la redistribution des terres irrigables supérieures à 50 hectares. Une Caisse d'accession à la propriété et à l'exploitation rurale (CAPER) était créée, dont les modalités de fonctionnement différaient peu de la Caisse d'expansion et de modernisation projetée en son temps par Jacques Soustelle. Mais les décrets d'application se firent attendre et un an plus tard pas la moindre parcelle n'avait été redistribuée. Les premières expropriations ne commencèrent qu'en mai 1957 et aboutissaient, dans le courant de 1958, au recasement de quelques milliers de familles, dont certaines payèrent de leur vie l'accession à leur nouvelle propriété. Présentée comme « quasi révolutionnaire » par Guy Mollet, cette réforme illusoire montrait, s'il en était nécessaire, que rien n'avait vraiment changé en Algérie et que le grand colonat, épaulé par une bureaucratie paralysante, continuait d'y faire la loi.

Dans les préoccupations du gouvernement, la priorité revint donc à l'effort militaire et d'abord aux effectifs servant en Algérie. Sur ce point, la religion du président du Conseil n'était pas faite. Il savait l'impopularité d'une mesure de rappel du contingent et la désorganisation qui en résulterait dans l'activité du pays. Mais il céda aux appels pressants du général Lorillot et de Robert Lacoste, ainsi qu'à la menace voilée que représentait la démission récente de deux des plus hauts responsables de la hiérarchie militaire[1]. Le Conseil des ministres du 11 avril décide donc le rappel de 70 000 disponibles, celui du 9 mai un contingent supplémentaire de 50 000 hommes. Par rappel partiel du contingent de 1952, rotation des classes 1953 et 1954, et par allongement du service militaire à 27 mois, l'effectif est rapidement multiplié par deux, passant de 200 000 hommes au début de 1956 à 400 000 en juillet. Il sera porté à 450 000 à la fin de 1957, chiffre qui restera pratiquement stable jusqu'à la fin de la guerre d'Algérie. Grâce à quoi le commandement peut mettre en place ce *quadrillage* qui, par l'omniprésence des troupes sur le territoire algérien, doit clouer sur place l'adversaire et l'obliger à déposer les armes.

1. Le général Guillaume, chef d'état-major général, et le général André Zeller, chef d'état-major de l'armée de terre, ont donné leur démission le 28 février pour protester contre les lenteurs et les modalités de l'envoi des renforts en Algérie. Première manifestation publique d'un « malaise de l'armée » dont il sera beaucoup question. Dans l'immédiat, ils sont remplacés respectivement par les généraux Ély et Blanc.

Pour l'heure ces mesures de rappel provoquent, comme il était prévisible, de vifs mouvements de protestation dans certaines villes, dans les trains d'acheminement et même dans certains casernements. Mais ces manifestations, spontanées ou suscitées çà et là par des organisations d'extrême gauche, sont trop sporadiques pour inquiéter le gouvernement, qui s'appuie par ailleurs sur une puissante campagne de presse en faveur d'un engagement militaire massif en Algérie.

Dans le même temps, un matériel moderne considérable est acheminé d'urgence. Avions légers et hélicoptères, chars et automitrailleuses, matériel de transport et de transmission arrivent massivement, prélevés sur les divisions mécanisées intégrées à l'OTAN ou récemment achetés aux États-Unis. Le coût élevé de cet effort militaire oblige le ministre des Finances, Ramadier, à lancer en octobre un emprunt dont les conditions avantageuses de souscription assurent le succès.

Les perspectives d'une guerre de grande ampleur conduisent également à un remaniement du commandement militaire. Les trois divisions d'Alger, d'Oran et de Constantine deviennent des corps d'armée. A l'intérieur de chacun d'eux sont créées des *zones opérationnelles* distinctes placées sous la direction d'un général, divisées elles-mêmes en *secteurs* sous la responsabilité d'un colonel. Cette refonte, qui épouse le nouveau découpage administratif, vise à conférer la plus grande autonomie de commandement à chaque responsable. Instruite par l'expérience indochinoise, l'armée entend éviter la superposition néfaste des états-majors.

Si elle ne suscite pas d'opposition dans l'opinion moyenne du pays, cette orientation guerrière de la politique algérienne contredit par trop les engagements pacifiques de la campagne électorale pour ne pas susciter quelques remous. Plus qu'avec l'opposition croissante du parti communiste, dont Guy Mollet se sert à vrai dire autant qu'elle ne le dessert, le président du Conseil doit compter avec les réserves qui s'expriment au gouvernement et dans son propre parti. En désaccord complet depuis le vote des pouvoirs spéciaux, Pierre Mendès France donne le 23 mai sa démission de ministre d'État, sans parvenir d'ailleurs à regrouper autour de lui la totalité du parti radical. Au Conseil des ministres, ce sont désormais Gaston Defferre, Alain Savary et, dans une certaine mesure, François Mitterrand qui font figure d'opposants. Au congrès de la SFIO qui se tient à Lille du 29 juin au 3 juillet 1956, un réel malaise se fait jour. Le petit noyau d'opposants de la première heure, regroupés autour de Daniel Mayer et d'Oreste Rosenfeld, s'est grossi de voix autorisées et de fédérations importantes. André Philip, Guy Desson, Roger Quilliot, qu'une vieille amitié lie à Albert Camus, s'élèvent contre la brutalité du revirement gouvernemental. Pour préserver l'unité du parti, Guy Mollet doit accepter une motion de synthèse qui invite le gouvernement à lutter avec la même détermination sur le *double front* de la rébellion et des ultras d'Alger. De manière implicite, le congrès prône aussi la recherche d'une solution politique, ce qui implique la relance des conversations discrètement engagées avec le FLN. Une orientation similaire se fait jour au MRP dont le conseil national, réuni le 8 juillet, adopte la thèse de la lutte sur les deux fronts. Il est clair que ce parti de tendance démocrate-chrétienne ne peut rester insensible aux pressions de sa base militante, et prépare du même coup sa rentrée gouvernementale, une fois levée l'hypothèque du Front républicain.

A l'égard de ce « deuxième front », dont il a du reste toujours nié l'existence, Robert Lacoste se montra bien timoré, même s'il est abusif d'en faire le porte-parole des intérêts exclusifs du grand colonat et le complice des activistes. Contre les « trublions d'Alger » qui l'exaspèrent plus d'une fois, il prit quelques mesures. Le pittoresque Boyer-Banse fut expulsé d'Algérie, comme le professeur Bousquet qui dut abandonner son cours de sociologie nord-africaine à la faculté d'Alger. De même furent radiés les sursis de quelques étudiants par trop pénétrés de leur rôle dans la défense vigilante de l'Algérie française et furent dissoutes les organisations activistes de l'UNAF et de l'ORAF dont les outrances verbales devenaient gênantes. Lacoste osa aussi s'en prendre aux privilèges de Georges Blachette et procéder à une révision avantageuse pour l'État des dispositions fiscales qui régissaient depuis 1873 le monopole de la production de l'alfa. Mais en d'autres circonstances, infiniment plus graves, il ne montra pas la même détermination. C'est ainsi qu'aucune suite judiciaire ne fut donnée à l'attentat contre-terroriste déclenché rue de Thèbes, dans la Casbah, dans la nuit du 10 août 1956, et dont une rapide enquête permit d'identifier les auteurs et l'ampleur de leurs complicités dans la police algéroise. De même ne prit-il aucune mesure pour prévenir, ou réprimer, les horribles ratonnades qui suivirent, le 30 décembre, les obsèques d'Amédée Froger qui venait d'être assassiné par le FLN.

Éclairante aussi fut la fameuse « affaire du bazooka », consécutive à l'arrivée du général Salan en Algérie. Depuis plusieurs mois la succession du général Lorillot était ouverte aux fonctions de commandant en chef interarmées. Cet officier assez hautain, mais travailleur et d'un républicanisme éprouvé, avait entretenu d'excellents rapports avec Soustelle. Mais ses relations avec Lacoste s'étaient rapidement détériorées. Outre une incompatibilité certaine de caractères, il lui était reproché la minceur des résultats de la pacification malgré le doublement des effectifs engagés. Reproche exagéré, mais qui était partagé par nombre de cadres qui voyaient en lui un officier beaucoup trop classique et dépassé par la guerre subversive. Pour lui succéder, le gouvernement envisagea puis écarta les noms du général Boyer de La Tour, qui avait fait preuve de doigté en Tunisie mais dont les sympathies politiques étaient trop à droite, et celui du général Cogny, très introduit dans les cabinets ministériels mais sur lequel pesait encore l'opprobre de Diên Biên Phu. Ce fut donc le général Salan qui fut nommé à un poste qu'il souhaitait vivement. Sa place élevée dans la hiérarchie militaire jouait en sa faveur, comme ses brillants états de service qui faisaient de lui l'officier le plus décoré de France. Sa longue expérience de l'Indochine, où il avait assuré honorablement l'héritage du général de Lattre, tout en sachant partir à temps, et ses amitiés républicaines firent le reste. Impénétrable et intimidant, jouant volontiers de certaines réputations, vraies ou fausses, d'opiomane et de franc-maçon, il était, à tout prendre, le meilleur choix possible.

Les jalousies suscitées par sa nomination et la haine que portèrent instinctivement les ultras d'Alger à un homme que l'on disait familier des colonnes de *l'Express* furent à l'origine de l'une des affaires les plus mystérieuses de la guerre d'Algérie. Le 16 janvier 1957, à 19 heures, une explosion secouait l'immeuble de la Xe région militaire, tuant le commandant Rodier, chef de cabinet du général Salan. Ce dernier, qui était évidemment visé, rendait alors visite à Robert Lacoste. L'enquête révéla sans peine l'identité des artisans matériels de cet assassinat, pour la plupart des membres de l'ORAF déjà impliqués dans l'attentat de la rue de Thèbes, mais elle s'arrêta prudemment au seuil des complicités politiques et militaires. Celles-ci faisaient interférer les ambitions déçues du général Cogny et l'activisme d'une certaine droite, gaulliste ou non, prête au renversement du régime au nom de l'Algérie française [1]. Dans cette affaire, Robert Lacoste fut d'une discrétion exemplaire, tout comme il se montra par la suite peu regardant sur les agissements à peine clandestins de tel ou tel groupement activiste et dans la préparation des complots qui ont abouti au 13 mai.

Invité aussi, et de plusieurs côtés, à rechercher une solution pacifique au problème algérien, Guy Mollet fit procéder à partir du printemps 1956 à des contacts discrets avec les hommes de la rébellion. Ils n'étaient d'ailleurs pas les premiers du genre. Comme dirigeant du parti radical puis comme ministre d'État, Mendès France avait précédemment amorcé des conversations indirectes avec Abbane Ramdane et Ben Khedda, par l'intermédiaire d'avocats comme Pierre et Renée Stibbe, de journalistes comme Robert Barrat et Jean Daniel et du professeur André Mandouze dont les sympathies pour la cause algérienne étaient connues. Mais sans en désapprouver formellement le principe, Guy Mollet ne les encouragea pas. Il craignait les réactions de l'armée et minimisait l'importance de la rébellion. Il estimait aussi, non sans raison, que, quitte à s'informer, il trouverait plus de souplesse chez les politiques de la délégation extérieure que chez les combattants de l'intérieur.

Ébauchée lors d'un voyage effectué au Caire par Christian Pineau en mars 1956, une première rencontre a lieu les 12 et 20 avril entre Mohammed Khider et deux émissaires français proches de la SFIO, Georges Gorse et Joseph Begarra. Elle peut être jugée encourageante dans la mesure où les deux parties se font des concessions réciproques. Les délégués français acceptent de reconnaître au FLN un rôle d'interlocuteur privilégié en admettant de l'associer à la discussion du futur statut de l'Algérie avant la proclamation du cessez-le-feu; en échange de quoi Khider accepte de ne plus poser la reconnaissance de l'indépendance algérienne comme préalable à toute négociation.

1. Parmi les auteurs de ce complot, on a cité les noms de Pascal Arrighi, député de la Corse, de Me J.-B. Biaggi, d'Alain Griotteray, alors officier de l'entourage du général Cogny. Il fut aussi question d'un mystérieux « comité des six » comprenant, entre autres, le sénateur Michel Debré et un certain « Giscard-Monservin », dans lequel on reconnaîtra le jeune député du Puy-de-Dôme Valéry Giscard d'Estaing ou le député de l'Aveyron Boscary-Monservin, ou ni l'un ni l'autre. La rumeur persistante d'une participation active de Michel Debré a toujours été démentie par l'intéressé, sans que celui-ci ait jugé bon de poursuivre en justice les allégations très explicites du général Salan dans ses *Mémoires,* « Fin d'un Empire », t. III, Presses de la Cité, p. 115-134.

Malgré les hésitations de Guy Mollet et l'hostilité avouée de Lacoste, malgré aussi le manque d'enthousiasme de la direction intérieure du FLN pour tout cessez-le-feu qui ne serait pas assorti de solides garanties politiques, les pourparlers reprennent après le congrès de la SFIO. Français et Algériens se rencontrent successivement en Yougoslavie (à Pula et à Belgrade) en juillet, à Rome en août et de nouveau à Belgrade en septembre. Les partenaires sont cette fois deux dignitaires de la SFIO, Pierre Commun et Pierre Herbault, et, pour le FLN, M'Hamed Yazid, le meilleur diplomate de la délégation extérieure, et Ahmed Francis, un leader de l'ancienne UDMA.

Contre toute attente, ces contacts font apparaître de larges points de convergence. Les principes d'un cessez-le-feu et d'un exécutif provisoire auquel pourrait participer le FLN sont acquis à Rome et un protocole d'accord est même envisagé à Belgrade le 22 septembre. Celui-ci serait le préalable à une négociation officielle qui pourrait avoir lieu après le sommet maghrébin prévu à Tunis pour la fin du mois d'octobre. Pour substantiels qu'ils soient ces progrès ne sauraient masquer le maintien de graves divergences et surtout une ambiguïté fondamentale. Dans l'esprit des négociateurs français, le cessez-le-feu ne peut être que le préalable à des élections libres dont le résultat ne saurait être préjugé; pour le FLN il est la reconnaissance de sa représentativité et ne constitue qu'une étape transitoire vers l'indépendance. Les deux délégations étaient parvenues à se mettre d'accord sur des modalités, non sur des principes. On peut d'ailleurs s'interroger sur le degré de conviction qui, du côté français, animait ces pourparlers et se demander s'ils n'étaient pas qu'une manœuvre de diversion destinée à empêcher le FLN de saisir l'ONU de la question algérienne. Deux événements majeurs, l'un fortuit, l'autre mûrement préparé, allaient mettre en évidence l'ampleur de la duplicité française.

Prévue pour le 22 octobre 1956, une conférence devait réunir à Tunis le sultan du Maroc et le président Bourguiba, ainsi que plusieurs membres de la délégation extérieure du FLN conduits par Ahmed Ben Bella. Il s'agissait de jeter les bases d'une union nord-africaine qui lierait au Maroc et à la Tunisie une Algérie libérée et qui définirait les termes d'une association avec la France. Ce faisant, les deux chefs d'État manifestaient leur solidarité avec le FLN tout en recherchant une solution de compromis acceptable pour la France. Désireux peut-être de prendre, dans cette délicate négociation, le pas sur Bourguiba, qu'il jugeait par trop impétueux, Mohammed V reçut préalablement les dirigeants du FLN à Rabat et avec les plus grands égards. Le prince Moulay Hassan les accueillit à Nador, et le Sultan leur accorda cinq heures d'un entretien qualifié de fraternel. Tant de chaleur indispose évidemment Guy Mollet, qui charge son secrétaire d'État aux Affaires marocaines et tunisiennes, Alain Savary, de rédiger un communiqué de protestation assorti d'une suspension de l'aide française au Maroc. La pression est assez forte pour obliger le Sultan à faire un geste. Mohammed V renonce donc à s'embarquer pour Tunis dans le même avion que ses hôtes, mais il met à leur disposition un appareil officiel marocain.

Cette décision de dernière minute se révèle comme une véritable aubaine pour les services militaires français, qui pensent tenir là l'état-major de la rébellion au grand complet. Le général Frandon, patron de l'Air en Algérie, juge réalisable l'interception de l'avion et laisse entendre que l'absence du souverain marocain réduit les risques de complications diplomatiques. Robert Lacoste étant absent d'Alger, le général Lorillot obtient de Max Lejeune l'autorisation de procéder au détournement. L'opération va se dérouler à l'insu du président du Conseil, qui sera mis devant le fait accompli, mais non du ministre résidant qui rentre en toute hâte à Alger pour en superviser le déroulement. Le DC 3 marocain qui a quitté Rabat pour Tunis *via* Palma de Majorque, vole en zone aérienne internationale mais porte encore une immatriculation française. Ce sera le mince fondement juridique d'une opération de piraterie techniquement bien menée. Encadré par une discrète escorte, le commandant Grelier, pilote du DC 3, reçoit l'ordre de se poser à Alger, tandis que l'hôtesse Nicole Lambert, jouant les agents doubles, rassure son monde et annonce l'atterrissage imminent à Tunis. Un formidable déploiement policier accueille quatre des chefs historiques — Ben Bella, Boudiaf, Aït Ahmed et Khider —, auxquels s'était joint un jeune intellectuel algérien, Mostefa Lacheraf, sans responsabilités particulières au sein du FLN [1].

L'inconséquence du geste n'échappa pas à Guy Mollet, prévenu au cours d'un dîner officiel, mais celui-ci n'osa pas désavouer l'ini-

---

1. Professeur au lycée Louis-le-Grand, Lacheraf avait démissionné de l'enseignement. Il a donné d'importantes contributions à l'histoire du nationalisme algérien, en particulier dans la revue *les Temps Modernes*.

tiative des militaires et de son secrétaire d'État aux Forces armées. Un moment troublés, les ministres se mirent à l'unisson des commentaires de presse et des réactions de l'opinion qui, dans leur majorité, applaudirent le caractère sportif de l'exploit. Pour une fois, disait-on, la France ne s'était pas *dégonflée*. Les retombées politiques ne se firent pourtant pas attendre. Mis en position gênante à l'égard du Sultan comme de Bourguiba, Alain Savary donne sa démission le 25 octobre, imité quelques jours plus tard par l'ambassadeur de France à Tunis, Pierre de Leusse. Mohammed V, atteint dans son honneur par cette violation des règles élémentaires de l'hospitalité, proteste officiellement et son gouvernement ne fait rien pour empêcher le 23 octobre le massacre d'une trentaine d'Européens à Meknès. Un peu penaud sans doute, Guy Mollet réitère le 29 octobre son offre de cessez-le-feu, assortie d'une aide financière massive en faveur de l'Algérie. Peine perdue. La capture du DC 3 n'a eu pour effet que de renforcer la tendance dure du FLN intérieur au détriment des diplomates de l'extérieur. La porte de la négociation est fermée pour longtemps et la France devra accorder en 1962 bien plus qu'il ne lui aurait été demandé en 1956 si les négociations de l'été avaient été menées à leur terme. Mais si dans cette affaire le gouvernement et son chef avaient été pris de court, ils entendaient bien donner pleine mesure de leur détermination dans la mise en œuvre, mûrement élaborée, de leur politique égyptienne.

Aux sources assurément complexes de l'expédition de Suez, on a pu invoquer bien des justifications dont toutes n'étaient pas totalement infondées. L'affirmation d'une solidarité franco-britannique au lendemain de la nationalisation du canal avait, entre autres buts, vocation à arrimer la Grande-Bretagne au continent et à l'introduire un jour dans cette confédération européenne dont Guy Mollet ne se résignait pas à voir les Anglais écartés. De même, la sympathie instinctive que portait le gouvernement français au jeune État d'Israël, à ses dirigeants travaillistes et à ses expériences socialisantes, assignait à la France une mission protectrice face aux visées panarabistes du colonel Nasser. Encore peut-on s'étonner que l'alliance anglaise ait conduit un chef de gouvernement socialiste à prendre en charge la défense des intérêts de la Compagnie de Suez, et que la légitime sollicitude à l'égard d'Israël ait été jusqu'à tolérer la formation d'un véritable lobby sioniste dans les sphères gouvernementales et les états-majors militaires.

Mais en tout état de cause, la relation qui unit l'expédition de Suez à la guerre d'Algérie reste déterminante. Croyant, ou feignant de croire, que les Algériens n'avaient d'autre désir que de rester français, au prix de quelques réformes de détail, Guy Mollet et les siens s'obstinaient à voir dans l'Égypte nassérienne l'inspiratrice de la rébellion et la pourvoyeuse de ses moyens. Abattre Nasser revenait donc à atteindre le FLN dans son sanctuaire. L'arraisonnement de l'*Athos,* un cargo chargé d'armes en provenance d'Égypte, le 16 octobre 1956, semblait accréditer cette version. La réalité était pourtant quelque peu différente. S'il n'est pas question de nier l'ampleur et la diversité de l'appui égyptien, celui-ci n'était ni inconditionnel ni sans doute décisif. Le gouvernement français aurait pu prendre en considération le net ralentissement des livraisons d'armes consécutif au voyage de Christian Pineau au Caire en mars 1956, ainsi que la détérioration très nette des relations entre l'Égypte et le FLN survenue en septembre au lendemain du Congrès de la Soummam. Mais la politique de la canonnière ne s'embarrasse pas de nuances et tous les gouvernements du monde préfèrent dénoncer « la main de l'étranger » plutôt que d'aborder franchement les problèmes qui les dépassent. Il était évidemment plus commode de recourir à la thèse du complot égyptien que de tenter de comprendre les fondements endogènes du nationalisme algérien. Il restait alors au gouvernement, relayé par une formidable campagne de presse, à présenter Nasser comme un nouvel Hitler et sa médiocre *Philosophie de la révolution* comme une réédition de *Mein Kampf.* L'outrance du propos fait sourire aujourd'hui, mais cette logomachie permettait aux socialistes et aux radicaux de se libérer enfin du complexe de Munich qui les travaillait depuis un quart de siècle. Le gros de l'opinion abondait dans ce sens, et avec elle des journalistes et des hommes politiques habituellement plus pondérés.

Le récit de la préparation et du déroulement de l'expédition excède les limites de ce livre [1]. Il suffira de rappeler le décalage croissant entre la détermination des dirigeants français et les hésitations britanniques, l'inadaptation d'un système de commande-

1. On pourra se reporter à Henri Azeau, *Le Piège de Suez,* Paris, Robert Laffont, 1964, et à Jean Lacouture, *Nasser,* Paris, Éd. du Seuil, 1971. Le livre d'Abel Thomas, *Comment Israël fut sauvé* (Paris, Albin Michel, 1978) est intéressant, s'agissant des souvenirs de l'ancien directeur de cabinet de Bourgès-Maunoury, particulièrement accessible aux sollicitations israéliennes.

ment en principe intégré mais relevant en fait d'une superposition néfaste de centres de décision mal reliés; de rappeler aussi l'entrée en lice d'Israël et la préparation secrète du fameux ultimatum qui, par un machiavélisme consommé, devint l'instrument prémédité de l'intervention franco-britannique sous couvert de ramener la paix dans la zone du canal.

Adressé le 30 octobre à l'Égypte et à Israël, cet ultimatum est, comme prévu, rejeté, et c'est le 5 novembre, avec six jours de retard sur la date prévue, que les parachutistes français et anglais sautent sur Port-Fouad et sur Port-Saïd. Le succès militaire semble assuré, mais déjà la partie se joue sur le terrain diplomatique. Pressions américaines et menaces soviétiques se conjuguent pour obliger Londres et Paris à arrêter les frais. Mais si Antony Eden a l'élégance de démissionner, Guy Mollet entend faire front et, payant d'audace, travestit son fiasco diplomatique en une contribution décisive à la survie d'Israël.

Les conséquences de l'opération étaient pourtant claires. L'Égypte, dont l'armée avait fait piètre figure, tirait de son insuccès militaire une formidable victoire politique [1]. Nasser pouvait désormais se poser en leader incontesté du monde arabe, en attendant de tirer les profits matériels de la nationalisation du canal provisoirement fermé à la circulation maritime. Déconsidérée, la France voyait s'effondrer le mince capital de sympathie qui lui restait dans les capitales arabes et dans le Tiers Monde, tout le bénéfice de l'opération revenant au FLN, dont certains dirigeants crurent d'ailleurs un peu imprudemment que l'heure de la victoire avait sonné.

On ne saurait enfin omettre de mentionner l'effet désastreux de la reculade française sur l'état d'esprit de nombreux chefs militaires. Qu'un officier aussi discipliné que le général Beaufre, commandant du corps expéditionnaire, ait parlé de « rage rentrée » à l'annonce du retrait de ses troupes, et ait même songé à la désobéissance, en dit long sur les sentiments qui ont pu agiter des officiers moins intellectuels comme un Massu ou un Chateau-Jobert. Quelque part entre Port-Saïd et Ismaïlia s'est insinuée chez certains cadres militaires la double idée que la France était trahie de partout et que

1. Il n'est même pas sûr qu'une capitulation de Nasser eût résolu quoi que ce soit. Rien ne dit en effet que le général Néguib, pressenti à la succession du raïs, aurait été accepté par la population et l'armée égyptienne; auquel cas la France risquait de se retrouver avec une seconde Algérie sur les bras.

les hommes politiques n'entendent rien au problème algérien. Suez est une leçon qui sera méditée. Mais en France, les retombées de l'affaire furent assez minces. Le rationnement provisoire de l'essence ne suffit pas à retourner une opinion qui demeurait, semble-t-il, impressionnée par la détermination de ses dirigeants. Il est vrai que l'indéfendable soutien qu'il apporta à l'intervention soviétique en Hongrie empêcha le parti communiste de tirer profit d'une politique aussi calamiteuse.

Ayant inconsidérément écarté toute chance de négociation et accru l'isolement de la France, le gouvernement Mollet n'avait plus rien d'autre à offrir que son dérisoire triptyque « cessez-le-feu, élections, négociations » dont personne ne voulait. C'est dire que, pendant les quelques mois qui lui restaient à vivre, il n'eut d'autre politique algérienne que la poursuite d'une guerre qu'il maîtrisait de moins en moins.

Mutations et tensions au sein du FLN.

L'intensification de l'effort militaire français et la reprise en main des populations musulmanes ne pouvant porter leurs fruits qu'à plus ou moins long terme, le FLN poursuit en 1956 sa trajectoire ascendante, pour aborder l'année suivante de sérieuses crises internes. Utiles à la connaissance du mouvement et à la compréhension de ses convulsions ultérieures, ces crises n'ont à vrai dire ni sérieusement miné son unité face à l'adversaire, ni entravé son action diplomatique.

Les ralliements politiques amorcés l'année précédente deviennent effectifs et définitifs en 1956. Ceux de l'UDMA et des Oulémas étaient acquis, on l'a vu, au début de l'année et c'est un même avion qui transporte au Caire le 22 avril 1956, sans que du côté français on ait tenté grand-chose pour les retenir, Ferhat Abbas, Ahmed Francis et le secrétaire général de l'Association des Oulémas, Ahmed Tawfiq al-Madani. Ralliements précieux, car malgré son déclin l'UDMA est riche en hommes politiques expérimentés et son influence non négligeable dans les villes moyennes d'Oranie où le FLN n'est encore que maigrement implanté. Quant aux Oulémas, dont tous d'ailleurs ne rejoignent pas le Front, ils apportent au mouvement une caution religieuse et morale utile à faire valoir auprès de la bourgeoisie algérienne comme des États arabes les plus traditionalistes.

Dissous le 13 septembre 1955, le PCA n'entend pas, primitivement, rejoindre les rangs du FLN. Réduit à la clandestinité, il a créé en mars 1956 ses propres maquis sous le nom de Combattants de la libération, actifs surtout dans la Mitidja et dans la vallée du Chélif. Mais ce faisant il se heurte autant à la répression de l'armée française, qui dans les mois suivants décime presque totalement ses maquis, qu'à l'hostilité avouée du FLN qui ne tolère pas de formation concurrente. Situation inconfortable, qui le contraint à une négociation difficile en juin 1956 avec Abbane Ramdane et Ben Khedda. La proposition d'un vaste front de la résistance algérienne, à l'image du CNR français lors de la Seconde Guerre mondiale, ayant été refusée, le FLN dicte sa loi : adhésion individuelle des communistes algériens et intégration pure et simple dans l'ALN. C'est chose faite le 1er juillet 1956, non sans arrière-pensées de part et d'autre. Car si le PCA consent à la dissolution de ses maquis et s'oblige même à une révision passablement acrobatique de ses postulats idéologiques, il refuse de disparaître en tant que parti et parvient, au moins dans les grands centres urbains, à maintenir une organisation autonome. Il invite d'autre part ses militants à conserver intacts « leur idéal et leurs convictions politiques », ce qui est une façon de préserver l'avenir. A l'inverse, les Combattants de la libération sont accueillis sans aménité dans les rangs de l'ALN, assignés à des tâches subalternes et souvent privés d'armes, pour ne rien dire de quelques sombres accusations de complot intentées contre des militants jugés trop indépendants. Méfiance persistante, qui s'explique par un vieux fond d'anticommunisme propre au nationalisme algérien, et aussi par la volonté du FLN de couper court à l'accusation de collusion avec le communisme, à une époque où la France faisait grand usage de ce thème de propagande. Ces relations difficiles n'ont d'ailleurs pas empêché une participation active du PCA et un lourd tribut de ses militants dans la guerre de libération nationale. Quelques noms communistes sont entrés dans la légende, comme celui de l'aspirant Henri Maillot, qui déserta en avril 1956 avec un camion d'armes, de Maurice Laban, un ancien des brigades internationales, de Fernand Iveton, torturé et condamné à mort en février 1957, et ceux, plus connus, d'Henri Alleg et de Maurice Audin. Tous ont assumé avec courage, dans la clandestinité ou sous la torture, la tragédie d'un engagement mal reconnu encore aujourd'hui par le peuple algérien et par l'historiographie officielle du FLN.

Dans la formidable lutte d'influence qui s'est engagée avec le MNA, l'année 1956 apparaît également décisive, dans la mesure où le rapport de forces va désormais pencher en faveur du FLN. Une dernière tentative de rapprochement a eu lieu en août 1956 à l'instigation du Caire, à un moment où les services égyptiens, peu satisfaits des conclusions du Congrès de la Soummam affirmant la primauté de l'intérieur sur l'extérieur, semblent avoir un moment misé sur le MNA pour reprendre en main le FLN. Mais trop confiant dans ses propres forces et totalement prisonnier de ses partis pris politiques, Messali ne voulut voir là qu'un piège et ne donna pas suite.

L'épisode est d'ailleurs passé inaperçu à l'époque, tant la lutte fait rage entre les deux camps. D'Alger, où il a dominé l'année précédente, l'affrontement s'est déplacé vers la Kabylie, foyer de forte implantation FLN mais où des groupes MNA se sont constitués à l'instigation d'émigrés messalistes rapatriés de métropole. Sous la direction de Krim et du rude Amirouche, le FLN passe à l'action et recourt aux moyens les plus divers : l'affrontement armé, mais aussi la dénonciation « anonyme » aux autorités françaises et l'égorgement pur et simple des unités ralliées à lui. Obligées de céder du terrain, les bandes MNA se replient durant l'été 1956 sur le Djurdjura, puis sur les zones peu peuplées des territoires du Sud. Mal armées et peu agissantes, elles ne subsistent que grâce à une certaine tolérance de l'armée française qui a tout intérêt à laisser mûrir cette pomme de discorde au sein de la rébellion. Présence insupportable pour le FLN qui médite précisément, au début de 1957, une extension de son action vers le Sud pour affirmer ses droits sur un Sahara vivifié par l'aventure pétrolière. Après avoir tenté en vain de dissocier par la négociation certains des chefs du MNA, une unité de l'ALN, commandée par le capitaine Arab, déclenche, le 28 mai 1957, un massacre collectif sur le douar de Melouza, aux confins méridionaux de la Kabylie. Soupçonnée de sympathie MNA et sommée sans succès de se rallier, toute la population mâle du village de Mechta-Qasbah, 300 hommes au bas mot, est passée par les armes. L'horreur de ce crime, exploitée du reste par la France sous la forme d'un appel du président René Coty à la conscience universelle, obligea la propagande du FLN à l'imputer aux parachutistes français.

C'est alors que se situe l'épisode Bellounis. Ancien militant du MTLD, responsable des maigres forces armées du MNA, Mohammed Bellounis prend contact avec le commandement français local. Moyennant une aide militaire substantielle, il s'engage à combattre les unités de l'ALN tout en restant pleinement autonome et fidèle à son idéal d'une Algérie libre. Marché avantageux pour l'armée française qui économise ainsi les troupes nécessaires au quadrillage d'une vaste région. Affublé du grade de général, Bellounis lève donc une force estimée à 3 000 hommes et baptisée Armée nationale du peuple algérien. Celle-ci soutient vaillamment, à diverses reprises, le feu de l'ALN, mais la vanité ombrageuse du « général », les exactions en tous genres commises par ses troupes conduisent à une détérioration rapide de ses relations avec l'armée française. D'incident en incident, Bellounis et les siens finissent par être liquidés en juillet 1958 par des parachutistes du colonel Trinquier, sans que Messali Hadj ait jamais pris position sur cet étrange ralliement. A cette date, le MNA, qui aurait pu en 1957 constituer une solution transactionnelle possible, est discrédité et pratiquement décimé en Algérie.

En métropole, et jusqu'en Belgique, la relative tolérance mutuelle qui avait présidé en 1955 aux relations entre les deux mouvements fait place l'année suivante à des affrontements d'une violence inouïe. Grâce à un important effort de propagande la Fédération de France du FLN est parvenue à rééquilibrer à son profit les effectifs militants de l'émigration algérienne et même à dépasser ceux du MNA dans le courant de l'année 1957. De 1956 à 1958, une lutte impitoyable fait rage où tous les coups sont permis. De part et d'autre des équipes de tueurs parfaitement entraînés multiplient les raids punitifs. Dans les arrière-salles des cafés ou dans les caves du quartier de la Goutte-d'Or, les mises à mort sont souvent précédées d'épouvantables supplices, l'antagonisme politique n'étant d'ailleurs parfois que le prétexte au règlement de vieilles rivalités de clans ou de familles. En 1958 la partie est gagnée pour le FLN, au prix de milliers de morts. Conversion sincère ou revirement opportuniste, de nombreux militants MNA se rallient, non sans que certains ne soient abattus par des messalistes irréductibles.

A l'étranger enfin, où Messali s'est préoccupé d'asseoir son autorité internationale, les choses ont plus mal tourné encore pour le MNA. Deux de ses plus fidèles lieutenants, Ahmed Mazerna et Chadly Mekki, installés au Caire depuis octobre 1954, s'y sont fait emprisonner en mai 1955 à l'instigation de Ben Bella. Deux émissaires envoyés au Maroc, Larbi Oulebsir et Mohammed Belbegra, ont disparu sans laisser de traces, très vraisemblablement enlevés et assassinés par le FLN.

Véritable combat des Atrides, l'affrontement entre le FLN et le MNA, qui continua de façon atténuée après 1958, constitue sans doute l'un des épisodes les plus tragiques de l'histoire du nationalisme algérien. Présenter leur opposition comme celle du passé et de l'avenir est tentant mais trop simpliste. S'il est vrai que sa création a bien procédé d'un réflexe de vanité blessée, le MNA n'en a pas moins existé comme une force d'émancipation nationale dont les idéaux et les moyens étaient, en somme, ceux du FLN. S'il est vrai qu'il a été pénétré, surtout après 1958, par des indicateurs et des agents doubles, que certains de ses dissidents ont même rejoint les rangs de l'OAS, il a compté nombre de militants sincères contre lesquels le FLN a usé de moyens qui ne l'honorent pas toujours. Cela étant, les erreurs du *Zaim* ont été innombrables. Obnubilé par l'exemple de Bourguiba, qui à peine sorti de prisons françaises était rentré en triomphateur dans son pays, Messali a continûment surestimé à la fois le prestige de son nom et l'implantation de son mouvement. Affirmant d'autre part, contre toute vraisemblance, la collusion du FLN et du communisme, il a versé dans un occidentalisme qui lui a fermé la sympathie de nombreux dirigeants du Tiers Monde, sans que sa présentation grossièrement manichéenne de la rébellion, présentée en fait comme une rébellion à sa propre personne, lui gagnât quelque audience dans les États arabes même les plus modérés.

L'absorption ou l'élimination des forces politiques concurrentes permettent au FLN d'accroître, dans le même temps, son autorité sur les populations musulmanes, mais selon des formes renouvelées. Si le terrorisme individuel, l'attentat *exemplaire* ne disparaissent pas, ils cèdent le pas néanmoins à des méthodes plus subtiles de propagande et de contrôle.

Dans les villes les différentes branches d'activité sont désormais coiffées par des syndicats théoriquement indépendants, en fait étroitement soumis aux directives du Front. Primitivement, la création de l'Union générale des travailleurs algériens (UGTA), le 24 février 1956, répondait moins au souci de fonder une centrale ouvrière appelée tôt ou tard à se dresser contre la bourgeoisie possédante, que de contrer les organisations rivales inspirées par les messalistes ou par les communistes [1]. A leur égard l'UGTA montra la même intransigeance que le FLN à l'égard des partis politiques, tirant également profit du déclin progressif du messalisme et de l'interdiction du syndicat communiste en novembre 1956. De fait, l'UGTA a su rallier la majeure partie des ouvriers et employés syndiqués, et déclencher à plusieurs reprises des mouvements de grèves nettement politiques malgré les coups très durs que lui a portés la bataille d'Alger. Contrainte à la clandestinité et exilée à Tunis, elle a cessé, à la fin de 1957, de jouer tout rôle d'envergure. Dominée par la catégorie des employés elle est devenue un rouage de la bureaucratie du FLN, sans être parvenue à développer une pensée authentiquement ouvrière.

L'évolution de l'Union générale des commerçants algériens (UGCA) est assez identique. Créée en septembre 1956, et repliée elle aussi à Tunis l'année suivante, elle fut avant tout un organe de mobilisation et de cotisation d'une catégorie particulièrement représentative de la société algérienne. D'une tout autre ampleur fut le rôle de l'Union générale des étudiants musulmans d'Algérie (UGEMA) dont le congrès constitutif remonte au 8 juillet 1955. Dépassant rapidement ses objectifs corporatifs officiellement déclarés, elle s'engagea à fond dans la guerre de libération nationale, animant en particulier la longue grève des cours et des examens déclenchée en mai 1956, et qui ne fut suspendue que plus d'un an plus tard à la demande expresse des dirigeants du FLN. Nombre de ses étudiants s'engagèrent dans les services extérieurs du Front, dans l'ALN et même dans le réseau « bombes » du FLN pendant la bataille d'Alger. Pépinière de futurs ministres et ambassadeurs, l'UGEMA a indéniablement hâté le ralliement de la bourgeoisie algérienne dont la plupart des étudiants étaient issus. Sa dissolution le 28 janvier 1958 a eu, d'autre part, d'importantes conséquences sur le mouvement étudiant français.

Si le ralliement des populations urbaines pouvait être considéré comme très largement acquis à la fin de 1956, au point d'avoir résisté au démantèlement de l'appareil du FLN consécutif à la bataille d'Alger, celui des populations rurales pose à l'historien

---

1. L'Union syndicale des travailleurs algériens (USTA) liée au MNA et l'Union générale des syndicats algériens (UGSA) liée au PCA et à la CGT.

de délicats problèmes d'interprétation compte tenu de l'extrême divergence des sources utilisables [1].

Pour l'historiographie algérienne, ce ralliement fut massif et sans réserve, hormis quelques défaillances locales aisément explicables [2]. Pour les pacificateurs français, il suffisait d'anéantir l'organisation politico-militaire de la rébellion (l'OPA), pour que les populations terrorisées reviennent à leurs chefs naturels [3]. Entre ces deux thèses extrêmes, l'une et l'autre abondamment étayées, une approche nuancée de la vérité doit s'en tenir à quelques observations d'évidence. Il est certain que, partie des campagnes et conduite par des paysans, la guerre de libération nationale a connu en 1955 et encore en 1956 une solide implantation rurale, considérée comme satisfaisante par les dirigeants du FLN lors du Congrès de la Soummam en août 1956. Il est non moins certain que les méthodes expéditives du FLN, ses exigences excessives dans le rançonnement des populations, les représailles auxquelles s'exposaient les villages récalcitrants, ont pu faciliter la reprise en main opérée par l'armée française à partir de 1956. Le quadrillage du bled par une armée portée à plus de 400 000 hommes, la multiplication des SAS et les déplacements massifs de population allaient dans le même sens. Mais la brutalité de certaines méthodes de pacification pouvait aussi produire l'effet inverse et restituer au FLN tout ou partie de son audience perdue. S'il est vrai que ce dernier n'est jamais parvenu à établir uniformément une structure souterraine de propagande et d'administration (*djemaas* ou assemblées populaires, collecteurs d'impôts, juges, recruteurs de troupes, etc.), il y aurait beaucoup à dire sur la sincérité qui a pu animer tant de ces « villages ralliés » dont l'administration française se plaisait à faire état. Il semble aussi que le déséquilibre géographique déjà observé au Congrès de la Soummam, et qui faisait apparaître une meilleure implantation dans le Constantinois et en Kabylie que dans l'Algérois et l'Oranais, se soit longtemps perpétué.

1. C'est dans ce domaine que l'ouverture des archives françaises peut être d'une grande utilité.
2. Par exemple, Commandant Azzedine, *On nous appelait fellagha*, Paris, Stock, 1976.
3. C'est évidemment la version des militaires français qui ont consigné leurs souvenirs : Massu, Bigeard, Trinquier, Argoud... (cf. bibliographie).

Même si ce n'est qu'avec la création, en septembre 1958, du gouvernement provisoire et d'un ministère des Affaires étrangères que le rôle diplomatique du FLN s'est véritablement étoffé, d'importants progrès ont été accomplis durant les années précédentes dans l'exploitation des voies ouvertes par la détente Est-Ouest et la montée du Tiers Monde. Certaines initiatives françaises, comme le détournement de l'avion transportant les chefs historiques ou l'affaire de Suez, ont d'ailleurs involontairement contribué à cette internationalisation du problème algérien.

A l'ONU, M'Hamed Yazid et, depuis 1956, Abd el-Kader Chanderli manœuvrent habilement pour isoler la France, bénéficiant d'un appui sans faille du bloc afro-asiatique, du soutien plus discret de l'Union soviétique et d'un dégel des positions américaines [1]. A tel point que, le 16 novembre 1956, la question algérienne est mise sans débat à l'ordre du jour de la onzième session de l'Assemblée générale. Christian Pineau a bien tenté, comme Antoine Pinay l'année précédente, de faire valoir l'incompétence de l'ONU, mais s'est heurté au refus catégorique de Foster Dulles. Le ministre français doit donc assouplir sa tactique et accepter le vote d'une motion de compromis, du reste suffisamment vague pour satisfaire tout le monde. Demi-succès pour le FLN qui est parvenu à faire admettre la compétence de l'ONU sur la question algérienne, mais qui n'a pas réussi à faire passer le texte, infiniment plus dur pour la France, du groupe afro-asiatique. Le scénario est à peu près identique l'année suivante, à cette différence que la résolution adoptée à l'unanimité le 6 décembre 1957 prend nommément en considération une offre de bons offices émanant du Sultan et du président Bourguiba dont l'aide apportée au FLN est notoire. Ce dernier était donc implicitement reconnu comme l'interlocuteur de la France, mais faute d'une condamnation formelle de la guerre française, l'action du FLN à l'ONU se révélait en définitive assez décevante pour lui.

D'où la nécessité de lancer d'autres offensives, en particulier du côté des grandes puissances. Dans la recherche de leur soutien conjoint, objectif avoué de sa diplomatie, le FLN dut se contenter de marquer quelques points, curieusement plus nombreux dans le camp américain. L'URSS a en effet accueilli avec chaleur, en

---

1. Sur ce sujet, voir Khalfa Mameri, *L'ONU face à la question algérienne, 1954-1962,* Alger, SNED, 1969.

mai 1956, Guy Mollet et Christian Pineau, qui succédaient du reste
à une importante délégation de la SFIO. Soucieux de maintenir
de bonnes relations avec la France, considérée comme un utile
contrepoids aux visées « revanchardes » de Bonn, redoutant aussi
que l'influence américaine ne s'étende en Afrique du Nord à la
faveur d'un dégagement français (comme c'était précisément le cas
en Indochine), les dirigeants soviétiques se cantonnèrent jusqu'en
1958 dans un attentisme prudent. S'ils joignaient à l'ONU leur voix
à celle des pays arabes, ils laissaient clairement entendre que leur
faveur allait à une solution négociée, mais avant tout française, de la
guerre d'Algérie. Ce n'est qu'en octobre 1960 que le GPRA fut
reconnu par Moscou, et seulement *de facto*. Jusqu'en 1958, l'aide
soviétique est restée très modérée, consistant surtout en une aide
matérielle aux réfugiés et aux syndicats, l'aide militaire provenant
plutôt de Tchécoslovaquie comme l'a révélé l'arraisonnement du
Slovenija en janvier 1958.

Les États-Unis constituèrent en fait la préoccupation majeure du
FLN, tant la France de la IVe République pouvait difficilement se
soustraire aux injonctions de son puissant protecteur. S'il ne ména-
geait pas ses critiques à l'OTAN, instrument de l'impérialisme
américain et pourvoyeur de la France en instruments de combat
(B 26 en particulier), le Front recherca d'emblée à faire vibrer la
fibre anticolonialiste de la nation américaine. Son Bureau d'information, installé à New York, recourait à tous les canaux de la propagande pour sensibiliser à sa lutte les milieux de la presse et de la
politique. L'administration Eisenhower s'en trouvait ébranlée,
même si sa position officielle restait celle d'un soutien sans conditions, mais non sans réserves, à la politique française. Bien avant la
proposition anglo-américaine de bons offices du mois de mars 1958,
des émissaires de haut niveau comme le vice-président Nixon qui
s'était rendu en Tunisie, ou l'envoyé spécial du président au Proche-
Orient, James Richards, s'étaient convaincus de la nécessité impé-
rieuse d'une solution négociée, seule capable d'endiguer une poussée
de l'influence nassérienne au Maghreb. A ces prises de positions
purement officieuses s'ajoutait, quelques mois plus tard, celle du
jeune sénateur John F. Kennedy qui, le 2 juillet 1957, invitait
publiquement le président des États-Unis à user de toute son
influence pour que soient reconnues la personnalité et l'indépendance algériennes. En fait, il s'agissait surtout pour le sénateur du
Massachusetts d'embarrasser l'administration républicaine en vue

des élections présidentielles de 1960 auxquelles il se préparait activement. Mais en assurant à ce discours une large diffusion, au point d'obliger Robert Lacoste à une violente réponse, Chanderli remportait pour le FLN un brillant succès, confirmé l'année suivante par la publication du rapport Mansfield dont les conclusions allaient dans le même sens. Si le FLN n'est pas parvenu, comme il l'espérait, à isoler sérieusement la France de ses partenaires de l'Alliance atlantique, du moins a-t-il accrédité assez tôt aux États-Unis la thèse de l'indépendance algérienne. En se résignant à la promulgation d'une loi-cadre puis aux bons offices anglo-américains, les dirigeants de la IVe République montrèrent qu'ils étaient bien obligés d'en prendre acte. Mais l'avènement du général de Gaulle en juin 1958 retira beaucoup de leur poids aux pressions américaines, le rééquilibrage de la politique extérieure française obligeant alors le FLN à une relance de son activité diplomatique, mais cette fois en direction du bloc de l'Est.

La participation d'Aït Ahmed et de M'Hamed Yazid à la conférence de Bandoeng avait dès 1955 ancré le problème algérien dans les préoccupations du Tiers Monde et c'est de ce côté-là que le FLN va trouver ses sympathies les plus agissantes. A la rencontre de Brioni, en Yougoslavie, qui réunit pour la première fois, le 18 juillet 1956, les trois Grands du non-alignement — Tito, Nasser et Nehru —, il obtient une condamnation de la politique française et une confirmation du droit de l'Algérie à l'indépendance. Une orientation analogue s'exprime à la Conférence des peuples afro-asiatiques qui se réunit au Caire en décembre 1957. Le FLN y siège à part entière, et non à titre d'observateur comme à Bandoeng, et son délégué, le Dr Lamine Debaghine, y fait voter à l'unanimité une résolution condamnant la guerre coloniale imposée au peuple algérien. Dans le prolongement de la Conférence du Caire, une journée afro-asiatique de solidarité est organisée le 30 mars 1958 dans différentes capitales. Ce soutien politique se double un peu partout d'une aide financière et humanitaire transitant le plus souvent par l'organisation du Croissant rouge algérien. Certains pays non alignés, comme la Yougoslavie et surtout l'Égypte et la Syrie, contribuent aussi à l'essentiel des livraisons d'armes et à la formation de certains spécialistes de l'ALN.

Mais la solidarité la plus active, le FLN la trouve naturellement chez ses deux partenaires du Maghreb. La guerre d'Algérie a en effet ravivé le mythe d'une unité nord-africaine fondée sur l'unité géographique, les parentés ethniques et les affinités culturelles. Il s'était concrétisé une première fois lors de la création au Caire, en janvier 1948, d'un Comité de libération du Maghreb placé sous l'égide du prestigieux Abd el-Krim, mais dont l'activité fut au demeurant réduite. Une relance de la solidarité maghrébine intervient dans les années 1953-1954 par l'étroite interaction des événements d'Afrique du Nord. La fièvre nationaliste qui s'est emparée des protectorats a indéniablement encouragé le déclenchement de la rébellion algérienne, tout comme la prolongation de la guerre d'Algérie a accéléré leur accession à l'indépendance en mars 1956.

Cette conviction d'appartenance à une communauté d'intérêts se double d'autres considérations, parfaitement avouables mais pas toujours avouées. En faisant droit aux revendications du FLN, Mohammed V et Bourguiba cherchaient aussi à donner des gages à leur opposition de gauche et à consolider par là un pouvoir qui n'était pas indiscuté. Leur aide active au mouvement de libération nationale leur conférait par ailleurs, et à bon compte, la stature internationale qui leur manquait, ainsi qu'une position flatteuse dans le monde arabe. Elle impliquait en outre un droit de regard discret sur l'évolution politique du FLN dont Bourguiba, beaucoup plus exposé que le souverain marocain, redoutait qu'elle n'inclinât dans le sens d'un nassérisme trop prononcé. Sans compter les appétits que suscitait à Tunis comme à Rabat un éventuel partage du Sahara. Au reste, la sollicitude des deux jeunes États ne fut pas exempte de tensions. Le FLN était un allié exigeant que sa position d'obligé rendait volontiers cassant. Sa prétention à contrôler les Algériens installés ou réfugiés au Maroc et en Tunisie, les règlements de comptes qui s'y déroulèrent, la morgue des soldats de l'ALN, donnèrent plus d'une fois l'impression qu'il se comportait en pays conquis. Des incidents de nature politique ou militaire éclatèrent à plusieurs reprises.

Cela étant, la solidarité maghrébine ne fut pas un vain mot. Outre l'accueil des dirigeants du FLN et de leurs services administratifs, l'entretien des réfugiés affluant d'Algérie pour échapper aux déplacements de populations, outre une aide financière et les facilités offertes à la diffusion de la propagande, les deux États se sont astreints à une véritable cobelligérance de fait. C'est par le Maroc et la Tunisie que transitaient les armes étrangères à destination de l'ALN et celle-ci disposait, à proximité des frontières, de bases de repli et de camps d'entraînement[1]. Pour accélérer l'amorce d'une solution négociée, Mohammed V et Bourguiba proposèrent par ailleurs d'intégrer l'indépendance algérienne dans le cadre d'une union maghrébine étroitement liée à la France. Ce projet, qui présentait le double avantage d'éloigner le FLN de l'Égypte et d'offrir à la France l'esquisse d'une solution confédérale acceptable, fut soulevé à deux reprises : à Rabat en octobre 1956 à la veille de la Conférence de Tunis et en avril 1958 à la Conférence tripartite de Tanger. Dans les deux cas le projet échoua. La première fois en raison de l'arraisonnement de l'avion transportant les chefs historiques, la seconde fois en raison du refus français et de manifestes réticences algériennes, les arrière-pensées sahariennes du Maroc et de la Tunisie n'étant pas étrangères à ce durcissement. La guerre d'Algérie fut au total le révélateur des potentialités autant que des limites de l'unité maghrébine.

L'histoire intérieure du FLN est dominée jusqu'en 1958 par l'important Congrès qui se tint en août 1956 dans la vallée de la Soummam. L'idée d'une réunion au sommet des principaux chefs de l'insurrection était agitée depuis l'année précédente. Il s'agissait de mettre fin à la dispersion des centres de décision, à l'improvisation qui prévalait dans le domaine militaire au moment où l'armée française intensifiait son effort, et de combler le vide idéologique du mouvement. Ce triple effort de cohésion, d'organisation et de doctrine était de longue date au centre des préoccupations d'Abbane Ramdane. Celui-ci déplorait la brutalité de certaines initiatives individuelles qu'il jugeait politiquement désastreuses, comme l'insurrection du 20 août déclenchée par Zighout Youssef ou les exactions commises par Amirouche contre certains villages kabyles rétifs à l'emprise du FLN. Seules une solide organisation et une stricte discipline pouvaient en empêcher le renouvellement. Il entendait aussi, à la faveur du Congrès, asseoir son autorité sur l'ensemble du FLN en tirant parti du conflit latent qui opposait les combattants de l'intérieur aux délégués du Caire. La carence de ces derniers à alimenter convenablement l'ALN en armes et en munitions lui valait le soutien précieux de la plupart des chefs militaires. Mais la forte personnalité d'Abbane Ramdane avait

1. Il s'agit des camps d'Oujda et de Nador au Maroc et de ceux de Ghardimaou et du Kef en Tunisie. En 1958, on peut estimer les effectifs de l'ALN à un millier d'hommes au Maroc et à 7 000 en Tunisie.

d'emblée indisposé Ben Bella, très attaché à la primauté des chefs historiques et, compte tenu de ses relations privilégiées avec Nasser, à la sienne propre. L'arrivée au Caire en septembre 1955 du Dr Lamine-Debaghine, sa nomination au rang de chef de la délégation extérieure, y avaient été ressentis comme une insupportable tentative de subordination. Outre ses tâches immédiates, le Congrès devait donc trancher des conflits de personnes et des querelles de légitimité.

Depuis mars 1956, celui-ci était entré dans sa phase de préparation active. Le chef de la zone oranaise, Larbi Ben M'Hidi, fut envoyé au Caire et en revint avec un rapport signé par Mohammed Khider proposant l'instauration d'une direction collégiale de douze membres, six sièges revenant aux dirigeants de l'extérieur, les six autres aux responsables des zones militaires de l'Algérie. Abbane Ramdane, qui n'était que conseiller politique, vit là une manœuvre destinée à l'évincer. Fort de l'appui de Krim et d'Ouamrane, chefs des zones de la Kabylie et de l'Algérois, il sut retourner la situation en faisant en sorte que, dûment invités, les représentants de la délégation extérieure ne puissent parvenir sur les lieux du Congrès [1]. Initialement prévue pour le 31 juillet dans la région des Bibans, la rencontre au sommet fut repoussée et déplacée quand on sut que les autorités françaises avaient eu vent du projet. C'est donc le 20 août 1956 que le Congrès s'est ouvert dans une maison cantonnière proche du village d'Igbal, sur le versant occidental de la Soummam en Kabylie. Une importante protection était assurée pour prévenir toute intrusion des troupes du général Olié.

On s'accorde généralement pour estimer à 16 le nombre des participants au Congrès de la Soummam, très inégalement représentatifs des différentes régions de l'Algérie. Outre la délégation extérieure, la zone des Aurès brille par son absence, son chef Omar Ben Boulaïd [2] n'ayant pas jugé possible de venir, compte tenu des déplacements incessants de l'armée française. L'Oranais n'est représenté que par le seul Ben M'Hidi. Les trois autres zones le sont plus équitablement à raison de quatre délégués pour la Kabylie (dont Krim et Amirouche), cinq pour l'Algérois (dont Abbane Ramdane et Omar Ouamrane) et six pour le Nord-Constantinois (dont Zighout Youssef et Ben Tobbal).

1. Ben Bella et Boudiaf attendirent en vain à San Remo puis à Tripoli l'escorte qui devait les faire entrer clandestinement en Algérie.
2. Frère de Mostefa Ben Boulaïd mort en juillet 1956.

Des délibérations d'un congrès long de vingt jours, on peut retenir trois préoccupations majeures.

1. Une *évaluation* des forces et des faiblesses de la rébellion engagée le 1ᵉʳ novembre 1954. Au terme de plus de vingt mois de guerre, le bilan est considéré par les délégués comme modérément satisfaisant, faisant surtout ressortir de graves déséquilibres. L'approvisionnement en armes est unanimement déclaré insuffisant, à l'exception de l'Oranie et sans doute des Aurès, qui bénéficient de leur position frontalière. A l'inverse, l'implantation politique du FLN, et les ressources financières qui en découlent, sont jugées bonnes pour la Kabylie et le Constantinois, convenables pour l'Algérois, nettement en retard pour l'Oranais.

2. La rédaction d'une *plate-forme politique* visant à doter le mouvement d'une idéologie directrice et de perspectives d'avenir. Rédigée par Amar Ouzegane, un ancien membre du PCA exclu en 1948 pour « déviation nationaliste », elle reflète pour l'essentiel les idées d'Abbane Ramdane. Elle s'articule autour de trois principes fondamentaux et d'un programme d'action [1].

Au nombre des principes, celui de la *collégialité* est peut-être le plus original. Applicable à toutes les décisions et à toutes les instances politico-militaires du Front, son adoption est évidemment liée aux souvenirs du PPA-MTLD et au pouvoir personnel de Messali Hadj. Principe durable, qui n'a jamais été remis en question jusqu'à l'indépendance, et principe efficace. Car si son application n'a pu empêcher le développement ultérieur du « wilayisme », mélange de caporalisme militaire et de clientélisme politique, elle a interdit toute personnalisation excessive au sein du FLN et réduit les risques de décapitation inhérents à l'arrestation de tel ou tel de ses dirigeants. Il est révélateur de constater que la capture des quatre chefs historiques le 22 octobre 1956 n'a provoqué aucune crise majeure du Front ni ralenti son action.

Les deux autres principes, ceux *de la primauté du politique sur le militaire* et *de l'intérieur sur l'extérieur,* sont plus directement issus des théoriciens de la guerre révolutionnaire dont Abbane Ramdane était familier. Cette double priorité est logique, puisqu'elle subor-

---

1. On en trouvera de larges extraits dans Yves Courrière, *La Guerre d'Algérie,* t. II, « Le temps des léopards », Fayard, 1969, p. 578-604, ou dans Ph. Tripier, *Autopsie de la guerre d'Algérie,* France-Empire, 1972, p. 571-601.

donne la violence armée à l'objectif politique qui l'anime et privilégie le terrain même où elle s'exerce au détriment des prolongements diplomatiques de la lutte. Mais en l'imposant aux congressistes, Abbane et Krim achevaient de ruiner le mythe, cher à Ben Bella, de la stricte égalité des chefs historiques, pères fondateurs et chefs naturels de la rébellion, au profit des dirigeants de l'intérieur.

Quant au programme politique proprement dit, même s'il pèche çà et là par un excès de lyrisme et des répétitions fastidieuses, il fait preuve dans l'ensemble d'une rigueur intellectuelle très estimable. A bien des égards, il reprend la Proclamation du 1er novembre 1954 dont il actualise et amplifie les thèmes. Le but du combat reste évidemment la reconnaissance sans préalable ni restriction de l'indépendance nationale, acquise prioritairement par la lutte armée et secondairement par l'action diplomatique. L'intransigeance reste égale, d'un texte à l'autre, dans la condamnation des anciens partis, dans la prétention du Front à représenter seul la Nation algérienne et à s'affirmer comme l'unique interlocuteur face à l'adversaire. Ce qui est nouveau, c'est l'inflexion laïque conférée à la plate-forme, lisible dans les développements consacrés à l'avenir de la minorité européenne et à la recherche des alliances dans l'opinion métropolitaine. Sans doute faut-il voir là l'influence des Kabyles qui ont présidé à la rédaction du texte et le souci de couper court à l'accusation de fanatisme religieux complaisamment développée par le gouvernement français à l'encontre du FLN.

Mais l'aspect le plus novateur du programme réside dans sa tonalité révolutionnaire. Non seulement par le recours à un langage marxisant qui porte la marque d'Amar Ouzegane, un ancien membre du PCA, mais par l'assimilation, totalement nouvelle, du processus de libération nationale à une révolution populaire. La Proclamation du 1er novembre 1954 affirmait la détermination d'une poignée d'activistes, la plate-forme de la Soummam enregistre la volonté d'un peuple à s'affranchir de ses carcans coloniaux, indépendance et révolution n'étant que les deux faces d'une même réalité. Conception d'ailleurs plus blanquiste que marxiste de la révolution, car celle-ci s'achève avec l'appropriation de l'État. Comme l'écrit excellemment Mohammed Harbi, « le projet du FLN est celui d'un contre-État et non d'une contre-société[1] ». Car si le FLN s'appuie effectivement

___

1. *Le FLN, Mirage et Réalité,* Éditions Jeune Afrique, Paris, 1980, p. 178.

sur les couches sociales les plus pauvres, il n'écarte de lui aucune classe et assume la société algérienne telle qu'elle est. Il en accepte la stratification et s'applique à en gommer les contradictions. S'il entend aussi associer la femme algérienne à la révolution, il n'envisage aucun renouvellement de son statut dans l'Algérie future [1]. Son populisme est politiquement révolutionnaire et socialement conservateur. Ambiguïté fondamentale qui est loin d'avoir été levée aujourd'hui.

3. Une *refonte des structures politico-militaires* répondant aux exigences d'une lutte mieux adaptée à l'importance de l'effort militaire français et d'un mouvement parvenu à sa maturité politique.

L'ALN est réorganisée sur le modèle d'une armée régulière. Le territoire algérien est redécoupé en six *wilayas,* elles-mêmes subdivisées en *mintaqa* (zones), *nahia* (régions) et *kism* (secteurs). Alger et sa banlieue, bénéficiant d'un régime particulier, sont érigées en *zone autonome* (ZAA), divisée en secteurs, quartiers et îlots. Une stricte hiérarchie d'unités combattantes [2] et de grades est instituée, avec soldes, uniformes et insignes distinctifs, le tout plus ou moins inspiré du modèle français. Seules originalités, la hiérarchie s'arrête au grade de colonel et la collégialité prévaut à tous les échelons du commandement. De la wilaya au secteur, chaque chef sera assisté de trois adjoints, l'un militaire, l'autre politique, le troisième chargé des renseignements et des liaisons.

Cette refonte est assortie d'importantes mutations et nominations. Si Zighout Youssef [3] et Omar Ouamrane restent à la direction des wilayas II (Nord-Constantinois) et IV (Algérois), Abdelhafid Boussouf, placé à la tête de la wilaya V (Oranais) remplace Larbi Ben M'Hidi porté à la direction militaire de la ZAA. Ali Mellah accède à la direction de la wilaya VI (Sahara) et Mohammedi Saïd à celle de la wilaya III (Kabylie), Krim Belkacem étant

---

1. La plate-forme s'en tient à cet exemple attendrissant d'une jeune fille kabyle « qui repousse une demande en mariage, parce que n'émanant pas d'un maquisard ».

2. Par importance croissante, le *faoudj* (groupe, composé de 11 hommes), la *ferka* (section, de 35 hommes), la *katiba* (compagnie, de 110 hommes) et le *faïlek* (bataillon, de 350 hommes). Ce dernier, trop lourd pour la guérilla, sera rarement utilisé. Le congrès établit d'autre part une distinction entre les *moudjahidin,* combattants en uniforme des unités régulières de l'ALN, et les *moussbilin,* auxiliaires ou supplétifs recrutés à titre temporaire.

3. Mort le 23 septembre 1956, il sera remplacé par Lakhdar Ben Tobbal.

chargé de la coordination interwilayas, ce qui fait de lui le véritable chef d'état-major de l'ALN.

Dans le domaine politique, le FLN se dote d'une double direction. La compétence suprême revient au Conseil national de la Révolution algérienne (CNRA), dépositaire de la souveraineté nationale jusqu'à l'indépendance et, à ce titre, seul habilité à ordonner le cessez-le-feu et à négocier avec la France. Composé de 34 membres (17 titulaires et 17 suppléants), il doit en principe se réunir une fois par an. Dans l'intervalle des sessions, le pouvoir est assumé par un exécutif restreint, le Comité de coordination et d'exécution (CCE), composé de 5 membres et responsable devant le CNRA.

Pour l'attribution des sièges au CNRA, deux tendances s'affrontèrent au Congrès. Une tendance « légitimiste », défendue par Zighout Youssef et Omar Ouamrane, visait à réserver la totalité des sièges à ceux qui, à travers le PPA, l'OS et le CRUA, constituaient l'avant-garde insurrectionnelle de la révolution. Abbane et Ben M'Hidi firent triompher la thèse de « l'union nationale », plaidant pour l'oubli des querelles du passé et pour un regroupement de toutes les forces vives de la résistance algérienne. C'est ainsi qu'entrèrent au CNRA des fondateurs du CRUA et les chefs historiques, mais aussi d'anciens centralistes (M'Hamed Yazid), des représentants de l'ex-UDMA (Ferhat Abbas et Ahmed Francis), des Oulémas (Tawfik el-Madani) et des syndicalistes de l'UGTA. La jeunesse algérienne était représentée, comme membres suppléants, par l'étudiant Ben Yahia et le leader scout Salah Louanchi.

Mais pour le CCE, qui doit s'installer à Alger et dont tout laisse à penser qu'il sera la véritable direction du FLN, Abbane s'assure la présence d'hommes de confiance. Outre ses alliés Krim Belkacem et Ben M'Hidi, qui partagent son animosité à l'égard des hommes de la délégation extérieure, il fait entrer deux anciens centralistes dont il a pu tester la valeur politique : Ben Khedda, chargé de la direction politique de la ZAA et des contacts avec l'opinion, et Saad Dahlab à qui revient la propagande et la direction du journal *El Moudjahid*.

Victoire des combattants de l'intérieur sur les diplomates de l'extérieur, victoire des intellectuels politisés issus de la bourgeoisie urbaine sur les soldats-paysans de l'ALN, victoire des Kabyles sur les Arabes, le Congrès de la Soummam est assurément tout cela. Il est surtout la victoire personnelle d'Abbane Ramdane et de ses convictions. L'affirmation d'un tel « leadership » ne peut évidemment que déplaire à Ben Bella qui, de chef historique, est ramené au rang de simple membre du CNRA. Il fait rapidement savoir au CCE l'ampleur de sa réprobation. Déniant au Congrès toute représentativité, il n'en reconnaît ni les conclusions ni la composition des nouvelles instances dirigeantes. Mais son arrestation le 22 octobre 1956 met provisoirement fin au conflit et diffère les risques d'une rupture. Car s'il parvient, par avocats interposés, à faire entendre sa voix de la prison de la Santé, l'écho qu'elle suscite est désormais bien atténué. Une tentative de son adjoint Ahmed Mahsas pour soulever, au début de 1957, la wilaya I contre le CCE échoue piteusement devant la vigoureuse réaction d'Omar Ouamrane.

Pour Abbane Ramdane, le danger va venir d'ailleurs, en particulier de cette bataille d'Alger qu'il a tant contribué à déclencher et dont il a surestimé l'impact [1]. L'échec de la grève générale de janvier 1957 et l'entrée en action des parachutistes du général Massu placent très vite le CCE dans une position intenable. Peu après la capture de Ben M'Hidi, Abbane et les siens quittent secrètement la capitale le 5 mars et, au terme d'un périple semé d'embûches, parviennent à Tunis à la fin du mois de juin. A cette date la bataille d'Alger est perdue et l'échec du terrorisme urbain oblige à une révision de la stratégie, qui restitue aux campagnes toute leur valeur militaire et, partant, toute leur importance aux colonels des wilayas. Par la force des choses les principes de la Soummam sont donc transgressés puisque l'extérieur abrite désormais la tête politique du FLN et que pleine autonomie est rendue aux chefs militaires sur le terrain.

Cette mutation n'échappe pas à Krim Belkacem, plus manœuvrier que théoricien. Très vite le conflit éclate entre Abbane qui entend rentrer au plus tôt en Algérie pour que le CCE reprenne en main la direction du Front, et Krim qui, comme Ben Bella avant lui, préfère assurer de l'extérieur la coordination politique et militaire du mouvement, quitte à laisser aux colonels une large autonomie d'action.

Comme il faut vider l'abcès, le CCE convoque le CNRA au Caire, le 20 août 1957. Cette réunion va signer la défaite d'Abbane

1. Pour la bataille d'Alger, cf. *infra*, p. 126 et s.

qui ne dispose, et pour cause, de l'appui d'aucun chef militaire
de rang élevé et d'aucune relation utile à l'extérieur. La résolution
adoptée va en effet à l'encontre des principes de la Soummam :
stricte égalité du politique et du militaire dans la conquête de
l'indépendance, étroite soumission du CCE au CNRA et affirmation de la vocation islamique de la révolution algérienne. Les instances dirigeantes sont par ailleurs élargies, le CNRA passant de
34 à 54 membres et le CCE de 5 à 14. Outre les cinq chefs historiques emprisonnés à Paris [1], on compte désormais cinq militaires (Krim, Boussouf, Ben Tobbal, Ouamrane et Chérif Mahmoud,
nouveau chef de la wilaya I) et quatre politiques (Abbane Ramdane,
Ferhat Abbas, Lamine-Debaghine et Abdelhamid Mehri, un ancien
du MTLD). Ben Khedda et Saad Dahlab sont exclus du CCE, le
premier envoyé à Londres, le second réduit à s'occuper au Caire des
relations avec la presse.

Mais Abbane ne s'avoue pas battu et multiplie les contacts avec
les milieux (syndicats, réfugiés) où son prestige est encore grand.
Sourd aux conseils de modération que lui prodigue Ferhat Abbas,
il s'emploie à déconsidérer les nouveaux venus du CCE, paysans
« ignares » transformés en colonels et bourgeois rancis qui jouent
les « révolutionnaires de palaces ». Cette détermination inquiète
les militaires qui prennent en décembre la décision d'éliminer
Abbane, l'indécision restant sur son sort final. Un piège lui est donc
tendu au Maroc où il doit se rendre pour, en principe, aplanir des
difficultés entre les autorités chérifiennes et des unités de l'ALN.
Arrivé à Tétouan le 26 décembre, il est pris en charge par Boussouf
et Krim Belkacem. C'est dans une ferme isolée, quelque part entre
Tétouan et Tanger, qu'Abbane est exécuté, sans doute étranglé par
les hommes de Boussouf ou par Boussouf lui-même, la part exacte
de la responsabilité de Krim n'ayant jamais pu être exactement
établie [2]. Ce n'est que la 29 mai 1958 que le journal *El Moudjahid*

1. Il s'agit de Rabah Bitat, Ben Bella, Boudiaf, Aït Ahmed et Khider.
Leur désignation est essentiellement symbolique et vise à réparer le tort qui
a été fait à la délégation extérieure lors du Congrès de la Soummam.
2. Il n'existe sur cet assassinat que deux témoignages précis. Le témoignage oral de Krim Belkacem à Yves Courrière, qui tend évidemment à
minimiser son rôle, et l'enquête de Mohammed Lebjaoui (*Vérités sur la
Révolution algérienne,* Paris, Gallimard, 1970) selon lequel la mort
d'Abbane n'aurait pu avoir lieu sans le plein assentiment de Krim. Ferhat
Abbas, dans *Autopsie d'une guerre* (Paris, Garnier, 1981, p. 228), semble
accréditer cette thèse.

annonça la mort d'Abbane Ramdane « au champ d'honneur », sans précision de date ni de lieu, mais avec les larmes de crocodile de circonstance.

Avec Abbane Ramdane disparaît non seulement un leader politique d'une exceptionnelle envergure, mais aussi la première, et la seule, tentative sérieuse de faire du FLN un parti puissamment structuré et politisé. Sa mort au demeurant ne résout rien et laisse, au printemps 1958, un mouvement en plein désarroi. Sur le terrain, la situation ne prête plus à l'optimisme après l'échec de la bataille d'Alger et l'acheminement de plus en plus ardu de l'armement après celui de la bataille des frontières. Un peu partout l'ardeur révolutionnaire s'émousse pour céder le pas à la course aux places dans l'appareil bureaucratique du Front ou aux inoffensives missions diplomatiques. Au sommet, aucune tendance politique cohérente ne se dégage, mais, sous couvert de collégialité, s'organise une lutte de clans où civils et militaires, activistes et modérés s'épient pour mieux se neutraliser. Krim Belkacem est, en tant que responsable de la guerre au CCE, l'homme fort du moment, mais il doit compter avec la méfiance croissante d'un Boussouf ou d'un Ben Tobbal, hostiles à toute mainmise personnelle sur l'ALN, tandis que monte l'étoile du colonel Houari Boumedienne qui a remarquablement réussi au commandement militaire de la frontière ouest.

Pour sortir de la crise qui s'installe, certains s'emploient à définir les lignes d'une nouvelle stratégie. Le colonel Ouamrane, qui n'a jamais passé pour un fin politique mais qui a le sens des réalités, recommande, au lendemain du retour au pouvoir du général de Gaulle, une triple orientation : formation d'un gouvernement provisoire pour renforcer la stature internationale du FLN et affirmer sa fonction d'« alternative » au pouvoir colonial, relance de l'activité diplomatique en direction des pays de l'Est au moment où la pression américaine sur la France risque de perdre en efficacité, et extension du terrorisme en métropole pour soulager l'effort de l'ALN. Adopté tel quel par les dirigeants et appliqué avec des fortunes diverses, ce programme constitue ce que l'on a appelé le « deuxième souffle » du FLN.

*L'évolution de la situation militaire
et la bataille d'Alger* [1].

La fin de l'année 1955 et les premiers mois de 1956 avaient été marqués par une brusque recrudescence du terrorisme et par une extension géographique de la rébellion à la zone oranaise, jusqu'alors à peu près totalement épargnée. Cette double poussée, qui s'explique par la relative dispersion des troupes françaises et par l'exemple contagieux du Maroc qui, à cette époque, arrache son indépendance par les coups de boutoir de son « Armée de libération », va conférer pour un temps une réelle supériorité militaire au FLN. Même si les réguliers de l'ALN ne dépassent pas 20 000 moudjahidin, leur infériorité numérique est compensée par leur connaissance du terrain, les complicités qu'ils se sont acquises dans la population et, au moins pour les zones frontalières, une pénétration régulière d'armes de guerre de plus en plus perfectionnées.

En face, l'armée française n'en est qu'au stade de l'organisation. On a dit l'importance des décisions prises par le gouvernement Mollet et son engagement dans une guerre totale : rappel des disponibles et allongement de la durée du service militaire qui vont porter les effectifs à 400 000 hommes en 1956 et jusqu'à 450 000 l'année suivante, acquisition et acheminement d'un matériel moderne adapté à la nature des opérations, réorganisation des structures du commandement pour accroître la décentralisation des décisions et leur rapidité d'exécution. Mais le considérable effort de guerre qui se déploie au printemps de 1956 ne peut d'emblée porter ses fruits. Même affectés au « quadrillage », c'est-à-dire à la défense statique des villages et des voies de communication, les soldats du contingent, peu entraînés et insuffisamment encadrés, sont encore inaptes à leur tâche. Les unités mobiles ou bien aguerries (parachutistes, légion, chasseurs alpins ou commandos), en principe

1. Les dimensions de cet ouvrage obligent à n'accorder qu'une place réduite au déroulement des opérations militaires. Le lecteur intéressé par cet aspect de la guerre d'Algérie pourra se reporter à Yves Courrière, *La Guerre d'Algérie,* Fayard, en particulier le tome 2, « Le temps des léopards », et à Jacques Paris de Bollardière, *Bataille d'Alger, Bataille de l'homme,* Desclée de Brouwer, 1972.

adaptées aux conditions particulières de la guerre et dotées, elles, d'un solide encadrement souvent forgé dans l'expérience indo-chinoise, agissent encore à l'aveuglette faute de renseignements suffisants pour poursuivre et atteindre l'adversaire. C'est dire que l'infériorité militaire française ne peut être comblée que par une reprise en main politique des populations, qui implique de longs délais.

L'année 1956 est donc globalement favorable à l'ALN qui détient l'initiative sur l'ensemble du territoire (Sahara exclu) et exerce une pression constante sur les populations. Non que l'armée française ne marque des points : à partir de l'été le quadrillage commence à porter ses fruits, la circulation est rétablie un peu partout, récoltes et vendanges s'effectuent normalement; de même, des opérations de grande envergure lancées au mois de juin en Kabylie et la multi-plication des SAS permettent la « reconquête » au moins partielle d'une région spécialement troublée. Il n'empêche que la courbe des « faits de terrorisme » est constamment ascendante tout au long de l'année[1]. L'ALN est particulièrement active entre mai et juillet et met à profit la phase de mise en place de l'effort militaire français pour multiplier les embuscades meurtrières dans le Constantinois et en Kabylie[2]. Elle tire également parti en octobre et novembre du départ de la 10e division parachutiste sur le théâtre d'opérations de Suez pour accroître sa pression. Mais à cette date le terrorisme s'est déjà déplacé vers les villes, et en particulier Alger où va s'ouvrir l'un des épisodes les plus cruels de la guerre d'Algérie.

Alger ne fut pas Stalingrad et la bataille d'Alger mérite mal son nom. Rien de moins guerrier que cette succession d'actions terro-

---

1. Il s'agit des coups de toute nature portés par l'ALN sur les personnes et sur les biens. Cette courbe s'établit comme suit :

janvier	:	1 785
mars	:	2 624
octobre	:	2 924
décembre	:	3 069

2. La plus connue est celle de Palestro, le 18 mai 1956, qui fit tomber 18 jeunes rappelés commandés par le lieutenant Arthur. Les horribles muti-lations dont leurs cadavres furent l'objet ne doivent pas faire oublier, d'une part l'erreur manifeste du commandement qui engagea dans un secteur difficile, et sans liaison radio efficace, des jeunes gens sans formation suf-fisante, d'autre part que ces mutilations furent effectuées par les survi-vants de la population locale, au lendemain d'un ratissage particulièrement brutal.

ristes et d'opérations de police par lesquelles le FLN et l'armée française, relayée ici ou là par les activistes algérois, ont porté la lutte à son paroxysme de violence.

Son origine doit être recherchée dans cette conviction d'Abbane Ramdane et de son entourage que la rébellion, jusqu'ici cantonnée aux campagnes, devait tôt ou tard être étendue aux agglomérations urbaines. Deux raisons y poussaient : la nécessité d'associer les couches urbaines, en particulier la bourgeoisie commerçante et les intellectuels, à une révolution trop exclusivement paysanne, et l'audience accrue que procurerait à la guerre de libération un terrorisme urbain dont l'écho serait amplifié par les grands moyens d'information. La bataille d'Alger prouverait à l'autorité française la détermination du FLN et son emprise sur la totalité de la population; elle ferait aussi de la capitale une formidable caisse de résonance de l'insurrection, de façon à provoquer l'ébranlement massif de l'opinion métropolitaine et internationale. Par une application, sans doute inconsciente, de la stratégie maoïste de l'encerclement des villes par les campagnes, elle serait à la fois la phase finale et la consécration de l'insurrection algérienne.

Des structures appropriées existaient déjà, grâce à l'action inlassable de Yaacef Saadi. Ce boulanger de la Casbah, d'un naturel assez indolent, connu surtout dans les clubs de football, s'était rallié au début de 1955 au FLN et allait se révéler un remarquable organisateur. Arrêté à Orly le 31 mai 1955, au retour d'un voyage en Suisse, il avait été libéré contre promesse de fournir aux autorités françaises tous renseignements sur les activités du FLN à Alger. Double jeu dangereux, auquel il était parvenu à mettre fin en retournant à une clandestinité complète et en rentrant en grâce auprès d'Abbane Ramdane, à charge pour lui de faire ses preuves. A cette date les premiers commandos étaient constitués, composés de quelques dizaines d'hommes organisés selon un système pyramidal déjà éprouvé au temps du PPA et de l'OS. Ces commandos, qui durant l'année 1955 s'en prirent surtout aux responsables du MNA, à des policiers et à leurs indicateurs, s'étaient enrichis depuis octobre d'une importante recrue en la personne d'Amara Ali, dit Ali la Pointe, jeune proxénète de 25 ans qui avait trouvé son chemin de Damas en prison, au contact des militants FLN incarcérés. Fort de ses relations et de ses redoutables talents de tueur, celui-ci procédait à un nettoyage en règle de la Casbah et de sa pègre la plus voyante, entraînant dans son sillage d'étonnantes conversions et reconversions. La pédagogie révolutionnaire le disputant à l'élimination des récalcitrants, maisons de tolérance et jeux d'argent disparaissaient de la Casbah, tandis que, progressivement, une administration parallèle et des structures politico-militaires se mettaient en place sous la direction de Ben Khedda et de Yacef Saadi. Celles-ci étaient suffisamment solides pour résister le 26 mai 1956 à une rafle policière spectaculaire qui, parmi les milliers de suspects arrêtés, n'avait donné lieu à aucune prise importante.

Les incursions du terrorisme dans la ville européenne étaient jusqu'ici demeurées rares et toujours déclenchées contre une vague d'arrestations. Cette circonspection s'explique par la crainte qu'inspiraient les représailles du contre-terrorisme et une éventuelle prise en main de la ville par l'armée. C'est au Congrès de la Soummam que fut décidée la réorientation du terrorisme urbain en direction des quartiers européens. L'élimination du MNA et l'épuration de la Casbah permettaient ce changement de cible au moment même où l'ALN commençait à éprouver des difficultés à se mouvoir dans le bled. Le FLN redoutait également la concurrence directe du PCA clandestin qui, sous l'impulsion du Dr Hadjérès, avait recruté des spécialistes en explosifs dans les milieux médicaux d'Alger. Il convenait donc de ne pas être pris de vitesse. L'hypothèque communiste étant levée en juillet 1956, restait celle du contre-terrorisme européen. L'attentat de la rue de Thèbes, perpétré dans la nuit du 10 août par un groupe d'activistes de l'ORAF, leva les derniers scrupules d'Abbane Ramdane [1].

Conformément aux décisions prises au Congrès de la Soummam, Alger et sa banlieue avaient été érigées en une Zone autonome (ZAA) dont la responsabilité incombait à Larbi Ben M'Hidi, assisté de Yacef Saadi pour l'organisation militaire. La ZAA était elle-même divisée en trois secteurs (Centre, Est, Ouest), eux-mêmes divisés en groupes et en cellules. L'effectif total de cet appareil politique pouvait être estimé à 5 000 militants ou sympathisants actifs sur une population musulmane d'environ 400 000 habitants. Dans le même temps s'est constitué un « réseau bombes » relevant directement du conseil de la ZAA, chargé, sous la direction de Yacef Saadi et d'un étudiant chimiste rallié au FLN, Abderrhamane Taleb, de pourvoir aux différents stades de la fabrication des explosifs. L'acheminement et la pose des bombes sont confiés à de jeunes

1. Cet attentat fit 15 morts selon la police, 70 selon le FLN.

musulmanes, à priori moins suspectes, dont certaines comme Samia Lakhdi et Zohra Drif, étudiantes en droit, appartenaient à des milieux aisés. L'ensemble du dispositif peut être considéré comme achevé dans le courant du mois de septembre 1956.

Sur proposition de Yacef Saadi, le CCE choisit les trois premiers objectifs. Ce seront les locaux du terminus d'Air France et deux cafés très fréquentés par la jeunesse européenne, le *Milk Bar* et la *Cafétéria*. La date retenue est le 30 septembre en fin d'après-midi. Si la bombe déposée à Air France par Djamila Bouhired n'explose pas, celles posées par Samia Lakhdi et Zohra Drif dans les deux cafés du centre de la ville font 4 morts et 52 blessés, parmi lesquels plusieurs enfants qu'il fallut amputer. La bataille d'Alger prend d'emblée le caractère d'aveugle atrocité propre au terrorisme urbain.

Désireux de montrer son ascendant sur la population, le FLN décrète au même moment une grève scolaire illimitée et, pour le 1er novembre, une grève générale dont le succès est évident à Alger et dans l'Algérois. Encouragé, il multiplie les actions terroristes en novembre et en décembre sous forme d'explosions de bombes ou d'attentats à la grenade dans des immeubles ou dans les lieux publics les plus divers. La peur, l'exaspération, la psychose de l'attentat s'installent dans la population européenne qui donne libre cours à sa colère et à sa haine en se livrant, le 29 décembre, à d'horribles ratonnades le jour des obsèques d'Amédée Froger qui avait été tué la veille par Ali la Pointe. Voyant le fossé se creuser irrémédiablement entre les deux communautés, le FLN en appelle, début janvier 1957, à la grève générale de la population musulmane.

Les forces de police du commissaire Benhamou se montrant impuissantes à prévenir les attentats et à en retrouver les auteurs, Robert Lacoste confie le 7 janvier 1957 au général Massu, commandant de la 10e division parachutiste, la totalité des pouvoirs de police dans la zone d'Alger. Outre les 4 600 hommes de sa division, il disposera des 1 500 fonctionnaires du corps urbain et d'un appoint de gendarmes mobiles. Ce n'est pas trop pour remplir la triple tâche que lui assigne Lacoste : l'anéantissement des terroristes, la destruction de l'organisation politique du FLN et le revirement de l'opinion publique musulmane.

Peu enthousiasmé par ce travail policier, mais n'écoutant que son devoir, le général Massu se met à la tâche : constitution d'un état-major, division géographique d'Alger en secteurs placés sous la

direction des quatre colonels de sa division [1], acquisition d'un matériel considérable (barbelés, projecteurs, voitures-radio...) pour isoler
les quartiers musulmans. Utilisant comme point de départ les
fichiers des services de police, les parachutistes perquisitionnent,
arrêtent, interrogent et assignent à résidence dans les CTT (Centres
de triage et de transit) installés à la périphérie de la ville. Par le
recoupement des informations, par la mise en place du DPU (Dispositif de protection urbaine) confié au colonel Trinquier [2], et surtout par le recours systématique à la torture, dans les CTT ou à la
villa Sésini, le général Massu marque des points. Si le 26 janvier des
bombes explosent dans trois cafés de la ville, faisant 5 morts et
34 blessés, si d'autres explosent dans deux stades d'Alger, faisant
10 morts et 34 blessés, la grève générale déclenchée le 28 janvier
par le FLN est un échec, les forces de l'ordre ayant brutalement
obligé les commerçants à ouvrir leur porte et conduit *manu militari*
les fonctionnaires récalcitrants au travail. Des kilos d'explosifs, des
centaines de bombes et de grenades ayant été saisis, le nombre des
attentats tombe de 112 en janvier à 39 en février et 29 en mars. La
capture de Larbi Ben M'Hidi, le 17 février, par les « paras » de
Bigeard décapite la ZAA et le CCE quitte Alger dix jours plus tard.
La première bataille d'Alger s'achève en mars avec un allègement
substantiel du dispositif.

Yacef Saadi, devenu le patron de la ZAA, n'entend pas arrêter la
lutte. Après avoir réorganisé l'état-major, où figurent désormais en
première place Ali la Pointe pour les commandos de choc et Debih
Cherif, dit Si Mourad, pour l'organisation politico-administrative,
ayant reconstitué une armature clandestine plus légère, mais mieux
cloisonnée que la précédente, et repris contact avec le CCE, il décide
la reprise des attentats [3]. Le 3 juin c'est l'explosion de bombes
cachées dans des lampadaires proches d'un arrêt d'autobus (8 morts,
92 blessés), le 9 juin une bombe explose au dancing du casino de la

1. Il s'agit du 1ᵉʳ REP du colonel Jeanpierre, du 1ᵉʳ RCP du colonel
Meyer, du 2ᵉ RCP du colonel Fossey-François et du 3ᵉ RPC du colonel
Bigeard.
2. Ce dispositif repose sur le système de l'îlotage et se fonde sur le fichage
systématique de la population.
3. Avec cette fois une extension du terrorisme urbain à la métropole.
Le 29 mai 1957, Ali Chekkal, ancien vice-président de l'Assemblée algérienne, est assassiné à Colombes par Mohammed Ben Sadok, à l'issue d'une
finale de coupe de France de football à laquelle assistait René Coty.

Corniche (8 morts, 92 blessés). Directement confiée cette fois au colonel Godard, la répression reprend avec les mêmes méthodes et la même efficacité. Mais les techniques se sont affinées. Le capitaine Léger, officier parachutiste spécialiste du renseignement, met sur pied avec le capitaine Sirvent, un familier de la Casbah, un réseau de « rebelles repentis », dits *bleus de chauffe,* dont le rôle est de s'infiltrer dans l'organigramme du FLN et de « donner » au moment voulu militants et terroristes. Cette technique va non seulement déclencher dans les rangs du FLN un climat de suspicion permanente, mais permettre l'arrestation de responsables de haut niveau comme Hadjii Othmane et Si Mourad. Au terme d'une opération analogue Zohra Drif et Yacef Saadi sont capturés le 24 septembre 1957. A cette date l'organisation politico-militaire d'Alger est moribonde. Le nombre des attentats, qui était remonté à 22 en juin 1957 et à 41 en juillet, retombe à 6 en août, à 2 en septembre et à un seul en octobre. Repéré dans une cache de la rue des Abdérames, dans la Casbah, et sur le point d'être arrêté, Ali la Pointe se suicide dans la nuit du 7 au 8 octobre. La bataille d'Alger est achevée. L'arrêt du terrorisme rend la population européenne au goût de vivre. Cinémas et restaurants affichent complet tandis que les parachutistes, véritables idoles du jour, sont l'objet d'une immense popularité. Une idylle qui se prolongera et qui ira loin.

De cette bataille, il est pourtant difficile de dire quels en ont été les vainqueurs et les vaincus. Pour le FLN, le bilan est lourd. Outre une élite militante et urbaine décimée, il doit compter avec l'effet psychologique désastreux de la fuite du CCE en pleine bataille. Ce n'est pas avant plusieurs années que le FLN parviendra à mobiliser la population musulmane d'Alger, et pour ambiguës et manipulées qu'elles aient été, les séances de « fraternisation » du 13 mai n'auraient pas été possibles sans cette perte de crédibilité. La victoire française n'est pourtant ni glorieuse ni dépourvue de menaces pour l'avenir. La bataille d'Alger n'a pu être gagnée que par le recours systématique aux « interrogatoires renforcés », c'est-à-dire à la torture des suspects [1]. La révélation de telles pratiques, malgré toutes les précautions oratoires dont elles ont été entourées, a eu d'impor-

1. Malgré les protestations, et à terme la démission, de Paul Teitgen, secrétaire général de la police, chargé de délivrer les assignations à résidence, et qui ne compte plus les disparitions de suspects purement et simplement achevés après torture.

tantes répercussions intérieures et internationales. C'est en 1957
que la mise en cause de la légitimité de la guerre d'Algérie a pris en
métropole des proportions d'une ampleur nouvelle, alors que la
pression internationale s'est faite plus insistante pour que la France
parvienne à une solution négociée. En ce sens l'effet recherché de
« caisse de résonance » a été partiellement atteint.

En dehors d'une importante progression vers les départements
sahariens, destinée à démontrer, à la France comme aux États riverains, l'appartenance du Sahara (et de son pétrole) à la nation algérienne, l'année 1957 et le premier semestre de 1958 sont marqués
par un net reflux des activités de l'ALN. Le nombre des « actes de
terrorisme » accuse une nette diminution, celui des armes perdues au
combat, un doublement par rapport à 1956 [1]. Signe d'une lassitude
croissante des moudjahidin, les ralliements individuels sont plus
fréquents, passant de 238 entre mai 1956 et mai 1957 à 928 entre
mai 1957 et mai 1958. Il est certain que l'ALN doit faire face à une
armée française plus aguerrie, mieux équipée et grossie d'un contingent non négligeable de forces musulmanes [2]. Si politiquement
cette supériorité ne résout rien, elle pose à l'ALN de considérables
problèmes, non pas de recrutement, mais de déplacement et de ravitaillement. Une tentative visant à former de gros bataillons de 300 à
500 hommes, les *faïleks,* et à leur assigner des objectifs ambitieux
d'affrontements directs, ayant tourné court, son attention va se
porter sur l'introduction en territoire algérien des armes modernes
qui s'accumulent désormais aux frontières. Or si le barrage installé
le long de la frontière marocaine par le général Pédron fonctionne
bien, la « ligne Morice » qui longe la frontière tunisienne n'a été
commencée que pendant l'été 1957 et va devenir le principal enjeu
militaire du conflit.

La ligne Morice ne fut pas la ligne Maginot mais, à tout prendre,
elle fut plus efficace. Longeant la route reliant Bône à Tebessa, soit
environ 300 kilomètres, installée à une distance de 20 à 30 kilomètres de la frontière tunisienne, elle n'était qu'un réseau de fils de
fer barbelés porteurs d'un courant électrique à haute tension. Son

1. Les actes de terrorisme tombent de 3 988 en janvier 1957 à 2 514 en
mai de la même année et 1 465 en mai 1958. Le nombre des armes perdues
par l'ALN passe de 3 350 en 1956 à 6 790 en 1957.
2. 88 000 hommes au 1er mai 1958, se décomposant en 31 000 soldats des unités régulières, 24 000 harkis, 25 000 maghzeni et supplétifs,
8 000 membres des groupes d'autodéfense.

but n'était pas d'empêcher le passage des troupes de l'ALN et de leurs armes, car le barrage était franchissable par simple cisaillement des fils au moyen de pinces isolantes. Il était seulement conçu comme un moyen de renseignement sur la localisation d'un passage éventuel, toute interruption de courant déclenchant une série d'avertissements sonores et visuels. Cinq régiments de parachutistes, placés en réserve et dotés de moyens logistiques importants, étaient échelonnés sur les grands axes de pénétration et requis pour donner la chasse, généralement au petit matin, aux groupes qui avaient réussi un franchissement. De part et d'autre, des améliorations furent apportées : troupes mobiles circulant à l'intérieur du barrage (la « herse »), minage des abords, recours à des chiens pisteurs du côté français; creusement de tranchées pour franchir le barrage en rampant et fausses alertes pour détourner la chasse, du côté de l'ALN.

Une véritable *bataille des frontières* s'engage de part et d'autre de la ligne en janvier et mai 1958. D'abord favorable à l'ALN, elle tourne en mars à l'avantage de l'armée française. Elle connaît son paroxysme en avril avec les furieux combats qui se déroulent dans le secteur de Soukh-Ahras, où l'ALN perd plus de 600 hommes et de 500 armes. La ligne Morice n'a pas été, tant s'en faut, d'une étanchéité totale, mais elle a permis de neutraliser environ 70 % des passages engagés entre mars et mai 1958 par l'ALN. Cet échec est lourd de menaces pour l'avenir. Dans l'immédiat, il n'est pas étranger à la recherche de ce « deuxième souffle » que les dirigeants du FLN amorcent durant l'été 1958.

3

Les réalités d'une guerre

A la veille des événements qui vont conduire au suicide, ou à l'assassinat, de la IVe République, le moment est venu de faire le point et de prendre la mesure de l'engagement français en Algérie dans les années 1956-1958. Certains aspects particuliers, comme les implications internationales du problème algérien et les progrès de l'audience du FLN, ayant déjà été amplement abordés, c'est aux données militaires et économiques du conflit que l'on s'attachera, ainsi qu'aux réactions que la prolongation et les formes de la guerre ont pu susciter dans l'opinion.

Les visages de la pacification.

Officiellement la France n'est pas en guerre. L'Algérie étant territoire français et un État ne se faisant pas la guerre à lui même, la tâche de l'armée est théoriquement préventive et réparatrice. Là où l'adversaire apporte la terreur et le désordre, il lui incombe de ramener la paix dans les régions troublées et de rendre confiance aux populations égarées. Tâche de *pacification,* donc, d'autant plus nécessaire que la rébellion armée n'est apparemment le fait que d'une poignée d'irréductibles [1], et que la violence qu'elle exerce a pris la forme d'un terrorisme particulièrement odieux dont les musulmans sont, du reste, bien plus victimes que les Européens [2].

1. En 1958, les forces régulières de l'ALN ne dépassent sans doute pas 25 000 moudjahidin, auxquels il faut ajouter un nombre vraisemblablement double de supplétifs et quelques milliers de soldats stationnant au Maroc et en Tunisie.
2. De novembre 1954 à mai 1957, les attentats contre les personnes ont fait 6 350 morts dans la population musulmane contre 1 035 dans la population européenne.

Violence aveugle, mais rarement gratuite, qui vise moins à frapper les vies humaines que des symboles : le notable musulman qui collabore, le contrevenant aux ordres ou aux collectes du FLN, le champ ou le troupeau du colon, l'école qui dispense une culture étrangère... Le crime a toujours valeur d'exemple, tout comme la mutilation qui souvent l'accompagne, et participe à la mise en condition puis au ralliement contraint des populations. Cette violence n'est pas non plus stérile puisqu'elle vise à substituer aux structures de l'ordre colonial les cadres politiques, administratifs et sociaux d'une Algérie libérée. La reconquête militaire du terrain, la reprise en main des populations et la destruction de l'OPA [1] adverse, constituent dès lors les trois objectifs fondamentaux de la pacification.

Dans cette tâche, l'armée va s'engager avec une conviction profonde et une détermination qui la rendra peu regardante sur le choix des moyens. Encouragée par un pouvoir civil qui, surtout depuis le vote des pouvoirs spéciaux, s'est à peu près totalement déchargé sur elle de ses responsabilités, la grande muette va faire de l'Algérie une affaire personnelle. Bien des considérations, et certaines fort estimables, entrent dans ce choix. La défaite de 1940, relayée par le désastre de Diên Biên Phu et la frustration de Suez, ont laissé un souvenir amer. Tous les cadres de l'armée française partagent plus ou moins la mauvaise conscience d'une longue série d'échecs que les victoires, forcément modestes, de la France libre et les combats, trop politiques, de la Libération n'ont pas réussi à effacer totalement. L'armée entend bien cette fois-ci faire ses preuves en conservant l'Algérie à la France. C'est une question d'honneur, c'est aussi une question d'attachement. Sourdement hostiles aux gros colons et aux petits blancs, dont l'égoïsme ou le racisme les offusquent, nombre d'officiers et de cadres subalternes ressentent une réelle sympathie pour les misérables populations qu'ils sont appelés à protéger, jointe à une véritable fascination pour l'âpre beauté du décor algérien. Attachement passionnel, presque charnel, dont on ne niera pas l'importance dans les drames et les choix ultérieurs.

Mais déjà d'autres préoccupations se font jour. Forts de leur expérience indochinoise et, parfois, de la lecture des écrits de Mao Tsé-toung et du général Giap, impressionnés aussi par l'appui diplo-

---

1. « Organisation politico-administrative », terme inventé par l'autorité française pour désigner les structures clandestines de l'implantation du FLN dans les populations.

matique et matériel que le FLN trouve dans les pays de l'Est, certains officiers ne veulent voir dans la rébellion qu'une guerre subversive fomentée par le communisme international. A l'heure de la parité atomique, qui oblige les super-puissances à la détente et, à terme, à la coexistence pacifique, Moscou et Pékin recourent à une stratégie enveloppante visant à rompre l'équilibre des blocs par la prolifération des foyers révolutionnaires. Il ne s'agit plus dès lors de sauver des vies humaines, ni même de conserver à la France le dernier vestige de son empire, mais de défendre un bastion stratégique essentiel du monde libre face à la subversion communiste. Il va de soi qu'une telle analyse procède d'une vision grossièrement manichéenne du monde et ignore tout ce que le nationalisme islamique peut avoir d'irréductiblement hostile au marxisme. Elle a néanmoins acquis la valeur d'un dogme intangible, depuis les plus hautes sphères militaires où elle est née [1] jusqu'aux mess les plus reculés.

D'autres enfin combinent à ces spéculations une haine tenace à l'égard de la République. Dénonçant la déliquescence d'un État démocratique livré à la surenchère des partis et prêts à tous les abandons, certains officiers, qu'ils soient de tradition gaulliste ou pétainiste, voient avant tout dans l'Algérie « le dernier banc d'essai de la vitalité française [2] » et appellent de leurs vœux le pouvoir autoritaire qui saura balayer la gabegie politicienne et régénérer la nation. Si l'armée de la IVᵉ République s'est montrée dans l'ensemble loyaliste [3] à l'égard d'un régime qui, du reste, ne savait rien lui refuser, du moins est-elle déjà bardée de l'armature idéologique qui produira tant d'officiers activistes.

Dans l'entreprise de pacification, l'armée française doit d'abord montrer sa force. Déjà omniprésente sur le terrain grâce aux vertus du quadrillage, la troupe est astreinte, surtout depuis l'arrivée au commandement du général Salan, à une mobilité accrue, autant pour traquer l'ennemi que pour rassurer (ou intimider) les populations. Par compagnies ou par sections, les soldats du contingent « cra-

---

1. En particulier le général Chassin et le colonel Lacheroy, dont les articles dans *la Revue militaire d'information* et dans *la Revue de la Défense nationale* font autorité.
2. Déclaration du maréchal Juin, le 4 mars 1956.
3. Hormis un complot assez puéril tramé à la fin de 1956 par le général Faure, et qui fut déjoué par le secrétaire général à la police, Paul Teitgen.

pahutent » ou « pitonnent » de jour et de nuit à la recherche d'une hypothétique bande de *fells*. Sorties généralement inoffensives, mais qui peuvent çà et là s'achever par un accrochage sévère ou une embuscade meurtrière [1]. La destruction des forces de l'ALN revient en fait, le plus souvent, aux troupes aéroportées, ou héliportées, agissant rapidement et par surprise sur la base de renseignements précis.

Le contrôle des populations est l'autre tâche élémentaire de l'armée. Chaque douar, chaque mechta pouvant abriter des maquisards ou des complices, il est procédé à des perquisitions périodiques. Bouclage du village, contrôle des identités, fouille des maisons et des gourbis sont menés le plus souvent sans ménagements, assortis parfois, à des fins d'intimidation, d'une vigoureuse démonstration aérienne ou, mieux encore, de l'exposition de quelques cadavres de rebelles « pris les armes à la main ». Ces humiliantes et brutales opérations de « ratissage », qui ont donné lieu à d'innombrables exactions et ne sont pas sans rappeler les méthodes de Bugeaud, n'ont cessé de constituer le principal pourvoyeur de la rébellion. Et le traitement des suspects, le déplacement de villages entiers, le parcage de la population dans d'ignobles camps de regroupement ont plus fait pour la propagande du FLN que toutes les émissions venues du Caire ou de Tunis.

Avec d'autres méthodes, certains tentaient pourtant, et réussissaient parfois, cette reconquête des âmes qui faisait partie intégrante de la pacification. Destinée à la fois à entretenir le « moral » des troupes servant en Algérie [2] et à conquérir l'attachement à la France des populations musulmanes, l'action psychologique connut entre 1956 et 1958 un développement considérable [3]. Elle était supervisée à Paris par le colonel Lacheroy, un théoricien de la guerre révolu-

1. Les réactions très divergentes des jeunes appelés à l'égard de la guerre s'expliquent essentiellement par la nature des opérations auxquelles ils ont été mêlés. Cf. sur ce point, J.-P. Vittori, *Nous les appelés d'Algérie*, Stock, 1977.

2. Essentiellement par la diffusion de revues à grand tirage, *la Revue militaire d'information* et *Contacts* pour les cadres, *le Bled* pour les soldats du contingent.

3. Il convient de ne pas confondre l'action psychologique et la guerre psychologique qui fut utilisée, non sans résultats, durant la bataille d'Alger avec les « bleus de chauffe » et en Kabylie avec la formation de contre-maquis, dits Force K.

tionnaire [1], et mise en œuvre en Algérie par le 5e bureau de l'état-major, dirigé par un fidèle du général Salan, le colonel Goussault. Des cours spéciaux ou des causeries étaient organisés dans les centres de formation d'officiers, et un corps de spécialistes fut même constitué. L'action psychologique fut ainsi dotée de moyens importants et diversifiés, tournés prioritairement vers les musulmans : édition de revues, de bandes dessinées, de tracts, compagnies de haut-parleurs, cinébus diffusant des films documentaires ou simplement distrayants, émissions radiophoniques (« La voix du Bled »), numéros truqués d'*El Moudjahid* laissant transparaître la lassitude des combattants et annonçant d'importantes redditions... Il y a lieu pourtant de rester très réservé sur l'efficacité d'un tel matraquage. Pour ne rien dire de la naïveté maladroite de certaines images et de certaines formules (le fellagah toujours représenté en sauterelle, Allah qui doit protéger l'Algérie de Satan), la force évocatrice de cette propagande écrite et orale était trop âprement démentie par la réalité quotidienne pour parvenir à s'imposer.

L'action entreprise par les Sections administratives spécialisées (SAS) fut d'une autre portée. Au nombre de 600 environ en mai 1958, elles doivent être, selon le général Parlange qui en a été l'inspirateur, « le cœur de la France qui bat dans chaque douar ». Dirigée par un officier, capitaine ou lieutenant venu des Affaires indigènes ou formé par un stage spécial de plusieurs mois, chaque SAS doit à la fois se substituer à l'OPA du FLN (ou l'empêcher de s'implanter) et répondre aux mille besoins d'une population sous-administrée. Le « képi bleu », secondé par quelques sous-officiers et parfois par quelques jeunes volontaires civils, doit donc recenser la population, s'informer de l'état d'esprit de chacun, trancher les litiges et éventuellement punir. Mais il est aussi celui qui règle les pensions et les retraites, donne du travail, ouvre des chantiers ou une école, fait construire un centre récréatif ou d'apprentissage, encourage l'artisanat local, distribue des vivres. Inséparable de la SAS, l'assistance médicale gratuite, d'abord réduite aux moyens du bord, s'étoffe avec la formation d'équipes médico-sociales itinérantes, composées d'un personnel à la fois civil et militaire, musulman et européen. Soins médicaux, vaccination, enseignement des rudiments de l'hygiène et de la puériculture pénètrent ainsi dans des douars qui n'avaient

---

1. Cf. numéro spécial de *la Revue militaire d'information,* février-mars 1957.

jusqu'alors jamais vu un médecin ou une assistante sociale. Des expériences à peu près similaires sont tentées à partir de 1957 dans différents centres urbains sous le nom de Sections administratives urbaines (SAU).

La qualité d'une SAS dépend évidemment beaucoup de la valeur de l'officier qui la dirige. Il y eut parmi eux des incapables, des prévaricateurs, des maniaques du renseignement et même des tortionnaires. Pour la plupart, ils furent des hommes d'un dévouement admirable. L'étroitesse de leur horizon et le paternalisme de leurs méthodes n'altèrent en rien la pureté de leur idéal et la noblesse de leur démarche. Loin des reportages à sensation et des photographies de la grande presse dont bénéficiaient telles unités « d'élite », ils ont sans doute contribué à sauver les chances ultérieures d'une amitié franco-algérienne.

L'action très estimable des SAS méritait assurément d'être rappelée, mais ne saurait faire oublier l'extension de tout un ensemble de pratiques répressives, dont l'armée partage du reste la responsabilité avec un pouvoir civil qui les a complaisamment couvertes. Parmi elles, la mémoire collective a surtout retenu la torture dans la mesure où elle a soulevé les réactions les plus passionnées, et où elle a représenté le point limite de la violence qu'une institution ait pu porter à un peuple. L'arbitraire de la répression a pourtant pris bien d'autres formes, qu'il s'agisse de l'exécution « pour l'exemple » de fuyards ou de simples suspects, de l'achèvement des blessés, des prisonniers discrètement abattus au détour d'un chemin (la « corvée de bois ») ou carrément largués dans le vide par avion. L'opinion ne pouvait pas non plus rester indifférente à la violation ouverte des Conventions de Genève de 1949 que constituait la déportation de près de deux millions de personnes que l'on prétendait soustraire à l'influence du FLN par leur concentration dans des camps de transit, d'hébergement et de regroupement [1]. Les juristes ont pu également s'émouvoir de la violation des droits élémentaires de la personne ou de la défense qu'engendraient tant d'arrestations arbitraires et de procès bâclés [2].

Dans ce contexte répressif, la torture fut à la fois un cas extrême

1. Le 4ᵉ rapport du Comité international de la Croix-Rouge en fit largement état et des extraits en furent publiés par *le Monde* du 4 janvier 1960, au point d'obliger le délégué général en Algérie, Paul Delouvrier, à réagir.
2. Cf. Arlette Heymann, *Les Libertés publiques et la Guerre d'Algérie*, LGDJ, Paris, 1972.

et une pratique courante [1]. Elle ne fut pas du reste une invention de la guerre d'Algérie, ayant déjà été pratiquée en Indochine et surtout à Madagascar après les troubles nationalistes de 1947, ni une invention de l'armée en ce sens que la police algérienne y avait déjà fréquemment recouru, en particulier lors du démantèlement de l'OS. Il est juste de rappeler qu'elle fut également pratiquée par le FLN, dans ses rangs et hors de ses rangs, pendant et après la guerre de libération nationale, et qu'elle ne fut pas le fait de l'armée française tout entière. Outre le silence réprobateur de nombreux officiers qui surent, du moins, l'interdire dans leurs unités, certains eurent le courage d'une protestation publique. Tel le général de brigade Paris de Bollardière qui entra en conflit, en février 1957, avec son supérieur le général Allard pour avoir refusé d'appliquer les directives du général Massu sur l'« accentuation de l'effort policier [2] », tel aussi le général Billotte, qui la condamna au double titre de la morale et de l'efficacité, tel aussi le colonel Barberot.

D'autres n'eurent pas ces scrupules, et ce qui n'était au départ qu'une improvisation devint rapidement une véritable institution avec ses structures appropriées, ses cadres, ses exécutants, sa panoplie d'accessoires et ses règles de fonctionnement [3]. Fondée sur le principe redoutable, et invérifiable, de l'efficacité immédiate, selon lequel la souffrance d'un supplicié pourrait prévenir la mort de cent innocents, munie aussi de la caution « morale » de certains ecclésiastiques, comme le R.P. Delarue, aumônier de la 10ᵉ division parachutiste, la torture était devenue en 1957 une pratique quotidienne et presque banale. Elle fonctionnait partout. A Alger bien sûr, dans les locaux de la DST, à la villa Sesini, dans diverses rési-

---

1. Parmi les très nombreux ouvrages consacrés à la torture en Algérie, ceux de Pierre Vidal-Naquet, *La Raison d'État*, Éd. de Minuit, 1962, et *La Torture dans la République*, Éd. de Minuit, 1972, sont les plus étayés.

2. Le 29 mars, le général de Bollardière adressa à Jean-Jacques Servan-Schreiber, alors poursuivi pour son livre *Lieutenant en Algérie*, une lettre où il évoquait « l'effroyable danger qu'il y aurait pour nous de perdre de vue, sous le prétexte fallacieux de l'efficacité immédiate, les valeurs morales qui, seules, ont fait, jusqu'à maintenant, la grandeur de notre civilisation et de notre armée ». La publication de cette lettre valut à son auteur une peine de 60 jours de forteresse infligée par le ministre Bourgès-Maunoury.

3. A ce titre la torture était enseignée dans certaines écoles de formation de cadres. Les instructions la voulaient « propre », c'est-à-dire exercée sans sadisme et sans laisser de traces visibles.

dences du quartier d'El-Biar et dans les centres de transit installés
à la périphérie de la ville; à Constantine dans la ferme Améziane, à
Blida dans la savonnerie Thiar. Dans le bled, la tâche revenait aux
unités itinérantes du Dispositif opérationnel de protection (DOP)
et aux Centres de renseignement et d'action (CRA) implantés à
l'échelon du secteur, l'un et l'autre relevant du Centre de coordination inter-armées (le CCI) rattaché à l'état-major. Quant aux techniques, elles ne variaient guère, recourant tour à tour à la suspension
du corps, aux coups, aux brûlures par cigarette ou chalumeau et,
surtout, aux supplices de la baignoire et de l'électricité.

De tout cela les gouvernements successifs furent parfaitement
informés, ne serait-ce que par deux rapports officiels, le rapport
Wuillaume et le rapport Mairey [1], suffisamment accablants pour
qu'il fût jugé préférable de les laisser secrets. Après les vertueuses
dénégations d'usage et les poursuites intentées à quelques journalistes ou professeurs pour « atteinte au moral de l'armée », Guy
Mollet dut pourtant consentir à donner quelques apaisements à
une opinion de plus en plus sensibilisée. En janvier 1957, une commission parlementaire fut constituée, composée d'élus allant de
la SFIO aux Indépendants, présidée par le socialiste Victor Provo,
mais où le député radical Antoine Quinson joua un rôle essentiel.
A l'image des motions nègre blanc de ce parti, la commission
concluait à peu de chose près que, pour être couramment pratiquée,
la torture n'existait pas en Algérie [2]. Son rapport, déposé en
mars 1957, ayant fait long feu, il fallut autre chose. Ce fut la
Commission permanente de sauvegarde des droits et libertés individuels qui devait connaître les plaintes et les renseignements qui
lui seraient transmis. Sa composition fut laborieuse, plusieurs personnalités pressenties, comme le vice-président du Conseil d'État
René Cassin ou le bâtonnier Thorp, ayant refusé d'en faire partie,
compte tenu de l'insuffisance de ses moyens d'investigation. Elle
fut finalement constituée en mai 1957. Comprenant 12 personnalités « d'une autorité morale indiscutable », elle était présidée par le
magistrat Pierre Béteille et comprenait, entre autres, Me Maurice Garçon, le recteur Pierre Daure, l'ancien gouverneur général

---

1. Le premier, de 1955, est dû à Roger Wuillaume, inspecteur général
de l'Administration; le second, de 1956, à Jean Mairey, directeur de la
Sûreté.
2. Le député radical Jacques Hovnanian se désolidarisa néanmoins
publiquement de ces conclusions.

des colonies Robert Delavignette, l'ambassadeur André François-Poncet, alors président de la Croix-Rouge française, le conseiller d'État Pierre Oudinot et le président de l'Ordre des médecins Robert de Vernejoul.

Les membres de la Commission de sauvegarde se rendirent à plusieurs reprises en Algérie. Le rapport remis le 14 septembre 1957 au président du Conseil, Bourgès-Maunoury, était assurément plus courageux que le précédent, mais encore très édulcoré [1]. A tel point que trois de ses membres, Robert Delavignette, Me Garçon et Émile Pierre-Gérard démissionnèrent, certains de l'inanité de leurs moyens d'enquête et plus encore du sort qui serait réservé à leurs conclusions. La Commission n'alla pas au-delà de ce rapport et dès lors rien n'arrêta plus « la gangrène ». Malgré les affirmations péremptoires d'André Malraux et les louables efforts du Garde des Sceaux, Edmond Michelet, la Ve République poursuivit dans la voie que lui avait tracée la IVe. Dans ce domaine au moins le régime des partis n'avait pas failli.

Aspects économiques.

Ni pour la métropole ni pour l'Algérie la guerre ne produit des effets bénéfiques. Si le taux de croissance reste dans les deux cas relativement soutenu, la prolongation du conflit introduit en métropole tout un ensemble d'effets pervers, et en Algérie un déséquilibre accru entre les deux secteurs.

Pour la métropole, les conséquences de la guerre ne sauraient être appréciées en termes purement budgétaires. Le coût financier des opérations militaires peut paraître supportable. Évalué à 350 milliards de francs [2] pour l'année 1957, il ne représente en effet qu'un quart du budget militaire, 7 % des dépenses de l'État et moins de 2 % du Produit intérieur brut. Mais le prolongement des hostilités a aussi des effets négatifs sur la production et les équilibres financiers. L'allongement de la durée du service militaire et l'envoi du contingent en Algérie signifient une ponction annuelle de près de 200 000 producteurs, partiellement compensée, il est vrai,

---

1. Il n'a pourtant été publié que trois mois après, le 14 décembre 1957, par le gouvernement Félix Gaillard.
2. Il s'agit de francs de l'époque, donc de centimes actuels.

par l'arrivée en métropole de 65 000 travailleurs nord-africains
entre 1954 et 1958. Cette ponction n'en représente pas moins une
perte de production qui a pu être évaluée à 120 milliards par an et
un excédent de demande non satisfaite de l'ordre de 200 milliards,
soit au total un manque à gagner de 320 milliards, représentant
1,5 % du Produit intérieur brut. Un tel déséquilibre entre l'offre et
la demande se répercute évidemment sur le niveau des prix et la
structure des échanges extérieurs. Contenue dans des limites rai-
sonnables en 1956, grâce à l'emprunt Ramadier qui rapporta
320 milliards en septembre, l'inflation reprend en 1957 et 1958,
sous l'effet du poids des dépenses improductives et des tensions
régnant sur le marché du travail. De même, l'augmentation de la
demande intérieure accroît le volume des importations, alors que
diminue celui des exportations, rendues moins compétitives par la
hausse des prix. Il en découle un accroissement substantiel du déficit
de la balance commerciale [1] et une détérioration rapide de la balance
des comptes. Situation difficile qui oblige le gouvernement de Félix
Gaillard à une politique de remise en ordre des finances publiques
et à une dévaluation déguisée en octobre 1957. Sans avoir eu des
effets véritablement dramatiques sur son économie, il est certain que
la prolongation du conflit a handicapé la France face à ses principaux concurrents étrangers par les effets conjugués d'une moindre
croissance et d'un endettement extérieur accru.

Élevée au rang de priorité nationale, l'Algérie ne tire que maigrement parti de l'effort consenti en sa faveur, notamment du gon-
flement de la participation métropolitaine aux dépenses civiles, qui
passe de 40 à 100 milliards entre 1955 et 1958. Alors que la population musulmane continue de croître rapidement au rythme de
350 000 naissances par an, l'évolution de la production agricole fait
apparaître une distorsion croissante entre le secteur européen qui
progresse ou se maintient, et le secteur musulman qui stagne ou
régresse. L'absence de véritable réforme agraire, l'usure persistante
des sols et les déplacements de population sont à l'origine de cette
évolution.

---

1. Estimé à 150 milliards environ, soit 30 % du déficit de la balance commerciale de 1957.

	1954	*1958*
population européenne	980 000	1 030 000
population musulmane	8 850 000	9 250 000
agriculture du secteur européen	*moyenne* *1952-1954*	*1957*
— blé dur	3 800 000 qx	4 500 000 qx
— vin	16 500 000 hl	15 100 000 hl
— agrumes	2 900 000 qx	3 500 000 qx
agriculture du secteur musulman	*moyenne* *1952-1954*	*1957*
— blé dur	5 400 000 qx	5 300 000 qx
— orge	7 100 000 qx	5 200 000 qx
— dattes	588 000 qx	268 000 qx

L'essor de la production industrielle est apparemment plus net. Sur base 100 en 1950, l'indice de la production est passé de l'indice 132 en 1954 à l'indice 185 en 1958. Mais cette croissance ne doit pas faire trop illusion car elle masque des situations très diverses. Alors que certains secteurs de l'industrie extractive traditionnelle accusent une baisse sensible et que la production d'électricité progresse très lentement, une plus-value artificielle est assurée

	1955	*1958*
charbon	300 000 t	153 000 t
fer	2 700 000 t	2 300 000 t
phosphates	763 000 t	565 000 t

par les débuts du boom pétrolier et par tout un ensemble d'activités de constructions et de réparations liées aux activités de l'armée.

S'il est vrai que le niveau de vie n'a pas accusé de baisse marquante entre 1954 et 1958 grâce à l'effort dispensé par les SAS et grâce aux distributions de vivres, s'il est vrai aussi que la scolarisation et le logement social ont connu de réels progrès, la IVᵉ République s'est révélée incapable de doubler son effort militaire d'une véritable politique économique. Les problèmes de la réforme foncière, de la sous-industrialisation et du chômage sont donc entiers à la veille de l'adoption de plan de Constantine.

Problèmes d'opinion.

A la différence de la guerre d'Indochine, la guerre d'Algérie fut aussi une guerre d'opinion. Là où la première n'avait suscité qu'une indifférence à peu près générale, la seconde prit un caractère passionnel évident, nourri par l'existence d'une communauté pied-noir particulièrement nombreuse et turbulente, l'envoi du contingent et le recours à la torture comme arme de pacification. S'il est clair que la mobilisation de l'opinion ne fut, du moins en métropole, ni immédiate ni générale, les données très particulières du conflit algérien ont obligé à des choix et conduit à des affrontements d'une vigueur inconnue depuis la Libération.

Des vues parfois schématiques pèsent encore sur l'opinion de la communauté européenne d'Algérie. L'immense majorité des pieds-noirs adhérait évidemment aux thèses de l'Algérie française et plaçait tous ses espoirs dans une solution militaire qui protégeait dans l'immédiat leur vie et leurs biens, et leur promettait à long terme le maintien du statu quo. Les grands organes de presse algériens ou métropolitains, y contribuaient puissamment par une information conditionnée qui plaçait la population en état de mobilisation permanente [1]. Les vieux clivages de droite et de gauche, qui avaient encore un sens avant 1954, se sont rapidement dilués au profit d'une communauté de sensibilité et de réactions commandées par l'angoisse, parfaitement légitime, de la survie sur le sol algérien. Par voie de conséquence, les organisations activistes les plus diverses, poujadistes, associations d'anciens combattants et comités de défense de l'Algérie française, connurent entre 1956 et 1958 un vaste courant de sympathie et d'adhésion. Leur rôle a été essentiel dans la préparation du 6 février 1956 et le sera tout autant dans celle du 13 mai 1958.

Certains choix différents s'opéraient pourtant dans une opinion

---

1. En vertu des pouvoirs spéciaux, la presse métropolitaine était sévèrement contrôlée. A titre d'exemple, l'hebdomadaire *France-Observateur* fut saisi 34 fois pour la seule année 1957.

plus différenciée qu'il n'y paraît. S'agissant des communistes, on a dit le ralliement du PCA au FLN après l'échec des « combattants de la libération ». Si certains d'entre eux entrent dans la clandestinité, d'autres, anciens communistes ou sympathisants, tentent de s'exprimer publiquement. Un Comité de défense des libertés républicaines est formé en mars 1956, à une époque où, à Alger, il n'était pas encore complètement interdit de penser. Son hebdomadaire *Clarté* regroupe d'anciens rédacteurs d'*Alger républicain,* l'écrivain kabyle Mouloud Mammeri, des universitaires comme Marcel Émerit ou René Isnard. Plus engagés aux côtés du FLN, certains chrétiens progressistes s'affirment plus algériens que français pour légitimer leur choix. Parmi eux, le Dr Pierre Chaulet et sa femme Claudine se placent d'emblée au service de l'insurrection et leur appartement sert de lieu de rencontre ou d'hébergement pour les dirigeants du plus haut niveau. Dans leur sillage, Jacques et Éliane Gautron et leur amie Évelyne Lavalette, le papetier et conseiller municipal André Gallice, quelques prêtres de la Mission de France, comme les abbés Scotto et Declerq à Alger, l'abbé Augros dans le Constantinois, suivent une voie analogue. Chez tous, le FLN trouve des « planques », des facilités de transport, des soins médicaux et une assistance matérielle. Ces ébauches de réseaux, qui n'échappèrent pas à la vigilance de la DST, furent démantelées au début de 1957 et les ecclésiastiques mis en cause expulsés d'Algérie [1].

Moins nettement engagés et travaillant surtout à la réconciliation, ou plutôt au rapprochement des deux communautés pour sauver les chances d'une Algérie franco-musulmane, les libéraux d'Algérie forment un microcosme d'une dizaine d'organisations squelettiques et éphémères, mais affrontent avec courage le conformisme ambiant qui les désigne d'emblée à la qualification de traîtres [2]. Il y a là le groupe Vie nouvelle animé par André Gallice, le Comité d'action des universitaires libéraux autour d'André Mandouze, Ch.-R. Ageron et Marcel Émerit, la Jeune République animée par le conseiller municipal Paul Houdart, le Rassemblement

---

1. Malgré les protestations de la hiérarchie. Mais Lacoste tint bon : « Je ne me laisserai pas tourner à gauche par des curés. » La laïcité ne perd jamais ses droits.

2. Certains le paieront de leur vie, comme Maurice Perrin, fonctionnaire au gouvernement général, et l'avocat Me Popie, assassinés l'un et l'autre par l'OAS en 1961.

de la gauche libérale, le Colloque des enseignants, le Mouvement des israélites libéraux et d'autres encore. André Mandouze, professeur à la faculté des Lettres, est assurément la figure dominante de groupe. Cofondateur de *Témoignage chrétien* pendant la Résistance, il a lancé en 1954 la revue *Consciences maghrébines* qui, au-delà d'une réconciliation franco-musulmane, s'attache à faire reconnaître la légitimité du nationalisme algérien. En contact avec Abbane Ramdane et Ben Khedda, il a tenté à la fin de 1955 et au début de 1956 de jouer le rôle d'un intermédiaire actif entre le FLN et les hommes du Front républicain, auquel le 6 février a mis évidemment un terme. Ses positions anticolonialistes lui valant l'hostilité active de nombre de ses collègues et de ses étudiants, il est muté en mars à Strasbourg à la demande de Lacoste [1].

Si marginales qu'elles aient été, certaines initiatives de ces libéraux méritent d'être retenues, leur échec même ayant valeur de témoignage.

Il y eut d'abord la tentative du projet de trêve civile animé par Albert Camus et ses amis. Né à Mondovi, et très attaché à une Algérie où il avait vécu jusqu'à la guerre, c'est avec déchirement que Camus voyait depuis 1955 son pays sombrer dans la violence et le chaos [2]. Se situant d'emblée « dans le no man's land qui sépare les deux armées », il avait, dans une série d'articles donnés à *l'Express,* exhorté les deux communautés à ne pas créer l'irréparable par l'escalade de la violence et le délire xénophobe. L'aggravation subite du terrorisme en janvier 1956 et l'avènement du Front républicain dans lequel il place ses espoirs, le poussent à s'associer publiquement à l'initiative de quelques Européens et musulmans pour que cesse le massacre des populations civiles des deux bords. Un comité est hâtivement formé qui comprend l'architecte Jean de Maisonseul, ami personnel de Camus, Charles Poncet, Louis Miquel, l'éditeur Charlot et, du côté musulman, Mouloud Amrane, Amar Ouzegane et Mohammed Lebjaoui [3]. D'autres personnalités

1. Là, il est arrêté en novembre 1956 pour complicité avec le FLN et libéré après cinq semaines de détention, au terme d'une mobilisation d'intellectuels.
2. L'itinéraire algérien de Camus est analysé avec plus de détails par Roger Quillot *in* Albert Camus, *Essais,* Gallimard, « coll. de la Pléiade », 1981, en particulier p. 1839-1847.
3. Ces deux derniers étaient déjà ralliés au FLN, ce que Camus ignorait. L'apprenant quelques mois plus tard, l'écrivain ressentit l'impression

comme le pasteur Capien, le R.P. Cuoq, un père blanc spécialiste des questions arabes, des musulmans modérés comme le Dr Khaldi et Ferhat Abbas, s'associèrent au projet.

Présidée par l'écrivain Emmanuel Roblès, la manifestation prévue se déroule le 22 janvier au cercle du Progrès. Dans une atmosphère rendue très tendue par les vociférations des troupes poujadistes du restaurateur Goutalier, Camus lance son « Appel pour une trêve civile [1] » qui restera sans écho. Désespéré par la capitulation du 6 février et le vote des pouvoirs spéciaux qui annoncent une guerre totale, incapable de choisir son camp [2], Camus s'enferme désormais dans un mutisme qu'il n'interrompt que pour protester contre l'arrestation du ses amis [3] ou pour tenter de sauver la vie à des musulmans condamnés à mort. S'il récuse, en avril 1957, l'offre qui lui est faite de participer à la Commission de sauvegarde instituée par Guy Mollet (en raison de l'imprécision de ses pouvoirs d'investigation), il refuse également de s'associer un an plus tard à la protestation de Mauriac, Malraux, Martin du Gard et Sartre contre la saisie de *la Question* d'Henri Alleg.

En mars 1956, la plupart des amis de Camus et des associations existantes se regroupent en une Fédération des libéraux. Celle-ci se dote d'un journal, *l'Espoir-Algérie*, placé sous la direction du Dr Jean Gonnet et imprimé par un ancien militant de l'UDMA, Mohammed Benzadi [4]. Initialement favorable aux grandes lignes du programme de Guy Mollet (élections libres au collège unique), la rédaction s'en est rapidement démarquée pour prôner le droit du peuple algérien à l'autodétermination. Seize numéros parurent, de juin 1956 à mars 1957, mais le journal ne put résister aux interdictions et aux attentats dont il fut l'objet. De la trêve civile à *l'Espoir*, la poignée des libéraux d'Algérie, guère plus d'une centaine d'hommes de bonne volonté, n'étaient pas parvenus à enrayer la double logique du terrorisme et de la répression. Ils ont néanmoins

---

désagréable d'avoir été manœuvré, qui n'est pas étrangère à son silence ultérieur sur les événements d'Algérie.

1. Texte, *in* Camus, *op. cit.,* p. 991-999.

2. « J'aime la justice, mais j'aime aussi ma mère », aurait-il dit à Roblès en mars 1956.

3. En particulier Jean de Maisonseul que Lacoste, après avoir refusé de recevoir les membres du Comité pour la trêve civile, a fait arrêter en mars 1956.

4. Arrêté en 1957 et mort dans des conditions « non éclaircies ».

témoigné d'une exigence de fraternité, ou du moins de compréhension, dont on peut s'obstiner à penser qu'elle n'était pas totalement utopique.

Les réactions de la métropole à l'égard de la guerre d'Algérie ne sauraient se réduire aux seules déclarations des hommes politiques pas plus qu'aux prises de position des partis. La lecture de la presse, l'évaluation de son audience, et, malgré toute leur imperfection, l'analyse des enquêtes d'opinion, sont autant de moyens qui permettent de cerner l'évolution de l'opinion moyenne [1].

Accueillis dans une indifférence à peu près totale par une population de longue date très mal informée des réalités d'Afrique du Nord, les « événements d'Algérie », comme on disait alors, n'ont acquis une certaine importance dans l'opinion qu'à partir de 1956, l'année des pouvoirs spéciaux, de l'envoi du contingent et de l'expédition de Suez. Décrue toute relative d'une indifférence qui persistera longtemps [2], mais qui ne doit pas masquer une lassitude croissante, perceptible à partir de 1957, à l'égard d'une guerre dont les dirigeants avaient promis qu'elle serait courte. Si l'expédition de Suez fut réellement populaire, la guerre d'Algérie ne le fut jamais. La longue séparation qu'instaure pour beaucoup de familles le départ de près de 400 000 soldats pour un service de plus de deux ans, une certaine sensibilisation aux campagnes menées contre la torture et, à coup sûr, une inquiétude croissante devant l'alourdissement des charges budgétaires et fiscales qu'imposent les opérations militaires, sont à l'origine de cette relative désaffection. Il est certain que le retour au pouvoir du général de Gaulle, qui a suscité si peu d'opposition dans le pays, s'en est trouvé facilité, tant l'opinion attend de l'homme du 18 juin quelque solution miracle qui permette d'en finir aux moindres frais.

Mais si les ultras de l'Algérie française et les partisans de la guerre totale sont rares, une grande partie de l'opinion n'est nullement acquise à une sécession de l'Algérie qui heurte une certaine

1. Une exploitation des sondages d'opinion commandés par l'IFOP a été tentée par Charles-Robert Ageron, « L'opinion française devant la guerre d'Algérie », in *Revue française d'histoire d'outre-mer,* avril-juin 1976, p. 256-284.
2. Au début de 1958, la guerre d'Algérie ne se situait, selon un sondage de l'IFOP, qu'au sixième rang des préoccupations des Français...

conception, complaisamment exploitée, de la grandeur nationale [1]. L'armée, malgré ce que l'on en dit, ne pâtit d'aucun préjugé défavorable et les parachutistes vont même connaître, lors du défilé du 14 juillet 1957, une véritable ovation populaire. Apathique et hésitante dans son ensemble, l'opinion se situe quelque part entre le refus de la prolongation d'une guerre coûteuse et celui d'une sécession jugée déshonorante.

Cette fidélité globale aux thèmes de l'Algérie française, l'opinion en est redevable pour une part au déséquilibre flagrant qui partage tenants et adversaires de la guerre d'Algérie dans la diffusion de l'information. Pour ne rien dire de la radio officielle, toute clationnante des causeries chauvines de Jean Nocher, les grands tirages de la presse parisienne et l'essentiel de la presse provinciale (même ancrée dans une tradition de gauche comme *la Dépêche du Midi*) communient dans une vision manichéenne de la « rébellion » et de la « pacification ». Si *la Croix* s'en tient, quelque peu en retrait, aux positions humanistes de l'épiscopat et si *Combat* allie de façon très éclectique une vigoureuse critique de la politique gouvernementale et des positions résolument colonialistes, *Paris-Presse, le Parisien libéré, le Figaro, l'Aurore, France-Soir* et *Paris-Match* soutiennent, à quelques nuances près dans la formulation du commentaire politique, les thèses traditionnelles de l'Algérie française et orientent leurs informations en conséquence.

La presse soutenant des positions inverses est numériquement très inférieure. En dehors de *l'Humanité* qui reflète évidemment les positions officielles du parti communiste, et de *Libération* [2] qui exprime des vues assez proches, quelques hebdomadaires et périodiques se signalent par un non-conformisme qui les expose au feu roulant des saisies, perquisitions et inculpations « pour entreprise de démoralisation de l'armée ». Présentés tout uniment par Jacques Soustelle comme les « piliers de la trahison », ils offrent pourtant bien des nuances dans leur appréhension du problème algérien. Alors que *France-Observateur,* avec Roger Stéphane, Claude Bourdet et Robert Barrat, et la revue *les Temps modernes* collent

1. L'idée jamais prouvée, mais à coup sûr démentie, selon laquelle la perte de l'Algérie ramènerait la France au rang d'une puissance de troisième ordre est l'une des plus ressassées et, partant, des plus répandues de l'époque.
2. Un quotidien de tendance progressiste dirigé par Emmanuel d'Astier de la Vigerie.

d'assez près aux thèses indépendantistes du FLN, *l'Express,* remarquablement informé par Jean Daniel, des réalités politiques et militaires de la guerre d'Algérie, est plus proche des positions mendésistes et prône la fin des hostilités par la recherche d'une solution négociée. Si *Témoignage chrétien* et *Esprit* fondent essentiellement leur hostilité à la guerre sur une condamnation de la violence faite à un peuple et le recours à la torture, *le Monde* offre un exemple intéressant d'évolution au sein d'une rédaction primitivement très partagée. Favorable en 1956 à l'envoi du contingent en Algérie et, quelques mois plus tard, à l'expédition de Suez, le journal se signale longtemps par un décalage sensible entre les articles très incisifs de ses reporters et la prudence de ses commentateurs politiques. Ce n'est qu'en 1957 que le journal adopte une ligne hostile à la politique gouvernementale et prend nettement position contre la prolongation de la guerre et les outrances de la pacification [1].

Aborder les réactions des grandes forces politiques et les comportements qui en découlent oblige à s'interroger sur la perturbation qu'a pu introduire la guerre d'Algérie dans l'affrontement entre la droite et la gauche qui domine la problématique politique française depuis la Révolution. Pour s'en tenir à l'histoire du XXe siècle, il est clair que l'affaire Dreyfus, la crise des années trente et la période de l'occupation ont conduit à des choix qui ont maintenu à peu près intact le clivage traditionnel. Si le réarmement allemand et l'affaire de la CED ont pu commencer à brouiller les cartes, le drame algérien a considérablement obscurci le débat politique, au moins jusqu'au retour au pouvoir du général de Gaulle [2]. Il est symptomatique à cet égard qu'une organisation comme l'Union pour le salut et le renouveau de l'Algérie française (USRAF) créée en 1957 par Jacques Soustelle et dont le titre éclaire assez l'intention, ait réuni des personnalités aussi diverses que Michel Debré et Maurice Viollette, Georges Bidault et Albert

---

1. Voir pour l'ensemble de la question, J.- N. Jeanneney et J. Julliard, *Hubert Beuve-Mery ou le Métier de Cassandre,* Paris, Éd. du Seuil, 1979, p. 232-233.

2. A cette date, la dialectique gauche-droite retrouvera progressivement son sens mais au prix d'un déplacement substantiel, l'enjeu n'étant plus l'Algérie mais la personne même du général de Gaulle et l'exercice de son pouvoir.

Bayet, Mgr Saliège et Paul Rivet. S'il est vrai que l'on n'est pas forcément *de* gauche parce que l'on est *à* gauche, il n'est pas niable
que la gauche ne s'est pas, en la matière, montrée forcément fidèle
aux valeurs qui normalement la déterminent, et que la droite a pu,
rarement il est vrai, refuser telle orientation de la politique algérienne
ou telle pratique de la pacification.

Plus que la guerre d'Indochine, lointaine et impopulaire, celle
d'Algérie a permis à l'extrême droite de sortir de l'isolement où elle
végétait depuis la Libération. Cette guerre constituait un excellent
tremplin à sa propagande puisque, à l'exaltation traditionnelle de
la grandeur nationale et de l'armée, s'ajoutait qu'elle permettait de
dénoncer les tares d'un régime « pourri » par le défaitisme des uns et
la trahison des autres. Combat exaltant, mais qui n'a conduit à
aucune recrudescence notable de son audience et qui a plutôt mis en
évidence l'ampleur des divisions d'une tendance où cohabitent catholiques intégristes, fascistes et poujadistes.

Les premiers, regroupés autour du mouvement « Cité catholique », vont tenter de revivre l'esprit de croisade par une défense
vigilante de la chrétienté menacée par l'alliance diabolique du fanatisme islamique et du communisme. Vivement encouragés par
certaines officines pontificales et patronnés par le général Weygand,
ils animent une revue, *Verbe,* qui publie des articles au demeurant
d'une haute tenue intellectuelle, bardés de références thomistes et
conciliaires. Georges Sauge, un ancien communiste converti au
catholicisme, assure une liaison avec certains militaires d'active,
comme le général Chassin ou le colonel Lacheroy, et multiplie les
conférences dans le milieu des officiers de réserve.

Plus nombreux et plus bruyants, les fascistes de Jeune Nation,
menés par Pierre Sidos et Dominique Venner, professent sur l'Algérie des opinions similaires mais teintent leur nationalisme d'un
néo-paganisme qu'illustrent les étendards à croix celtique dont ils
ornent leurs manifestations. Descendant volontiers dans la rue,
ils manifestent le 31 mars 1957 pour célébrer le sacrifice du capitaine Moureau, enlevé l'année précédente dans le Sud marocain et
sans doute assassiné, et le 28 février 1958 en riposte à l'organisation
d'une journée internationale contre le colonialisme. Les heurts avec
la police sont très violents et, faute de complicité dans l'appareil de
l'État, le mouvement reste très isolé. Il est d'ailleurs dissous le
15 mai 1958 par le gouvernement Pflimlin.

Le chauvinisme, l'anticommunisme et un certain anticapitalisme tourné contre les trusts étrangers « qui guignent le pétrole saha-rien », conduisent les troupes poujadistes à une défense tout aussi résolue de l'Algérie française. Certains d'entre eux n'hésitent pas à donner l'exemple et à payer de leur personne, comme les députés Le Pen et Demarquet qui, ayant pris un engagement de six mois en Algérie, parlent d'expérience. Mais alors que Pierre Poujade se rapproche des députés paysans de Paul Antier, les activistes du mouvement fondent en 1957 le Front national des combattants qui reçoit la caution d'hommes politiques de droite ou d'extrême droite comme Édouard Frédéric-Dupont et Jean-Louis Tixier-Vignancour. Une caravane « Algérie française » sillonne même la France durant l'été et obtient un certain succès de curiosité.

A la jonction de la droite et de l'extrême droite, un activisme bien plus dangereux s'est constitué dans la mouvance des milieux militaires, des anciens combattants et d'un certain gaullisme. On a déjà signalé les activités de J.-B. Biaggi, son rôle dans la préparation du 6 février 1956 et de l'attentat au bazooka. L'inlassable avocat anime aussi un minuscule Parti patriote révolutionnaire qui entraîne ses adhérents à la formation paramilitaire. D'une plus vaste audience, l'organisation Grand O s'essaie, avec le général Cherrière et le Dr Martin, ancien théoricien de la Cagoule, à d'assez mystérieuses conspirations. La partie la plus voyante de son activité consiste à mobiliser, autour du général Chassin et d'Yves Gignac, les anciens combattants d'Indochine et les amicales d'anciens élèves des écoles militaires. Avec l'Algérie, la liaison est assurée par le colon Robert Martel, soldat du Christ-Roi, et le colonel Thomazo, dit « nez de cuir » qui commande les UT (Unités territoriales) d'Alger, compo-sées pour l'essentiel des pieds-noirs acquis à l'activisme. Plus tardif et plus agissant, le Comité d'action nationale des anciens combat-tants (CANAC) regroupe une vingtaine d'associations d'anciens combattants, dont les « Indo » d'Yves Gignac. S'ils divergent parfois sur le recours dans lequel ils placent leurs espoirs (de Gaulle?), tous ses membres associent la défense de l'Algérie française au renverse-ment de la IVe République. Tel est précisément le thème que déve-loppe le sénateur Michel Debré dans *le Courrier de la colère,* une petite feuille pamphlétaire qui connaît un certain succès à la fin de 1957 et au début de 1958. Sous son impulsion, sous celle aussi de J.-B. Biaggi et d'Alexandre Sanguinetti, tous deux anciens des commandos de la France libre, l'orientation du CANAC vers le gaullisme s'affirme. En liaison avec l'antenne installée à Alger par le ministre Jacques Chaban-Delmas et animée par Léon Delbecque, en liaison aussi avec des militaires d'active de formation à vrai dire plus giraudiste que gaulliste, comme le général Miquel, qui commande l'importante région militaire du Sud-Ouest, il va jouer un rôle décisif dans la préparation du 13 mai.

Dans l'éventail des forces politiques qui, des indépendants aux socialistes, soutiennent peu ou prou depuis 1956 la politique de Robert Lacoste et la pacification militaire, la détermination est déjà moins nette et les clivages plus fortement marqués. Si le Centre national des indépendants, expression politique des intérêts du capitalisme et de la grosse paysannerie, ne connaît guère d'états d'âme et assure à la cause de l'Algérie française la caution de la respectabilité libérale [1], il n'en va pas de même pour le MRP, les radicaux et la SFIO qui donnent, surtout depuis 1957, des signes évidents d'hésitations et de divisions.

Instruit par le précédent de la guerre d'Indochine, qui fut dans une large mesure sa guerre, le MRP s'essaie à plus d'ouverture à l'égard du problème algérien, mais sans parvenir à définir une orientation ferme. Indécision due à la diversité des sensibilités et des courants qui traversent ce parti depuis sa naissance. En l'espèce, tout oppose le libéralisme d'un Robert Buron aux positions ultra-colonialistes d'un Georges Bidault, Pierre Pflimlin incarnant une sorte de voie moyenne que les événements ne lui ont pas laissé le temps de concrétiser. Les divisions sont plus nettes encore au sein du parti radical où les positions mendésistes, momentanément majoritaires, sont âprement combattues par André Morice, André Marie et Henri Queuille. Le LIIᵉ congrès du parti, tenu à Lyon en octobre 1956, consacre une scission [2] qui, au demeurant, ne résout rien puisque des partisans avoués de l'Algérie française comme Bourgès-Maunoury vont continuer de cohabiter avec Mendès France et les siens. Le retour au pouvoir du général de Gaulle sera l'occasion de divers reclassements.

Dans la mouvance du radicalisme, les positions algériennes de

---

1. L'un des siens, André Mutter, aurait dû normalement assurer la succession de Lacoste, comme ministre résidant en Algérie du gouvernement Pflimlin.
2. André Morice et les siens iront former le Centre républicain. Sur l'ensemble de la question, voir Jean-Thomas Nordmann, « La crise algérienne du parti radical », in *Histoire des radicaux,* Paris, La Table Ronde, 1974, p. 393-397.

François Mitterrand, chef de file de l'UDSR, apparaissent comme étonnamment timorées et procèdent d'une évolution plus lente qu'en ce qui concerne l'Afrique noire[1]. Signataire comme Garde des Sceaux d'un décret de mars 1956 aboutissant à un dessaisissement considérable de la justice civile au profit des tribunaux militaires, il n'a jamais protesté publiquement, jusqu'en 1958 au moins, contre certaines pratiques de pacification et leur a même donné une caution, peut-être involontaire, en demeurant à son poste tout au long du ministère Mollet. Partisan, encore en 1956, d'une politique d'intégration à laquelle le gouvernement lui-même ne croyait plus, accessible ensuite, mais sans enthousiasme, à une solution fédérale, François Mitterrand s'est toujours déclaré hostile aux négociations et a subordonné toute solution politique à l'« écrasement des rebelles ». Mal à l'aise sans doute dans l'équipe Mollet-Lacoste-Lejeune, tenu en suspicion au gouvernement pour son indépendance d'esprit, hostile à l'expédition de Suez et, en son for intérieur, aux manquements trop ouverts à la légalité, il n'a pas osé rééditer la démission qu'il avait présentée en 1953 pour des raisons bien plus bénignes. Un goût prononcé pour les fauteuils ministériels est, semble-t-il, moins à prendre en compte que son désir secret d'accéder un jour à la présidence du Conseil (que souhaitait d'ailleurs pour lui René Coty) et qui lui interdisait de se démarquer ouvertement des positions du centre et de la droite.

A la SFIO, le fossé n'a cessé de se creuser depuis le Congrès de Lille entre tenants et adversaires de la politique mise en œuvre par Robert Lacoste et cautionnée par la direction du parti. Nombre de militants, ouvriers ou étudiants, ces derniers conduits par le jeune Michel Rocard, nombre de députés aussi regimbent contre l'orientation droitière du « national-molletisme ». Le Congrès de Toulouse (juin 1957) et le problème de la participation socialiste à un ministère aussi orienté à droite que le gouvernement Gaillard (novembre 1957) traduisent un réel malaise[2]. Mais sûr de sa bureau-

1. Voir sur la question, Roland Cayrol, *François Mitterrand 1947-1967*, Fondations nationales des sciences politiques, p. 37-42.
2. Au Congrès de Toulouse, la minorité de gauche s'est doublée d'une sorte d'opposition centriste animée par Gaston Defferre, qui jouissait alors d'un grand crédit auprès des militants en raison du succès de sa loi-cadre sur l'Afrique noire. Mais ces deux forces ne parvinrent pas à l'emporter sur la majorité. Au Conseil national de Puteaux, le 3 novembre 1957, la participation socialiste au gouvernement Gaillard n'a été acquise que par 2 087 voix contre 1 732.

cratie et de ses notables, maître dans l'art de manipuler les mandats, Guy Mollet tient son parti bien en main. Ceux qui font preuve d'indépendance ou simplement d'imagination sont impitoyablement rappelés à l'ordre. Ainsi Jules Moch, auteur d'un plan original [1] sur l'Algérie qui n'est même pas pris en considération, André Philip qui s'expose à l'exclusion pour avoir souhaité des « prénégociations », Daniel Mayer et Robert Verdier qui sont suspendus pour indiscipline. L'impasse est à ce point totale qu'en 1957 l'aile gauche s'organise dans une attitude préscissionniste. Édouard Depreux, Robert Blum, André Hauriou et Ernest Labrousse ont fondé un « Comité socialiste d'études et d'action pour la paix en Algérie » qui reçoit l'adhésion d'André Philip, Alain Savary, Charles-André Julien, Daniel Mayer, Jean Rous et bien d'autres. Par-delà le partage qui s'opère le 1ᵉʳ juin 1958, lors de l'investiture du général de Gaulle, entre les 49 députés qui votèrent pour et les 42 qui la refusèrent, la guerre d'Algérie va, comme au parti radical, favoriser scissions et reclassements, et conduire certains socialistes au PSA puis au PSU.

Alliant un anticolonialisme de principe et une défense sourcilleuse de l'intérêt national, le parti communiste n'a pu traverser les premières années de la guerre d'Algérie sans un certain nombre d'ambiguïtés doctrinales et d'hésitations tactiques. Il n'y aurait à cela rien d'anormal — toutes les formations politiques ayant été mises en porte à faux par le drame algérien — si le parti ne tentait d'accréditer une image abusivement simplifiée (et flatteuse) de son rôle, celui du fer de lance de la protestation contre la guerre, d'un soutien sans faille aux thèses indépendantistes et, en fin de compte, de maître d'œuvre de la paix en Algérie [2]. Un certain nombre de redressements doivent donc être opérés.

On se souvient de la réaction pour le moins mitigée qui accueillit l'insurrection du 1ᵉʳ novembre : le soutien des revendications légi-

1. Ce plan, publié dans *le Monde* des 16 et 24 juillet 1957, était une assez étonnante construction juridique faisant coexister un *État algérien* souverain et le maintien d'une structure *départementale* soumise au droit français, avec administrations autonomes et organismes communs, le tout soutenu par une aide puissante de la métropole.

2. Tel est bien le propos de l'ouvrage collectif paru sous la direction d'Henri Alleg, *La Guerre d'Algérie,* Temps Actuels, 1981, ouvrage dont la valeur historique et documentaire est au demeurant indéniable. On rétablira l'équilibre avec Emmanuel Sivan, *Communisme et Nationalisme en Algérie (1920-1962),* Presses de la FNSP, 1976 et Jacob Moneta, *Le PCF et la Question algérienne, 1920-1965,* Maspero, 1971.

times du peuple algérien s'y mêlait à une dénonciation des actes individuels et à l'insinuation que ceux-ci pouvaient bien être inspirés « par les pires colonialistes ». Cette réaction rétive ne peut être comprise qu'en référence aux analyses plus générales du parti sur le devenir de l'Algérie. Celle-ci, selon la thèse de Maurice Thorez qui remontait à 1939, était une *nation en formation* se constituant dans le mélange de vingt races dont aucune ne pouvait s'approprier la représentativité de toutes les autres. Hostile au statut de 1947 et aux trucages électoraux qui garantissaient le statu quo, le parti prônait une *véritable Union française,* c'est-à-dire un libre contrat d'association entre les peuples de France et d'Algérie. Le parti n'était donc nullement acquis en 1954 au principe de l'indépendance algérienne, et ne nourrissait à l'égard du FLN, fils plus ou moins bâtard du messalisme détesté, aucune tendresse particulière.

Si par la suite le parti communiste s'en prend très vite à la brutalité de la répression, si *l'Humanité* est, avec *France-Observateur,* le premier journal à avoir dénoncé, dès la fin de 1954, des cas de torture, s'il s'oppose en septembre 1955 à l'envoi d'appelés du contingent, sa démarche sur le fond reste empreinte d'une grande prudence d'autant plus qu'à cette date, le problème algérien n'est pas prioritaire dans sa propagande [1]. Dans la perspective des élections de 1956, le parti subordonne tout problème particulier, dont l'Algérie, à la réalisation du *front unique* qui, dans l'esprit des dirigeants, doit transformer le Front républicain en une réincarnation du Front populaire. C'est pourquoi la campagne électorale de décembre 1955 s'en tient à la revendication de la paix en Algérie par la négociation avec les représentants légitimes du peuple algérien (qui sont-ils?), et c'est dans un but identique que la direction appelle à voter, malgré les réticences ouvertes de certains députés, la loi sur les pouvoirs spéciaux en mars 1956 [2].

Ce n'est qu'une fois levée l'hypothèque du front unique que le parti, après avoir encouragé les manifestations d'appelés et s'être abstenu le 6 juin lors du vote de confiance sur la politique algérienne du gouvernement, accorde à l'Algérie la première place dans ses

1. Jusqu'à la fin de 1955, cette priorité revient à la lutte contre le réarmement allemand.
2. Il est juste de reconnaître que dirigeants et députés ont pu croire que le vote d'un tel texte n'empêcherait pas la recherche d'une paix négociée, et que la SFIO ne tournerait pas aussi vite le dos à ses promesses électorales.

préoccupations et amorce une révision doctrinale. Le XIVe Congrès, tenu au Havre en juillet 1956, est à cet égard important puisqu'il marque l'abandon (tacite) des thèmes de la nation en formation et de la véritable Union française, pour reconnaître l'existence et la légitimité du « fait national algérien ». La campagne pour la paix en Algérie va désormais battre son plein, une campagne où le parti ne ménage pas ses moyens et les militants leur peine, mais que les retombées de l'affaire hongroise condamnent à un isolement certain. Au demeurant, les thèmes et les modalités d'action en sont soigneusement contrôlés. Si le parti privilégie les termes de « paix en Algérie » ou de « règlement pacifique de la question algérienne », celui d'indépendance est moins fréquent et le FLN est rarement cité en tant que tel. A l'évidence le parti communiste ne veut pas se couper d'une opinion, et particulièrement d'une opinion ouvrière, qui, conditionnée ou non, n'est nullement gagnée au FLN, à ses méthodes et à ses thèses [1].

Pour les mêmes raisons le parti entend s'en tenir aux méthodes éprouvées de l'action de masse (réunions, défilés, pétitions, campagnes d'explication...) au détriment de toute forme individuelle de lutte contre la guerre (insoumission, désertion) ou d'aide active au FLN, qui sont formellement condamnées au risque de créer un sérieux malaise dans les rangs de sa jeunesse et de ses étudiants. Si certains cas particuliers font exception, celui de l'aspirant Maillot ou de Fernand Iveton en Algérie, celui des soldats Alban Liechti et Serge Magnien qui refusèrent de porter les armes pour une guerre injuste, ils ne sont retenus qu'à titre de témoignage, jamais à titre d'exemple [2].

---

1. La classe ouvrière, en effet, ne se détache guère du gros de l'opinion moyenne. On voit mal au reste comment elle aurait pu se situer à l'avant-garde du combat contre la guerre, compte tenu de l'extrême division du milieu syndical. Si la CGT adhère globalement aux orientations du parti communiste, FO et la CFTC, qui doivent compter avec une implantation non négligeable en Algérie, manifestent la plus grande circonspection. La centrale de Robert Bothereau est partagée entre l'adhésion à la politique gouvernementale et une certaine sympathie pour le MNA. A la CFTC, si la majorité du syndicat opte ouvertement pour l'Algérie française, le groupe Reconstruction, qui représente un bon tiers des adhérents, est nettement hostile à la prolongation de la guerre.

2. Il est néanmoins assuré que certaines sections ont, avec l'accord plus ou moins tacite de l'appareil, assuré une aide discrète à certains militants algériens, venus en particulier du PCA.

C'est donc du côté des intellectuels, de certains chrétiens (ce sont parfois les mêmes), de communistes en rupture de discipline, dans la jeunesse étudiante [1] et chez certains trotskystes [2], que la condamnation de la guerre va trouver son expression la plus virulente, assortie quelques fois d'une sympathie active pour le FLN. La cause en réside autant dans la répudiation du colonialisme que dans une protestation contre la torture dans le cadre d'une dialectique, consciente ou inconsciente, de la violence licite et de la violence illicite.

Dans ce choix, les catholiques opèrent un dépassement audacieux des positions officielles de la hiérarchie [3]. Les déclarations officielles de l'épiscopat [4], se gardant en effet de prendre position sur le fond du problème (le droit du peuple algérien à l'indépendance), s'en tiennent aux principes de l'amour du prochain, du respect de la dignité humaine, et refusent « de mettre au service d'une cause, même bonne, des moyens intrinsèquement mauvais ». Il est clair que de telles recommandations autorisent une double lecture, dans la mesure où l'amour du prochain peut être invoqué autant par les partisans de l'intégration, qui plaident pour l'égalité et la coexistence des deux communautés, que par les partisans de l'indépendance, qui reconnaissent à un peuple le droit à la liberté. De même, la dénonciation des moyens intrinsèquement mauvais peut viser autant le terrorisme aveugle des uns que le recours à la torture des autres.

Cette casuistique étant impuissante à tracer une voie claire, il revient à chaque chrétien de se déterminer, à commencer par les évêques eux-mêmes. Si la plupart restent dans l'expectative et si Mgr Saliège adhère à l'USRAF de Jacques Soustelle, Mgr Duval, archevêque d'Alger, et Mgr Chappoulie, évêque d'Angers, prennent

1. Traditionnellement divisée entre « majoritaires » de tendance modérée et « minoritaires » de gauche, l'UNEF subit dès 1956 les contrecoups de la guerre d'Algérie. Pris entre les feux croisés de l'UGEMA et de l'AGE d'Alger, le syndicat étudiant amorce une rapide mutation qui donne en 1957 la majorité aux minoritaires conduits par Michel de la Fournière. Une première scission s'opère en avril 1957 avec les éléments modérés.

2. Face au problème algérien, les trotskystes se divisèrent, la tendance lambertiste soutenant le MNA et la tendance franckiste (ou pabliste) soutenant activement le FLN.

3. Sur ce sujet, cf. André Nozière, *L'Algérie, les chrétiens dans la guerre,* Éd. Cana, Paris, 1979.

4. Déclarations des 14 octobre 1955, 13 mars 1957 et 8 mars 1958.

ouvertement des positions inverses, tandis que Mgr Liénart défend avec opiniâtreté ses prêtres de la Mission de France inquiétés pour collusion avec le FLN. De même, si la grande masse des catholiques pratiquants ne se différencie guère de l'opinion moyenne que l'on a tenté de cerner plus haut, d'autres, simples abbés, étudiants, jeunes appelés et intellectuels, font entendre une protestation déterminée. Le journaliste Robert Barrat, ancien secrétaire général du Centre catholique des intellectuels français, joue un rôle essentiel dans cette mobilisation. En contact avec les milieux les plus divers, c'est sous son impulsion que paraît en mars 1957 la brochure *Les rappelés témoignent* qui reçoit la caution de divers intellectuels comme J.-M. Domenach, René Rémond, Paul Ricœur, René Capitant et André Philip. C'est du reste ce témoignage et les autorités qui le patronnent qui obligent Guy Mollet à former cette Commission de sauvegarde dont les résultats ont été si minces. D'autres catholiques comme l'islamisant Louis Massignon, comme le professeur Henri Marrou [1], comme Pierre-Henri Simon qui publie *Contre la torture* en 1957, des revues comme *Témoignage chrétien* ou *Esprit* [2], témoignent d'une attitude analogue.

Chrétiens ou non, communistes ou non, professeurs, journalistes ou étudiants, les intellectuels se retrouvent dans cette protestation [3]. A plus d'un demi-siècle de distance, rien n'a changé depuis l'affaire Dreyfus dans la thématique de l'affrontement entre tenants de la tradition humaniste et tenants de la raison d'État, entre les exigences de l'intelligence et celles de la force, entre la République et « l'arche sainte » qui se place au-dessus des lois. La condamnation n'est certes pas générale. De Jules Romains à Thierry Maulnier, la cause de l'Algérie française a aussi ses talents et, comme sous Dreyfus, l'Académie fait bloc, ou peu s'en faut, contre l'Université. Mais aux côtés d'un Pierre Vidal-Naquet et d'un Laurent Schwartz, anima-

1. Professeur d'histoire des religions à la Sorbonne, Henri Marrou publie dans *le Monde* du 5 avril 1956 un « Libre propos » intitulé « France, ma patrie... », mise en garde angoissée contre un emploi abusif des pouvoirs spéciaux en Algérie, mais qui lui vaut une perquisition policière.

2. En particulier les *Cahiers de Témoignage chrétien,* qui publient au début de 1957 l'important « Dossier Jean Muller ». L'article le plus engagé d'*Esprit* paraît en avril 1957, « La paix des Nementchas », de Robert Bonnaud.

3. Michel Crouzet décrit remarquablement l'itinéraire typique d'un jeune intellectuel dans « La bataille des intellectuels », *la Nef,* numéro spécial, oct. 1962-janv. 1963, p. 47-65.

teurs du Comité Maurice Audin, et dont l'engagement à gauche n'est pas niable, se rangent un romancier aussi peu politisé que Georges Arnaud, qui publie *Pour Djamila Bouhired* aux Éditions de Minuit, et un sociologue délibérément antimarxiste comme Raymond Aron [1]. Publiée en février 1958, *la Question,* récit horrifiant des tortures subies par Henri Alleg, est saisie le 27 mars; mais déjà 70 000 exemplaires en ont été vendus et, sur la proposition de Jérôme Lindon, quatre des plus grands écrivains français, Mauriac, Martin du Gard, Malraux et Sartre, signent une protestation solennelle au président de la République.

Point extrême de l'engagement anticolonialiste, la répudiation de la guerre va pousser quelques militants jusqu'à l'aide active au FLN. Collaborateur de Sartre aux *Temps modernes,* Francis Jeanson porte un intérêt ancien à l'Algérie. Avec sa femme Colette, il a fait paraître en 1955 *l'Algérie hors la loi,* un livre à bien des égards hâtif et partial, mais qui constitue la première tentative cohérente d'explication de l'insurrection. Comme tel, il a une influence considérable. Entré en contact avec Salah Louanchi, un militant nationaliste très actif, Francis Jeanson noue les premiers contacts avec le FLN à la fin de 1956, mais ce n'est qu'un an plus tard, en octobre 1957, qu'un véritable réseau clandestin s'est constitué. Autour des Jeanson il rassemble des prêtres ouvriers comme l'abbé Davezies et Jean Urvoas, des catholiques progressistes comme Jacques Chatagner, des intellectuels communistes en rupture de parti comme Étienne Bolo. Un jeune communiste égyptien aux multiples relations, Henri Curiel, s'y joint également. Aux tâches traditionnelles d'hébergement, de déplacement et d'assistance, que l'on a déjà rencontrées à Alger, sous l'impulsion de Pierre Chaulet, le réseau Jeanson ajoute celle de la collecte des fonds du FLN et de leur transfert vers les banques étrangères.

---

1. Raymond Aron fait sensation en publiant en 1957 *la Tragédie algérienne* (Plon) où, en bon disciple de Tocqueville, il annonce l'inéluctabilité de l'indépendance algérienne pour des raisons démographiques, économiques et politiques.

4

Vers le 13 mai

L'impossible loi-cadre.

Combattu à gauche pour sa politique algérienne, à droite pour sa politique financière, le ministère Mollet avait été renversé le 28 mai 1957. Après les tentatives de René Pleven et de Pierre Pflimlin, c'est à Maurice Bourgès-Maunoury qu'il revint de former un *nouveau* gouvernement, investi le 12 juin par lassitude plus que par conviction. Ce polytechnicien de 43 ans, médiocre orateur mais bon organisateur et esprit clair, n'ignorait rien des données du problème algérien. Mais malgré sa jeunesse, ce radical n'avait rien d'un mendésiste. Comme ministre de l'Intérieur du gouvernement Edgar Faure, puis comme ministre de la Défense dans le gouvernement Mollet, il ne s'était jamais départi de l'intransigeance et de la fermeté qu'il jugeait nécessaires au maintien de l'Algérie française. Son gouvernement était, du moins en langage parlementaire, plus à droite que le précédent. Des personnalités libérales comme François Mitterrand ou Gaston Defferre n'en faisaient plus partie, alors que le poids de radicaux résolument conservateurs comme André Morice, ou simplement modérés comme Félix Gaillard, s'était considérablement accru. C'est dire qu'en Algérie rien ne changea des méthodes en vigueur, alors qu'en métropole le climat continuait de s'alourdir.

Mais en 1957, la pression internationale, et singulièrement celle des États-Unis, incite la France à sortir de l'immobilisme politique dans lequel elle s'est enfoncée en Algérie. La prochaine session de l'ONU, prévue à l'automne, oblige le gouvernement à faire un geste. Robert Lacoste est donc invité à préparer un projet de *loi-cadre* qui servira de base aux débats parlementaires et fera la preuve, devant l'opinion mondiale, des intentions réformatrices de la France. Les services du ministre résidant s'étaient au demeurant attelés depuis plusieurs mois à la rédaction d'un nouveau statut politique de l'Algérie, de telle sorte que le projet vient en discussion dès le mois de septembre devant l'Assemblée nationale.

En dehors de deux principes clairement énoncés, celui de l'appartenance française de l'Algérie et celui du collège unique applicable à toutes les élections, ce projet brille surtout par sa complication et son imprécision. Il superpose une organisation territoriale, sur la base d'un redécoupage de l'Algérie en un nombre mal fixé de territoires [1], et une organisation fédérale plus apparente que réelle. Chaque territoire serait doté de l'autonomie administrative et financière et géré par une assemblée qui investirait un conseil de gouvernement présidé par un représentant de la République. A Alger, il est prévu l'élection (selon un mode de scrutin non précisé) d'un Parlement fédératif aux compétences essentiellement économiques, sociales et financières. Celui-ci investirait un Conseil fédératif présidé lui aussi par un représentant de la République. En tout état de cause, la France continuerait d'assumer les tâches essentielles, à savoir la diplomatie, la défense, la justice, l'enseignement supérieur et secondaire, le régime douanier, etc. Les conflits d'attributions seraient tranchés à Paris par une cour arbitrale composée paritairement d'Européens et de musulmans, complétée par quelques hauts magistrats français.

Il est certes difficile de juger équitablement un texte qui ne pouvait prendre tout son sens qu'à la lumière de ses décrets d'application. Mais certains esprits chagrins se sont plu à relever qu'il y avait, à première vue, peu de différences entre un territoire et un département, une assemblée territoriale et un conseil général, un représentant de la République et un préfet, et qu'à Alger, le Parlement fédératif ressemblait comme un frère à la défunte Assemblée algérienne. De sorte que, si l'on comprend bien le scepticisme général qui accueillit ce projet de loi-cadre, on comprend moins la fureur des ultras et les inquiétudes de la droite à l'égard d'un texte aussi anodin.

Ayant décidé de brusquer les choses, Bourgès-Maunoury convoque le Parlement en session extraordinaire le 17 septembre. Discuté d'abord par la commission de l'Intérieur de l'Assemblée nationale, le projet est ensuite décortiqué par une « Table ronde »

1. Sans doute huit à dix. Au vu de certaines déclarations émanant de personnalités civiles et militaires, une large place serait faite au particularisme kabyle et chaouïa. *Divide ut imperes!*

des leaders politiques. Après maintes arguties et tergiversations, le texte définitif est finalement rejeté le 30 septembre par 279 voix contre 253, les coups de boutoir de Jacques Soustelle ayant entraîné la défection de nombreux radicaux et modérés.

Le rejet du texte obligeant Bourgès-Maunoury à présenter la démission de son gouvernement, une interminable crise ministérielle s'ensuit. Le président Coty fait vainement appel à Guy Mollet, rejeté par les indépendants (non sans ingratitude s'agissant d'un homme qui avait si longtemps fait leur politique), à René Pleven, torpillé par les radicaux, et à Antoine Pinay, immédiatement contré par les socialistes. De guerre lasse et à la surprise générale, c'est Félix Gaillard qui est investi le 7 novembre par une confortable majorité.

Plus jeune encore que son prédécesseur, inspecteur des Finances venu à la politique dans le sillage de René Mayer et fort bien vu des milieux d'affaires, le nouveau président du Conseil jouit d'une réputation méritée de compétence financière. Son radicalisme assez incolore lui permet de constituer un ministère de « vaste concentration républicaine » à dominante radicale, où les socialistes vont tenter de cohabiter avec le MRP, les indépendants et le gaulliste Jacques Chaban-Delmas promu ministre de la Défense nationale. Le Front républicain est mort, mais a-t-il jamais vécu ?

Ayant placé l'Algérie au premier rang de ses préoccupations, Félix Gaillard, après avoir obtenu la reconduction des pouvoirs spéciaux, fait remettre en chantier le projet de loi-cadre légué par son prédécesseur. Mais obligé de tenir compte des exigences, ou plutôt des réticences, de ses ministres indépendants, il accède aussi aux suggestions très restrictives de Jacques Soustelle qui, bien que simple député, se pose volontiers en oracle des questions algériennes. De sorte que le nouveau texte adopté le 14 novembre par le gouvernement est en net retrait par rapport au premier. Les structures institutionnelles, déjà complexes, sont encore alourdies par l'introduction de Conseils des communautés assurant aux Français d'Algérie une place égale à celle des musulmans. Façon élégante de tourner le principe du collège unique, car si ces Conseils n'ont en principe qu'une fonction consultative, ils se prêtent en fait à une action retardatrice sur les délibérations des Assemblées territoriales comme du Conseil fédératif. Les attributions de ce dernier sont du reste si mal définies que l'on peut à tout le moins s'interroger sur le caractère fédéral du projet.

Ce texte timoré, dont une lecture serrée montrerait qu'il était, à certains égards, en deçà du statut de 1947 lui-même, ne pouvait guère susciter de réactions passionnées. Adopté par le Parlement le 31 janvier 1958, « avec plus de résignation que d'enthousiasme », selon l'expression de Georges Bidault, il fut rejeté dédaigneusement par le FLN comme par le MNA. En Algérie, la population européenne, sûre de n'en avoir rien à redouter, l'accueillit avec sang-froid, hormis une poignée d'étudiants irréductibles, qui mirent à profit les cérémonies du 11 novembre 1957 pour conspuer violemment Lacoste et sa « loi d'abandon ». L'opinion métropolitaine fit, elle, preuve de sa plus totale indifférence. Au reste, la loi-cadre ne devait être appliquée qu'après le retour au calme et au terme de substantiels délais. D'ici là, bien des choses pouvaient arriver.

Le bombardement de Sakhiet et les bons offices.

Leader trop grand d'un pays trop petit, Habib Bourguiba brûle de jouer dans le drame algérien le rôle d'un médiateur actif. Adepte des valeurs occidentales bien plus que du panarabisme nassérien, le « combattant suprême » souhaite maintenir des relations étroites avec la France, à laquelle l'attachent tant de liens sentimentaux. Soucieux aussi de ménager l'avenir des relations tunisiennes avec les futurs maîtres de l'Algérie, et obligé de donner des gages à son opposition de gauche, il apporte au FLN une aide substantielle et diversifiée. Ce n'est un mystère pour personne, qu'en dépit des dénégations officielles, des troupes de l'ALN cantonnent en Tunisie et manœuvrent librement grâce aux véhicules de la Garde nationale. De là, elles peuvent lancer des raids rapides en territoire algérien ou tirer, en toute impunité, sur des objectifs militaires français. Mais cette activité encombrante de l'ALN sur son propre territoire, tout comme la gêne considérable créée par l'afflux de réfugiés algériens, incitent Bourguiba à rechercher la conclusion d'une paix rapide, et à pratiquer entre la France et le FLN une subtile politique d'équilibre, à vrai dire assez mal récompensée. La France entend en effet subordonner son aide à la cessation d'une cobelligérance à laquelle il ne veut ou ne peut renoncer. Inversement, tout geste de bonne volonté en direction de la France est interprété par le FLN comme une trahison et entraîne une recrudescence immédiate des activités de l'ALN en territoire tunisien.

C'est ainsi qu'ayant pris avec le Sultan l'initiative d'une offre de médiation visant à mettre fin au conflit algérien, le président tunisien s'est heurté, le 29 novembre 1957, à un refus très sec du gouvernement Gaillard, malgré la position plus nuancée de certains ministres comme Christian Pineau ou Pierre Pflimlin. Il s'ensuit un refroidissement notable des relations entre Tunis et Paris, auquel Bourguiba tente de mettre fin en proposant, dans une allocution du 9 janvier 1958, le règlement global du contentieux franco-tunisien et la négociation d'une alliance solide, sans que soit posé, cette fois-ci, le préalable de la fin des hostilités en Algérie. La riposte du FLN ne se fait pas attendre et, le 11 janvier, un engagement très sévère oppose, à quelques kilomètres du village frontalier de Sakhiet Sidi Youssef, une unité de l'ALN à une patrouille française.

La mauvaise humeur croissante des milieux militaires français devant l'interdiction qui leur est faite d'opérer des représailles en territoire tunisien, décide Félix Gaillard à une attitude de fermeté. L'ambassadeur de France à Tunis, Georges Gorse, est rappelé à Paris et deux émissaires sont envoyés auprès de Bourguiba pour le rappeler aux devoirs d'un minimum de neutralité. Le gouvernement fait également comprendre qu'il laisse à l'armée le soin d'étudier les modalités d'une riposte appropriée, dont Robert Lacoste fait publiquement état en invoquant la légitime défense.

L'irréparable va être accompli le samedi 8 février. En réponse aux tirs de mitrailleuses de l'ALN essuyés à la frontière par un appareil français, une escadrille de B26 décolle à 11 heures en direction du village de Sakhiet, avec pour objectif une mine désaffectée servant de cantonnement à une unité de l'ALN. Tirs mal ajustés ou excès de zèle des pilotes, les bombardiers pilonnent la mine, mais aussi le village, qui était précisément ce jour-là visité par des délégués de la Croix-Rouge venus distribuer des vivres aux réfugiés algériens. Parmi les victimes du raid, plus de 70 morts et de 150 blessés, de nombreux civils et des enfants tunisiens de l'école sont à déplorer.

Contrairement à ce qui a été souvent dit, le bombardement de Sakhiet ne procède pas d'une initiative des militaires que le pouvoir civil, mis devant le fait accompli, aurait été obligé de couvrir. Le principe d'un recours au droit de suite avait été officiellement admis par le Conseil des ministres du 29 janvier et les modalités d'une riposte terrestre ou aérienne avaient reçu l'approbation du secrétaire d'État à l'Air Louis Christiaens et du ministre de la Défense

Jacques Chaban-Delmas. Ce qui frappe, c'est moins la démission des autorités gouvernementales que leur incapacité à saisir pleinement la portée de leurs décisions [1]. Tout donne à penser en effet que le bombardement de Sakhiet a été sciemment provoqué par le FLN pour obtenir, par Tunisie interposée, cette *internationalisation* du problème algérien à laquelle la France était parvenue jusqu'à présent à se dérober mais que l'usage du droit de suite risquait évidemment de relancer.

Pour l'heure, la réaction du gouvernement tunisien est vigoureuse et cède à une dramatisation délibérée : rappel de son ambassadeur à Paris, fermeture de cinq consulats français et recours devant le Conseil de sécurité de l'ONU pour « agression ». Les troupes françaises stationnant en Tunisie font l'objet d'un véritable blocus et il faut tout le sang-froid du général Gambiez pour empêcher des affrontements sanglants avec la Garde nationale. Le gouvernement français riposte en saisissant à son tour l'ONU d'une plainte contre la « belligérance » tunisienne mais ne peut masquer son embarras. Alors que Christian Pineau, rarement aussi mal inspiré, s'empêtre dans des déclarations contradictoires, Félix Gaillard se voit contraint par la pression internationale d'accepter une offre anglo-américaine de *bons offices* confiée à Harold Beeley et Robert Murphy [2].

Mais d'emblée le quiproquo s'installe. Bourguiba, qui ne veut rien savoir d'un quelconque contrôle international de la frontière algéro-tunisienne, entend placer d'emblée les bons offices sur le terrain du problème algérien dans son ensemble. Pour Félix Gaillard il ne peut s'agir que d'une médiation réduite au seul contentieux franco-tunisien, dominé par les problèmes du stationnement des troupes françaises, du rattachement de Bizerte à l'OTAN et du contrôle de la frontière. Mais le gouvernement français est-il bien libre d'en décider ainsi? Robert Murphy, qui a autrefois manifesté

1. Contrairement aux positions prises lors du détournement de l'avion marocain en octobre 1956 et lors de l'opération de Suez, les réactions politiques sont cette fois-ci à peu près unanimement défavorables. « A la fois crime, erreur et faute », selon Daniel Mayer, le bombardement de Sakhiet est également sévèrement jugé par le modéré Edgar Faure : « On reste confondu par une telle concordance d'erreurs. »
2. Harold Beeley était sous-secrétaire d'État au Foreign Office, chargé des affaires du Moyen-Orient. Robert Murphy, qui avait séjourné en Afrique du Nord en 1942-1943, était conseiller diplomatique du Département d'État et l'un des plus proches collaborateurs de Foster Dulles.

de l'intérêt pour le nationalisme modéré de Ferhat Abbas, n'est pas homme à se contenter d'une mission trop étroite. De plus une lettre du président Eisenhower est parvenue à Félix Gaillard le 11 avril. Elle n'est pas rendue publique, mais les autorités américaines annoncent avec insistance l'octroi d'un prêt de 275 milliards de francs à la France. Dès lors, toutes les supputations sont permises.

Tout semble donc désigner la mission des bons offices comme le premier pas vers une internationalisation de la question algérienne. C'est ainsi d'ailleurs que l'accueille l'opinion de part et d'autre de la Méditerranée, avec espoir et soulagement pour les uns, indignation et colère pour les autres. A droite, gaullistes et modérés, menés tambour battant par les « mousquetaires » de l'Algérie française (Soustelle, Bidault, Morice et Duchet), font grand bruit contre le nouveau Munich qui se prépare. Privé à plus ou moins brève échéance du soutien des indépendants, défié le 13 mars par une manifestation mi-goguenarde mi-brutale de policiers conduits par le commissaire Dides, le gouvernement Gaillard donne des signes évidents d'épuisement. Outre le problème algérien, il n'a su mener à bien ni la réforme constitutionnelle, ni l'assainissement des finances publiques. Il est renversé le 15 avril 1958 par 321 voix contre 255.

Le 13 mai.

La chute du gouvernement Gaillard, victime des « bons offices », entraîne la IVᵉ République dans la vingtième crise ministérielle de son histoire. Deux possibilités s'offrent alors au président René Coty : ou bien il choisit l'un des représentants de la droite pour s'engager dans la politique de « salut public » réclamée à cor et à cri par les tenants de l'Algérie française, ou bien il désigne l'un de ceux qui souhaitent conduire la France à négocier. Le nom du général de Gaulle est prononcé, à plusieurs reprises, devant le chef de l'État. Non seulement ce choix mécontenterait les socialistes, mais il inquiéterait sérieusement les États-Unis qui verraient là une menace de rupture de l'alliance Atlantique. Néanmoins, les gaullistes échafaudent patiemment les plans qui permettraient de faire revenir au pouvoir l'ermite de Colombey. Si, dans leurs rangs, l'unanimité se fait autour de la personne du général, considéré comme seul capable de résoudre la crise algérienne, les uns sont persuadés qu'il accordera l'indépendance à l'Algérie, les autres qu'il pratiquera l'intégration. Depuis plusieurs mois, dans *le Courrier de la colère,* Michel Debré prêche le recours à de Gaulle. Fustigeant les hommes du « système », il n'hésite pas à écrire que « la nation a la chance [...] de disposer d'une légitimité de rechange, celle du général de Gaulle ». Il exhorte les Français d'Algérie à se révolter. Soustelle s'inquiète : si de Gaulle revenait au pouvoir serait-il pleinement acquis au principe de l'intégration que défend avec acharnement l'ancien gouverneur de l'Algérie? Aussi caresse-t-il le rêve d'exercer le pouvoir avec Georges Bidault et André Morice pour imprimer un cours irréversible à la politique algérienne. De Gaulle viendrait plus tard. Dès le 18 avril, les gaullistes de gauche (H. Ulver, H. Torres, J. Debu-Bridel, Y. Morandat) lancent un appel au général. Le 19, des affiches représentant *la Marseillaise* de Rude sont placardées sur les murs de Paris.

La crise se prolonge. Georges Bidault, pressenti pour former un gouvernement, échoue, son propre parti refusant de le suivre dans sa politique algérienne. René Pleven, qui semble s'orienter vers une solution libérale, ne parvient pas davantage à former un gouvernement. A l'Assemblée, aucune majorité ne se dégage ni pour une politique d'abandon de l'Algérie, ni pour une politique de « salut public ». La France attend, sans plus d'émotion, tandis que l'idée du recours à de Gaulle fait progressivement son chemin. Le 8 mai, René Coty appelle Pierre Pflimlin, leader du MRP, lequel vient de déclarer au Conseil du Bas-Rhin qu'il souhaite une solution politique au conflit algérien. Sa venue au pouvoir pourrait donc signifier la négociation dans des délais assez brefs.

Si l'opinion métropolitaine observe avec indifférence le « tour de piste » du nouveau candidat, les Français d'Algérie se déchaînent et les complots qui se trament depuis deux ans sont sur le point d'aboutir. A Alger, Pierre Pflimlin catalyse l'hostilité des pieds-noirs et Robert Lacoste répète à qui veut l'entendre qu'on s'achemine vers un « Diên Biên Phu diplomatique ». La tension monte, d'autant plus que, depuis le début du mois de mai, les attentats terroristes ont redoublé. Pour tous les observateurs, la négociation avec le FLN paraît inévitable. Ferhat Abbas a d'ailleurs déclaré, le 8 mai, que le FLN était prêt à engager des pourparlers sur la base de l'indépendance algérienne. Les Français d'Algérie, se refusant à cette solution dont ils seraient les victimes, se rallient *in extremis* derrière l'étendard de l'intégration, considérée dès lors comme un moindre mal. Or, pour conserver leur Algérie, il convient d'empêcher les libéraux de détenir le pouvoir, et, par conséquent, de rendre impossible l'investiture d'un président du Conseil partisan de la négociation avec le FLN. Ils veulent imposer un « gouvernement de salut public ». Mais lequel? Les activistes d'Algérie sont loin de former un front uni. S'ils professent tous la haine du « système », et se font les champions de l'Algérie française, les uns (ceux du « Groupe des sept [1] », ennemis jurés de De Gaulle) souhaitent la sécession de l'Algérie et l'établissement d'un pouvoir musclé à Alger, d'autres, sans aller jusqu'à la séparation, veulent remettre le pouvoir à l'armée, plus précisément au général Cherrière qui est en réalité l'homme de main du prince Napoléon. Quant aux gaullistes, minoritaires mais bien organisés, ils partagent avec les activistes la haine pour le « système » et le désir d'un régime fort qui doit évidemment être incarné, pour eux, par l'homme du 18 juin. Ils bénéficient du soutien de leurs militants métropolitains qui sont à l'œuvre à Paris et en province. A Alger, depuis plusieurs mois, Léon Delbecque joue dans l'ombre un rôle primordial. L'« Antenne » qu'il a constituée pour le ministre de la Défense nationale lui a permis de prendre contact avec les militaires et les activistes. Il a tenté de les convaincre que de Gaulle est l'homme de la situation et leur affirme que celui-ci maintiendra l'Algérie française à condition de pouvoir établir un régime présidentiel, ce qui ne manque pas de séduire les Européens d'Algérie. Aussi, à partir de son « Antenne », Delbecque crée-t-il un « Comité de vigilance », regroupant gaullistes et activistes, qui organise des réunions de propagande partout en Algérie. A la fin du mois d'avril, Delbecque va à Colombey rendre compte de la situation à de Gaulle qui semble croire à la possibilité de son retour au pouvoir. Michel Debré et Jacques Soustelle demandent alors à Delbecque de lancer un appel au général depuis Alger.

Pour qu'un complot puisse réussir, tout dépend de l'attitude de l'armée. En ce début du mois de mai 1958, celle-ci souhaite, avant tout, remporter une victoire totale sur l'ALN : les officiers, las d'être conduits à des opérations inefficaces, veulent un régime qui leur donne les moyens du triomphe. Si celui-ci les entraîne vers le repli, l'armée peut se retourner contre lui. Depuis quelques mois,

---

1. Le groupe des sept comprend le colon de la Mitidja, chef de l'UFNA, Martel, le cafetier poujadiste Joseph Ortiz, le docteur Lefèvre, admirateur de Salazar, le président des étudiants P. Lagaillarde, Crespin, Goutallier et Me Baille.

un rapprochement s'est esquissé entre l'armée et les Européens d'Algérie, ces derniers vénérant littéralement les troupes qui assurent leur maintien sur ce sol qu'ils considèrent comme leur patrie. Le récent ralliement des pieds-noirs à l'intégration, à laquelle l'armée est pleinement acquise, cimente leur union.

L'armée française d'Algérie suit avec attention les événements de Paris. Ses chefs connaissent l'existence des complots qui s'ourdissent à Alger, grâce notamment au colonel Thomazo, chef des unités territoriales (UT), qui participe à toutes les conjurations et informe à la fois le général Salan et le général Cherrière des plans en cours d'élaboration. Les gaullistes, avec Delbecque, manœuvrent pour emporter l'adhésion de l'armée. Salan sait tout, mais ne dit mot. Massu est le seul officier supérieur à manifester publiquement des sentiments gaullistes. Dès décembre 1957, il a déclaré qu'il souhaitait le retour de De Gaulle, seul garant de l'Algérie française à ses yeux. Quant à l'armée de la métropole, gagnée en large partie aux thèses de l'Algérie française, elle paraît peu encline à défendre la IVe République moribonde. Plusieurs officiers métropolitains entretiennent des rapports étroits avec les activistes d'Alger.

Le 9 mai, le général Salan, commandant supérieur en Algérie, adresse un télégramme alarmiste au général Ély [1] pour lui faire part du désarroi de l'armée : « L'armée française, d'une façon unanime, sentirait comme un outrage, l'abandon de ce patrimoine national. On ne saurait préjuger de sa réaction de désespoir. » Le même jour, plusieurs associations de Français d'Algérie envoient un message au président de la République pour lui réclamer « un gouvernement de salut public ». Des pressions s'exercent sur Robert Lacoste pour qu'il détermine nettement sa position, au moment où l'on apprend que le parti socialiste ne participera pas au gouvernement Pflimlin. On lui demande d'abandonner son parti. En fait, c'est l'Algérie qu'il abandonne, presque clandestinement, le 10 mai. Alger est désormais privée de pouvoir civil. La fièvre monte. Le FLN a fait savoir que trois prisonniers de guerre français avaient été fusillés par mesure de représaille. Deux rassemblements sont prévus pour le mardi 13 mai. L'un, officiel, présidé par le général Salan, pour protester contre l'exécution des soldats français, l'autre pour affirmer la volonté des pieds-noirs de conserver

1. Le général Ély est chef d'état-major général des armées.

l'Algérie à la France. Les gaullistes comptent sur les manifestations du 13 mai, mais redoutent les réactions des Français d'Algérie généralement peu favorables à de Gaulle. Pourtant Delbecque et Debré sont parvenus à convaincre Alain de Sérigny, ancien pétainiste, de ce qu'ils croient être les intentions du général. Ainsi, les lecteurs de *l'Écho d'Alger* peuvent-ils lire dans l'édition dominicale de leur journal, *Dimanche Matin,* un retentissant éditorial de Sérigny ayant pour titre : « Parlez, parlez mon général. » C'est un solennel appel, d'un fervent du maréchal, à l'homme du 18 juin. L'article d'Alain de Sérigny ébranle ses compatriotes, prêts finalement à se rallier à n'importe qui pourvu que l'Algérie reste française. L'armée attend la déclaration d'investiture de Pflimlin. Le 3ᵉ RPC du colonel Trinquier est transféré à Alger pour maintenir l'ordre.

Le 13 mai, les Algérois se rendent, massivement, aux manifestations prévues. Au monument aux morts, où l'on scande « l'armée au pouvoir », le général Salan, soupçonné de vouloir « brader » l'Algérie, est accueilli par des huées, Massu, par des vivats.

Alors que les officiers regagnent leurs voitures, d'un groupe de jeunes gens, fuse un mot d'ordre : « Tous au GG [1] ». C'est alors une course effrénée sous la conduite de Pierre Lagaillarde, colosse barbu, revêtu de la tenue « léopard » des parachutistes. Ce jeune avocat, animateur du « Groupe des sept », préside encore l'Association des étudiants d'Alger. L'uniforme qu'il arbore n'est qu'un souvenir de son service militaire au cours duquel, il a, dit-on, pratiqué la torture.

S'emparer du bâtiment du gouvernement général n'est qu'un jeu d'enfant. La résistance des CRS et celle des « paras » qui consiste à lancer quelques grenades lacrymogènes est si molle, que certains y voient une marque de complicité. Les manifestants envahissent les locaux, séquestrent les fonctionnaires, plantent leur fanion sur le toit tandis que des fenêtres ouvertes déferlent en cascade les dossiers de l'administration. Les activistes triomphent : ils ont pris leur Bastille, le GG, symbolisant le pouvoir de la République, le « système » honni dont il faut à tout prix se défaire.

Dans une indescriptible confusion, Salan, suivi de ses aides de camp, atteint le gouvernement général par un souterrain. Une foule considérable attend dehors. Salan paraît au balcon pour inviter les Algérois à se disperser, les assurant, en outre, de sa protection.

---

1. Il s'agit du siège du gouvernement général.

Accueilli aux cris de « Diên Biên Phu! Indochine! », il se retire abasourdi et laisse Massu, arrivé sur ces entrefaites, prononcer une harangue. La foule ovationne le légendaire baroudeur qui arbore sa tenue de combat, le visage tendu et le sourcil en bataille. Massu, qui avait juré de remettre de l'ordre dans ce « bordel », grisé par son succès, improvise un discours, important dans la mesure où il entraîne l'armée dans une sédition, qui « répond à l'élan populaire ».

Les gaullistes viennent de se rendre compte que la « révolution » se fait sans eux et qu'ils ont perdu la première manche. Delbecque et Neuwirth parviennent enfin au GG. Pour s'imposer, Delbecque se présente comme l'émissaire de Soustelle. Dans les bureaux, malgré la cohue, civils et militaires finissent par se mettre d'accord sur la constitution d'un Comité de salut public. Il s'agit de faire pression sur Paris au moment même où Pierre Pflimlin doit être investi. Les activistes menacent de poursuivre l'émeute si le Comité n'est pas mis en place sur-le-champ. Salan, hagard, ne bronche pas. C'est « en parachutiste habitué à la manœuvre » que Massu devine « que le moment est venu de sauter » et il « saute ». Il écrira plus tard qu'« à partir de ce moment, il se sentit transporté dans un état second où il évoluait avec aisance, comme dans les rêves où la pesanteur ne joue plus de rôle[1] ». Le Comité de salut public se forme sous la présidence de Massu, tandis que Salan ratifie l'initiative de son subordonné. Ce Comité comprend, dans un premier temps, les colonels Trinquier, Ducasse et Thomazo, Lagaillarde, des représentants de l'USRAF ainsi que Delbecque qui va noyauter le groupe en y faisant entrer le maximum de gaullistes. A 20 h 45, la foule délire lorsqu'on lui apprend la désignation du Comité de salut public qu'elle appelait de ses vœux. Un télégramme annonce au président Coty cet acte d'insoumission dans un message qui précise que « ce Comité attend avec vigilance la création d'un gouvernement de salut public, seul capable de conserver l'Algérie partie intégrante de la métropole ».

A Paris, la nouvelle de la rébellion d'Alger a éclaté comme une bombe. L'après-midi, dans son discours d'investiture, Pflimlin a privilégié la réforme des institutions de la République. En ce qui concerne l'Algérie, tout en rendant un vibrant hommage à l'armée et en lui demandant de poursuivre sa tâche, il a insisté sur la nécessité d'engager des pourparlers pour parvenir à un cessez-le-feu. Tant

1. J. Massu, *Le Torrent et la Digue*, p. 46-47.

que Pflimlin n'est pas investi, le président sortant Félix Gaillard, conserve le pouvoir de décision. De dernier, tenu au courant des événements d'Alger, donne l'ordre qu'aucun coup de feu ne soit tiré contre les manifestants et confie à Salan les pouvoirs civils et militaires à Alger, légalisant pratiquement le coup de force. Au Palais-Bourbon, certains élus souhaitent que Pflimlin laisse la place à un gouvernement d'union nationale comprenant tous les anciens présidents du Conseil. Pâle, tendu, solennel, Pierre Pflimlin leur déclare qu'il n'abandonnera jamais l'Algérie et que les militaires d'Alger viennent de manifester « une attitude d'insurrection à la loi républicaine ». Dans un sursaut de « défense républicaine », le MRP, les socialistes, l'UDSR et quelques indépendants élisent Pflimlin alors que la majorité des indépendants vote contre, soutenant ainsi, implicitement, les émeutiers d'Alger. Les communistes s'abstiennent.

La tâche est rude pour ce nouveau gouvernement soucieux de sauver les institutions républicaines, mais qui sent son pouvoir déjà terriblement ébranlé, avant même de l'avoir exercé. Au premier Conseil des ministres réuni en pleine nuit, personne ne sait s'il faut légitimer ou sévir.

A Alger, l'inquiétude succède à l'euphorie : la « révolution » a abouti à l'investiture de Pflimlin, ce que ses instigateurs voulaient absolument éviter. On s'interroge anxieusement sur le sort réservé aux mutins. Certains voient déjà se profiler le peloton d'exécution. Dans l'incertitude la plus complète, Massu lance un appel au général de Gaulle, faisant ainsi un pas de plus dans l'illégalité. Mais à 6 heures, Salan reçoit de Pierre Pflimlin la confirmation des pouvoirs que Félix Gaillard lui a attribués la veille. Le gouvernement est trop faible pour désavouer le coup d'État. Le président de la République lance toutefois un appel à l'obéissance. Salan s'efforce de maintenir le contact avec Paris. Quand à la foule algéroise, elle semble installée pour longtemps sur cette immense place qu'on va désormais appeler « Forum ».

Le 14 mai, le climat est à la perplexité. De Gaulle reste silencieux. Étroitement surveillé par la police parisienne, Soustelle ne parvient pas à quitter la métropole, alors que les Algérois — qui se méfient de Salan — l'attendent fiévreusement. Pflimlin peut-il tirer parti de cette impasse pour rétablir l'ordre? En effet, si l'ensemble de l'armée s'est rallié au coup d'État, les manifestations de soutien au mouvement d'Alger n'ont trouvé que quelques centaines de partisans en France, et les rangs des défenseurs de la République se resserrent. A Paris, Pflimlin appelle les socialistes à participer à son gouvernement : Guy Mollet devient vice-président et Jules Moch ministre de l'Intérieur. Pflimlin joue néanmoins un jeu contradictoire : tout en fustigeant le rôle de l'armée, n'avalise-t-il pas les actes de Salan en lui conférant pratiquement tous les pouvoirs?

Les insurgés d'Alger sont trop engagés pour revenir en arrière. Le Comité de salut public a recruté de nouveaux membres et les gaullistes s'efforcent de maintenir une sorte de révolution permanente multipliant les déclarations, annonçant l'arrivée de Soustelle, prophétisant que la « révolution » va s'étendre. De fait, d'autres Comités de salut public se constituent dans toute l'Algérie. Devant l'ampleur du mouvement, Salan demande à Pflimlin de se retirer.

Deux pouvoirs coexistent, celui de Paris et celui d'Alger. Le premier veut éviter la guerre civile et répugne à prendre des mesures contre les instigateurs du coup d'État. En aurait-il d'ailleurs les moyens? Le second prétend, au nom d'un million d'Européens installés en Algérie, faire céder le gouvernement légal et le soumettre à sa politique. Néanmoins, Paris et Alger ne veulent pas rompre définitivement. Si, dès lors, le recours à de Gaulle s'impose, cette idée suscite de profondes inquiétudes. François Mauriac écrit dans son « Bloc-notes » de *l'Express* : « Nous espérons toujours en de Gaulle, mais non en un de Gaulle qui répondrait à l'appel d'un Massu (...). Puisse-t-il ne pas dire un mot, ne pas faire un geste qui le lierait à des généraux de coup d'État. » « Un grand homme honoraire, c'est dangereux pour une nation; même s'il s'est séquestré dans un village solitaire », soupire de son côté Jean-Paul Sartre.

Le 15 mai, à la demande de Delbecque, s'adressant à la foule depuis le balcon du gouvernement général, Salan lance un « vive de Gaulle » qui fait basculer le représentant officiel du gouvernement français dans l'illégalité totale. Ce même jour, de Gaulle, sortant du silence dans lequel il se tient depuis plusieurs mois, se dit « prêt à assumer les pouvoirs de la République ».

A Paris, la situation est tendue. Sous la plume de Sirius, *le Monde,* pronostique des « jours sombres pour la France ». Pour les socialistes, les communistes et l'extrême droite pétainiste, de Gaulle vient de « revendiquer la dictature ». Pflimlin feint d'ignorer la déclaration de De Gaulle et poursuit le chemin qu'il s'est tracé, essayant de maintenir une thèse de moins en moins crédible, celle du loyalisme des chefs de l'armée, tout en dénonçant « l'état d'insurrection d'Alger » dont il rend responsable « certains hommes venus de métropole [pour] préparer leur coup à des fins politiques ». Aussi la loi sur l'état d'urgence est-elle votée par l'Assemblée nationale. Mais le gouvernement ne détient pas les moyens de faire exécuter ses décisions de l'autre côté de la Méditerranée. On a même formellement déconseillé au nouveau ministre de l'Algérie de gagner son poste. Devant la paralysie du pouvoir, certaines initiatives sont prises isolément : Guy Mollet, en son nom personnel, écrit à de Gaulle pour le conjurer de désavouer l'émeute d'Alger et pour savoir s'il admettrait de devenir président du Conseil selon la procédure légale, dans le respect des institutions républicaines. En désaccord avec le ministre des Armées, le général Ély démissionne. Le gouvernement ne peut plus désormais compter sur l'armée. On attend anxieusement la conférence de presse du général de Gaulle prévue pour le 19 mai.

L'homme providentiel, qui identifie son destin à celui de la France, fait sa rentrée politique. Au milieu d'une assemblée choisie qui regroupe ses fidèles et devant les journalistes qui peuvent encore l'interroger sans détours, le général forge sa légende et définit ses intentions. Pour de Gaulle le « système » est responsable de la crise. Le « régime des partis » contre lequel il avait mis la France en garde, a révélé son impuissance et conduit le pays jusqu'au bord de l'abîme. Mais ce Cassandre qui « n'appartient à personne et qui appartient à tout le monde » s'offre à le tirer du chaos et à lui faire vivre « une sorte de résurrection » à la française. Malgré ces affirmations qui peuvent s'apparenter à une certaine forme de fascisme, le général affirme son respect de la loi républicaine. « Croit-on qu'à soixante-sept ans, je vais commencer une carrière de dictateur? » s'exclame-t-il. Il ne prétend revenir au pouvoir que par les moyens légaux, mais prévient toutefois que, lorsque « les événements parlent très fort les procédures comportent une flexibilité considérable ». Sa position par rapport à l'Algérie est déjà empreinte de l'ambiguïté qu'elle conservera durant plusieurs mois. Il estime qu'il faut absolument éviter de se voir imposer le règlement du conflit par l'étranger et que l'Algérie ne doit pas s'écarter de la France. Il évoque également les « peuples associés » aux peuples français et il affirme qu'il convient d'entendre « les parties en cause ». Le drame algérien constituant le tremplin qui lui assure une seconde carrière politique après sa longue « traversée du désert », le général ne veut, ni ne peut, condamner les prétoriens qui le hissent sur le pavois.

Pour les socialistes, de Gaulle « a renié la constitution de la République »; pour les communistes, il apparaît comme le chef des ultras.

La CGT lance un ordre de grève qui sera médiocrement suivi, la gauche ne parvenant pas à oublier totalement le passé du général. A la stupéfaction de Pierre Mendès France, Pierre Pflimlin ne fait aucune allusion à la conférence de presse lorsqu'il demande, le 20 mai, la reconduction des pouvoirs spéciaux en Algérie qui est votée à une écrasante majorité malgré l'opposition de la droite. La confusion est à son comble : si le gouvernement démissionne et si l'on a recours à de Gaulle, celui-ci aura l'air d'avoir été imposé par l'armée; mais si de Gaulle a des intentions libérales concernant l'Algérie, comme on le murmure dans les milieux bien informés, il fera donc une politique contraire à celle pour laquelle, en principe, il aura été appelé.

Tandis qu'à Paris on reste dans l'impasse, que l'étranger redoute de voir le régime tomber sous la coupe des militaires fascistes, Soustelle, ayant déjoué la surveillance de la police, est arrivé à Alger, le 17 mai. Sa venue contribue à aggraver le différend entre la métropole et Alger. « La révolution du 13 mai » a désormais son chef politique qui entend justement « la conduire à se durcir » pour forcer Pflimlin à démissionner. Pour Soustelle qui se proclame « premier civil d'Algérie », il s'agit d'organiser des Comités de salut public dans toute l'Algérie et de les placer sous l'autorité du « Comité de salut public de l'Algérie et du Sahara ».

Soustelle exploite, d'autre part, un élément nouveau : l'adhésion des musulmans au mouvement du 13 mai. En effet, les militaires, qui se sont toujours érigés en défenseurs des Algériens face aux colons et qui veulent imposer à l'ensemble de la population européenne la politique d'intégration qu'ils préconisent, ont compris qu'il fallait absolument rallier les masses musulmanes pour affermir leur politique. Et ils y parviennent puisque, dès le 16 mai, d'imposants cortèges de « frères musulmans » envahissent le Forum, formant « la chaîne d'amitié » avec les Européens, exprimant ainsi leur attachement à l'Algérie française. Pour la première fois, les Européens d'Algérie comprennent qu'il faut cohabiter avec les Algériens comme avec des citoyens à part entière, leurs égaux. Après les avoir dominés, il faut désormais les séduire puisque la réconciliation est leur seule condition de survie. On peut s'interroger sur le sens de ces manifestations qui se déroulent les jours et les semaines qui suivent et qui ne manquent pas d'ébranler l'opinion publique et les dirigeants politiques. Certes, les quelques milliers de musulmans (60 000 selon *l'Écho d'Alger,* 23 000 selon *le Journal d'Alger*) qui déferlent sur le Forum ne sont sans doute pas venus spontanément se joindre aux Européens. L'armée est allée les chercher, les a invités à participer à l'euphorie collective. Les Algériens, tout d'abord étonnés, ont immédiatement compris qu'il ne s'agissait pas de « ratonnades ». A Alger, dans la Casbah, les « paras » comptent sur les « bleus de chauffe » auxquels les Algériens sont contraints d'obéir depuis plusieurs mois. Avant de partir pour la manifestation, leurs cartes d'identités ont été confisquées, avec la promesse qu'elles leur seraient rendues le soir. Néanmoins, à la cité Mahiedhine, par exemple, là où les officiers SAS ont réellement fait œuvre utile avec les adjoints de Jacques Chevallier, on s'embarque plus facilement pour le Forum. Il en sera de même dans le bled où la population musulmane, traquée par le FLN et par l'armée française, est sincèrement prête à crier « Vive de Gaulle ». On lui a maintes fois répété que, lui seul, pouvait imposer une paix juste. Or, la paix, c'est tout ce qu'ils demandent.

Jacques Soustelle et les militaires se persuadent que toute cette population algérienne « bascule » de leur côté. Les « fraternisations » justifient leur action. Croyaient-ils vraiment, comme le prétend Soustelle, que l'emprise du FLN allait se relâcher? On a souvent dit — à tort — que le terrorisme avait alors cessé : les attentats et les combats continuent[1]. Le FLN déclare que ses positions n'ont pas changé. Profitant de l'incertitude générale, le gouvernement Pflimlin tente de négocier secrètement avec les rebelles. L'affaire s'ébruite, inquiète Alger où Salan prépare une opération de parachutage sur Paris — le plan « Résurrection » — afin d'y imposer par la force un gouvernement présidé par le général de Gaulle. Celui-ci est retourné à Colombey laissant derrière lui une situation paradoxale : musulmans et pieds-noirs implorent une solution qui vienne de lui, chacun étant persuadé qu'elle est la sienne.

Le monde politique hésite. Socialistes et communistes restent sur leur position. Le 21 mai, Georges Bidault annonce son ralliement à de Gaulle. Le lendemain, Antoine Pinay, après avoir demandé audience à Colombey, conseille à Pflimlin de rencontrer de Gaulle dont le retour devient désormais une évidence pour tous les observateurs étrangers. La situation politique continue de se dégrader : « Le pouvoir abandonne le pouvoir »; l'extrême droite

---

1. *Le Monde* publie, le 21 mai, les chiffres communiqués par le ministère de l'Information.

se fait de plus en plus bruyante; la flotte française de Malte appareille pour une destination inconnue; le 24 mai, des Comités de salut public se constituent en Corse. L'opération téléguidée par Alger n'est qu'une étape vers une certaine forme de reconquête de la métropole qui ne manque pas de rappeler Franco. La perspective d'un débarquement de parachutistes prend corps, si bien que le ministre de l'Intérieur, Jules Moch, pense mettre sur pied des milices.

A la Chambre, Frédéric-Dupont, ancien RPF, ainsi qu'un certain nombre de ses collègues adjurent Pflimlin de s'entendre avec de Gaulle : « Ne laissez pas passer une occasion historique. Si vous refusiez de prendre contact avec le général de Gaulle, vous porteriez la responsabilité du déclenchement de la guerre civile. » Épuisé, Pflimlin se laisse convaincre et accepte de rencontrer secrètement de Gaulle au pavillon du parc de Saint-Cloud, pendant la nuit du 25 au 26 mai. Véritable « dialogue de sourds », révélera plus tard Pflimlin, cette entrevue n'aboutit en principe à rien, car le général refuse de désavouer les événements de Corse : de Gaulle « préfère rétablir l'ordre, plutôt que de condamner le désordre ». Mais, le 27 à midi, à la stupeur du président du Conseil, une déclaration du général de Gaulle est diffusée sur les ondes : « J'ai entamé hier le processus régulier, nécessaire à l'établissement d'un gouvernement républicain, capable d'assurer l'unité et l'indépendance du pays... J'attends des forces terrestres navales et aériennes présentes en Algérie, qu'elles demeurent exemplaires sous les ordres de leurs chefs... »

Le général, qui précipite la crise dont il entend profiter, justifiera ultérieurement sa décision en expliquant qu'un débarquement de parachutistes était imminent. Pierre Pflimlin laisse éclater son indignation. Non seulement de Gaulle n'a pas condamné les factieux, mais il a pris une initiative qui n'avait pas été prévue la veille. Jules Moch reconnaît qu' « il est scandalisé comme militant mais rassuré comme ministre de l'Intérieur » car, deux heures avant le communiqué, il avait été averti qu'un débarquement aérien était prévu sur la métropole, pour la nuit du 27 au 28, alors même qu'il ne pouvait compter ni sur l'armée, ni sur la police [1]. En effet, l'opération « Résurrection » préparée depuis Alger avec la complicité de plusieurs officiers métropolitains aurait abouti, si les envoyés de Salan avaient reçu l'accord de De Gaulle. Or, ce dernier avait non seulement

1. Son agenda porte à cette date : débarquement?

critiqué l'insuffisance des moyens mis en œuvre, mais dit clairement qu'il souhaitait éviter son application. Il ordonna toutefois à Salan de faire le « nécessaire » au cas où il ne pourrait pas obtenir légalement le pouvoir.

Le 28 mai, Pierre Pflimlin, pourtant soutenu par une confortable majorité, apporte sa démission au président Coty trop heureux de l'accepter, espérant ainsi une issue rapide à la crise. Les partis de gauche organisent alors une manifestation de défense républicaine, mais les jeux semblent faits. René Coty envoie les présidents des Assemblées, André Le Troquer et Gaston Monnerville, fixer les modalités de retour du général. Second dialogue de sourds : de Gaulle, refusant la procédure traditionnelle qu'il juge périmée, exige les pleins pouvoirs et une révision constitutionnelle assurant un exécutif solide.

Le 29, la crise atteint son paroxysme. La menace d'un débarquement se précisant, Jules Moch expédie un télégramme angoissé aux préfets pour les inviter à lutter contre les entreprises subversives. A 3 heures de l'après-midi, un message de René Coty est adressé aux deux Assemblées. Fait unique dans les annales de la IVe République, le chef de l'État met en balance son mandat présidentiel. Il annonce, en effet, que « dans le péril de la patrie et de la République », il fait appel au « plus illustre des Français » pour former un gouvernement et que, si cette ultime candidature devait échouer, il donnerait sa démission. A 19 h 30, René Coty reçoit le général de Gaulle qui proclame deux heures plus tard qu'il demandera « les pleins pouvoirs » et qu'une nouvelle Constitution sera préparée. Le 31, de Gaulle réunit les représentants des groupes politiques à l'hôtel Lapérouse. Une partie des socialistes, avec Guy Mollet, se rallie à lui. A propos de l'Algérie, le général spécifie qu'il rétablira l'ordre, et n'accordera aucune autorité particulière aux militaires, qu'il est hors de question d'associer au gouvernement.

Ainsi le 1er juin 1958, de Gaulle est-il investi par l'Assemblée nationale par 329 voix contre 224. Les communistes ont voté contre l'investiture. Sans s'opposer à la personnalité même du général de Gaulle, Pierre Mendès France et François Mitterrand, entraînant avec eux leurs sympathisants, votent également contre lui dans la mesure où il ne détient pas réellement son mandat de l'Assemblée mais du coup de force militaire. Le 3 juin, les pleins pouvoirs sont accordés à de Gaulle pour une durée de six mois ainsi que les pouvoirs spéciaux pour l'Algérie.

3

La guerre d'Algérie sous la Ve République

(1958-1962)

Le temps des ambiguïtés

L'équivoque.

Lorsque de Gaulle reçoit les pleins pouvoirs, nul ne sait quelle sera sa politique algérienne. Depuis des années, les exégètes se sont penchés sur ses écrits, sur ses déclarations, sur ses discours. De Gaulle a-t-il agi en fonction d'un plan préconçu comme le laissent supposer ses *Mémoires?* A-t-il manœuvré pour le réaliser, selon une « périlleuse stratégie des circonstances »? Sa conception du problème algérien s'est-elle profondément modifiée lorsque les destinées des deux communautés ont été remises entre ses mains? « Le mystère gaullien demeurerait-il? » se demandait encore Charles-Robert Ageron en 1980 [1].

Au printemps 1958, l'équivoque est totale. De Gaulle est appelé par les ultras d'Algérie, traditionnellement antigaullistes, prêts désormais à bien des concessions pourvu que l'Algérie demeure française. Ils acceptent par conséquent le principe de l'intégration et celui du « collège unique » qu'ils avaient systématiquement combattus. Ils admettent, implicitement du moins, que de Gaulle mène une politique plus libérale que celle qu'ils préconisaient encore quelques mois plus tôt.

Au même moment, les Algériens attendent de lui une solution réellement libérale, voire l'indépendance. Au journaliste de *l'Express* qui lui demande s'il n'est pas inquiet de partager apparemment les mêmes espoirs que M. de Sérigny, l'écrivain berbère Jean Amrouche répond sans hésiter qu'il « croit que c'est M. de Sérigny qui se trompe ».

Les commentaires de la presse étrangère soulignent les ambiguïtés

1. Charles-Robert Ageron, *« L'Algérie algérienne » de Napoléon III à de Gaulle,* Sindbad, 1980.

de la situation ainsi créée : « Le général de Gaulle peut avoir sur la solution du problème algérien des idées opposées à celles des colons... Ce serait une ironie suprême si tout le mouvement gaulliste reposait sur un malentendu quant aux idées du général sur la présente crise », relève-t-on dans le *New York Times.*

Les prises de position du général par rapport aux problèmes coloniaux peuvent-elles alors laisser entrevoir les grandes lignes de sa politique algérienne?

A la différence de bon nombre de ses pairs, de Gaulle n'a pas été un officier colonial. L'empire ne le laisse pourtant pas indifférent. S'il a généralement tendance à glorifier l'œuvre de la France, il mesure, dès la période de l'entre-deux-guerres, la force des nationalismes indigènes : « Nous voyons naître des mouvements d'idées, de passions, d'intérêts, dont le but manifeste est la fin de notre domination, écrit-il en 1934. Certes, s'il nous est donné de poursuivre notre œuvre, jusqu'au point du progrès où la sagesse vient aux élites et le loyalisme aux foules, on verra des populations, actuellement mal résignées, accepter franchement l'Union [1]... » Ces quelques phrases laissent déjà transparaître ses doutes sur l'avenir de l'Empire. Il admet parfaitement le risque de la décolonisation. Quelques années plus tard, il regrette l'échec du projet Blum-Viollette [2]. Mais c'est évidemment au cours de la Seconde Guerre mondiale, que les territoires d'outre-mer et l'Algérie tout particulièrement retiennent son attention. Le 30 janvier 1944, il prononce un discours resté célèbre pour l'ouverture de la Conférence de Brazzaville [3]. Certains voient dans cette allocution l'amorce d'une politique conduisant vers l'autonomie et même vers l'indépendance. La portée de ce texte ne doit pourtant pas être exagérée. De Gaulle y affirme que la guerre a créé un « lien définitif » entre la France et l'Empire et qu'il convient « d'établir sur des bases nouvelles l'exercice de la souveraineté française ». Lesquelles? Le général ne les précise pas. Il laisse entendre toutefois que la France guidera « libéralement » ces « soixante millions d'hommes qui se trouvent associés au sort de ses quarante-deux millions d'enfants ». Mais c'est « la nation fran-

1. Charles de Gaulle, *Vers l'armée du métier,* Berger-Levrault, 1934.
2. Pierre Bloch, *Algérie, terre des occasions perdues,* Paris, Deux-Rives, 1961.
3. Cette conférence regroupait les représentants des territoires français d'Afrique autour de R. Pleven, commissaire aux Colonies. Elle marquait la première étape de la réalisation de l'« Union française ».

çaise » qui « procédera, le moment venu, aux réformes impériales de structure qu'elle décidera dans sa souveraineté ». Déclaration importante, certes, dans laquelle apparaît un thème qui restera cher à de Gaulle pendant les années à venir, celui de l'« association », idée essentielle de sa future politique coloniale, mais dont le contenu sera peu développé. Notons aussi que les termes du discours apparaissent suffisamment flous pour que l'on puisse en tirer des conclusions différentes, voire opposées.

En ce qui concerne l'Algérie, l'ordonnance que fait promulguer de Gaulle le 7 mars 1944 reste néanmoins bien timide par rapport aux revendications des nationalistes du Manifeste du peuple algérien que de Gaulle connaît fort bien [1]. Mais il n'est pas question pour lui de céder aux sollicitations d'un Ferhat Abbas qui rêvait d'un « État algérien démocratique qui serait fédéré avec la France ». Ne recommande-t-il pas au général Henry Martin « d'empêcher l'Afrique du Nord de glisser entre nos doigts pendant que nous délivrons la France [2] » ?

C'est dans ce contexte que son gouvernement couvre la sauvage répression de mai 1945, sur laquelle il se montre particulièrement discret dans ses *Mémoires de guerre*.

Il semble pourtant que, dès la fin du conflit mondial, le général ait jugé le mouvement de décolonisation inéluctable. Il répète maintes fois ce propos à son entourage. Dès 1947, il envisage l'autonomie interne pour les territoires d'outre-mer [3]. Il évoque pour l'Algérie l'idée d'un « statut qui la maintienne française et sous souveraineté de la France et qui organise à l'intérieur d'elle-même ce qui concerne ses propres intérêts [4] ». Il a néanmoins besoin des voix des Français d'Algérie pour soutenir son parti, le RPF. Aussi tient-il des propos « Algérie française » avant la lettre, les seuls dont voudront se souvenir les hommes du 13 mai. N'affirme-t-il pas, à l'occasion des élections municipales d'Alger en octobre 1947, que « toute politique qui [donnerait] à croire aux Français musulmans qu'il pourrait leur être loisible de séparer leur sort de celui de la France, ne ferait en vérité qu'ouvrir la porte à la décadence [5] » ?

En 1954, de Gaulle approuve la politique de négociation de

1. Voir *supra*, chap. III, première partie.
2. Charles-Robert Ageron, *op. cit.*, p. 243.
3. Déclarations des 7 avril, 24 avril et 15 mai 1947.
4. Déclaration du 24 avril 1947.
5. Déclaration à la presse, le 18 août 1947.

Mendès France à propos de l'Indochine [1]. Dès que le conflit algérien éclate, il met en doute les aptitudes des gouvernements de la IVe République à conserver l'Algérie.

Désabusé, il déclare à Michelet en février 1955 : « L'Algérie? perdue, finie. » Il déplore les incertitudes de la politique française, incapable de « créer les conditions d'une nouvelle association ». Il évoque encore l'association dans sa conférence de presse d'adieu, le 30 juin 1955, à l'hôtel Continental. Par conséquent, en 1955, l'évolution de De Gaulle semble nette. Il rejette les formes du colonialisme antérieur. Il se retire alors de la vie politique. Au cours de sa retraite, plusieurs de ses anciens compagnons le pressent de prendre officiellement position. Le général s'en abstient. S'il multiplie les contacts avec les personnalités politiques les plus diverses, aucune déclaration officielle n'émane de la rue de Solférino ni de l'austère « Boisserie » de Colombey. Néanmoins, ses interlocuteurs laissent filtrer certaines confidences. Avec superbe, il déclare au général Catroux à propos du Maroc : « Si j'étais le gouvernement de la France, je ne laisserais pas arracher une indépendance, je l'octroierais. La France donne, on ne lui enlève pas. » Il confie au journaliste Michel Drancourt [2] que « les liens juridiques sont de trompeuses apparences ». Edmond Michelet, Christian Pineau, Maurice Clavel, Louis Terrenoire pensent qu'il incline vers la solution de l'indépendance. Remerciant Jacques Soustelle pour son livre *Aimée et Souffrante Algérie,* il lui laisse entendre que la IVe République est incapable de conserver l'Algérie française. Le général approuve également le second ouvrage de Soustelle [3] et ne lui parle pas d'indépendance. Au cours du périple qu'il effectue en 1957 à travers l'Afrique, il ne manque pas de féliciter Robert Lacoste pour l'œuvre qu'il accomplit en Algérie. Mais ne confie-t-il pas à Louis Terrenoire qu'il « songe à une paix où il n'y aurait ni vainqueur ni vaincu », que la loi-cadre est trop tardive, incapable de mettre fin au conflit? Il lui laisse entendre « qu'une expérience d'association pourrait être tentée si toutefois le régime changeait ». Les confidences que répandent ses

1. Une circulaire de L. Terrenoire aux républicains sociaux dira que « la paix a été conclue dans les moins mauvaises conditions possibles ».
2. *Réalités,* janvier, 1957.
3. Dans *le Drame algérien et la Décadence française* (Paris, Plon, 1957), J. Soustelle réfutait l'ouvrage de Raymond Aron, *La Tragédie algérienne* (Plon, 1957) qui proposait le désengagement en Algérie pour raisons économiques.

interlocuteurs ne rencontrent aucun démenti. Toutefois, prudemment, au cours de l'été 1957, son cabinet préfère publier un communiqué précisant que « les propos attribués parfois dans la presse au général de Gaulle... n'engagent que ceux qui les lui prêtent ».

Au début de l'année 1958, de Gaulle demeure toujours extrêmement discret. Il reçoit pourtant l'ambassadeur de Tunisie, M. Masmoudi, au lendemain du bombardement de Sakhiet, et lui affirme qu'il souhaite une politique d'association pour la France et la Tunisie. Propos irritants pour les ultras! A peu près à la même époque, Maurice Schumann s'entretient lui aussi avec l'ermite de Colombey. Il lui confie ce que sera sa politique algérienne s'il revient au pouvoir : une politique conduisant à l'autodétermination. Cette conversation d'une importance capitale est rapportée en mai 1958 par le député du Nord à Pierre Pflimlin, alors président du Conseil sur le point de remettre sa démission.

En fait, de Gaulle n'a promis à personne de faire la politique réclamée par les tenants de l'Algérie française. Il n'est nullement engagé vis-à-vis d'eux. A Soustelle, il joue le rôle du vieillard pessimiste qui ne reviendra pas au pouvoir et qui déplore la situation catastrophique du régime français. Il se montre réservé sur l'intégration. « Si les musulmans la voulaient... ce serait la solution », dit-il, incrédule. Il ne peut pourtant pas décourager totalement Soustelle, car il a besoin de lui pour retourner la situation en sa faveur, à Alger. C'est pourtant après un entretien plutôt décevant où de Gaulle a simplement déclaré son hostilité à la sécession, que Soustelle le juge prêt à garder l'Algérie française, une fois au pouvoir. Il convaincra Alain de Sérigny pour que celui-ci, par l'intermédiaire de *l'Écho d'Alger*, tente de renverser l'opinion des pieds-noirs, peu enclins, dans leur ensemble, à considérer de Gaulle comme leur sauveur.

A ce propos, on est véritablement en droit de se demander quel fut le rôle effectif du général au cours de ce printemps 1958. Dans ses *Mémoires d'espoir*, il se défend d'avoir participé en quoi que ce soit aux complots. Il prétend même que les gaullistes ont agi « en dehors de son aval et sans même l'avoir consulté ». Il s'est manifesté pour sauver la France du chaos et de la « dictature militaire » lorsque la menace de guerre civile s'est profilée. Edmond Michelet et Louis Terrenoire soutiennent cette thèse. Ses plus proches collaborateurs pour cette période, Jacques Foccart et Olivier Guichard, sont restés d'une discrétion exemplaire, mais ce sont eux pourtant qui ont suggéré à Léon Delbecque de constituer son « Antenne » à Alger[1]. Les personnalités politiques de métropole ou d'Algérie communiquaient le plus souvent avec de Gaulle par leur intermédiaire.

Il est certain que de Gaulle désirait revenir au pouvoir par les voies légales et qu'il réprouvait dans son essence même toute tentative de putsch militaire qui aurait fait de lui une sorte de dictateur. Toutefois, il ne décourage ni ne blâme qui que ce soit. Il n'hésite pas à recevoir les envoyés du général **Salan** venus lui exposer le fameux plan « Résurrection », qu'il critique pour son organisation trop légère. Il autorise pourtant Salan à intervenir militairement en métropole, au cas où il ne serait pas appelé au pouvoir. Triomphe-t-il alors secrètement? Non pas parce qu'il détient les moyens d'ordonner l'exécution d'un plan qu'il méprise probablement, mais parce qu'il peut désormais apparaître comme l'arbitre suprême, le garant de la paix civile, en déjouant publiquement les tentatives de subversion dont il est averti. Il devient donc à ce moment même le recours de la Nation — ce qu'il attend depuis des années.

La constitution du nouveau ministère suscite quelque inquiétude à Alger. De Gaulle ne reprend-il pas les représentants du « système » abhorré? On retrouve en effet Guy Mollet à la vice-présidence du Conseil, Louis Jacquinot, Max Lejeune, sans parler de Pierre Pflimlin, alors que Jacques Soustelle ne reçoit aucun portefeuille. Une certaine anxiété s'empare déjà des hommes du 13 mai.

La première tâche que se fixe le général, après avoir adressé des messages cordiaux au président tunisien et au roi du Maroc, consiste à se rendre immédiatement en Algérie, où il s'agit de rétablir l'ordre et la légalité républicaine dans les plus brefs délais. Il faut s'assurer de la fidélité de l'armée et de ses chefs, la rappeler à sa mission traditionnelle, mais surtout, il convient de trouver un *modus vivendi* avec une population en effervescence depuis plusieurs semaines. Une extrême prudence s'impose. Il ne peut pas encore esquisser une politique libérale, pour autant que ce soit son but. Le temps des ambiguïtés commence...

Les Français d'Algérie, mobilisés sur le thème de l'intégration, attendent de l'homme du 18 juin qu'il se rallie clairement et officiellement à l'intégration. Un accueil triomphal lui est réservé. Son prestige reste intact aux yeux de tous.

1. Entretien de l'auteur avec L. Delbecque, avril 1981.

Du haut du célèbre balcon du gouvernement général, visiblement ému, la voix rauque, les bras levés, dessinant le V de la victoire, de Gaulle s'adresse à l'Algérie et à la France : « Je vous ai compris », s'écrie-t-il, dès que les ovations se sont tues. C'est alors le grondement, le déchaînement de milliers de voix qui l'acclament sans fin. Le contact s'établit au plus haut degré de la passion. Le charisme du général agit pleinement. Ces paroles magiques, dont on ne perçoit pas le sens, résonnent dans toutes les têtes comme le carillon de la victoire. De Gaulle le sait et jouit de l'équivoque qu'il crée à dessein : « Les mots [étaient] apparemment spontanés dans la forme, mais au fond bien calculés », expliquera-t-il dans ses *Mémoires d'espoir*.

De ce discours historique que reste-t-il cependant? Le président du Conseil reconnaît solennellement l'égalité des droits des musulmans et des Français, ce qui signifie l'adoption du collège unique. Il rend hommage à l'armée qu'il doit évidemment ménager. Enfin, n'oubliant pas que les combats se poursuivent avec le FLN, il « ouvre les portes de la réconciliation aux rebelles », tout en reconnaissant le courage des combattants algériens. Peut-être caresse-t-il alors l'espoir que ceux-ci abandonneront la lutte, si une politique réaliste et généreuse est enfin menée par un gouvernement pleinement responsable.

Ni à Alger, ni dans les autres villes d'Algérie qu'il visite les jours suivants, de Gaulle ne définit de programme politique. « Après les élections, on verra avec les représentants élus comment faire le reste », dit-il dès le premier jour de son voyage. Il ne prononce jamais le terme d'intégration, mais le sens de ses discours laisse généralement penser qu'il s'y rallie. Une seule fois, à Mostaganem, il s'abandonne à crier « Vive l'Algérie française »; un « Vive l'Algérie française » que tous les partisans de l'intégration lui rappelleront plus tard comme le témoin de sa trahison.

Dès ce premier séjour, de Gaulle prend ses distances avec le mouvement du 13 mai. Il tient avant tout à réduire le rôle des Comités de salut public qui rêvent d'étendre leur action à l'ensemble de la métropole. Il faut empêcher ces groupuscules d'activistes de se substituer aux autorités officielles. C'est pourquoi les institutions algériennes sont précisées. Le 9 juin, le ministère de l'Algérie est rattaché à la présidence du Conseil, autrement dit, de Gaulle se réserve personnellement cette fonction. Néanmoins, un secrétariat d'État aux Affaires algériennes est confié à René Brouillet qui

apparaît comme « l'homme des solutions les plus libérales », selon
Paul-Marie de la Gorce. Bernard Tricot et Luc Boissonis, qui viendront bientôt le seconder, partagent les mêmes idées, mais, à Alger,
l'administration est confiée aux militaires. Le général Salan cumule
les fonctions de délégué général du gouvernement et de commandant
en chef en Algérie. Le général Allard devient super-préfet d'Alger
et Massu préfet d'Alger. C'est à une armée ragaillardie et soulagée
de se voir dirigée que le général de Gaulle confie une Algérie qu'il
reprend lui-même en main. « L'ère du Forum est close », déclare
Massu, soldat fidèle et obéissant. Si les militaires ont l'impression
d'avoir remporté une victoire, les hommes du 13 mai s'insurgent
déjà contre le pouvoir gaullien. Le Comité de salut public de l'Algérie et du Sahara n'entend pas être ainsi dépossédé des pouvoirs
qu'il s'était arrogés. Son influence demeure forte avec la radio-
diffusion placée sous le contrôle du colonel Lacheroy. La presse
locale, qui poursuit sa campagne contre « le régime de trahison et
d'abandon », lui reste tout acquise, tandis que les journaux métropolitains sont régulièrement saisis. Le Comité de salut public espère
agir pour venir à bout du « système ». Aussi ses membres adressent-
ils une motion comminatoire au président du Conseil, réclamant
l'abolition de la loi-cadre et invitant fermement de Gaulle à supprimer les partis politiques. Un télégramme cassant du chef du gouvernement, jugeant l'incident « fâcheux et intempestif », rappelle à
l'ordre le général Salan, chargé de contrôler les activités du CSP.
Décidément, de Gaulle n'entend pas se laisser imposer quoi que ce
soit par les hommes d'Alger. Les organismes insurrectionnels
voient ainsi leur puissance sérieusement remise en cause par un
gouvernement qui, pour la première fois depuis le début du conflit,
fait face aux activistes et affirme la neutralité politique de l'armée
dépendant du seul pouvoir civil. La métropole se rassure, mais la
déception s'affiche chez les hommes du 13 mai. Les étudiants de
Lagaillarde déchirent publiquement les portraits de De Gaulle.
L'armée a bien du mal à faire respecter les ordres de Paris. En
éprouve-t-elle véritablement l'envie? Le général Salan contre-
signe des décisions significatives : les généraux connus pour leurs
sentiments républicains sont mutés, ainsi que les officiers qui ont
refusé d'entrer dans les Comités de salut public. D'autre part, le
colonel Trinquier et son régiment de parachutistes, qui ont joué un
rôle de premier plan au cours du mois de mai, restent à Alger, malgré
les ordres venus de Paris réclamant un changement d'affectation.

Les services de renseignements n'envoient plus de rapports dans la capitale. Les SAS, enfin, sont démantelées. De Gaulle n'a pas cautionné la révolution du 13 mai et les ultras tentent vainement de le forcer à exécuter leurs desseins. L'opinion peut alors se demander si le pouvoir légal l'emportera.

Les observateurs analysent quotidiennement le comportement du général. Dans *le Monde,* Pierre Viansson-Ponté formule trois hypothèses sur la future politique gaullienne. La première consiste à croire que de Gaulle cède à la droite, ce qui le conduit à instaurer un « régime fort » pour conserver l'Algérie française. Selon la seconde hypothèse, de Gaulle donne la priorité aux institutions, ce qui lui permettra de résoudre tous les problèmes, y compris celui de l'Algérie. Enfin, selon la troisième, celle à laquelle se rallie de toute évidence le journaliste, de Gaulle « a choisi une voie difficile dans laquelle il doit mener tout de front : le rétablissement de l'autorité de l'État et de la paix en Algérie... [de sorte qu'] il doit recourir à une stratégie complexe et subtile. C'est ainsi que, convaincu de la nécessité d'une négociation avec l'adversaire en Algérie, il serait amené à prendre quelques mesures concrètes qui feraient éclater les équivoques et les " mythes ". La négociation apparaîtrait alors comme la seule issue possible, à la condition que les intérêts européens soient préservés [1] ».

Les Français de métropole comme ceux d'Algérie vivent dans l'expectative. Quant au FLN, après avoir manifesté quelque espoir par la voix de Ferhat Abbas, il interprète bien vite la politique gaullienne comme une politique colonialiste traditionnelle et il intensifie la rébellion.

L'Algérie reste le souci majeur du général de Gaulle. Il prépare un second voyage qu'il souhaite plus technique que le précédent. Le chef du gouvernement tient cette fois à se rendre compte sur place des réalités militaires, et à achever la reprise en main de l'armée. Pendant ce bref séjour (1er au 5 juillet), l'ambiguïté de sa politique persiste. Il ne définit aucun plan précis. Sur le terrain, il écoute attentivement les exposés des officiers généraux. A Alger, il refuse de recevoir les représentants du Comité de salut public, sous prétexte que son emploi du temps est trop chargé. Il ne rencontre que le général Massu, mais en tant que commandant de la Xe région militaire et préfet d'Alger. Enfin et surtout, il annonce plusieurs mesures

1. *Le Monde,* 10 juin 1958.

concrètes qui mettent l'accent sur la rénovation de l'Algérie. Sur le plan politique, il s'en tient à la déclaration du 27 juin affirmant que « la France veut fixer les conditions de son avenir avec les Algériens eux-mêmes ». Ainsi les dix millions d'Algériens prendront-ils part — comme les métropolitains et les Français d'Algérie — au vote pour le référendum destiné à approuver la nouvelle constitution. Il confirme l'institution du collège unique accordant aussi le droit de vote aux femmes musulmanes, ce qui implique la révision des listes électorales. Sur le plan économique, 15 milliards de crédit s'ajoutent aux 62 milliards prévus pour l'équipement et la création de nouveaux ensembles industriels. Il insiste sur la nécessité de moderniser l'agriculture. Enfin, il évoque l'adoption d'un plan de scolarisation pour l'ensemble de la jeunesse musulmane. Ces mesures, accueillies avec satisfaction par l'armée, favorable à une politique égalitaire qui risque de coûter beaucoup aux colons, suscitent la méfiance des ultras, qui se demandent si un « tragique malentendu » ne se crée pas entre eux et le gouvernement. Le FLN, par la voix de Ferhat Abbas, à Genève, manifeste encore une fois sa déception en regrettant que le général de Gaulle « ne mette pas fin au mythe de l'intégration... et n'engage pas l'Algérie dans une nouvelle formule de coopération avec la France ». De Gaulle semble pourtant vouloir ménager les ultras. En effet, le 7 juillet, il nomme Jacques Soustelle ministre de l'Information. Le chef du gouvernement cautionnerait-il donc les thèses intégrationnistes? Certaines mesures encouragent cette interprétation : Massu devient général de division, Zeller chef d'état-major et Salan reçoit la médaille militaire. Soustelle, à la radio, procède à un sérieux remaniement du personnel. C'est le triomphe de l'esprit du 13 mai. Aucun doute n'est levé après le discours de De Gaulle, le 13 juillet. Ce « message d'amitié et d'espoir », destiné tout particulièrement aux peuples d'outremer, reste très vague, bien qu'il annonce la création d'une « vaste et libre communauté » au sein de laquelle l'Algérie tiendra « une place de choix ». L'allocution s'achève par un « Vive les peuples associés » qui semble indiquer que le général poursuit la mise en œuvre de sa vieille idée, celle de l'association. Mais quel sens exact attribuer au terme d'« association »?

En Algérie, les problèmes sont toujours graves. Le FLN multiplie les attentats. La recrudescence du terrorisme se manifeste également en métropole. Redoutant que les masses musulmanes ne basculent du côté de De Gaulle, le FLN décide de mener une campagne violente pour les empêcher de voter, lors du référendum que l'armée prépare fébrilement. Les militaires veulent que les Algériens votent massivement « oui » pour proclamer leur désir de rester français. Si de Gaulle l'emporte au référendum avec leur soutien, l'intégration triomphera et l'Algérie restera française. La paix est proche, estiment-ils; et ils continuent de faire des prisonniers « rebelles ». Une fois la situation des musulmans clairement définie et leur égalité reconnue dans les faits, on aura vite raison de la poignée d'insoumis.

L'extrême droite du Comité de salut public, qui s'est insurgée de voir accorder le droit de vote aux femmes musulmanes et qui estime la politique gaullienne infiniment trop libérale, manifeste encore une fois le 23 juillet son indignation contre le maintien du « régime des partis »; elle souhaite l'établissement d'un ordre corporatif. Cette minorité remuante ne manque pas d'inquiéter la classe politique métropolitaine, qui continue de se perdre en conjectures sur l'interprétation de la politique gouvernementale. Raymond Aron s'interroge : il ne croit pas à l'intégration qui implique la poursuite d'une guerre sans fin. Il pense qu'il faudra se résoudre à la négociation, si la solution de compromis que semble rechercher de Gaulle échoue.

En métropole, une certaine droite, celle des milieux d'affaires, commence à souhaiter ouvertement le désengagement en Algérie pour raison économique; elle contribue sans nul doute à conforter de Gaulle dans les intentions libérales qu'il manifestera dans les semaines et les mois à venir, mais il lui faut tout d'abord gagner la bataille du référendum pour avoir les mains libres. C'est la raison pour laquelle il prépare un troisième voyage de l'autre côté de la Méditerranée, voyage au cours duquel il s'arrêtera à Alger, mais qui le conduira aussi à travers les territoires français d'Afrique, pour soumettre aux peuples d'outre-mer les possibilités qui leur sont offertes par la constitution, sur laquelle ils devront se prononcer. A Alger, le 29 août, son discours est naturellement consacré à cette consultation. « Pour chacun, répondre « oui » dans les circonstances présentes, cela voudra dire, tout au moins, que l'on veut se comporter comme un Français à part entière et que l'on croit que l'évolution nécessaire de l'Algérie doit s'accomplir dans le cadre français », proclame le chef du gouvernement. Il semble bien, cette fois, qu'Alger soit rassuré. Sans avoir prononcé le terme magique d'intégration tant attendu, le général a manifesté clairement ses intentions d'adopter une politique française. Il connaît les sondages de l'IFOP, selon lesquels 52 % des Français souhaitent l'intégration, alors que 41 % préconisent l'indépendance. De Gaulle pèse ses mots. Aussi insiste-t-il sur les aspects nouveaux de sa politique, susceptibles d'être favorablement interprétés par tous, tout particulièrement la rénovation économique et sociale de l'Algérie. Jusque-là, aucune mesure consacrant l'intégration n'a été adoptée, si ce n'est l'unification postale et — ironie — le relèvement du prix de l'essence en Algérie pour l'aligner sur celui de la métropole.

Le gouvernement français essaie en même temps de donner à l'extérieur une image libérale. M. Couve de Murville n'annonce-t-il pas, le 22 août, à l'assemblée générale extraordinaire de l'ONU réunie à propos des événements du Moyen-Orient, que « le gouvernement français n'entend pas s'opposer aux aspirations nationales légitimes ou chercher à maintenir un état de choses périmé. Ce qu'il demande c'est que les changements résultent de la volonté librement consenti et clairement manifestée des populations dont le destin est en jeu ». N'est-ce pas déjà la reconnaissance implicite du droit à l'autodétermination ?

De Gaulle ménage l'opinion. Il a besoin d'être plébiscité par les Français de toutes origines et de toutes tendances. Aussi laisse-t-il entière liberté au ministre de l'Information pour mener la campagne du référendum. Jacques Soustelle lance un nouveau parti, l'Union pour le renouveau français (URF) qui préconise la reconstruction civique et morale de la nation française autour du général de Gaulle, la mise en place d'institutions nouvelles et bien entendu l'intégration de l'Algérie, qui demeure le thème essentiel de sa campagne. En Algérie, depuis le 8 août, une commission de contrôle surveille la légalité du référendum. L'armée y engage son honneur. Des notes significatives émanant de l'état-major précisent ses objectifs :

« Il importe que l'armée détentrice des pouvoirs civils et militaires en Algérie entreprenne une vaste campagne de propagande pour obtenir :

— une participation massive au référendum,

— une très forte majorité de « oui ».

» Il importe de lancer dès maintenant une campagne d'action psychologique. Une première phase aura pour but de mettre en condition la population.

» Pour mettre en condition la population musulmane, il faut créer et développer le mythe de De Gaulle. »

Aussi recommande-t-on de placarder des photographies du général, de peindre de manière indélébile des V de la victoire entrelacés de la croix de Lorraine, de développer des thèmes tels que ceux-ci : « Le général de Gaulle est désormais le chef de la France. — Le général de Gaulle c'est la paix. — Vous êtes tous français, vous êtes tous les fils du général de Gaulle! » Les services psychologiques de l'armée insistent sur l'importance des souks qu'il faut absolument conquérir, sur les distributions de vivres et de vêtements que l'on fera précéder de chants et d'acclamations destinés à la plus grande gloire du général. Des films expliquent la constitution.

A la radio algérienne, seuls les partisans du « oui » peuvent s'exprimer; l'Association des Oulémas, qui souhaitait appeler à voter « non », se voit refuser les micros de Radio-Alger. La presse métropolitaine hostile au « oui » est saisie sur le territoire algérien. L'opposition se trouve totalement privée du droit d'expression. Les journaux métropolitains et étrangers s'indignent devant de tels procédés. Soustelle accusera leurs journalistes de « mensonges, de violence, de chantage et de terreur! »

Les musulmans vivent la campagne comme un vrai cauchemar, menacés d'une part par la formidable machine de propagande de l'armée française et d'autre part par le FLN qui leur interdit de voter et qui exerce déjà de sanglantes représailles [1]. « Boycotter le référendum, c'est dire " oui " à la patrie algérienne. » Aussi diffuse-t-il des consignes : rester chez soi le jour du scrutin ou gagner la forêt, placer des cadavres le long des routes conduisant aux bureaux de vote. Le FLN redoute la victoire de De Gaulle. Pour s'affirmer, il fonde, le 19 septembre, un gouvernement provisoire au Caire (le GPRA) qui entend présider aux destinées de l'Algérie indépendante. Il pose comme préalable à toute négociation « l'impossibilité pour le peuple de déposer les armes avant le jour où les droits souverains de l'Algérie seront reconnus ». Les attentats s'intensifient en Algérie comme en métropole. Ces attaques constituent « une première offensive dans le cadre d'un plan qui consiste à transporter en territoire français la guerre pour la libération de l'Algérie ». Son arme fondamentale reste évidemment la terreur.

---

1. *Le Monde,* 5 septembre, signale que trois femmes ont été égorgées parce qu'elles s'étaient fait inscrire sur les listes électorales.

Pendant la campagne, les troupes françaises harcèlent les forces de l'ALN, multipliant les incursions offensives dans le bled. Le général Faure isole la Kabylie, empêchant ainsi les rebelles de gagner les montagnes. Les militaires font courir le bruit qu'on arrêtera ceux qui n'auront pas voté, que ni les prestations familiales ni celles de la Sécurité sociale ne seront versées à leur famille. La « mise en condition » se poursuit. Enfin, une bande dessinée, largement diffusée, explique à l'électeur algérien comment il doit procéder le jour du référendum. Après lui avoir rappelé en cinq propositions les formalités qu'il doit accomplir au bureau de vote, on lui fait mettre le bulletin blanc dans l'enveloppe et jeter le bulletin violet [1], couleur maléfique pour les Arabes.

C'est dans ces conditions que se déroule la « libre consultation » du 28 septembre 1958, consultation dont le résultat apporte en Algérie le triomphe escompté : 96,5 % de oui par rapport aux suffrages exprimés, mais 76,1 % par rapport aux électeurs inscrits. En métropole, les résultats plus nuancés témoignent de l'équivoque. Si l'URF de Soustelle, les indépendants, le MRP ont voté « oui » au nom de l'intégration, les partis de gauche se sont divisés. Guy Mollet a voté « oui [2] » en proclamant que « le général de Gaulle était le mieux capable *(sic)* de trouver un règlement » au problème algérien; Gaston Defferre, parce qu'il est persuadé que de Gaulle adoptera une solution libérale. Pierre Mendès France et François Mitterrand ont voté « non », considérant que la politique gouvernementale était celle des ultras. Les communistes ont réagi de la même façon.

Les électeurs se sont en fait prononcés pour le général de Gaulle grâce au référendum-plébiscite. Ils déposent entre ses mains le fardeau algérien. Français et musulmans viennent purement et simplement de lui signer un chèque en blanc. Et pourtant, de Gaulle n'a toujours pas précisé sa politique algérienne. « L'équivoque poussée à ce point devient insoutenable », n'hésite pas à écrire Sirius [3].

Que peut alors de Gaulle, pris entre les exigences des ultras, celles du FLN et celles, souvent contradictoires, des masses silencieuses des deux côtés de la Méditerranée?

1. Le bulletin blanc signifiait « oui » et le violet « non ».
2. Au Congrès de la SFIO, le « oui » l'a emporté.
3. Sirius, « L'option », *le Monde,* 26 septembre 1958.

A la recherche d'une politique algérienne.

Par le référendum, les Français de la métropole et ceux des deux communautés d'Algérie avaient approuvé la constitution, mais celle-ci ne fixait pas le statut politique de l'Algérie.

Fort de l'appui massif des populations, le président du Conseil détient désormais une autorité accrue pour faire prévaloir sa propre politique, alors que les partisans de l'Algérie française estiment que les résultats du référendum imposent l'application stricte de l'intégration. Or, de Gaulle se refuse dès le mois d'octobre à ce que l'on assimile ce résultat à l'intégration.

Son soin le plus pressant consiste à proposer un programme de rénovation économique et sociale, déjà esquissé depuis juin, qu'il représente à Constantine lors de son quatrième voyage en Algérie (2 au 5 octobre 1958). Le choix de Constantine, ville en majorité musulmane, n'est pas fortuit. C'est dans cette même cité que, le 12 décembre 1943, le général de Gaulle s'était particulièrement adressé aux musulmans pour leur promettre une amélioration de leur sort, tant sur le plan économique que sur le plan politique. Inspiré directement par les « Perspectives décennales de développement économique et social de l'Algérie », le plan, ambitieux dans ses objectifs, constitue une arme politique importante pour de Gaulle. Il s'agit, avant tout, de persuader les masses algériennes que la France est seule capable de mener à bien une véritable entreprise de rénovation et qu'elle est prête, de ce fait, à consentir d'énormes sacrifices. Il prévoit, dans les cinq années à venir, la transformation de l'économie algérienne et, par là même, celle des conditions de vie de ses habitants [1].

Vingt-cinq mille hectares de terres devront être distribuées à des cultivateurs musulmans. Le pétrole et le gaz sahariens seront utilisés pour permettre le développement industriel que le plan semble vouloir privilégier. Des ensembles métallurgiques et chimiques seront créés. Un effort soutenu portera sur l'équipement sanitaire et sur les voies de communication. Des logements seront construits pour un million de personnes.

---

1. Voir troisième partie, chap. III, « Le plan de Constantine dans la tourmente ».

Le taux des salaires sera aligné sur celui de la France, 1/10e des fonctionnaires métropolitains sera désormais choisi dans la communauté arabe, kabyle ou mozabite et quatre cent mille emplois nouveaux seront créés. Enfin, le plan prévoit pour les cinq ans à venir, la scolarisation totale de la jeunesse algérienne.

De Gaulle aborde également, dans ce discours, l'avenir politique de l'Algérie. Une fois de plus, il reste vague. Le général compte sur les élections législatives pour le définir. Pour la première fois, ces élections se feront au « collège unique » et les deux tiers des élus seront obligatoirement des musulmans. « Le destin de l'Algérie aura pour bases, tout à la fois sa personnalité et une solidarité étroite avec la métropole française », annonce le chef du gouvernement. Formule souple qui prête encore à bien des interprétations, mais qui se rapproche sûrement du concept d'association qui lui est cher. La fin du discours paraît à cet égard particulièrement significative : « Vive l'Algérie et la France », s'écrie le général. On s'éloigne donc de plus en plus de la formule « Algérie française ». A Constantine, l'accueil réservé à de Gaulle manque de chaleur. Mais pouvait-on s'attendre sérieusement à une autre réaction de la part d'une population trop longtemps déçue? Sans doute, de Gaulle espère-t-il rallier les masses musulmanes et priver ainsi le FLN de son principal soutien. Pour cela, évidemment, il convient de se démarquer des ultras. C'est pourquoi, le président du Conseil adresse au général Salan, dès le 9 octobre, des instructions précises, rendues publiques quelques jours plus tard. Sans faire allusion à la campagne menée par l'armée pour préparer le référendum et dont ses propos n'ont jamais démenti les procédés, de Gaulle exige que les élections législatives se déroulent librement et que « des listes représentatives de toutes les tendances... puissent solliciter concurremment et au même titre, les suffrages des électeurs ». Il ne s'agit donc pas d'exclure les libéraux; seuls les terroristes ne pourront pas se présenter. De Gaulle recherche une troisième force. Il dévoile clairement ses intentions : « Le but à atteindre consiste à obtenir que se révèle librement une élite politique algérienne. C'est ainsi que pourra être comblé le vide politique qui a ouvert la voie aux meneurs de la rébellion. » Enfin, pour consacrer le rétablissement de l'ordre et pour briser définitivement les Comités de salut public, il ordonne aux militaires de les quitter dans les plus brefs délais.

Ces mesures suscitent l'approbation de certaines personnalités de gauche. Pierre Mendès France estime alors qu'« une voie

peut s'ouvrir vers la détente et la paix ». La droite se montre extrêmement réservée. Les ultras des Comités de salut public veulent
même déclencher une grève générale et adressent un télégramme
qui restera pourtant sans réponse à MM. Bidault, Duchet et Morice.
La grève n'aura pas lieu. Le FLN semble adopter alors une attitude
moins hostile que pendant les semaines précédentes. Un signe
encourageant : il remet en liberté quatre soldats français. Salan
libère aussitôt dix détenus du FLN.

En réalité, des contacts officieux ont été pris entre le gouvernement français et le FLN. Dès le mois de juin, en effet, de Gaulle
avait sollicité l'ancien président de l'Assemblée algérienne, Abderrhamane Farès, pour entrer dans son gouvernement où il aurait été
chargé, du moins en partie, des Affaires algériennes. Abderrhamane
Farès entretenait en effet d'excellentes relations avec Ferhat Abbas.
Or Farès avait refusé cette offre après avoir rencontré en Suisse
« ses frères algériens » avec l'accord du général. Néanmoins, il avait
alors fait savoir que les dirigeants du FLN étaient prêts à rencontrer les Français pour négocier « au sujet des conditions politiques
et militaires d'un cessez-le-feu, sans que fût au préalable exigée la
reconnaissance de l'indépendance, mais dans le but d'y parvenir
ensuite ».

Encouragé par ces premiers succès, parfaitement maître de lui,
de Gaulle aborde les journalistes, le 23 octobre, pour une seconde
conférence de presse depuis les événements de mai. L'Algérie reste
au centre du débat. De Gaulle revient sur le référendum. Pour lui,
le sens du « oui » algérien est clair; il permet « aux Algériens et aux
métropolitains de construire ensemble l'avenir ». Implicitement
encore, les termes employés renvoient à l'idée d'association sur
laquelle le général conclura ses propos.

Appelé à préciser le rôle désormais imparti à l'armée, il lui rend
un hommage particulièrement vibrant, rappelant les différentes
tâches qu'elle remplit en Algérie : faire la guerre, protéger les populations et poursuivre la pacification. Elle est louée sans réserve et
globalement, jusque dans son action récente lors du référendum :
« Si le référendum a été ce qu'il fut en Algérie, si on a assisté à
l'empressement émouvant des musulmans à y prendre part, c'est tout
simplement la preuve de cette fraternité confiante et réciproque dont
l'aurore a paru sur ce sol malheureux », déclare-t-il. Désormais, elle
« travaillera à ce rapprochement des âmes qui est la condition de
l'avenir ». De Gaulle continue de ménager officiellement ce « corps

dévoué, discipliné et désintéressé », mais il faut savoir qu'il a affirmé nettement au général Zeller, quelques jours plus tôt, que l'armée ne devait être qu'un « instrument [1] ».

Enfin, de Gaulle aborde la partie essentielle de sa conférence de presse : le règlement du conflit militaire. Sachant l'ALN au bord de l'épuisement, il lance un solennel appel à la « paix des braves » : « Que ceux qui ont ouvert le feu le cessent et qu'ils retournent sans humiliation à leur famille et à leur travail. » Le général propose aux combattants de rencontrer les chefs militaires français avec « le drapeau blanc des parlementaires ». Quant aux dirigeants du FLN, ils sont invités à prendre contact avec l'ambassade de France de Tunis ou de Rabat.

Le président du Conseil reprend pratiquement le programme en trois points déjà élaborés par ses prédécesseurs : cessez-le-feu, négociations, élections. Mais la proposition venant d'un homme plébiscité par la nation semble infiniment plus crédible. Les offres de De Gaulle produisent une vive impression. Les milieux politiques se montrent presque tous unanimement favorables. Un pas décisif vient semble-t-il d'être franchi. Fidèle à ses habitudes, la presse d'Algérie ne retient de la conférence de presse que ce qui la rassure. Le FLN s'interroge. De Gaulle paraît persuadé que son offre sera bien accueillie par le GPRA, comme en témoigne cette lettre adressée à Salan le 24 octobre : « Mon cher Salan, tout va vite en ce moment, du moins en apparence, mais ce n'est pas dans le mauvais sens. L'ensemble de la nation française fait maintenant bloc sur quelques idées simples. On ne doit pas lâcher l'Algérie. Quant aux affaires politiques, statut ou non, on verra plus tard.

» Cela étant, on pourrait voir, un jour ou l'autre, l'organisation Ferhat Abbas demander à envoyer des délégués dans la métropole; en pareil cas, ces délégués ne seront pas amenés à Paris. Ils ne verront dans quelque coin de France que des représentants du commandement militaire. Ils ne seront admis à ne parler que du cessez-le-feu et ce cessez-le-feu comportera nécessairement la remise des armes des rebelles à l'autorité militaire. Je vous dis cela à vous seul, pour que vous sachiez à quoi vous en tenir. Naturellement, ne le répétez pas [2]. »

1. André Zeller, *Dialogues avec un général,* Paris, Presses de la Cité, 1974, p. 109.
2. Pièce produite au procès Salan, le 23 mai 1962.

Le GPRA ne se trompe donc pas lorsqu'il interprète la proposition du général de Gaulle comme l'exigence d'une reddition pure et simple excluant en réalité toute négociation avec la rébellion. Il estime que « le gouvernement français actuel, fidèle à la politique traditionnelle de la France, entend maintenir par la force l'Algérie dans le cadre français ». Pour le GPRA, il doit y avoir des négociations portant sur l'ensemble du problème algérien. Ferhat Abbas n'a-t-il pas déclaré au *Daily Mail,* quelques heures avant la conférence de presse du général : « Notre désir est de parler aux Français en qualité d'Algériens et non en qualité de Français... Notre but est l'indépendance. » C'est donc un refus net qu'oppose le FLN à « la paix des braves ».

Déception. La métropole avait espéré la fin des combats meurtriers, les Européens d'Algérie retenaient leur souffle et les observateurs étrangers commençaient à bien augurer des initiatives gaulliennes. Une réprobation quasi générale se manifeste dans la presse à l'égard du FLN dont on attendait au moins quelques contre-propositions. Dans l'immédiat, il convient donc de voir « avec les élus comment faire le reste ».

La fièvre électorale saisit l'Algérie. Les directives du président du Conseil ne sont pas respectées. L'armée continue de jouer un rôle capital en vue des élections législatives. Sa neutralité apparaît véritablement comme un mythe. Elle fait campagne pour les listes favorables à l'intégration. Pas de candidatures vraiment libres. On fait pression sur les uns, on décourage les autres. La bourgeoisie musulmane, très préoccupée par son avenir, numériquement minoritaire, hésite à prendre parti. Aucune candidature libérale ne se déclare. Quant aux masses populaires, elles comprennent mal la nécessité d'une seconde consultation, si bien que, le jour du vote, la participation s'élève à 64 % seulement des électeurs inscrits. Les listes favorables à l'intégration triomphent, notamment celles de l'UNR [1], qui apparaît comme le parti de l'Algérie française. « L'esprit du 13 mai » l'emporte. Les 67 élus [2] d'Algérie comptent 46 musulmans

1. L'UNR (Union pour la nouvelle République) a été constituée par Jacques Soustelle. Elle regroupe les républicains sociaux, la Convention républicaine animée par L. Delbecque et l'ancienne USRAF. Parmi ses membres les plus représentatifs : R. Frey, M. Debré, Éd. Michelet.
2. L'Algérie est privilégiée par rapport à la métropole en ce qui

et 21 Européens qui forment aussitôt à l'Assemblée un groupe particulier qui ne se fond pas avec les autres formations. Ces députés prêtent serment de faire triompher l'intégration. Pour la presse de droite, l'absence de candidatures libérales prouve que les musulmans désirent l'intégration. Mais pour la majorité des observateurs politiques, les élus d'Algérie du 30 novembre apparaissent comme des figurants. *Le Monde, la Croix, Combat, le Figaro, les Échos* regrettent l'absence de cette troisième force qui aurait pu naître si les élections s'étaient véritablement déroulées librement.

Nouvelle déception pour de Gaulle qui estime, malgré tout, pouvoir poursuivre sa politique de rénovation de l'Algérie, tout en intensifiant l'effort de guerre, puisque la paix n'est pas en vue. Dans l'immédiat, il faut rétablir l'autorité civile aux dépens de l'autorité militaire et commencer la mise en application du plan de Constantine. C'est à ces problèmes que le chef du gouvernement consacre son nouveau voyage de l'autre côté de la Méditerranée, du 3 au 6 décembre, quelques jours avant son élection à la présidence de la République. Sur place, il déplore « l'attitude des attardés de la guerre civile » qui n'ont pas compris « que la page des combats [était] tournée... et que c'est la page du progrès, de la civilisation et de la fraternité retrouvée ». Les mots restent les mots. Ils prêtent à bien des interprétations et servent à masquer la politique attentiste qui sera provisoirement la sienne.

La rumeur du départ de Salan pour la métropole courait depuis plusieurs semaines. Ce départ devient effectif le 19 décembre [1]. Paul Delouvrier le remplace en tant que délégué général et Maurice Challe, adjoint de Salan depuis déjà deux mois, prend le commandement militaire de l'Algérie. Paul Delouvrier représente désormais le gouvernement français et c'est de lui que dépendront les autorités militaires. Les officiers détenant les pouvoirs administratifs sont remplacés par des fonctionnaires civils. La métropole considère que ces mesures consacrent le retour à une situation normale, tandis qu'Alger accueille froidement ses nouveaux maîtres. Ni l'un ni l'autre n'ont été mêlés aux affaires indochinoises ni aux affaires marocaines. A Alger, on se méfie d'eux. Paul Delouvrier, haut fonc-

---

concerne sa représentativité. Alors qu'en métropole, il y a un député pour 100 000 habitants, en Algérie, on en compte un pour 48 000.

1. Pour Salan est créé un poste fantôme : inspecteur général de la Défense nationale.

tionnaire de la CECA, spécialiste des questions économiques, passe pour un libéral. Certains lui attribuent même l'étiquette de « mendésiste », ce qui signifie « bradeur » pour tout bon pied-noir. La nomination de Challe, général d'aviation, surprend et inquiète les militaires. On assure qu'il ne connaît rien au type de combat mené en Algérie et qu'il n'est pas formé aux subtilités de la guerre psychologique. Réputé gaulliste, il apparaît en plus comme le fidèle exécutant des ordres du président, bref comme « l'anti-Salan ».

Pourtant, dès son arrivée sur le sol algérien, avant même d'annoncer les programmes d'équipement résultant du plan de Constantine [1], Delouvrier déclare : « La France reste. » Quant au nouveau chef militaire d'Algérie, il s'empresse d'envoyer ses directives à l'armée. Il espère d'ici l'été 1959 asphyxier la rébellion sur la moitié du territoire algérien. Il lui appartient de prendre en main une armée qui, depuis le mois de mai, a été entraînée à se préoccuper plutôt de politique, d'administration et de propagande que du combat lui-même, ce qui a permis à l'ALN de se ressaisir.

A la fin de l'année 1958, l'armée française opère pratiquement en « champ clos ». Elle est parvenue en effet à maîtriser la frontière est et la frontière ouest grâce à la ligne Morice. Non seulement les hommes ne passent plus, mais les rebelles voient leurs difficultés s'accroître pour leur approvisionnement en armes, munitions et médicaments. D'autre part, l'armée « quadrille » une large partie du territoire, celle de l'« Algérie utile », c'est-à-dire les zones les plus densément peuplées. Les unités de secteur implantées sur place protègent les populations et veillent à la sûreté des voies de communication. De ce fait, les bandes ne se risquent plus dans les villes ni dans les villages des plaines côtières ou des vallées intérieures. Les combattants de l'ALN se sont réfugiés dans le djebel et dans les montagnes. C'est là, par conséquent, qu'il convient de les poursuivre. Mais comment ? Jusqu'alors, les opérations militaires dirigées contre eux, préparées longtemps à l'avance, mettant en action plusieurs bataillons, ont abouti le plus souvent à des échecs.

Le nouveau commandant en chef tient évidemment à continuer de combattre en « champ clos » pour étouffer l'ALN. Aussi va-t-il faire sérieusement renforcer la ligne Morice. Il entend également, non pas « exterminer tous les rebelles d'une zone, cela prendrait trop de temps », mais au moins réduire considérablement leur action

---

1. Voir chap. III : « Une guerre qui s'éternise. »

en bouleversant leur organisation. Cela lui semble possible, en mettant sur pied des unités légères spéciales, les « commandos de chasse », dont la taille équivaut à celle d'une compagnie. Ceux-ci doivent rendre la vie impossible à l'adversaire, le traquant sans répit, l'isolant de la population, faisant en sorte qu'il ne trouve plus ses refuges habituels, bref le mettant dans un état d'insécurité et d'épuisement total. Chaque opération doit se déclencher par surprise, lorsque les spécialistes du Centre de coordination interarmée [1] d'Algérie auront acquis suffisamment de renseignements sur une zone donnée. Les commandos de chasse resteront en liaison-radio constante avec le commandement et bénéficieront de l'intervention des troupes héliportées.

La formation de ces commandos pose le problème du recrutement. Le général Challe dispose de 380 000 hommes. Si on allège le « quadrillage » qui retient la plus grande partie des effectifs, les hommes de l'ALN noyauteront de nouveau les régions pacifiées. Par conséquent, il convient de maintenir le « quadrillage » là où il existe. Pour Challe, « le meilleur chasseur de fellaghas est le Français de souche nord-africaine ». Il décide donc de se servir des appelés et des engagés de souche musulmane, ainsi que des harkis, des GMS et des makhzèns. Il utilisera également à cette fin les unités prélevées dans les secteurs où la pacification est avancée. Les opérations commenceront par l'ouest et se poursuivront par l'est.

Ce plan, que l'on appellera bientôt le « plan Challe », doit aller de pair avec une politique de pacification. Le général Challe insiste sur le fait qu'il convient de rallier à la cause française les masses populaires algériennes, enjeu perpétuel du conflit.

On essaie donc de construire une Algérie nouvelle tout en intensifiant la guerre, tandis qu'à Paris les institutions de la Ve République sont mises en place. Devenu chef de l'État, de Gaulle désigne l'un des plus farouches défenseurs de l'Algérie française comme Premier ministre : Michel Debré [2]. Pas de ministère de l'Algérie.

---

1. Le CCI fonctionnait en relation étroite avec le SDECE.
2. Le gouvernement de Michel Debré comprend 4 ministres d'État : Félix Houphouët-Boigny, Louis Jacquinot, Robert Lecourt, André Malraux; 15 ministres : Edmond Michelet, garde des Sceaux, Maurice Couve de Murville aux Affaires étrangères, Jean Berthoin à l'Intérieur, Pierre Guillaumat aux Armées, Antoine Pinay aux Finances, André Boulloche à l'Éducation nationale, Robert Buron aux Travaux publics, Jean-Marcel

Le président de la République et le chef du gouvernement se réservent ce domaine, au grand désappointement de Jacques Soustelle qui reçoit le titre de ministre délégué auprès du Premier ministre. Il aura la charge des départements et territoires d'outre-mer, du Sahara et de l'énergie atomique. Mlle Nafissa Sid-Cara, député algérien, se voit nommée secrétaire d'État auprès du Premier ministre chargée des questions sociales en Algérie. Ayant choisi Michel Debré comme caution auprès des partisans de l'Algérie française, le général de Gaulle laissera son Premier ministre multiplier les déclarations favorables à l'intégration, tandis qu'il se tiendra lui-même dans une très prudente réserve par rapport au problème algérien.

Inaugurant son mandat présidentiel le 8 janvier 1959, le général déclare qu'« une place de choix est destinée à l'Algérie de demain, pacifiée et transformée... étroitement associée à la France ». Dans son message au Parlement, il affirme qu'il faut trouver une solution politique au problème algérien, en insistant sur le fait qu'elle « ne saurait procéder que du suffrage universel ».

Orientation imprécise, certes, mais qui ne va pas dans le sens de l'intégration. Des mesures de clémence à l'égard des condamnés algériens renforcent cette interprétation. Messali Hadj n'est plus astreint à résidence surveillée, Ben Bella et ses compagnons, transférés à l'île d'Aix, deviennent des « prisonniers de guerre » et ne sont plus traités comme des « droit commun ». Les condamnations à mort, dont celle de Yacef Saadi, sont commuées en travaux forcés à perpétuité. Enfin, 7 000 détenus algériens sont libérés.

Le 30 janvier, confiant dans son charisme, pourtant légèrement terni depuis octobre, fort des espoirs suscités par les premiers succès remportés par le tandem Challe-Delouvrier, le chef de l'État s'adresse au pays. Tout en déplorant la « lutte stérile » qui « se traîne encore en Algérie », il fustige ceux qui donnent dans « les slogans et rodomontades » et réitère ses propositions de paix aux rebelles. Il place sur le même plan les intransigeances du FLN et celles des « ultras » de l'Algérie française. Quelques heures plus tôt, devant la Chambre des députés, Michel Debré avait, lui aussi, réaffirmé que les offres

---

Jeanneney à l'Industrie, Roger Houdet à l'Agriculture, Paul Bacon au Travail, Pierre Sudreau à la Construction, Raymond Triboulet aux Anciens combattants, Bernard Cornut-Gentille aux PTT et Roger Frey à l'Information. Il y a aussi 6 secrétaires d'État : Mlle Sidi-Cara, MM. P. Chatenet, M. Fléchet, J. Fontanet, V. Giscard-d'Estaing et M. Maurice-Bokanowski.

faites à la rébellion restaient valables, mais il avait en même temps assuré qu'« il ne pouvait y avoir de négociations politiques ». Les réactions d'Alger ne se font pas attendre. La politique gaullienne est vivement critiquée. Les mesures de clémence du début de l'année ont été considérées comme des marques de faiblesse et comme les signes avant-coureurs d'une politique d'abandon. La déclaration du 30 janvier attise la colère des Européens d'Algérie et celle des éléments d'extrême droite de la métropole.

Malgré ses propos, qui semblent plus intégrationnistes que ceux du chef de l'État, dans la mesure où il affirme, chaque fois qu'il prend la parole, que l'Algérie doit rester française, Michel Debré est accueilli très froidement à Alger, lors du voyage d'information qu'il effectue du 8 au 12 février. Le Premier ministre, qui fait face à plusieurs manifestations d'hostilité dirigées contre de Gaulle, multiplie les propos rassurants, niant qu'il y ait la moindre discordance entre l'Élysée et Matignon. « Le pouvoir est un », affirme-t-il. Paroles d'apaisement qui ne parviennent pas à lever l'équivoque.

Rien ne semble contredire ces assertions, jusqu'à la conférence de presse du général de Gaulle, le 25 mars. Le chef de l'État n'annonce aucune mesure particulièrement nouvelle concernant l'Algérie, mais il insiste sur certains points qui permettent de penser qu'il s'est déjà rallié à une politique d'autodétermination, tout en renouvelant une fois encore son offre de cessez-le-feu. En effet, si le général évoque l'immense effort de rénovation entrepris, il manifeste l'espoir que l'Algérie restera « liée à la France ». De toute évidence ce souhait traduit un doute certain dans l'esprit du chef de l'État. Ce qui paraît désormais assuré, c'est que la France ne se maintiendra pas par la force. « L'Algérie est en question, dit-il, son destin politique apparaîtra dans... les suffrages de ses enfants. » De Gaulle annonce là, clairement, l'application du principe du droit des peuples à disposer d'eux-mêmes.

Cette fois, les équivoques semblent s'atténuer. Les propos du président de la République sont favorablement commentés, excepté par les tenants de l'Algérie française. L'extrême droite regroupe ses forces. Les éclats du député Lagaillarde témoignent du fossé qui se creuse entre Paris et Alger : « L'orientation donnée par le chef de l'État au problème algérien est mauvaise, franchement mauvaise et ne correspond nullement aux réalités historiques, humaines et politiques de nos départements... S'il y a une personnalité en Algérie, c'est celle de la France. » Le député Ahmed Djebbour déclare à l'*Écho d'Alger* : « Nous dirons ses quatre vérités au général de Gaulle. » En métropole, Mes Isorni et Tixier-Vignancour marquent leur hostilité à la politique gaullienne, lors d'une réunion des Intellectuels indépendants. Les craintes des ultras se confirment après que le député Pierre Laffont, directeur de *l'Écho d'Oran,* eut rencontré le général et publié dans son quotidien l'essentiel de l'entrevue au cours de laquelle le chef de l'État s'écria : « Ce qu'ils veulent, c'est qu'on leur rende l'Algérie de Papa, mais l'Algérie de Papa est morte et, si on ne comprend pas, on mourra avec elle. »

La tension monte chez les Européens d'Algérie. Les élections municipales d'avril assurent encore le triomphe des intégrationnistes. Les pieds-noirs vont-ils célébrer l'anniversaire du 13 mai? Les éléments les plus hostiles à de Gaulle réclament que l'on en fasse « une journée de deuil ». Les cérémonies commémoratives sont discrètes. Challe et Delouvrier évoquent « les fraternisations ». Le Premier ministre qui désire, lui aussi, célébrer cette date historique se montre sibyllin : « Les vainqueurs des journées de mai, n'est-ce pas la nation tout entière? » s'exclame-t-il en concluant une allocution radiodiffusée. Ce sont encore des paroles assez encourageantes pour les intégrationnistes que prononce Michel Debré devant l'Assemblée nationale le 4 juin. Insistant sur les réalisations économiques effectuées depuis un an et sur les nouvelles réalités politiques dues au fait que les Algériens ont obtenu la citoyenneté française à part entière, il assure que « ce qui s'élabore depuis un an... c'est l'Algérie et la France de demain, unies pour un meilleur et commun destin ». Mais, en voyage dans le Massif central, de Gaulle s'exprime sur le mode mineur par rapport à son Premier ministre : « Je ne préjuge pas de ce que sera le statut politique de demain de l'Algérie. Ceux qui le font n'expriment que leur désir. Il faut être plus modeste. Il faut vouloir opérer la transformation humaine de l'Algérie avec la France. »

De sérieux affrontements se produisent au Sénat entre le Premier ministre et MM. Defferre et Mitterrand. Le maire de Marseille s'élève avec vigueur contre Michel Debré : « Non, l'intégration n'est pas une vraie solution, c'est un slogan! » lui lance-t-il. Il demeure néanmoins persuadé que de Gaulle saura régler le problème algérien. François Mitterrand, pour sa part, défend la solution fédérale. Quant aux communistes, ils réclament, par la voix de Jacques Duclos, des négociations rapides. L'incertitude demeure.

Le second souffle du FLN.

Au début de l'année 1958, alors que son audience internationale s'affirme, la situation militaire du FLN se détériore. Les populations sont épuisées par la guerre. L'ALN est en recul. Elle ne tient que les djebels et les montagnes, faisant toutefois subir à l'armée française des pertes encore assez importantes; mais à cause du barrage électrifié établi par les Français dont les chefs du FLN ont mésestimé l'efficacité, elle est privée de son approvisionnement venant du Maroc et surtout de Tunisie, au moment où l'armement commençait à se perfectionner, les armes de guerre remplaçant les armes de chasse [1].

Ainsi, lorsque les Français ont commencé la construction de ce barrage, les populations frontalières réquisitionnées par l'armée ont demandé à leurs chefs si elles devaient participer à son édification. Il leur fut alors répondu, malgré les objurgations du colonel Ouamrane, responsable de l'armement : « Travaillez et versez-nous une quote-part du fruit de votre travail, il nous faut des ressources financières. » Les dirigeants de la rébellion continuent d'affirmer officiellement son inefficacité, mais les faits les démentent chaque jour. Le moral des combattants est au plus bas. Le CCE, qui a interrompu ses activités depuis la mort d'Abbane, ne les reprend qu'en avril 1958. Krim Belkacem dirige le département de la Guerre. Il s'affirme de plus en plus comme le chef de la rébellion. Ouamrane reste chargé de l'Armement et du Ravitaillement, Boussouf des Communications, Lamine Debaghine s'occupe des Relations extérieures, Mahmoud Chérif des Finances, Ben Tobbal de l'Intérieur, Mehri des Affaires sociales et Ferhat Abbas de l'Information. Boussouf et Ben Tobbal voient, non sans inquiétude, l'influence de Krim devenir prépondérante au sein du CCE. C'est d'ailleurs Krim qui propose en avril de créer un Comité d'organisation militaire (COM) pour diriger la lutte armée en Algérie depuis les frontières Est et Ouest. En fait ce nouvel organisme devait être divisé en deux. Le COM de la frontière Ouest était confié au colonel Boumedienne

---

1. L'ALN pouvait disposer de mitrailleuses anti-aériennes, de bazookas, de mortiers, de canons. Elle bénéficie en outre, de l'aide des déserteurs algériens de l'armée française.

et celui de la frontière est à Mohammedi Saïd. Il s'agissait avant tout,
pour eux, de coordonner les activités militaires et d'aider les wilayas
à s'adapter aux nécessités de la guerre. C'était en quelque sorte
recommencer l'expérience tentée en 1956 par Ben Bella, Boudiaf et
Mahsas.

Alors que se réorganise le commandement militaire, au cours de
ce même mois d'avril 1958, Amirouche, colonel de la wilaya III,
wilaya-pilote de la rébellion, celle des Kabyles, est averti que plusieurs des siens seraient noyautés par l'armée française. La panique
de l'espionnite saisit le colonel qui est en réalité victime d'une
immense machination des services du colonel Godard dirigeant le
secteur d'Alger Sahel. Celui-ci renvoyait dans leur wilaya des détenus FLN en leur faisant croire que plusieurs membres de ladite
wilaya étaient liés à l'armée française. Pour le prouver, on remettait
aux prisonniers libérés des lettres pour ces prétendus correspondants de l'armée française. Cela supposait évidemment une parfaite
connaissance de l'organigramme de la wilaya. Le colonel Godard
et ses services avaient pleinement réussi. Amirouche se méfie de
tout et de tous. Il redouble de méfiance à l'égard des prisonniers
français, des déserteurs, des communistes. Il interdit le recrutement,
les permissions, toute correspondance, met les combattants en état
d'alerte et procède à quantité d'arrestations. Une commission dirigée par le capitaine Ahcène, siégeant dans la forêt d'Akfadou, procède à des interrogatoires dont la violence est telle que six suspects
sur dix succombent au cours de l'instruction. Sous l'effet de la torture, les suspects donnent n'importe qui, avouent n'importe quoi, si
bien qu'Amirouche croit trouver des espions partout et s'empresse
d'alerter les wilayas voisines en dénonçant « l'organisation contre-
révolutionnaire » de la wilaya III. On baptise ce phénomène du nom
de « bleuite » par allusion aux « bleus de chauffe », auxiliaires musulmans recrutés par les Français, dans la Casbah. Amirouche,
convaincu que les hommes de la wilaya étaient réellement noyautés,
adresse alors une lettre ouverte au colonel Godard : « Vous venez
de ravaler votre honneur à celui d'un simple mouchard au service
d'une poignée de colonialistes », lui écrit-il. Amirouche n'avait pas
flairé le piège. Aussi poursuit-il durant tout l'été 1958 cette épuration qui dut faire environ deux mille morts selon les estimations du
professeur Si Smaïl, responsable du service d'information de la
wilaya III. Ce drame contribue à affaiblir l'ALN.

Pourtant à la Conférence de Tanger, réunie du 27 au 30 avril

1958, sous les instances de l'Istiqlal et du Néo-Destour, le FLN semble, du moins sur le plan international, en position de force. Le diplomate américain M. Blake a pris des contacts avec les chefs de la rébellion, les Américains, désirant alors, comme on le sait, imposer un cessez-le-feu en Algérie. A l'issue de la Conférence le FLN apparaît fort du soutien de la Tunisie et du Maroc. L'unité maghrébine sort provisoirement consolidée et la France peut redouter que cette unité ne devienne effective sur le plan militaire, ce qui risquerait d'étendre le conflit à l'ensemble de l'Afrique du Nord.

Le 13 mai inquiète les dirigeants de la rébellion. Les « fraternisations », auxquelles aucun membre du CCE ne prête foi, vont-elles faire « basculer » dans le camp français ces masses populaires désespérées prises entre les exactions de l'armée et celles du FLN? Ferhat Abbas, le plus modéré des membres du CCE, recevant en Suisse, la visite du général de Bénouville et du diplomate Geoffroy de la Tour du Pin, tous deux gaullistes, venus lui annoncer l'aube d'une ère nouvelle, demeure extrêmement sceptique. « Ce qu'ils prenaient pour un miracle n'était qu'un mirage dont notre pays était coutumier », notera-t-il dans ses Mémoires. La déclaration de Pierre Lagaillarde qui parle des fraternisations comme d'« un simple alibi dont il sera toujours facile de se débarrasser une fois acquise et consolidée la reconquête militaire » ne passe pas non plus inaperçue. Mais les masses dociles ne risquent-elles pas de se laisser prendre au mirage? Tous les Algériens ne réagissent peut-être pas comme celui-ci interviewé par le journaliste Paul-Albert Lentin après les scènes de fraternisation sur le Forum : « Nous nous sommes aperçus que, pour les Européens, la fraternisation a un sens très précis. Cela veut dire, nous faisons amis et tout recommence comme avant. »

Néanmoins l'arrivée au pouvoir du général de Gaulle constitue pour les leaders algériens un fait positif. Pour Ferhat Abbas, de Gaulle est capable de résoudre l'affaire algérienne. Pour lui, comme pour beaucoup de musulmans, il apparaît comme « la conscience de la France »; mais dès les premiers discours du général c'est la déception. De Gaulle semble se rallier à l'intégration, politique inacceptable pour le FLN. Même Ferhat Abbas déclare que « son nom devient de jour en jour davantage un symbole de ralliement pour les ultras et les colonialistes... il tourne le dos à la seule solution possible dans le monde d'aujourd'hui ». Le FLN a nettement conscience que la lutte doit être poursuivie jusqu'au bout, que c'est le seul moyen pour atteindre le but unique qu'il s'est fixé : l'indépendance. L'égalité des droits avec les Français est désormais un problème complètement dépassé. Les dirigeants de la rébellion ne se considèrent pas comme Français, mais comme Algériens. C'est pour revendiquer cette nationalité bafouée qu'ils restent fermes dans leur attitude. Ils admettent la négociation avec le gouvernement français, uniquement en posant l'indépendance comme condition préalable. Le FLN saisit déjà qu'il faudra que le gouvernement français en arrive là. C'est ce qui explique son intransigeance dans son opposition qui deviendra systématique lors de toutes les tentatives de conciliation faites par la France. Le FLN sait qu'il a le temps pour lui, qu'il y aura toujours des centaines, voire des milliers, de jeunes Algériens pour poursuivre le combat contre la colonisation. Cela pose néanmoins un problème. Celui des masses populaires. Pourront-elles poursuivre le combat et continuer longtemps d'endurer les souffrances imposées par la guerre? Si elles abandonnent la lutte, le CCE continuera d'exercer son action sur quelques poignées de terroristes qui contribueront à bouleverser la vie quotidienne de l'Algérie mais qui ne pourront pas arracher l'indépendance. L'espoir pour les dirigeants de la rébellion en juin 1958, c'est que de Gaulle accepte de négocier rapidement.

Pour intimider le gouvernement français, pour montrer sa force aux masses populaires troublées par la politique française, le FLN décide d'intensifier le terrorisme. Un communiqué du 10 juin est parfaitement explicite : « Nous sommes prêts à atteindre cette indépendance quel que puisse en être le prix... Vous devez attaquer les Français partout, dresser des embuscades en tous lieux, vous emparer de leurs armes, frapper dans toutes les occasions... et ne leur laisser aucun répit. »

Marocains et Tunisiens qui essaient de normaliser leurs rapports avec la France et pour lesquels la poursuite de la guerre en Algérie constitue un handicap dans la mesure où elle entretient l'agitation essaient alors vainement d'infléchir l'attitude du FLN lors de la conférence de Tunis. Boussouf et Belkacem, parfaitement conscients de l'évolution de leurs alliés, déclarent le 23 juin à l'agence *United Press* : « Nous avons parfaitement compris que le général de Gaulle allait tenter de nous isoler en faisant notamment au Maroc et à la Tunisie toutes les concessions qu'exige la pleine réalisation de leur indépendance retrouvée. Mais le Maghreb est un et notre réplique consiste à en témoigner par cette conférence... Plus la guerre dure, plus le fossé se creuse... La volonté d'indépendance est ancrée dans tous les cœurs et dans tous les esprits... » Pourtant le FLN est divisé. « Les politiques », avec Ferhat Abbas, se montrent prêts à écouter les conseils de modération des Tunisiens et des Marocains, tandis que les ultras avec Lamine Debaghine se rapprochent de Nasser qui soutient leur lutte avec plus de conviction. C'est pourquoi Ferhat Abbas temporise. Il déclare à Montreux le 3 juillet « qu'il faut attendre de voir plus clair dans les intentions véritables du gouvernement ». Le terrorisme s'intensifie au cours du mois d'août en Algérie comme en métropole. *El Moudjahid* affirme alors que « la guerre d'Algérie est appelée à prendre des proportions gigantesques s'il n'est pas reconnu au peuple son droit de prendre en main le destin de l'Algérie ». Il s'agit pour la rébellion de transporter la guerre sur le territoire métropolitain. La terreur constitue son arme essentielle. Elle s'en sert durant les semaines qui précèdent le référendum, référendum qui lui apparaît officiellement sans objet pour les Algériens car il ne concerne que les Français, mais dont l'enjeu lui semble extrêmement grave dans la mesure où un vote favorable pourra être interprété comme le désir des musulmans de rester français.

Si officiellement et effectivement le FLN durcit sa position, il accepte néanmoins, par l'intermédiaire de Farès et de Jean Amrouche, de prendre contact avec le gouvernement français. L'ancien président de l'Assemblée algérienne et le journaliste qui est lié avec Olivier Guichard effectuent de nombreux voyages entre Paris, la Suisse et Tunis, rencontrant Ferhat Abbas et Krim Belkacem. Ce dernier se méfie de Farès. Il fait davantage confiance à Jean Amrouche qui semble parvenir à le convaincre que de Gaulle n'est pas hostile à l'idée de l'indépendance algérienne et qu'il est prêt à reprendre le dialogue au point où l'avaient laissé les gouvernements précédents. Pour le FLN, engager des pourparlers avec de Gaulle paraît plus facile et plus prometteur qu'avec ses prédécesseurs. Pour s'affirmer en position de force, le FLN doit tenter d'apparaître comme un bloc cohérent, uni et officiellement reconnu, donc de constituer un gouvernement provisoire qui aura davantage de poids que le CCE.

Au cours des réunions de juillet et d'août qui précèdent la formation de cette instance, plusieurs points de vue sont soutenus par les membres du CCE. Ils reconnaissent tous l'efficacité de la ligne

Morice et les conséquences dramatiques que cela représente pour l'ALN. Krim, attaqué sur ce point, doit se rendre à l'évidence. Ouamrane ne se prive pas de critiquer violemment la gestion du CCE estimant qu'il n'y a eu depuis la Soummam « aucun progrès, aucune initiative », que « l'esprit révolutionnaire avait disparu chez tous, dirigeants, cadres, militaires, pour laisser place à l'embourgeoisement, à la bureaucratie et à l'arrivisme »... et que « l'avènement du général de Gaulle renforce considérablement la puissance de l'ennemi [1] ». Ben Tobbal, sans aller aussi loin, insiste lui aussi sur l'asphyxie dont est victime l'ALN.

Le problème des relations avec les États arabes et les autres États susceptibles de soutenir la cause algérienne reste au centre des débats. Krim dénonce l'attitude du Maroc et de la Tunisie qu'il juge beaucoup trop conciliante à l'égard de la France, constituant par là même un obstacle à la révolution algérienne. Ferhat Abbas, modéré, insiste sur l'audience extérieure que la cause algérienne peut conquérir. Pour lui, le FLN doit essayer de rallier la sympathie d'États non communistes tels que l'Espagne, le Portugal, la Grèce, l'Autriche, les pays scandinaves, l'Afrique du Sud, tout en ménageant les États communistes.

Dans l'immédiat et concrètement, Ouamrane et Krim proposent de porter la guerre en France, de multiplier les attentats contre les généraux français et contre les partisans de l'Algérie française. Soustelle est particulièrement visé. Enfin la création d'un gouvernement provisoire apparaît indispensable à presque tous. C'est ainsi que, le 19 septembre 1958, au cours d'une conférence de presse tenue au Caire, Ferhat Abbas annonce la dissolution du CCE et la création du Gouvernement provisoire de la République algérienne (GPRA). Apparemment le gouvernement présente une certaine unité. Il comprend les membres du second CCE, à l'exception de Ouamrane dont l'attitude a été jugée trop critique à l'égard de ses collègues. « Parvenu à maturité, le FLN a pu donner naissance au gouvernement provisoire algérien. Celui-ci de par son origine et sa vocation répond bien à sa définition en tant que gouvernement. Il se situe au-dessus des nuances partisanes, exprime la souveraineté de tout le peuple, non l'opinion de telle ou telle fraction, et se place d'emblée au niveau de l'existence étatique

1. Mohammed Harbi, *le FLN, mirage et réalité*, Éd. Jeune Afrique, 1980, p. 218-219.

internationale [1]. » C'est ainsi que l'organe officiel du FLN définit le GPRA. Comme on peut le constater, il tient à affirmer sa légitimité qui plonge ses racines à la fois dans l'adhésion des masses algériennes et dans la reconnaissance de sa représentativité diplomatique. En effet, quinze États, appartenant tous au monde afro-asiatique, l'ont immédiatement reconnu.

Le GPRA tient à donner de lui l'image d'un bloc monolithique et homogène. Sa composition révèle un subtil dosage entre « politiques » et « militaires », elle montre que le FLN passe de la lutte armée à la lutte politique proprement dite et affirme la primauté de l'« extérieur » sur l'« intérieur ». Toutefois de réelles divergences existent entre les ministres. Si la présidence a été confiée à Ferhat Abbas, il ne détient pas l'essentiel du pouvoir. Alors âgé de cinquante-neuf ans, cet ancien parlementaire français apparaît comme un politicien bourgeois et un homme de compromis, prêt à la négociation. Son prestige personnel élargit sensiblement le crédit du FLN. Sur le plan international, Ferhat Abbas est en effet un interlocuteur valable. C'est ce qui explique la fonction qu'on lui a attribuée. Avec son beau-frère Ahmed Francis, au ministère de l'Économie et des Finances, avec le juriste Yazid chargé de l'Information et le médecin Lamine Debaghine, responsable des Relations extérieures, il forme le clan des « politiques » auquel il convient également d'ajouter Abdelhamid Mehri et Tewfik El Madani.

La « départementalisation » des fonctions introduites au sein du GPRA, conçue en principe pour améliorer l'efficacité de la gestion administrative, consacre en fait l'autonomie de chaque ministre dans son département qui devient son fief personnel. Ainsi la réalité du pouvoir continue-t-elle d'appartenir au triumvirat composé de Krim Belkacem, Lakhdar Ben Tobbal et Abdelhafid Boussouf, qui ont chacun dirigé une wilaya [2] et dont le prestige reste intact chez les combattants de l'intérieur. Ils ont conservé chacun leur clientèle. Krim Belkacem, le seul rescapé des « neuf historiques », reçoit le titre de vice-président. Il détient en outre les fonctions de ministre des Forces armées. En principe la conduite de la guerre dépend de lui, mais son pouvoir n'est pas aussi exorbitant qu'on pourrait l'imaginer car Ben Tobbal et Boussouf contrôlent eux

1. *El Moudjahid,* n° 32, 20 novembre 1958.

2. Ben Tobbal a été le chef de la wilaya II de 1956 à 1957, Boussouf celui de la wilaya V à la même époque et Krim Belkacem a dirigé la wilaya III de 1954 à 1957.

aussi les forces armées par le biais de leur ministère. Ben Tobbal ministre de l'Intérieur surveille les liaisons entre les wilayas et le GPRA, ainsi que l'appareil du parti et la Fédération de France du FLN. Enfin Boussouf, ministre des Liaisons générales et des Communications, empiète à la fois sur les activités de Krim Belkacem et sur celles de Ben Tobbal.

Il convient également de rappeler que les cinq « chefs historiques » détenus en France (Ben Bella, Aït Ahmed, Rabah Bitat, Boudiaf et Khidder), quoique dans l'impossibilité effective d'exercer des fonctions ministérielles, reçoivent le titre de « ministre »; Ben Bella partage même la vice-présidence avec Krim Belkacem. Ces nominations purement honorifiques consacrent l'attachement du gouvernement à la légitimité incarnée par « les fils de la Toussaint ». Leurs conditions de détention s'améliorant, ils communiqueront de plus en plus facilement avec le GPRA. Ils seront plusieurs fois consultés, sans jamais toutefois constituer un « cabinet fantôme », comme on l'a parfois supposé. Néanmoins, ils pourront s'ériger en arbitres face aux querelles qui interviendront au sein du FLN. Leur prestige grandira auprès des masses populaires.

A peine constitué, le GPRA doit faire face non seulement aux initiatives menaçantes de la politique française [1], mais aussi à deux crises nées des initiatives des colonels qui mettent en doute sa légitimité et son efficacité.

La première de ces deux crises est le fait des colonels de l'intérieur chez lesquels l'esprit autonomiste s'était considérablement développé. Ils ont l'impression d'être abandonnés par la direction extérieure qu'ils rendent responsable de la dramatique situation de l'ALN. A l'initiative d'Amirouche, une réunion interwilaya se tient dans le Constantinois du 6 au 12 décembre 1958. Elle rassemble, outre Amirouche, les colonels Lakhar (Aurès), Si M'Hamed (Algérois) et Si Haouès (Sud). Amirouche dresse un véritable réquisitoire contre le GPRA, accusé d'apporter une aide insuffisante aux combattants et pour leur approvisionnement en armes, en munitions, et en médicaments, il l'accuse en outre de négliger la lutte armée au profit de l'action diplomatique. Il exige le retour au principe fixé par le Congrès de la Soummam de la primauté de l'« intérieur » sur l'« extérieur ». Toujours sous le coup de la « bleuite », il souhaite une « purification nationale » à l'image de

1. Voir troisième partie, chap. i.

celle qu'il a fait subir à sa wilaya. Encouragé par les chefs des autres wilayas, Amirouche décide de se rendre à Tunis pour faire part de ses doléances à la direction exécutive du FLN. Une crise entre l'« intérieur » et l'« extérieur » allait s'ouvrir lorsque Amirouche fut tué, le 29 mars 1959, avec Si Haouès, à la suite d'un accrochage avec l'armée française [1].

Tandis qu'Amirouche accumule les griefs contre le GPRA, plusieurs officiers de l'« extérieur » mettent en cause la légitimité du gouvernement. Quatre colonels, Amouri, Nouaoura, Aouchira et Bouglès, bénéficiant de la complicité de plusieurs officiers de l'ALN, fomentent un véritable putsch militaire. Ils projettent, probablement avec l'aide de Nasser, de prendre le pouvoir et de destituer le GPRA. Il s'agit pour eux d'étendre le conflit algéro-français à la Tunisie. Réunis au Kef, dans la nuit du 16 au 17 novembre 1958 pour mettre la dernière main aux préparatifs de leur entreprise, ils sont arrêtés, leur tentative ayant été dénoncée aux services de Boussouf. Les coupables sont traduits devant un tribunal révolutionnaire, à la présidence duquel se distingue un jeune colonel au visage d'ascète, Houari Boumedienne. Les quatre responsables sont exécutés dans la nuit du 15 au 16 mars 1959. Les comparses sont emprisonnés après avoir subi la torture. Ils seront relâchés en 1960.

Les dissensions sont de plus en plus vives au sein du GPRA menacé. Le triumvirat uni contre les « politiques » est divisé par des rivalités personnelles auxquelles s'ajoutent des rivalités de clans, chacun des « 3 B » ayant, comme on le sait, sa propre clientèle. Entre eux, la lutte est rude pour le *leadership* que Krim Belkacem revendique au nom de l'Histoire et que Ben Tobbal et Boussouf voudraient détenir.

Au printemps de 1959, la situation militaire est critique pour l'ALN. Seule, l'action diplomatique permettra à l'Algérie de parvenir à l'indépendance. Le triumvirat ne peut donc éliminer les « politiques » qui ont entamé une action profitable au FLN sur le plan international alors que le plan Challe réduit considérablement le potentiel militaire de l'ALN et dévaste villages et mechtas. L'année 1959 est assurément la plus sombre de toute la guerre pour le FLN. La coupure s'accentue entre les forces de l'intérieur et celles de l'extérieur.

1. Il y a tout lieu de penser qu'Amirouche fut dénoncé par certains amis des victimes de ses purges.

2

Le grand tournant

Un choix décisif : l'autodétermination.

L'activité politique ne se ralentit guère durant l'été 1959. Les préoccupations demeurent centrées sur l'Algérie comme à l'accoutumée depuis bientôt cinq ans. « La guerre continue, développant chaque jour ses conséquences absurdes... une guerre qui n'ose pas dire son nom et qui va de pair avec une entreprise de pacification et de promotion qu'elle rend trop souvent impossible. Parce que c'est la guerre, des soldats... tombent tous les jours, mais parce que ce n'est pas la guerre, ils ne sont pas « morts au champ d'honneur »... parce que c'est la guerre, la durée du service militaire a été prolongée de six mois... des douars entiers sont arrachés à leurs maigres terres et parqués dans les camps où s'aggravent leur dénuement et leur faim. [Parce que c'est la guerre]... les industriels sont pressés — contre forte récompense — d'orienter leurs investissements vers l'Algérie... Parce que c'est la guerre... toutes les libertées... sont supprimées en Algérie,... compromises en France... Mais parce que ce n'est pas la guerre, on apprend aux jeunes musulmans à chérir la France comme leur unique patrie [1]. » Selon un sondage dont les résultats sont peu ébruités, les deux tiers des métropolitains seraient favorables à une négociation avec le FLN. Pour les Européens d'Algérie, comme pour l'armée, la négociation signifie l'abandon. Sur le plan international, la guerre d'Algérie affaiblit considérablement la France alors que de Gaulle souhaite lui redonner une place de choix parmi les grandes puissances. Cet échec paraît encore plus manifeste au moment où un rapprochement s'esquisse entre l'Est et l'Ouest. Le conflit algérien constitue une source d'inquiétude pour les Américains qui redoutent de voir

---

1. Sirius, « La guerre continue », *Le Monde,* 26 août 1959.

les dirigeants de la rébellion se tourner vers les pays de l'Est, et tout particulièrement vers la Chine. L'ensemble du monde arabe apparaît comme un enjeu précieux pour la puissance américaine. Ses experts viennent de révéler l'importance des richesses pétrolières de Libye. Or, si les Français poursuivent leur guerre coloniale, ils déconsidèrent le bloc occidental et les Américains ne veulent être gênés ni dans leurs relations diplomatiques ni dans leurs ambitions économiques par une France destabilisant l'Afrique. Ils ont tout intérêt à la fin des combats. Au début du mois d'août, seize parlementaires américains, souhaitant une paix négociée dans les plus brefs délais, demandent au président Eisenhower que le gouvernement américain « prenne l'initiative de provoquer une solution équitable au conflit algérien ». Le général de Gaulle et Ferhat Abbas reçoivent chacun une copie de la lettre. On pense donc que la visite que rendra le président des États-Unis à de Gaulle au début du mois de septembre aura pour but d'imprimer de nouvelles initiatives à sa politique algérienne. La France risque de se voir imposer une solution par son puissant allié.

En outre, l'affaire algérienne doit être encore évoquée lors de la session d'automne de l'ONU. La cause du FLN sera vraisemblablement mieux soutenue que les années précédentes. On peut s'en rendre compte dès le 10 août, à l'issue de la Conférence interafricaine de Monrovia qui réunit les neuf[1] pays indépendants d'Afrique. Pour la première fois, le FLN participe en tant que représentant à une conférence internationale[1]. Il s'agit donc d'une reconnaissance explicite de la représentation du FLN. A Monrovia le Ghana a promis de persuader les pays du Commonwealth de voter contre la France, à l'ONU, ou tout au moins de s'abstenir. Avant de se séparer, les représentants africains ont décidé d'acheter des armes pour venir en aide au FLN. Ils ont voté une motion engageant la France « à reconnaître le droit du peuple algérien à l'autodétermination et à l'indépendance, à mettre un terme aux hostilités, à retirer ses troupes d'Algérie et à rentrer en négociation avec le GPRA... ». Le GPRA répète d'ailleurs à qui veut l'entendre qu'il n'y aura pas de cessez-le-feu tant que des négociations politiques ne seront pas engagées avec les Français. L'audience du FLN s'affirme donc. Il accentue son activité diplomatique. N'est-il pas

1. A Bandoeng en 1955 et à Accra en 1958, il n'avait été admis que comme observateur.

significatif à cet égard de noter la création d'un « comité pour
l'Algérie » à la Chambre des Communes, chez nos alliés britanniques?

Au cours de cet été 1959, le général de Gaulle amorce un tournant capital de sa politique algérienne. En juillet, rencontrant le
secrétaire des Nations unies, D. Hammarskjoeld, le président de la
République lui confie qu'il « déploie tous ses efforts pour en terminer avec la guerre civile en Algérie, parce que cette guerre paralyse
l'œuvre de développement économique et financier que [la France
voudrait] accomplir au bénéfice de ce territoire ». Il aurait également dit à son interlocuteur qu'il souhaitait mettre l'Algérie en état
d'autodétermination. On attend donc une initiative du chef de
l'État. Tout laisse supposer que cette initiative ira dans le sens
d'une politique libérale. Pourtant, le Premier ministre prononce un
discours à l'Ile-Bouchard dans lequel il affirme que « la destinée de
la France est accrochée à la destinée algérienne » et « qu'il y va de
notre sécurité, de nos possibilités d'indépendance économique ». La
classe politique française est de nouveau plongée dans la perplexité.
De Gaulle laisse parler son Premier ministre. Il se considère comme
le seul maître des destinées de l'Algérie. Le dossier algérien est
néanmoins examiné au Conseil des ministres le 12 août et le chef
de l'État demande à chacun des participants de lui faire part de
son avis, lors du Conseil du 26, qui précédera de quelques heures
le prochain voyage qu'il doit entreprendre de l'autre côté de la
Méditerranée. Cette consultation exceptionnelle des ministres
risque-t-elle d'influencer de Gaulle? On peut sincèrement en douter,
car il semble qu'il ait su à l'avance ce que chacun allait déclarer.

Michel Debré, beaucoup plus nuancé qu'à l'Ile-Bouchard, ne
souhaite pas fixer dans l'immédiat un statut pour l'Algérie, estimant
que la population devait se prononcer elle-même beaucoup plus
tard. Trois tendances se dégagent toutefois au sein de ce Conseil.
La plupart des ministres se rallient au vœu du chef du gouvernement. Un second groupe représenté par Boulloche, Sudreau et
Bacon réclame une « initiative », Bacon insistant sur la nécessité
de la reconnaissance de la personnalité algérienne. Un troisième
groupe enfin, avec Guillaumat, Cornut-Gentille et Soustelle, défend
une option différente. Soustelle, qui demeure le fervent défenseur de
l'intégration, reproche au gouvernement de poser le problème du
statut de l'Algérie, alors que pour lui, le référendum de 1958 a
prouvé que l'Algérie faisait partie intégrante de la France. Il redoute,

d'autre part, que la France ne fasse les frais d'un rapprochement Est-Ouest. Aucune discussion n'a suivi le Conseil, aucune indiscrétion ne semble avoir filtré à l'issue de la réunion. De Gaulle s'envole pour l'Algérie, ayant déjà préparé les allocutions qu'il prononcera devant les officiers et les populations. En effet, lorsqu'il a écouté ses ministres, il était déjà en possession d'une note importante rédigée par ses proches collaborateurs, en particulier par Bernard Tricot [1]. Ceux-ci sont partis de l'analyse des conditions d'un éventuel cessez-le-feu. Ou bien des bandes rebelles se rendaient individuellement, et la guerre se poursuivait tant qu'elles ne s'étaient pas toutes rendues, ou bien l'ALN était totalement écrasée et il y avait une reddition générale. La seconde solution paraissait tout à fait improbable, car le FLN aurait toujours pu mettre sur pied quelques bandes armées. Le FLN, avant tout « force révolutionnaire peu sensible au destin individuel des hommes », n'avait aucune raison de demander un cessez-le-feu. Il était improbable qu'il pût se reconnaître vaincu. La guerre pouvait donc durer indéfiniment. Selon les collaborateurs de De Gaulle, le GPRA, ne demanderait le cessez-le-feu que dans la mesure où il serait persuadé que « la paix lui permettrait d'atteindre ses objectifs par la voie politique ». Dans ces conditions, « le cessez-le-feu ne pouvait pas être une conclusion mais une étape » qui permettrait d'entamer une période où la lutte passerait sur le plan politique. La note suggérait enfin de consulter les Algériens par référendum pour qu'un statut fût accordé à l'Algérie. La solution de l'indépendance ne devait pas être exclue. Le terme d'autodétermination n'était pas mentionné dans le rapport, mais c'était bien l'idée qui s'en dégageait.

Officiellement, le voyage du général de Gaulle se présente comme une tournée d'inspection militaire. En réalité, il s'agit pour le chef de l'État de s'assurer de la fidélité de l'armée et surtout de lui faire admettre un nouveau principe, celui de l'autodétermination. Son périple conduit de Gaulle sur les principaux théâtres des opérations : la région d'Orléansville, celle de Sétif, le Constantinois et enfin en Kabylie, sur le col de Chellata dans le Djurdjura, là où le général Challe a établi son PC, dit « PC Artois » : « Rencontre grandiose... de tout l'appareil technique d'une armée moderne et d'un paysage montagnard vaste et sévère », dira Bernard Tricot. Partout

1. Le passage qui suit est emprunté à B. Tricot, *Les Sentiers de la paix en Algérie (1958-1962)*, Plon, 1972.

où il passe, de Gaulle s'efforce d'entrer en contact avec la population musulmane. Il rappellera lui-même que « les paysans... se tenaient pleins de déférence, mais muets et impénétrables ». A Tizi-Ouzou, « en dépit de force haut-parleurs... personne n'était là pour saluer [son] arrivée »; il racontera également comment un petit secrétaire de mairie d'un village kabyle lui murmura timidement : « Mon général, ne vous y laissez pas prendre! Tout le monde ici veut l'indépendance [1]. »

Le thème de l'autodétermination revient constamment dans les courtes allocutions qu'il prononce ici et là : « Sans le vœu des Algériens, la France ne peut rien faire. » « La France ne peut rester que si les Algériens le souhaitent. » « Il faudra que les Algériens se déterminent eux-mêmes et librement, cela est nécessaire. » Convaincre les militaires s'avère difficile. De Gaulle mesure parfaitement la force de l'armée française en opération, force considérable par rapport à celle de l'ALN; 400 000 hommes maintiennent la sécurité et gardent les barrages frontaliers tandis que 40 000 hommes de troupe de choc, parmi lesquels se trouvent des rebelles ralliés, poursuivent le combat contre les fellaghas. Le rôle des troupes de choc inquiète le général : « Il s'agit d'une sorte de croisade où se cultivent et s'affirment, dans un milieu tenu à l'écart, les valeurs propres au risque et à l'action... Combien il pourrait être tentant pour l'ambition dévoyée d'un chef de s'en faire un jour un instrument pour l'aventure [2]. » C'est à ceux-là en particulier que de Gaulle s'adresse, après avoir à maintes reprises remis en place généraux et officiers qui voulaient encore lui faire admettre le principe de l'intégration. Il s'efforce de leur montrer que l'affaire algérienne n'est pas seulement militaire, mais aussi et surtout politique : « Nous n'aurons jamais [les Algériens d'accord avec nous] que s'ils le veulent eux-mêmes... L'ère de l'administration par les Européens est révolue... Nous ne devons agir en Algérie que pour l'Algérie et avec l'Algérie de telle sorte que le monde le comprenne... », leur dit-il, annonçant ainsi le recours à l'autodétermination. L'armée devra se plier aux ordres du chef de l'État. « Vous n'êtes pas l'armée pour l'armée. Vous êtes l'armée de la France. Vous n'existez que par elle, pour elle et à son service. Or celui que je suis, à son échelon, avec ses responsabilités, doit être obéi par l'armée pour que la France vive. » Langage de chef.

1. *Mémoires d'Espoir*, « Le renouveau », p. 78.
2. *Ibid.*, p. 79.

Après le départ du président, les divisions de l'armée commencent à se manifester. Si l'équipe de Gambiez à Oran et celle d'Olié à Constantine se montrent pleinement d'accord avec sa politique, il n'en est pas de même pour l'entourage de Massu à Alger. Challe, averti par de Gaulle lui-même du contenu de la déclaration qu'il prononcera quelques jours plus tard, s'est inquiété de ce qu'il devait dire à ses hommes. Quel sera désormais le sens des combats? On ne peut pas se battre pour imposer l'autodétermination. Certains officiers voient, dans la tâche de pacification qui leur incombe, une sorte de dépréciation de l'action militaire. D'autres encore imaginent que ces déclarations sont prononcées essentiellement pour satisfaire les Américains, à la veille de la rencontre de Gaulle-Eisenhower.

La tension monte chez les partisans de l'intégration, en Algérie comme en métropole. Georges Bidault n'hésite pas à écrire le 2 septembre dans *Carrefour* : « Le nouveau cheval de bataille du défaitisme : l'autodétermination. » Le maréchal Juin a manifesté publiquement son inquiétude. De leur côté, les communistes dénoncent la reconnaissance du droit à l'autodétermination comme une « manœuvre purement démagogique », tandis que l'Union de la gauche socialiste réclame des négociations politiques. Bientôt, les révélations faites au *New York Times* par J. Hagerty, chef des services de presse de la Maison Blanche, après le tête-à-tête de Gaulle-Eisenhower, laissent entendre que le général emprunte la voie qu'il a tracée lors de son récent voyage.

Le 16 septembre 1959, de Gaulle dissipe enfin les équivoques. Son allocution, l'une des plus longues qu'il ait jamais consacrées à l'Algérie, renouvelle les données du problème.

Après avoir rappelé l'immense effort accompli par la France et après avoir rendu hommage à l'armée, le chef de l'État propose de mener la pacification à son terme. La paix sera effective lorsque « les attentats n'auront pas coûté la vie à 200 personnes par an », déclare-t-il. Une fois la paix rétablie, s'ouvrira alors une période transitoire qui n'excédera pas quatre années, à l'issue desquelles les Algériens « en tant qu'individus » seront appelés à « décider de leur destin... librement... en connaissance de cause », par le recours à l'autodétermination. Trois solutions leur seront proposées : la sécession, la francisation ou l'association.

Pour le général, « la sécession entraînerait une misère épouvantable, un affreux chaos politique, l'égorgement généralisé et bientôt la dictature belliqueuse des communistes ». Il admet parfaitement la francisation, tout en évoquant pourtant cette possibilité sans la moindre chaleur. De toute évidence, sa préférence va au « gouvernement des Algériens par les Algériens, appuyé sur l'aide de la France et en union étroite avec elle ».

Ce discours, d'une importance capitale dans l'évolution de l'affaire algérienne, rompt avec la politique traditionnelle de la France. Il proclame en effet la fin du régime colonial. La personnalité algérienne est officiellement reconnue; la nation algérienne, qui demeure encore une nation en devenir, pourra jouir du droit des peuples à disposer d'eux-mêmes, principe que certains États européens ont difficilement admis jusqu'au début du XXe siècle, principe inscrit dans le préambule de la Constitution de la IVe République mais resté lettre morte, principe dont la reconnaissance était réclamée par Bourguiba en août 1957 à l'ONU et exigée par le GPRA, comme base à tous pourparlers. Ainsi, la souveraineté française en Algérie se trouve-t-elle déléguée au peuple algérien. Pour de Gaulle, il s'agit de donner la parole à ceux qui se sont tus et qui continuent de se taire par crainte des représailles du FLN ou de celles des Européens. Il espère voir émerger cette troisième force qui n'a pu se dégager aux législatives de 1958 et qui finalement ne se révélera jamais.

Le recours à l'autodétermination permet de ce fait, pour la première fois, d'envisager l'indépendance, malgré l'évocation apocalyptique faite par le chef de l'État. Le principe est désormais admis. L'indépendance devient possible. Quant à la solution souhaitée par le général de Gaulle, l'association, elle apparaît comme une proposition neuve, tout en restant, comme on sait, dans la ligne de la pensée gaullienne.

Malgré les aspects positifs apportés par cette déclaration, un certain nombre de problèmes se posent. La pacification risque de durer indéfiniment. C'est finalement le président de la République qui se réserve le choix de la date à laquelle il la considérera comme achevée. Les passions risquent de s'exacerber dangereusement pendant le laps de temps qui s'écoulera jusqu'au référendum d'autodétermination. Enfin, de Gaulle évite les négociations avec le GPRA qu'il refuse de reconnaître comme le représentant véritable des Algériens. En attendant, la guerre continue.

Le discours du chef de l'État rassure la majorité des formations politiques métropolitaines, tout en suscitant quelques oppositions.

Le MRP, les radicaux, l'Union démocratique du travail [1], se rallient pleinement à l'autodétermination. Si l'ensemble des gaullistes de l'UNR approuve cette nouvelle politique, les partisans de l'intégration veulent que la majorité du parti se prononce pour elle, ce qui n'aura pas lieu. La réélection de Louis Terrenoire à la présidence du groupe parlementaire (110 voix) contre Souchal partisan de l'Algérie française (57 voix) indique nettement l'orientation du mouvement. Des divergences graves éclatent au grand jour parmi les gaullistes. Les indépendants, eux aussi, se divisent; les uns suivent Roger Duchet, partisan de l'intégration, les autres Paul Reynaud qui soutient la politique de De Gaulle. Dès le 19 septembre, se crée à Paris le Rassemblement pour l'Algérie française, héritier de l'USRAF auquel adhèrent immédiatement plusieurs députés intégrationnistes [2]. A gauche, la SFIO réclame des négociations avant le cessez-le-feu; enfin, le parti communiste réagit violemment dans un premier temps, accusant le général de Gaulle d'abuser du pouvoir personnel en « engageant la nation sur les questions vitales pour son avenir » et en lui reprochant d'entraîner les peuples « dans une guerre longue ». Il changera de ton lorsque s'annoncera la visite de M. Krouchtchev à Paris. A l'étranger, l'initiative est dans l'ensemble bien accueillie. Le président des États-Unis se déclare « réconforté » par ces paroles. La délégation américaine à l'ONU « espère qu'aucune action ne sera entreprise ici qui serait de nature à faire obstacle à la mise en œuvre d'une solution juste et pacifique pour l'Algérie ». La Grande-Bretagne assure la France de son soutien. On observe la même attitude dans les capitales européennes. Les Soviétiques ne se prononcent pas. Quant aux pays afro-asiatiques, ils restent divisés. M. Bourguiba rend hommage au général de Gaulle et s'empresse de réunir à Tunis une conférence nord-africaine à l'échelon gouvernemental, pour faire pression sur le FLN, afin que celui-ci considère sérieusement les propositions du président de la République française. Le Maroc ne se prononce pas. La Guinée et l'Arabie Saoudite se déchaînent à l'ONU contre la politique française. Pour les représentants de ces deux États, seul un référendum organisé par l'ONU assurerait un vote normal pour

1. Il s'agit de l'UDT, constituée en avril 1959. Elle rassemble les gaullistes de gauche.
2. On relève en particulier les noms de Lacoste-Lareymondie, R. Duchet (indépendants); G. Bidault (MRP); P. Arrighi, Biaggi, Thomazo (UNR); Vinciguerra, Lauriol, Marçais, A. Djebbour (élus algériens).

les populations algériennes. Enfin Nasser affirme que le peuple algérien finira par vaincre les forces françaises et leurs alliés de l'OTAN.

Et en Algérie? Si les réactions musulmanes restent difficiles à apprécier, celles des Européens se manifestent au grand jour. La minorité libérale s'affirme satisfaite, mais n'oublions pas qu'elle n'a pratiquement aucun poids. *L'Écho d'Alger* s'inquiète des intentions du général de Gaulle : « Une aventure commence dont nul ne saurait prédire l'issue. » Le MP 13 [1] comprend que « l'indépendance est préparée ». Les attentats et les embuscades du FLN s'intensifient. L'armée, pour sa part, admet l'autodétermination dans la mesure où celle-ci permettra à la France de se maintenir en Algérie; elle décide donc de jouer la francisation. Elle redoute par-dessus tout la négociation avec le FLN qui lui donnerait l'impression d'une défaite. L'ordre du jour du général Challe, le 22 septembre, élude les difficultés. « La lutte contre la rébellion va encore s'intensifier jusqu'à la pacification intégrale. » Challe met au point un plan qui restera pratiquement secret. Il estime toujours que la victoire militaire sur les rebelles constitue la meilleure chance pour la France. Aussi envisage-t-il de poursuivre l'action militaire, comme il l'a entreprise quelques mois plus tôt en « nettoyant les djebels » et en renforçant le quadrillage, ce qui nécessite évidemment un nombre d'hommes considérable, détail qui semble peu préoccuper le général. L'idée majeure de ce plan consiste surtout à « faire prendre la guerre à son compte par la population musulmane », afin d'isoler les rebelles.

Quelle peut être alors la réaction du GPRA? Les ministres se sont retirés dans la villa du Belvédère à Tunis. Ils ont demandé le texte de la Constitution de 1958, celui du discours de Mendès France à Carthage en 1954. Ils ont accumulé les extraits de presse relatant les diverses interprétations de la déclaration du 16 septembre. Le président Bourguiba les presse d'engager le dialogue avec la France, tandis que Nasser leur prêche l'intransigeance. Le GPRA est en réalité placé devant un dilemme.

La première solution consiste à continuer les combats pour arracher l'indépendance, tout en risquant la désapprobation d'une large partie de l'opinion internationale. La seconde solution consiste à admettre le recours au suffrage universel, en vertu du principe de

1. Le MP 13 : Mouvement populaire du 13 mai fondé par le colon activiste Martel à la suite des événements de mai 1958.

l'autodétermination. Dans ces conditions, le GPRA n'a plus de raison d'exister, puisque les Algériens sont appelés à choisir eux-mêmes un statut. Cette acceptation impliquerait donc la dissolution du GPRA. D'autre part, si le cessez-le-feu est décrété, sera-t-il ou non respecté dans les maquis? Les membres du gouvernement provisoire sont eux-mêmes divisés, les « politiques » craignent d'être taxés de faiblesse.

Aussi la déclaration du 28 septembre émanant des dirigeants de la rébellion reste-t-elle dilatoire. Si le GPRA admet la reconnaissance du droit à l'autodétermination, il affirme qu'« elle n'est possible que parce que le FLN et l'ALN poursuivent... le combat libérateur ». Il refuse de subordonner le choix du peuple algérien à la consultation du peuple français. Il pose solennellement le principe de l'intégrité du territoire national, il refuse la poursuite de la pacification et considère que la paix ne peut se conclure qu'après une négociation directe entre les deux gouvernements, ce qui implique la reconnaissance du GPRA.

Le seul point positif que l'on retire de cette déclaration vient du fait que le FLN a admis l'autodétermination avant l'indépendance, rompant ainsi avec la politique qui avait été jusque-là la sienne.

Le gouvernement français n'entend pas rester dans l'impasse et multiplie les offres de cessez-le-feu. Dans les semaines qui suivent, M. Couve de Murville déclare à la CBS le 11 octobre : « Nous avons proposé à tous ceux qui se battent de cesser le feu et nous sommes disposés à discuter de ce cessez-le-feu avec tous ceux qui se battent, cela signifie avec les gens du FLN. » Le 13 octobre, Michel Debré réitère ces propositions devant l'Assemblée nationale : « Les instructions nécessaires ont été données par le gouvernement de la République, pour que puissent être discutées, à tout moment et selon ce qui a été dit, les modalités du cessez-le-feu, avec tout ce qu'il doit comporter pour un abandon réel de la violence... » Enfin, de Gaulle lui-même, le 10 novembre, lors d'une importante conférence de presse, après avoir confirmé l'essentiel de sa déclaration du 16 septembre, renouvelle son offre de « paix des braves », en essayant cette fois de ménager davantage la susceptibilité des combattants qu'il n'appelle d'ailleurs plus « rebelles » mais « insurgés » : « Je dis encore une fois que si les chefs de l'insurrection veulent discuter avec les autorités des conditions de la fin des combats, ils peuvent le faire. Les conditions, je le répète, seraient honorables... »

De toute évidence, le chef de l'État veut mettre fin au conflit. La conférence de presse suit une période d'intense activité diplomatique officieuse, au cours de laquelle les ambassadeurs de Rabat et de Tunis ont fait savoir aux leaders du FLN qu'ils étaient prêts à transmettre leurs demandes au gouvernement français. Mais le FLN reste extrêmement méfiant. Il voudrait avoir la garantie que la souveraineté du peuple algérien ne serait pas remise en cause, car au même moment l'armée française multiplie les déclarations affirmant que seule la France est souveraine. Ses représentants ne veulent pas venir en solliciteurs sur le territoire français. Leur réponse se fait attendre. Enfin, le 20 novembre, à la stupéfaction générale, le GPRA désigne Ben Bella et ses compagnons de prison comme interlocuteurs. Le dialogue ne s'engage pas, le général de Gaulle n'acceptant pas de semblables conditions. Il s'en expliquera dans un discours à Colmar, en précisant que son offre s'adressait aux combattants et à eux seuls.

Le FLN place ses espoirs dans le débat de l'ONU sur la question algérienne qui doit s'ouvrir le 30 novembre. Maintenant sa position, la France considère que ce problème est avant tout du ressort de la politique intérieure et que l'Assemblée de l'ONU n'a aucune compétence pour le traiter. Elle s'abstient donc de faire participer sa délégation au débat. Les représentants tunisiens s'efforcent d'aplanir les difficultés, ménageant à la fois le chef de l'État français et le GPRA. Le délégué de l'Arabie Saoudite éclate en propos violents contre la politique française. Enfin, le texte proposé par le groupe africain « priant instamment les deux parties intéressées d'engager des pourparlers afin de déterminer les conditions nécessaires à la mise en œuvre, aussitôt que possible, du droit du peuple algérien à l'autodétermination, y compris les conditions d'un cessez-le-feu », n'obtient pas la majorité des deux tiers requise. Notons toutefois que les Américains s'abstiennent de voter.

C'est, en cette fin de l'année 1959, de nouveau l'impasse.

Alors que tout espoir de cessez-le-feu paraît remis à un avenir incertain, une opposition sérieuse à la politique algérienne du général de Gaulle s'est constituée en métropole comme en Algérie. On l'a vue s'esquisser au lendemain du discours sur l'autodétermination. Elle s'amplifie et se structure dans les semaines qui suivent. L'inquiétude règne dans les milieux européens d'Algérie, malgré la réponse dilatoire du FLN, qui ranime certains espoirs. Peut-être reviendra-t-on à la politique « du tout ou rien » qu'ils appellent de leurs vœux ? L'armée poursuit les combats et assure la sécurité, par conséquent maintient la présence française. Néanmoins, les pieds-noirs ont l'impression d'avoir été dupés. Ils considèrent que, s'ils ont ramené le général de Gaulle au pouvoir, c'était pour qu'il fasse une politique d'intégration, la seule qu'ils admettent. Or, ils redoutent désormais que de Gaulle accorde l'indépendance. Ils ont largement contribué à l'effondrement de la IVe République qui voulait négocier avec les rebelles. Pourquoi ne seraient-ils pas maintenant à l'origine de la chute de la Ve ? La rupture est définitivement consommée entre les ultras d'Algérie et le général de Gaulle, qui avait pourtant tenu à se dégager de leur influence dès juin 1958. Mais les origines de son arrivée au pouvoir restent troubles. L'appui des ultras lui a été indispensable, on se chargera de le lui rappeler.

Fortes de l'appui du RAF, le 3 octobre, onze associations algéroises demandent aux députés de mettre le gouvernement en minorité pour contraindre de Gaulle à appliquer leur politique. Or, si les ultras sont d'accord sur le principe fondamental du maintien de l'Algérie française, ils ne sont pas unanimes sur le reste, ce qui affaiblit la portée de leur action. Les activistes qui se regroupent dans le MP 13 de Robert Martel, dans le MPIC [1] du Dr Lefèvre, dans le FNF [2] du cafetier Jo Ortiz, dans le FNC [3] de J.-M. Le Pen, ne limitent pas leurs ambitions au seul maintien de l'Algérie française. Pétris des théories maurrassiennes, antiparlementaires, admirateurs des systèmes fascistes, ils condamnent « le règne de la Ve République, prolongement en pire de la IVe [4] ». Ils rêvent de faire régner l'« ordre nouveau » des deux côtés de la Méditerranée. Certains d'entre eux, comme Martel, restent en rapport avec une organisation parisienne animée par le Dr Martin, ancien dirigeant du CSAR et théoricien de la Cagoule. On reparle également de la « Main rouge », d'autant plus qu'en septembre les assassins de Lemaigre-Dubreuil ont été relâchés. Les exécutants de l'affaire du bazooka sont également en liberté. Des contacts sont établis et un nouvel écheveau de complots se trame dans l'ombre.

A ces groupements activistes, dont les membres sont tous armés,

---

1. Mouvement pour l'instauration d'un ordre corporatiste.
2. Front national français.
3. Front national combattant.
4. *Salut public* du 1er octobre 1959.

on peut ajouter l'AGEA [1], l'AGELCA [2], l'UDCA [3], de M. Goutailler, l'Union royaliste algérienne de l'avocat Meningaud, le Rassemblement des Français d'Algérie de Boyer-Banse et l'Association des victimes civiles et corporelles des événements d'Algérie de M. Guiraud. Regroupent-ils quelques centaines, quelques milliers de sympathisants? Il est bien difficile d'avancer des chiffres.

A côté des « activistes », s'agitent les mouvements que l'on peut appeler « patriotiques ». S'ils vilipendent eux aussi la politique d'abandon menée par le gouvernement français, il n'est pas question pour eux d'instaurer un « ordre nouveau ». Ils cherchent à s'appuyer sur les masses musulmanes. Le Comité d'entente des anciens combattants et des cadres de réserve, rassemblant petits colons, employés et même ouvriers spécialisés, est particulièrement représentatif de cette tendance. Il a su s'attirer la sympathie de l'armée, sans laquelle les Européens ne peuvent rien. Challe, qui poursuit son plan personnel, entend développer les groupes d'autodéfense, non seulement pour en faire les auxiliaires de l'armée, mais surtout pour qu'ils constituent une force politique coordonnée. A cette fin, il a encouragé la création de la Fédération des amicales d'unités territoriales et des groupes d'autodéfense qui devait constituer « le grand parti européo-musulman, ossature de l'Algérie française nouvelle ». Pour eux tous qui se réclament de l'Algérie française, si la menace de l'indépendance se précise, c'est essentiellement la faute du gouvernement et d'une presse asservie aux partisans de « l'anti-France ». Ne risque-t-on pas de voir ces mouvements se réunir dans un sursaut désespéré, et tenter d'entraîner l'armée avec eux?

Les agissements des activistes sont surveillés. Étroitement? Sûrement pas. Des perquisitions dans ces milieux permettent de saisir des tracts et de procéder à quelques gardes à vue. Mais qui inquiète-t-on? Quelques professionnels de l'activisme, tandis que des parlementaires et des militaires qui complotent contre la sûreté de l'État sont laissés en paix. *L'Express* est saisi le 22 octobre pour avoir clairement mis en cause certains d'entre eux : les généraux Lecomte, Mirambeau et Faure.

Que se passe-t-il donc? Plusieurs complots se nouent et se

1. L'AGEA : Association générale des étudiants d'Algérie.
2. AGELCA : Association générale des élèves des lycées et collèges d'Algérie.
3. UDCA : Union des commerçants et artisans (poujadiste).

dénouent à Paris comme à Alger entre le 16 septembre et l'ouverture de la séance de la Chambre consacrée à l'Algérie, le 13 octobre. Il est prévu que, sous l'égide de Jacques Soustelle et de Léon Delbecque, une quarantaine de députés démissionneront de l'UNR, marquant ainsi leur désaccord avec la politique algérienne du gouvernement. Le Bachaga Boualam, vice-président de l'Assemblée, montera à la tribune et déposera symboliquement sa cravate de commandeur de la Légion d'honneur. Les députés indépendants, favorables à l'intégration, se joindront aux dissidents de l'UNR pour clamer leurs inquiétudes. Au même moment, à Alger, des manifestations éclateront, des attentats seront commis, certaines personnalités libérales seront menacées de mort.

Dans ce chaos, Soustelle apparaîtra comme un arbitre. De Gaulle sera forcé de constituer un gouvernement « Algérie française » ou bien de regagner Colombey. Tel est à peu près le scénario monté par un ministre, quelques parlementaires, les activistes, avec la complicité de certains éléments de l'armée.

Or qu'arrive-t-il? Le lundi 11 octobre, neuf députés UNR [1], conduits par Léon Delbecque démissionnent de leur parti. Le mercredi 13, Michel Debré expose à l'Assemblée les grandes lignes de sa politique algérienne, directement inspirée par la déclaration du général. Rien d'inattendu. Les orateurs se succèdent à la tribune et on annonce officiellement la démission de l'UNR des neuf dissidents. Le jeudi 15, grande émotion à la Chambre. Des bruits inquiétants parcourent les couloirs. Léon Delbecque annonce que bien d'autres députés vont le rejoindre. Jean-Marie Le Pen lance à la cantonade qu'il y aura quatre cents morts le lendemain à Alger. On raconte que Georges Bidault a dans sa poche la liste des membres du futur gouvernement, dans lequel entreraient L. Delbecque, P. Arrighi, ainsi que les généraux Zeller et Lecomte. Des tracts circulent, reproduisant les listes de personnalités à abattre. Ils émanent d'un « groupement des Français d'Algérie créé en 1955 au nom des victimes des terroristes ». Coup de théâtre en pleine séance! Lucien Neuwirth, secrétaire général de l'UNR, demande la parole : « Il est urgent de se ressaisir. Le drame est peut-être pour demain. Déjà les commandos de tueurs ont passé la frontière espagnole. Les personnalités à abattre sont désignées. » L'émotion est à son comble.

---

1. MM. Souchal, Arrighi, Brice, Cathala, Battesti, Grasset, Biaggi et Thomazo.

Bien des élus du peuple ne comprennent plus rien. Mais aucune démission. Le gouvernement obtient une majorité écrasante pour soutenir sa politique [1]. Un triomphe.

Quelques heures plus tard, François Mitterrand, sénateur de la Nièvre, échappe à un attentat [2] alors qu'il regagnait son domicile.

Curieusement, le calme règne à Alger, grâce à Massu qui a lancé le 13 octobre un appel aux populations, les invitant à garder leur sang-froid et les assurant que l'armée ferait respecter l'ordre. La ville blanche est plongée dans l'attente... Il ne se passera rien.

Pourquoi le complot a-t-il avorté? L'échec viendrait des militaires. Des officiers ont prévenu l'Élysée qui a pris des mesures de sécurité. Puisque l'armée n'a pas bougé, personne n'a rien entrepris. Un accord tacite semble désormais conclu entre le pouvoir et l'état-major. A condition que de Gaulle promette aux chefs militaires de poursuivre la pacification, ceux-ci resteront fidèles à la République. Aussi, une fois encore le chef de l'État va-t-il entreprendre de rassurer celle qui apparaît de moins en moins comme la « grande muette ». Paul Delouvrier s'y emploie, dès la fin du mois d'octobre, en affirmant au général Challe : « Vous pouvez dire que l'armée se bat pour que l'Algérie reste française. C'est Michel Debré qui m'a prié de vous dire cela et il confirmera par écrit. » Le délégué général sillonne l'Algérie en développant cette même idée dans chacun de ses discours. Ainsi peut-on expliquer le sens très « Algérie française » de l'instruction de Challe sur la pacification, le 10 décembre 1959. Ni le chef de l'État, ni Michel Debré, ni le ministre des Armées, ni le général Ély ne la récuseront.

Massu, toujours aussi populaire parmi les civils, multiplie les assurances selon lesquelles la politique d'autodétermination est seulement destinée à affirmer la position de la France devant l'ONU, « un mot chargé ici d'orage, mais nécessaire pour l'étranger », se

1. Votent contre le gouvernement 13 indépendants, 8 communistes, 2 non-inscrits soit 23 députés, 28 s'abstiennent. Les 60 députés algériens n'ont pas pris part au scrutin. Les UNR dissidents ont voté pour le gouvernement et 4 d'entre eux demanderont le lendemain leur réintégration à l'UNR, ce qui leur sera refusé.
2. Il s'agit de la fameuse affaire de l'Observatoire. Dans le dessein de briser la carrière politique de François Mitterrand, quelques politiciens de droite ont voulu faire croire à un faux attentat que Mitterrand aurait lui-même organisé. La lumière fut faite ultérieurement. Cf. F. Olivier Giesbert, *François Mitterrand ou la Tentation de l'histoire*, Paris, Éd. du Seuil, 1977.

plaît-il à répéter. Malgré ses objurgations, les Européens demeurent dans une expectative anxieuse. « Activistes » et « patriotes » restent sur leurs gardes, resserrent leurs rangs. La conférence de presse du 10 novembre confirme leurs inquiétudes. Le premier congrès de l'UNR, qui se rallie, malgré Soustelle, à la politique algérienne du général de Gaulle, suscite l'angoisse. De l'angoisse à la violence, le pas est vite franchi. « Il nous faut une Charlotte Corday! » s'écrient les activistes.

Les barricades.

Les ultras songent désormais à un nouveau 13 mai. Comme en 1958, les groupements activistes bénéficient de l'appui de plusieurs officiers supérieurs acquis à leurs idées; ils sont d'autre part infiniment mieux organisés que trois ans plus tôt. Le FNF du cafetier Ortiz a recruté des troupes assez considérables : trois mille hommes environ. La plupart des membres de cette milice font également partie des Unités territoriales [1]. On les voit à l'œuvre pour la première fois en décembre 1959, lorsque Georges Bidault vient à Alger tenir une série de réunions au nom du RAF [2], pour combattre la politique du général de Gaulle. Ortiz déploie à cette occasion un impressionnant service d'ordre qui lui obéit au doigt et à l'œil. Les services de sécurité d'Alger n'ignorent rien de cette concentration d'hommes armés, prêts à suivre un aventurier. Le colonel Gardes, qui dirige les Services de l'action psychologique, fervent adepte de l'intégration, a décidé de combattre l'autodétermination. Aussi rencontre-t-il fréquemment le cafetier et favorise-t-il la réunion des mouvements activistes dans un Comité d'entente des mouvements nationaux, créé, en principe, pour mieux les surveiller. Il laisse néanmoins entendre aux chefs des ultras qu'une partie de l'armée est prête à soutenir leurs manifestations.

L'année nouvelle s'ouvre en Algérie sous des auspices dramatiques. Le terrorisme s'intensifie dangereusement. La mollesse du pouvoir à l'égard des assassins fait monter la colère des Européens. Une bombe éclate dans l'atmosphère survoltée d'Alger le 18 jan-

---

1. Le capitaine Ronda, qui dirige les forces du FNF (l'OPAS), est en même temps secrétaire général des UT.
2. RAF : Rassemblement pour l'Algérie française.

vier : l'affaire Massu. Le vainqueur de la bataille d'Alger, seul général du 13 mai maintenu en Algérie, alors commandant du corps d'armée d'Alger, s'est laissé aller à des confidences inquiétantes pour l'Élysée devant un reporter de la *Suddeutsche Zeitung* de Munich. Pourtant Massu n'aime pas les journalistes. Mais celui-là est un ancien « para »!... Après quelques échanges de vue assez techniques, Massu « lâche le morceau » au sympathique Klaus Kempski qui porte, il est vrai, un petit magnétophone dissimulé dans ses vêtements. Le général ne comprend plus la politique du chef de l'État qui le déçoit profondément. Peut-être, du reste, l'armée a-t-elle eu tort de le rappeler en 1958. Il reconnaît que cette armée française « pousse les colons à se constituer en organisations paramilitaires et qu'elle approvisionne les groupements en armes ». Il laisse enfin entendre que bien des officiers n'obéiraient pas inconditionnellement au chef de l'État.

Alertés les premiers, Challe et Delouvrier s'empressent d'apporter un démenti à l'interview, dans la nuit du 18 au 19; Massu, lui, ne mesurant pas la gravité de ses propos, a refusé de le faire. C'était, en effet, le général Challe qui lui avait demandé de s'entretenir avec K. Kempski. A lui donc de se débrouiller. On n'en reste pas là. Massu est immédiatement convoqué à Paris. Il rédige alors, chez le ministre des Armées, un second démenti, assez curieux, en vérité, qui se termine par une sorte de serment d'allégeance au général Challe « dont le prestige et la loyauté à l'égard du chef de l'État ne peuvent faire de doute ». Affaire classée? Massu le pense. Les Français d'Algérie se montrent plutôt satisfaits qu'un certain nombre de vérités soient connues grâce à un quotidien allemand. Coup de théâtre : Massu ne fera pas partie à l'Élysée de la conférence du 22 consacrée à l'Algérie. Il est destitué de ses fonctions et remplacé par le général Crépin. Avec un manque de perspicacité évident, il se prend pour « la victime d'une lamentable machination » lorsqu'il gravit les marches de l'Élysée le 23 pour un « entretien historique » avec le chef de l'État [1]. Dialogue de sourds dont les éclats violents parviennent pourtant jusqu'au bureau des aides de camp.

« *Massu* : L'autodétermination,... nous savons qu'elle n'est pas applicable à l'Algérie.

De Gaulle : La solution politique, je ne la connais pas encore. Mais s'ils ne veulent pas de nous, qu'ils nous quittent : qui vous dit

---

1. J. Massu, *Le Torrent et la Digue,* Plon, 1972, p. 310.

que je ne ferai pas savoir mon choix quand le moment sera venu? Je suis celui qui a le plus fait pour les musulmans. Il n'y a que moi qui puisse sauver l'Algérie. La France ne supportera pas d'avoir 500 000 de ses enfants pendant 50 ans en Algérie [1]. »

« Quel *beans* », soupire Massu en quittant l'Élysée, après avoir subi les foudres gaulliennes pendant vingt minutes. Il téléphone aussitôt à son fidèle Argoud pour l'adjurer de maintenir l'ordre. Le pourra-t-il?

Massu se prétendait « le couvercle de la marmite qui contient le bouillonnement algérois ». Or le couvercle vient de sauter et la température est montée à Alger depuis le 19 janvier. Ce jour-là, de Gaulle a reçu M. Lauriol et le député algérien Laradji. Le chef de l'État ne leur a pas fait mystère de son hostilité au principe de l'intégration. Il a évoqué un partage de l'Algérie. A Laradji s'écriant « Mais, mon général, nous souffrirons! » il a répondu « Eh bien! vous souffrirez. » Les révélations des députés ont semé la panique chez les Européens. La Fédération des maires de l'Algérois a voté une motion condamnant la politique du général de Gaulle. Lagaillarde a déclaré que « l'autodétermination était un crime » et que « seule la rébellion pouvait réussir ». Les attentats du FLN harcèlent les populations. Les chefs des mouvements extrémistes se concertent, mais certains gardent encore quelque espoir dans les décisions qui peuvent être prises sous la pression de Delouvrier, de Challe et surtout de Massu, lors de la conférence du 22 janvier. L'annonce de la destitution de Massu fait exploser la colère.

A l'Élysée, Challe et Delouvrier, qui pressentent des événements dramatiques, s'efforcent en vain de demander le retour du commandant du corps d'armée d'Alger. De Gaulle reste inflexible. Devant le chef de l'État, ils expriment le désarroi qui s'est emparé de la population européenne, son angoisse de l'abandon. Ils montrent le danger que représente une force comme le FNF. Ils exposent le malaise de l'armée qui va grandissant. Pour de Gaulle, il n'est pas question, un seul instant, de revenir sur les principes de sa politique. Pour répondre aux vœux de ses interlocuteurs, il consent pourtant à leur affirmer qu'il n'y aurait pas de négociations politiques avec le GPRA et que des tribunaux spéciaux seraient créés pour juger les terroristes. Il accorde enfin les pleins pouvoirs à Challe et à Delouvrier qui s'envolent vers Alger en proie aux plus vives inquiétudes.

---

1. J. Massu, *ibid.,* p. 311, 312, 313.

Le premier soin de Delouvrier, le samedi matin 23 janvier, consiste à lancer un appel au calme, tout en annonçant les mesures prises lors de la conférence de la veille. Ses paroles rassurantes restent sans écho. Les chefs des mouvements mettent la main aux ultimes préparatifs pour le dimanche 24. Est-ce un nouveau 13 mai? Peut-être. Depuis le 22, le FNF a proclamé l'état d'alerte. Ortiz et Lagaillarde ont chacun leur plan. Pour le député à la barbe rousse, il s'agit de s'enfermer dans les facultés et d'organiser militairement un véritable camp retranché sur lequel l'armée refusera de tirer. Il créera là le fait révolutionnaire. Au bout de quelques jours un Comité de salut public se constituera et l'armée deviendra l'arbitre entre Paris et la révolution d'Alger.

Pour Ortiz, une immense manifestation en faveur de l'Algérie française se terminera par la prise des édifices publics. De Gaulle devra changer sa politique sous la pression de l'insurrection d'Alger.

Si Lagaillarde ne dispose que d'un groupe de jeunes « nervis », Ortiz peut compter sur l'OPAS, c'est-à-dire les troupes du FNF, mais aussi sur l'interfédération des UT.

A l'angle du boulevard Laferrière et de la rue Charles-Péguy, le siège des UT est devenu le PC Ortiz. Le cafetier caresse l'espoir d'être soutenu par l'armée. En effet, le colonel Gardes est bien le créateur de l'interfédération des UT, mais son « zèle » a été sanctionné. Il doit partir bientôt pour Saïda. Accompagné par Argoud et Filippi, en présence du général Faure, Gardes rencontre Ortiz et lui laisse entendre qu'il faut profiter du départ de Massu pour donner plus de poids à la manifestation. Ortiz voudrait qu'elle soit cautionnée par l'armée. Il n'en est pas question. Même le général Faure se montre réticent. L'armée est rassérénée par les assurances que Challe et Delouvrier ont rapportées de Paris. Argoud évoque le danger que représenterait une scission.

Challe, qui a vent de ces préparatifs, a prévu, en cas de troubles à Alger, de rappeler la 10e division de parachutistes (l'ancienne division Massu) pour maintenir l'ordre avec les escadrons de gendarmes mobiles ainsi que les CRS. Mais les paras ne risquent-ils pas de fraterniser avec les manifestants? Néanmoins c'est assurément le meilleur moyen d'éviter les effusions de sang. Le 24 janvier au matin, l'ordre de tirer est donné par écrit aux forces de l'ordre « si des violences ou voies de fait sont employées contre elles ou si elles doivent le faire pour la défense des édifices publics ».

Pendant la nuit du 23 au 24, les UT sont mobilisées prétendument sur l'ordre du colonel Gardes. A 7 h 30, le dimanche matin, Delouvrier lance sur les ondes un appel au calme et Challe un appel à l'union. Un communiqué annonce l'exécution pour le lendemain de quatre détenus appartenant au FLN.

Tôt le matin, Lagaillarde s'installe dans les facultés avec quelques compagnons revêtus de la tenue « léopard ». Ortiz, costume clair, cravate de soie et cheveu gominé, arrive dans son PC où s'affairent déjà les militants du FNF vêtus de la chemise kaki avec le brassard à croix celtique. Des armes automatiques sont disposées sur le toit. Jetée d'un avion, une pluie de tracts inonde la ville. Émanant conjointement de l'Interfédération des UT, du Comité d'entente des mouvements nationaux et des anciens combattants, ils invitent les Algérois à se réunir à 11 heures au plateau des Glières pour manifester « contre la politique d'abandon » du gouvernement après le limogeage du général Massu. Des voitures munies de haut-parleurs lancent le même appel à travers les rues. Rediffusée en vain sur les ondes toutes les dix minutes, une mise en garde de Paul Delouvrier exhorte les pieds-noirs à renoncer à la manifestation : « Tout est inventé pour intoxiquer Alger... ce n'est pas en insurgent Alger contre la France qui ne marchera pas qu'on battra la rébellion. C'est l'inverse, hélas! Les responsables de cette manifestation commettent une tragique erreur. » Des cortèges s'assemblent pourtant dans toute la ville. Les barrages de police cèdent assez facilement. Une foule de 8 000 à 10 000 personnes parvient jusqu'au boulevard Laferrière, scandant « Massu! Massu! » « De Gaulle au poteau! » De son balcon, Ortiz harangue les populations assemblées, mais, midi sonne; rien ne se passe. Et le sacro-saint déjeuner dominical? La manifestation risque de tourner court. Me Méningaud s'empare du micro : « L'Algérie française vaut bien un repas! Aujourd'hui et pour toujours, vous resterez français! » Fortes paroles! Bien des Algérois déçus regagnent leurs pénates, tandis que des haut-parleurs retransmettent *la Marseillaise* et *le Chant des Africains*.

Lagaillarde n'a pas perdu son temps. Il a organisé une véritable caserne à l'intérieur des facultés. Il enrôle des UT. Dès la fin de la matinée, il dispose de 600 hommes auxquels il donne des grades. Il les divise en six compagnies de combat. Le chef des facultés fait savoir qu'il tirera sur quiconque s'approchera à moins de 30 mètres de ses murs.

La perplexité règne au quartier général. Malgré les précautions,

Lagaillarde et Ortiz ont réalisé une partie de leur plan. Les UT sont armées et les magasins d'armes ont été pillés avec leur complicité. La police a réagi mollement. Plusieurs cadres de l'armée observent le mouvement avec une sympathie évidente. Les édifices publics seront-ils pris d'assaut? Challe préfère convoquer Ortiz. Il lui promet de fermer les yeux sur la manifestation si elle se disperse dans le calme.

A 13 heures se forme, au PC Ortiz, un Comité directeur de la manifestation. Il regroupe Méningaud, Arnould, Perez, Susini, Lopinto, Schambill, Zentar, le colonel Filippi et bien entendu Joseph Ortiz. Au début de l'après-midi, le beau temps fait revenir la foule. Un tract circule : « Face aux forces de l'abandon, face aux bradeurs, nous sommes le dos au mur. L'armée a les yeux fixés sur nous. Elle prend ses responsabilités. Prenons les nôtres. Tous à la grande Poste. C'est aujourd'hui le grand combat. »

Mais rien, toujours rien. De toute évidence l'armée ne « marche » pas. Il faut créer l'événement. C'est alors, vers 14 heures, que le colonel Gardes, Ortiz, Sapin-Lignières et Susini décident d'élever des barricades [1]. Érigées vers 16 heures par des jeunes gens chantant l'hymne national, elles bloquent bientôt le centre de la ville. Une heure plus tard, le général Coste, commandant de la zone Nord-Algérois, donne l'ordre au colonel Debrosse [2] de marcher avec ses gendarmes mobiles depuis la place Clemenceau jusqu'à la Poste, afin de dégager le plateau des Glières. Ses hommes ne tireront que s'ils sont attaqués, ils doivent simplement charger au plat de crosse. Fusils et pistolets mitrailleurs sont désapprovisionnés. Il est prévu que le 1er REP rejoindra les gendarmes par l'avenue Pasteur et que le 1er RCP atteindra le plateau des Glières par le boulevard Baudin.

A la nuit tombante, en rangs serrés, les gendarmes casqués descendent les escaliers du Forum. Les premiers manifestants les accueillent, avenue Pasteur, avec des planches cloutées. Debrosse devance ses troupes : « Dispersez-vous, évitez l'affrontement! » hurle-t-il. Une grêle de projectiles divers s'abat sur les gendarmes. Une grenade explose; pas de victimes. A 18 h 12 un coup de feu claque. Comme un signal. Les coups partent désormais de tous

---

1. Pierre Demaret, *La Guerre d'Algérie, Historia Magazine*, t. XVII, p. 2240 à 2245.
2. Responsable du secteur Alger-Sahel, commande la gendarmerie de ce secteur.

côtés. On tire de partout, des fenêtres des immeubles, de la foule, de la caserne des douanes. Un fusil mitrailleur crache le feu depuis la terrasse du PC Ortiz. Des pneus chargés d'explosifs sont lâchés contre les gendarmes contraints de s'armer sous la mitraille. Plusieurs d'entre eux sont déjà tombés. Des hurlements alternent avec les coups de feu. Les injures pleuvent contre les forces de l'ordre : « Ordures! on va vous faire la peau. » Cinq fois, Debrosse ordonne au trompette de sonner le cessez-le-feu. Cinq fois, la fusillade reprend, inexorable. De l'immeuble du *Bled,* s'élève tout à coup une voix soutenue par un puissant micro : « Arrêtez le feu! Nous nous tirons les uns sur les autres. » Le tir se ralentit; il ne cesse tout à fait que quelques instants plus tard, avec l'arrivée des « paras » du 1er REP sous la conduite du colonel Dufour, acclamé par les manifestants. Des scènes de lynchage suivent la bataille. Debrosse récupère ses gendarmes. Les « bérets verts » doivent protéger leur évacuation contre l'acharnement de certaines UT. On trouvera même un gendarme pendu par les pieds à une grille, un tuyau enfoncé dans la bouche.

On compte alors les morts et les blessés : 8 morts chez les manifestants, 14 chez les gendarmes; 24 blessés civils sur lesquels on extraira des balles de mitraillette Thompson, qui ne sont pas en service dans la gendarmerie, et 123 blessés du côté des forces de l'ordre. Les gendarmes sont persuadés d'être tombés dans un guet-apens tendu par Ortiz et ses hommes. La population d'Alger veut se persuader que les gendarmes ont tiré sur une foule inoffensive. Tard dans la soirée, beaucoup d'hommes abandonnent leur foyer pour monter la garde derrière les barricades de l'Algérie française que l'on renforce. Plusieurs caisses de mitraillettes ont été sorties du PC Ortiz et distribuées. Dans le réduit des facultés, on a réussi à entasser revolvers, bazookas, fusils, mitrailleuses et explosifs.

Au PC du général Challe, c'est la colère. Le commandant en chef proclame l'état de siège et rejette les responsabilités de la fusillade sur les insurgés : « Alors que l'armée et ses chefs ont... tout fait pour maintenir l'ordre sans molester les manifestants... les émeutiers... ont attaqué et tiré sur les forces de l'ordre.

» Les forces de l'ordre qui ont jusqu'à présent protégé l'Algérie contre les fellaghas comptent ce soir des tués et des blessés.

» Je fais converger des régiments de l'intérieur sur Alger... Je considère la ville en état de siège. Tout rassemblement de plus de trois personnes est interdit. »

Challe réunit son état-major : les colonels refusent de monter à l'assaut des barricades. Alger deviendrait un second Budapest. Le sang a déjà suffisamment coulé. L'unité de l'armée risque de se rompre et un conflit grave peut dès lors éclater entre elle et le pouvoir. Ne rien brusquer. Attendre. La persuasion peut-elle réussir? Challe fait savoir aux émeutiers qu'on ne les attaquera pas pendant la nuit. Les paras montent la garde aux points stratégiques. Bien vite, une complicité s'établit de part et d'autre du dérisoire symbole d'opposition : on plaisante, on saucissonne, on boit du café. Jamais les hommes-léopards ne tireront sur les mutins. Et on le sait. A 22 h 40, une nouvelle allocution de Paul Delouvrier reste sans effet. Alger s'installe dans l'insurrection.

A Paris, l'incertitude règne depuis le matin. Le général de Gaulle achève un week-end de repos à Colombey. On hésite à le déranger. Après la fusillade, il faut bien s'y résoudre. Leurs fonctions retiennent Michel Debré à Rennes et Olivier Guichard à Bordeaux. Le chef de l'État brusque son retour dans la capitale et son image aux traits burinés apparaît sur les écrans de télévision à 2 h 30 du matin : « L'émeute qui vient d'être déclenchée à Alger est un mauvais coup porté à la France... J'ai pris la tête de l'État... pour faire triompher dans l'Algérie déchirée... une solution qui soit française... J'adjure ceux qui se dressent à Alger contre la Patrie... égarés par des mensonges et des calomnies, de rentrer dans l'ordre national. » Mais les mutins d'Alger se moquent des adjurations du chef de l'État. Leurs fragiles barricades s'élèvent comme un défi à son pouvoir. Il appartiendra au délégué général, P. Delouvrier, de faire régner l'ordre dans la « ville blanche ». Par téléphone, de Gaulle ne lui a-t-il pas dit quelques minutes avant son allocution : « Il faut que vous ayez réglé cela pour demain », laissant à son représentant le choix des moyens à employer. Légalement, le gouvernement dispose toujours des pouvoirs spéciaux [1]. De Gaulle assure seul les responsabilités. Son autorité demeure intacte. L'armée n'a pas basculé du côté des insurgés. Malgré les ordres venus de Paris, le recours à la force n'est pas envisagé dans l'immédiat. Pendant la nuit du dimanche au lundi, Challe fait établir un cordon de sécurité autour d'Alger avec le 1er REP et le 1er RCP. Néanmoins, les paras laissent passer un convoi d'insurgés venant de Blida, chargé d'armes et de ravitaillement.

1. Votés en mars 1956, ils ont été reconduits par la loi du 3 juin 1958.

Le lundi matin, une foule considérable envahit de nouveau le centre de la ville. L'ordre de grève générale lancé la veille depuis le PC Ortiz étant parfaitement suivi, les Algérois affluent par milliers vers les barricades, où règne déjà une véritable atmosphère de kermesse. Les haut-parleurs diffusent inlassablement en alternance et à tue-tête, *la Marseillaise, les Africains* et *le Chant des paras*. Un camion obligeamment prêté par les parachutistes assure le transport de boissons depuis deux brasseries jusqu'au camp retranché. Les hommes-léopards laissent passer les ménagères chargées de victuailles, venues réconforter les héros. On escalade le rempart, on discute, on se congratule. Seule note tragique : le drapeau tricolore maculé de sang qui flotte au-dessus de la barricade de la rue Charles-Péguy. On ne l'appellera plus que « barricade Hernandez », en souvenir du territorial qui s'y effondra la veille. Bref, le pouvoir est ouvertement bafoué, puisque tout rassemblement de plus de trois personnes demeure interdit du fait de l'état de siège. Les insurgés veulent faire croire à la population que l'armée est de leur côté. Les forces de l'ordre se trouvent dans l'obligation de tolérer l'illégalité. Le message de Delouvrier et l'allocution de De Gaulle sont retransmis à maintes reprises. Leurs voix se perdent dans le tintamarre du folklore révolutionnaire pied-noir. Dans les facultés, Lagaillarde s'organise méthodiquement. Vivres, médicaments, armes et munitions s'entassent. Le député prend le titre de commandant du camp retranché, décrète la loi martiale, fait des promotions et soumet ses hommes à une véritable discipline militaire, affichant un mépris très évident à l'égard du « bastringue » d'Ortiz.

La journée s'écoule sans incident. Vers 20 heures, la 25e DP du colonel Ducournau, venue du Nord-Constantinois, est appelée à relayer la 10e DP jugée trop indulgente à l'égard des insurgés. Les hommes de Ducournau, « travaillés » par leurs camarades, auront tôt fait, eux aussi, d'adopter la même attitude de complaisance à l'égard des mutins.

A Paris, se tient dans l'après-midi un Conseil des ministres dans une atmosphère particulièrement tendue. Faut-il ou non réduire par la force les barricades? De Gaulle tonne contre les leaders de l'insurrection et exige qu'on en finisse au plus vite. Buron, Malraux et Sudreau sont pour la répression, l'arrestation des meneurs et la dissolution des UT. Soustelle, Cornut-Gentille, Giscard et Triboulet s'y opposent. Soustelle propose d'entrer en contact avec les insurgés. Guillaumat défend timidement l'armée. Michel

Debré, au comble de l'angoisse, propose d'aller lui-même se rendre compte sur place de la situation. Il part le soir même, tandis que Soustelle rédige sa lettre de démission. Le Premier ministre s'envole pour Alger porteur d'ordres formels : écraser l'insurrection des Français d'Algérie par n'importe quel moyen. Assailli par le doute, la conscience déchirée, considéré comme un ultra par les uns, comme un traître par les autres, Michel Debré affronte son destin. Il veut à tout prix éviter la guerre civile et la scission de l'armée, mais il sait que jamais de Gaulle ne renoncera à l'autodétermination. Or c'est cela que les militaires voudraient lui faire promettre. L'entretien avec Delouvrier et les généraux reste dans les limites de la courtoisie. Ceux-ci comptent sur les colonels pour le convaincre, pour lui asse- ner le coup de grâce. C'est Argoud qui s'efforcera, non sans vio- lence, de montrer au Premier ministre qu'il importe de donner à l'armée les moyens de mener à bien la pacification et une justice adaptée aux circonstances. S'il n'abandonne pas le principe d'auto- détermination, il faut que le général de Gaulle se prononce claire- ment pour la francisation et que l'on mette enfin un terme à la cam- pagne de démoralisation qui sévit dans la presse métropolitaine. Le ton monte. Il montera encore davantage avec le colonel Georges de Boissieu, chef d'état-major de Challe. Épuisé, le Premier ministre reçoit à 3 h 30 les élus d'Algérie dont les revendications sont à peu près les mêmes que celles des colonels. Enfin, Debré demande qu'on le conduise incognito jusqu'au camp retranché. Il y va, il voit... de loin. Sans incident.

Michel Debré regagne Paris, profondément impressionné par les épreuves de la nuit. Il est persuadé que la rébellion s'étendra aux militaires. Le spectre d'une « junte de colonels » poursuit le Premier ministre qui n'a pas le temps de prendre le moindre repos. Et pour- tant Debré vient de remporter une petite victoire. Bien mince en vérité. Il n'a pas cédé. Il a opposé toute sa fermeté à la véhémence des colonels. Désemparé, il présente sa démission à de Gaulle, qui ne l'accepte pas. Il autorise simplement son Premier ministre à pro- noncer une allocution destinée à rassurer les pieds-noirs : « L'im- mense effort que la nation soutient en Algérie est la preuve que la France veut rester... sur cette terre française », leur dit-il. A l'Élysée, les rangs se resserrent autour du général. Des messages de fidélité affluent de toutes parts. La métropole fait bloc du chef de l'État.

A Alger, le mardi 26, les obsèques des victimes de la fusillade s'effectuent dans le calme. Une manifestation de solidarité se déroule devant l'hôtel de ville, avec l'appui des conseillers municipaux. Les chefs de l'insurrection pensent que le fait de tenir le pouvoir en échec leur donne plus de poids pour imposer leur politique; ils souhaiteraient néanmoins étendre la rébellion, mais il leur est impossible, depuis leur retranchement, de s'emparer des édifices publics comme ils l'avaient espéré plus tôt. Une tentative de prise de la radio échoue, mais quelques hommes de Lagaillarde kidnappent un poste émetteur qui permettra ainsi la création d'une radio pirate, rapidement surnommée Radio-Lagaillarde. Les insurgés ne sont pas beaucoup plus avancés. Un commando parti des facultés fait une descente à la prison de Mustapha et enlève les condamnés de l'affaire du bazooka : Kovacs, Castille, Gafory, Fechoz et Della Monica. La rébellion piétine. On se souvient de la dynamique des événements de mai 1958. On se rappelle l'impact des scènes de fraternisation sur l'opinion. Pourquoi ne pas recommencer en 1960? On démontrerait ainsi la volonté des Algériens de rester français. De Gaulle serait alors obligé de revenir sur l'autodétermination.

Dans la soirée, à Paris, onze parlementaires tiennent une conférence de presse au cours de laquelle ils affirment « impossible, illégale et illégitime » la politique présidentielle. Ils proclament leur solidarité avec les insurgés.

Dans l'après-midi, de Gaulle a reçu les colonels Dufour et de Boissieu qui ont vainement tenté de le convaincre de la nécessité de l'intégration. Désemparés, les deux officiers regagnent l'Algérie, où les militaires semblent pratiquement acquis à la cause des pieds-noirs. *Le Bled,* porte-parole de l'armée d'Algérie, ne publie-t-il pas un éditorial prétendant que « la barricade ne sépare plus » mais qu'« elle unit civils, territoriaux et militaires »?

Le mercredi 27, la grève se poursuit et la foule se rassemble autour des barricades. La vie s'est organisée à l'intérieur du réduit. Dès le matin, les couleurs sont hissées et saluées au garde-à-vous par les insurgés comme par les « paras ». Ni les partisans d'Ortiz ni ceux de Lagaillarde n'ont l'intention de tenter une sortie. L'armée ne semble pas disposée à l'attaque. Ses divisions internes s'affirment. Les colonels essaient d'entraîner Challe dans la sédition. Ils veulent recommencer un nouveau 13 mai. De Gaulle convoque le général Crépin, successeur de Massu. Le chef de l'État renonce à faire tirer sur les émeutiers et délègue le général Ély auprès de Challe pour rassurer les officiers. Le général Ély affirmera, au nom du président de la République, que toute négociation politique avec le FLN est exclue, que de Gaulle souhaite la solution la plus française et qu'il laisse à l'armée le soin de rétablir l'ordre à Alger sans effusion de sang. L'inquiétude demeure pourtant vive à l'Élysée. Certains membres de l'entourage du général le pressent de prendre la parole avant la date prévue, le 29 janvier. Impassible, de Gaulle préside la séance du Conseil d'État. En métropole, on souhaite des sanctions contre les mutins, on s'étonne de la passivité des forces de l'ordre [1]. Devant les menaces qui pèsent sur la sûreté intérieure de l'État, l'union des Français se resserre : Guy Mollet accepte de constituer un front uni, de la SFIO à l'UNR. L'ambassadeur des États-Unis fait savoir, au nom de son gouvernement, que le président de la République peut compter sur l'aide de l'armée américaine en cas de putsch.

28 janvier

Pour que la situation évolue, il faut un fait nouveau. Les insurgés ne bénéficient d'aucun appui en métropole si l'on excepte quelques groupuscules extrémistes, inconditionnels de l'Algérie française, surveillés par la police (le député J.-M. Le Pen est arrêté). — En Algérie, ils comptent sur l'appui des musulmans. Les officiers activistes mettent tous leurs espoirs dans l'« opération Casbah ». Aussi Auguste Arnould, président des Anciens combattants, s'ingénie-t-il à rallier les musulmans avec l'accord de certains militaires. Des tracts circulent : « Venez avec nous jeudi sur les barricades. » Or le jeudi, malgré les tracts, malgré les appels, seuls quelques dizaines de musulmans vont au rendez-vous. Les zouaves qui contrôlent la Casbah, dirigés par le colonel Santini, fidèle au gouvernement et hostile aux activistes, ont encouragé les Algériens à la prudence. Beaucoup d'Algériens n'avaient certes pas envie de crier « Algérie française », aux côtés d'Ortiz et de Lagaillarde, connus l'un pour sa participation active aux groupes anti-terroristes, et l'autre pour ses activités pendant la bataille d'Alger et ses déclarations racistes, même après le 13 mai. Une autre délégation de la Casbah se rend auprès de Delouvrier pour obtenir l'autorisation d'organiser une manifestation aux cris de « Vive de Gaulle ». Le délégué général, désireux avant tout d'éviter de nouveaux affrontements, refuse. On voit néanmoins une scène insolite et significative

1. *Le Monde,* 29 janvier 1960.

se dérouler dans la journée : une cinquantaine d'enfants arabes dépenaillés, courant à travers les rues en criant « Algérie arabe! A bas Massu! ». Le miracle de la fraternisation ne s'est pas renouvelé. Le moral baisse dans le camp des insurgés. Il s'effondre à dix-sept heures, lorsque l'on apprend que Challe et Delouvrier ont quitté secrètement Alger pour échapper à l'insurrection afin de « retrouver leur liberté de commandement ». Ils se sont réfugiés à trente kilomètres à l'est d'Alger, à la base de la Reghaïa, dans l'espoir qu'un mouvement de ralliement au pouvoir se dessinera rapidement. Avant son départ, Challe a laissé des instructions strictes à l'armée, bien que les colonels lui aient déclaré leur solidarité avec les insurgés. Quant à Delouvrier, il a enregistré un discours-fleuve pathétique. « Discours au Maxiton », dira-t-on à Paris. Le délégué général essaie de faire comprendre aux métropolitains le drame des pieds-noirs, tout en invitant ces derniers à mettre fin à la sédition : « Vous ne referez pas le 13 mai. Il n'y a pas de De Gaulle en réserve », leur dit-il.

L'armée et l'émeute sont face à face. Ultime épreuve de force. L'armée doit choisir. Se dressera-t-elle contre la métropole? Prendra-t-elle le risque d'une guerre civile? Les insurgés refusent la réconciliation avec le pouvoir. « Nous n'apprécions pas les chefs qui partent aux heures critiques », disent-ils. Si rien n'est changé dans le réduit des barricades, l'armée reste fidèle aux ordres de son chef. A Constantine et à Oran, les généraux Olié et Gambiez sont sûrs de leurs hommes.

La journée du 29 n'apporte rien de nouveau. Dans l'anxiété, on attend le discours de De Gaulle, discours prévu depuis le début du mois. Revêtu de sa tenue militaire, pour affirmer qu'il est aussi le chef des armées, le général s'adresse aux Français d'Algérie et à l'armée. Il réaffirme sa volonté de ne pas changer de politique : « L'autodétermination est la seule politique qui soit digne de la France... la seule issue possible. » Il condamne les opposants des deux communautés : les rebelles algériens qui exigent des négociations préalables au cessez-le-feu, ce qu'il refuse, et les Français de souche qui n'admettent pas l'autodétermination. Ainsi, les insurgés des barricades sont-ils placés sur le même plan que les rebelles algériens par le général de Gaulle : des opposants à sa politique, autrement dit des opposants à l'exercice de la démocratie. Pour la masse des pieds-noirs, le chef de l'État se montre rassurant, rappelant une fois de plus que l'effort accompli de l'autre côté de la Méditerranée prouve la solidité des liens unissant la France et l'Algérie. Enfin, le général s'adresse aux militaires : « Leur mission ne comporte ni équivoque ni interprétation », affirme-t-il. Ils doivent liquider la rébellion et poursuivre la pacification. L'armée restera en Algérie tant que celle-ci ne sera pas achevée. Une obéissance absolue est rappelée aux hommes comme le premier des devoirs : « Aucun soldat ne doit, sous peine de faute grave, s'associer à aucun moment, même passivement, à l'insurrection. » Une fois encore, dans la tempête, le général a su trouver les mots pour convaincre. Même si les cris d'« Algérie française » suivent son discours, le moral a baissé dans le camp des insurgés. Pour la première fois, le pouvoir ne cède pas et traite les Français du camp retranché comme des rebelles. Ils pressentent que l'armée est convaincue. Leur rêve s'évanouit. Un violent orage accompagné d'une pluie diluvienne transforme le réduit en un sinistre bourbier.

Dès le samedi 30 au matin, des messages de fidélité des officiers SAS et SAU parviennent à Delouvrier. Les troupes ne pactisent pas avec l'émeute. L'ordre est donné aux chasseurs venus du bled de bloquer les barricades. Lagaillarde et Ortiz mettent tout en œuvre pour tenir encore. Lagaillarde annonce que les facultés vont devenir un nouvel Alcazar. Les inconditionnels des barricades crient encore : « L'armée avec nous! » Cris sans réponse. Mais la population vient au secours de ses héros. Elle fait céder le nouveau barrage. Pourtant le cœur n'y est plus. La radio diffuse quantité de messages d'épouses et de mères demandant aux hommes de rentrer. On laisse partir ceux qui le désirent. Le vent de la défaite souffle depuis l'orage de la veille. Ortiz et ses sbires décident que la grève générale prendra fin le 1er février. Lagaillarde, lui, ne veut pas s'avouer vaincu. Il fait tout simplement savoir que les réserves d'acide fluorhydrique entreposées dans les laboratoires de la faculté lui permettent de faire sauter la moitié de la ville. Les ordres reçus de Paris par Delouvrier sont formels : n'accepter aucune discussion politique avec les insurgés. Il faut obtenir leur reddition. Le dimanche 31, le colonel Godard tente de négocier avec Lagaillarde. En vain. Le réduit est alors bouclé par deux régiments de blindés, le 1er spahi et le 2e étranger de cavalerie. Lagaillarde reste entouré par une poignée de « desperados » prêts à tout. Ortiz, persuadé qu'il va être fusillé s'il se rend, préfère s'enfuir sans avertir son état-major.

Dans la nuit du dimanche au lundi, le colonel Dufour apporte à

Lagaillarde les conditions d'une reddition qu'il finira par juger honorable. Il sortira à la tête de ses hommes en armes et sera mis à la disposition du gouvernement, tandis que ses compagnons pourront s'engager dans le 1er REP pour combattre les fellaghas.

Ainsi, le lundi 1er février à 11 heures, toujours revêtu de la tenue léopard, le député d'Alger franchit le premier la barricade, suivi par ses hommes dans un ordre parfait devant les « paras » figés au garde-à-vous. On applaudit, on pleure, tandis qu'ils défilent. Le soir même, Lagaillarde s'installait à la Santé; ses compagnons passaient leur première nuit au camp du 1er REP à Zeralda [1].

Vers l'Algérie algérienne.

L'épreuve de force s'achevait. Pour la première fois depuis le début du conflit, le pouvoir n'avait pas cédé devant les ultras. Si l'image du chef de l'État apparaissait nimbée d'une aura plus lumineuse que pendant les semaines précédentes, un certain nombre de mesures d'urgence s'imposaient et la voie des négociations avec le FLN pouvait s'ouvrir. Néanmoins, la marge de manœuvre du président de la République semble étroite. S'il bénéficie d'un fort consensus populaire pour mettre en œuvre sa politique d'autodétermination, il doit compter avec une armée déjà déchirée et avec une population pied-noir traumatisée par l'échec des barricades, persuadée que les démarches gaulliennes conduisent à l'abandon total et calculé.

Le Parlement, convoqué en session extraordinaire le 2 février 1960, accorde les pouvoirs spéciaux au général de Gaulle pour l'administration et la justice pendant un an. Les premières mesures gouvernementales témoignent de la résolution du chef de l'État de poursuivre les objectifs définis le 16 septembre. De Gaulle remanie l'équipe ministérielle. Il refuse la démission de Debré, mais Sous-

---

1. Ils devaient former « le commando Alcazar ». Ils furent envoyés en opération en Petite Kabylie près de Chefka, déclarée « zone interdite ». Susini et Perez ont été arrêtés sur l'ordre du gouvernement général et transférés à la Santé où ils rejoindront les autres accusés de l'affaire des barricades. Le commando « Alcazar » fut dissous en avril et ses membres renvoyés à la vie civile.

telle et Cornut-Gentille quittent le gouvernement. Pierre Messmer devient ministre des Armées à la place de Pierre Guillaumat; Louis Terrenoire remplace Roger Frey à l'Information, ce dernier étant nommé ministre délégué auprès du Premier ministre. Une nouvelle institution, présidée par le chef de l'État, est créée par le décret du 13 février 1960 : le Comité des affaires algériennes. Le pouvoir de décision concernant l'Algérie appartient donc plus que jamais au général. En Algérie, il s'agit de rétablir l'ordre et de bien faire sentir que les directives viennent de Paris. Il s'agit aussi de diminuer le pouvoir militaire au profit du pouvoir civil. Le décret du 20 février rétablissant les préfets dans l'exercice des attributions normalement dévolues à l'autorité civile affirme clairement les intentions gouvernementales ainsi que les instructions adressées au délégué général : « Grâce au progrès de la pacification, la population algérienne va s'acheminer vers le libre choix de son avenir... Il convient que l'administration préfectorale recouvre... la direction des services civils et que le commandement militaire se tienne au-dessus des discussions politiques. » Il aura donc fallu les barricades pour que la primauté du pouvoir civil sur le pouvoir militaire soit rétablie. Mais à Alger, les décisions parisiennes resteront souvent « gelées » au niveau de l'exécution et les fonctionnaires venus de métropole demeureront isolés. La « ville blanche » vit le choc de sa défaite, celle des barricades. Les ultras ne s'avouent pourtant pas vaincus. Des tracts annoncent un nouveau soulèvement contre le pouvoir et dénoncent la « Gestapo gaulliste ». Les collusions entre la police et les insurgés sont flagrantes. Néanmoins, l'incarcération de Lagaillarde et le mandat d'arrêt lancé contre Ortiz ne constituent qu'un prélude à la vague d'arrestations des activistes. Le Dr Lefèvre, le Dr Perez, vice-président du FNF, M. Parachin, chef du mouvement SOS Algérie, Jean-Jacques Susini, président du Mouvement national étudiant, et le Pr Michaut sont rapidement mis sous les verrous. Le commandant des UT, Sapin-Lignières, Fernand Féral, chef du groupement Assistance et protection, Auguste Arnould, Demarquet, ancien député poujadiste, ainsi que le lieutenant Sanne qui fut l'aide de camp de Massu, iront bientôt les rejoindre. Le noble comte Alain Lemoyne de Sérigny, directeur de *l'Écho d'Alger,* est gardé à vue à son domicile puis transféré à la prison de Barberousse. Ils seront tous inculpés d'atteinte à la sûreté de l'État. Une dizaine d'autres sont en fuite. L'affaire est bientôt confiée au juge d'instruction du tribunal de la

Seine [1]. Les organisations activistes sont dissoutes [2]. Les UT subissent le même sort. Des officiers sont rappelés en métropole. Parmi eux, certaines « vedettes » de la semaine des barricades : Argoud, Broizat, Gardes et Bigeard. Les généraux Faure, Gribius et Mirambeau [3] sont relevés de leurs fonctions. Le Service d'action psychologique de l'armée dirigé par le colonel Gardes est supprimé. Jacques Aubert devient directeur de la Sécurité en Algérie. Robert Schmelk, un libéral, est nommé procureur général d'Alger. De nombreuses mutations sont effectuées dans la police algérienne. Louis Terrenoire reprend la presse et la radio en main.

Ces mesures d'épuration et de remise en ordre, approuvées par l'opinion métropolitaine, sont jugées positives par des hommes de gauche comme Pierre Mendès France qui attendent l'amorce d'un dialogue entre la France et le FLN. Les conditions paraissent plus favorables qu'avant la semaine des barricades; de Gaulle n'apparaît plus comme le prisonnier des ultras. Le 17 février, Ferhat Abbas, dans un appel aux Européens d'Algérie, tout en affirmant que l'ère de l'« Algérie de Papa » est révolue, déclare que « l'Algérie est le patrimoine de tous... qu'elle est à tous les Algériens quelle que soit leur origine »... et « qu'il y aura de la place pour tous, du travail pour tous ». Dans cette allocution, il donne en outre l'impression de renoncer à la négociation politique sur le statut de l'Algérie, car le FLN redoute alors la partition du pays. Le leader algérien évoque clairement ce problème dans un autre discours, le 29 février. A cette occasion, il convient que la reconnaissance du droit à l'autodétermination constitue une étape décisive dans l'évolution du conflit. De Gaulle et Ferhat Abbas sont donc d'accord sur ce principe fondamental. De son côté, Bourguiba prodigue des encouragements au GPRA et exprime sa confiance en de Gaulle. Des pourparlers peuvent-ils s'engager? Dans ce cas l'armée ne risque-t-elle pas de réagir violemment? En effet, si elle n'a pas « basculé » du côté des

1. Le procès, baptisé « procès des barricades », s'ouvrira le 3 novembre 1960 devant le tribunal permanent des forces armées.
2. Cette mesure vise en particulier le FNF, le MP 13, le « Mouvement pour l'instauration d'un ordre corporatiste », « Assistance et protection », le « Mouvement national étudiant » (MNE) ainsi que le « Comité d'entente des anciens combattants ».
3. Le général Faure, général de division, commandait la 27e division d'infanterie de la ZEA (zone Est-Algérois), le général Gribius, général de brigade, commandait la ZOS (zone Ouest-Saharien), le général Mirambeau, général de brigade, commandait la ZSO (zone Sud-Oranais).

insurgés, c'est bien parce que de Gaulle lui a rappelé le 29 janvier qu'elle avait à « liquider la force rebelle qui veut chasser la France d'Algérie ». Or l'armée demeure farouchement hostile à toute négociation. Elle joue la carte de la « francisation » depuis le 16 septembre et elle souhaite qu'on lui confirme les raisons pour lesquelles elle se bat.

Aussi de Gaulle juge-t-il indispensable de prendre un contact direct avec les combattants. Du 3 au 5 mars, il se rend sur les « points chauds » du Nord-Constantinois, de l'Aurès et du Sud-Algérois. Le général ne tient pas à rencontrer les militaires des villes, trop politisés. Il compte s'adresser simplement à ceux qui luttent dans le bled; pas seulement aux officiers, mais aussi aux sous-officiers et aux hommes de troupe. Ainsi de « popote » en « popote », bavardant avec les uns et les autres, prononçant de nombreuses allocutions, le général s'emploie-t-il à préciser ses buts, à rassurer ces hommes et à donner un sens à leur combat. Or, il apparaît bien vite que ses propos diffèrent quelque peu des déclarations des mois précédents. Ses positions marquent un certain recul par rapport à celles qu'il avait adoptées. Il donne l'impression qu'une guerre sans fin se poursuit en déclarant : « Il faut qu'il y ait le succès de nos armes. C'est seulement après des années que les Algériens auront ce qu'ils veulent. » Mais n'est-ce pas là le langage que les militaires appellent de leurs vœux? Toutefois, si le chef de l'État consent à ne pas les frustrer de leur victoire militaire, il condamne la solution de la francisation à laquelle ils se sont ralliés. « Les Algériens ne peuvent être ni des Provençaux ni des Bretons. » Quant à l'indépendance, il la rejette vigoureusement si elle conduit à la sécession totale avec la France, ce qui entraînerait « la misère, la clochardisation, la catastrophe ». Il propose donc « une Algérie algérienne liée à la France ». C'est la formule « choc » de cette « tournée des popotes », formule que de Gaulle veut opposer au slogan « Algérie française ». Temporisant, luttant contre les partis pris de l'armée et ceux des ultras, ne pouvant tenir compte des aspirations profondes des Algériens, du reste mal connues, le général renouvelle en réalité les mêmes propositions que le 16 septembre 1959.

Dès son retour à Paris, le chef de l'État doit faire face à une opinion désorientée par cette apparente attitude de retrait [1]. La presse

1. Il faut rappeler que durant ce voyage un seul journaliste, Jean Mauriac de l'AFP, a pu accompagner le général de Gaulle. Il a rencontré à cette

internationale condamne la France qui s'enlise dans une guerre coloniale. Les leaders des partis s'interrogent. Si l'UNR reste dans
l'expectative, la gauche s'inquiète de voir de Gaulle prisonnier de
l'armée. La droite voit dans l'expression d'« Algérie algérienne » un
pas de plus vers l'abandon; elle se hérisse d'autant plus que la visite
de Krouchtchev approche. Devant cette levée de boucliers, le président de la République fait diffuser par le ministère de l'Information
un communiqué de mise au point authentifiant la formule « Algérie
algérienne liée à la France » et maintenant l'offre d'un cessez-le-feu
négocié.

Si ce texte parvient à rassurer une partie de l'opinion métropolitaine, il alarme évidemment les pieds-noirs et ne change rien à l'attitude adoptée par le GPRA depuis le 5 mars. Ferhat Abbas avait
alors constaté que le général de Gaulle venait de faire « une déclaration de guerre au peuple algérien ». Désormais, le GPRA poursuivra
une lutte à outrance jusqu'à l'indépendance. A Tunis, on refuse que
de Gaulle impose « sa » solution. Les actes suivent les prises de
position. L'ALN harcèle les Français sur la frontière tunisienne dès
la fin mars et Challe lance l'opération « Marathon » au Nord, rappelant des parachutistes de Kabylie pour éviter une nouvelle offensive.
Le FLN, dont les dirigeants se réunissent à Tripoli du 4 au 6 avril,
cherche avant tout à internationaliser le conflit. Il souhaite qu'au
cours de l'opération « Marathon », les Français franchissent la frontière tunisienne pour écraser les camps d'entraînement FLN installés
en Tunisie et visibles d'Algérie même. Pierre Messmer déjoue le
piège et donne des ordres précis grâce auxquels aucun incident de
cette sorte ne sera à déplorer. Les grandes opérations militaires
semblent pourtant se terminer. Seuls les Katibas de la wilaya I
restent particulièrement virulentes. Les autres wilayas se contentent
essentiellement de pratiquer un terrorisme meurtrier. L'ALN est
épuisée. Elle accepte désormais dans ses rangs des volontaires communistes. Pour accroître son audience internationale, le FLN envoie
en Chine une mission conduite par Krim Belkacem, Boussouf et
Ahmed Francis. Mao lui-même réserve un accueil chaleureux aux
Algériens, justifie leur guerre de libération et les convainc de la
nécessité de poursuivre la lutte. La Chine soutiendra désormais le

occasion un certain nombre de difficultés. L'état-major de Challe prétendait lui dicter ses dépêches. L'entourage présidentiel fut obligé de diffuser un démenti concernant « les interprétations tendancieuses données
dans certains milieux au sujet des propos que le général de Gaulle a tenus ».

FLN. Elle lui promet des armes et de l'argent. Les Soviétiques font savoir qu'ils approuvent le soutien de la Chine, sans toutefois reconnaître officiellement le GPRA.

Une partie de la jeunesse française accepte de plus en plus mal la poursuite du conflit. Les désertions se multiplient. Les réseaux français d'aide au FLN se structurent. Francis Jeanson, professeur, écrivain, recherché par la police, qui dirige le plus important de ces réseaux, tient une conférence de presse clandestine au cours de laquelle il pose clairement les problèmes de l'insoumission, de la désertion et de la lutte clandestine contre la guerre [1]. La presse rend compte de l'événement. *L'Express* et *France-Observateur* sont saisis. L'opinion, tout en condamnant les solutions extrêmes, s'interroge sur les motifs qui peuvent y conduire.

En Algérie, dès la fin mars, les activistes se sont ressaisis. Ils lancent des tracts accusant de Gaulle de trahison et invitant les Européens à organiser la « résistance » contre la politique d'abandon. Ils regroupent leurs forces. Les UT existent toujours malgré leur dissolution. Les sections du FNF d'Ortiz restent prêtes à agir. On rêve encore d'un nouveau 13 mai, malgré les libéraux qui relèvent la tête depuis les barricades et malgré l'armée qui semble fidèle au pouvoir. Le général Crépin remplace Challe [2] et les militaires préparent les élections cantonales, à l'issue desquelles de Gaulle espère voir enfin émerger cette fameuse troisième force. Pour mettre sur pied « l'Algérie algérienne liée à la France », le gouvernement français entend en effet « injecter un nombre croissant de nationalistes algériens dans les institutions ». L'armée fait campagne contre l'abstention. Elle respecte la consigne lui enjoignant de ne pas choisir à la place de l'électeur. Le FLN dénonce les manœuvres gaullistes. Le scrutin se déroule pourtant calmement du 27 au 29 mai. Fait significatif : les Algériens ne suivent pas les consignes d'abstention du FLN tandis que les listes UNR qui soutiennent le général de Gaulle l'emportent sur les listes « Algérie française », excepté à Alger qui demeure le bastion de l'intégrationnisme. On peut donc penser qu'une partie importante de la population algérienne accorde toujours sa confiance au chef de l'État. Des négociations vont-elles enfin s'engager ?

---

1. Voir troisième partie, chap. III, « Une guerre qui s'éternise ».
2. Décision du Conseil des ministres du 30 mars. Challe quittera effectivement son commandement le 23 avril.

Toute tentative de ce genre paraît difficile depuis la « tournée des popotes ». Pourtant, de Gaulle poursuit inlassablement son but. C'est lui qui relance les offres de pourparlers au lendemain des cantonales. En réalité, jamais les contacts n'ont été véritablement rompus entre la France et le FLN. Des émissaires secrets ont toujours fait la navette entre Paris et Tunis, via Genève [1]. Indépendamment de ces allées et venues officieuses, dont tel ou tel journaliste bien informé se fait parfois l'écho, d'extraordinaires tractations paraissent possibles entre une partie des rebelles et le général de Gaulle lui-même. Il s'agit de la rocambolesque affaire de la wilaya IV.

En mars 1960, le cadi de Médéa avait reçu chez lui plusieurs représentants de la wilaya IV qui lui avaient fait part de leur désir de transmettre un message aux autorités françaises les plus élevées. Ils désiraient tout simplement discuter directement des conditions d'un cessez-le-feu. Après avoir obtenu une audience du procureur général Robert Schmelk, le cadi avait rencontré le garde des Sceaux à Paris. Edmond Michelet avertit Michel Debré qui mit immédiatement le général de Gaulle au courant de l'affaire. Bernard Tricot et le colonel Mathon, du cabinet militaire du Premier ministre, furent chargés de se rendre à Médéa et de prendre contact avec les chefs fellaghas. Le dialogue s'engagea assez facilement. Les « rebelles [2] » voulaient négocier un cessez-le-feu et discuter de l'avenir de l'Algérie. Ils manifestaient une certaine animosité à l'égard du GPRA qui, d'après eux, ne se rendait pas compte des problèmes des combattants de l'intérieur. Selon Bernard Tricot, qui dirigeait la négociation, « le vrai problème n'était pas dans les dispositions techniques que peu à peu nous définissions. Le point était que ces hommes ne voulaient pas se désolidariser, ou en tout cas entendaient se désolidariser le moins possible, des autres combattants de l'intérieur ». Ils espéraient entraîner avec eux environ 10 000 hommes, c'est-à-dire l'ensemble des combattants de la wilaya IV. Pour mener à bien leur entreprise, ils demandaient la permission de circuler librement en Algérie, pour prendre contact avec les autres combattants, et ils manifestaient le désir de rencontrer Ben Bella à l'île d'Aix pour

1. Selon le message que Ferhat Abbas diffusera le 1er novembre 1960, deux démarches importantes ont été effectuées, l'une après le discours du 16 septembre, l'autre au début de février 1960.
2. Si Salah, Mohammed, Lakhdar, Abdelhalim, Abdelatif.

obtenir sa caution. On leur accorda seulement les facilités de circulation qu'ils réclamaient. Au mois de mai, le dialogue reprenait entre eux et les Français. Les Algériens réitérèrent alors leur demande concernant la rencontre avec Ben Bella, car ils manquaient de confiance en eux-mêmes pour convaincre les chefs des autres wilayas. Le refus français risquait de rompre ces relations nouées si étrangement. C'est alors que Bernard Tricot eut une idée qu'il qualifie lui-même d'insolite : leur faire rencontrer une personnalité française de première importance. Il pensait à de Gaulle lui-même. Le général accepta. Le 10 juin 1960, dans le plus grand secret, les fellaghas sont introduits dans le bureau présidentiel. Très émus, ils expliquent au chef de l'État qu'ils ne pouvaient entraîner avec eux l'ensemble de l'ALN mais qu'ils désiraient prendre contact avec la wilaya III en Kabylie et qu'on leur permît de se rendre à Tunis pour discuter avec le GPRA. De Gaulle n'accepta que la première proposition, tout en promettant de faire transmettre un message aux dirigeants de l'extérieur. Le général acheva l'entretien sur le thème de l'« Algérie algérienne associée à la France » et annonça à ses interlocuteurs qu'il renouvellerait dans une très prochaine allocution son offre de discussion concernant l'autodétermination. Les fellaghas quittèrent l'Élysée apparemment satisfaits et s'en retournèrent à Médéa, en compagnie de Bernard Tricot, pour négocier avec les militaires une trêve tacite qui leur permettrait de contacter sans encombre leurs frères de la wilaya III. Nouvelle rencontre le 18 juin. Les deux parties attendent la réponse du GPRA au discours du 14 juin qui revêt une importance capitale.

Encouragé par les résultats des élections cantonales, assuré qu'une partie des forces de la rébellion se trouve sur le point de négocier un cessez-le-feu séparé, et sachant que le GPRA est au courant de ces tractations, le général de Gaulle a dorénavant beaucoup plus de chance d'être entendu favorablement par les dirigeants du FLN. Aussi renouvelle-t-il clairement dans son allocution du 14 juin ses propositions concernant l'autodétermination, dont le principe apparaît désormais acquis. Il se porte garant de la liberté de la consultation dont il remet cependant la date à la fin des combats. Enfin, il lance de nouveau un appel au FLN... « Une fois de plus, je me tourne, au nom de la France, vers les dirigeants de l'insurrection. Je leur déclare que nous les attendons ici pour trouver avec eux une fin honorable aux combats qui se traînent encore, régler la destination des armes, assurer le sort des combattants.

Après quoi, tout sera fait pour que le peuple algérien ait la parole dans l'apaisement. »

Rien dans ce discours ne semblait avoir surpris Si Salah. Il fut convenu le 18 juin, entre Bernard Tricot et les dirigeants de la wilaya IV, que « si Tunis répondait de façon négative ou dilatoire au discours du 14 juin, les entretiens en vue d'un cessez-le-feu partiel reprendraient. Si, au contraire, le GPRA paraissait s'engager franchement dans la voie de la paix, les chefs de la wilaya IV suspendraient les entretiens, sauf à les reprendre dans le cas où les pourparlers échoueraient du fait des gens de Tunis ». Or un retournement se produisit bientôt. Mohammed, qui redevint l'adversaire du cessez-le-feu, fit assassiner Lakhdar, Abdelhalim et Abdelatif et plus tard Si Salah lui-même. Le règlement de compte entre les hommes de la wilaya IV reste encore aujourd'hui mal connu. Aucun témoin n'a survécu. Selon des militaires, comme le général Challe, qui souhaitaient depuis des mois des redditions locales et qui avaient employé tous les moyens pour y parvenir, de Gaulle a délibérément fait échouer l'affaire pour ne pas gêner les pourparlers officiels avec le GPRA. C'est ce qui expliquerait qu'on ait laissé ces hommes regagner l'Algérie et qu'on les ait abandonnés à leur sort. Bernard Tricot réfute cette hypothèse en affirmant que, le 18 juin, il était parfaitement d'accord avec ses interlocuteurs. Selon lui, « il y avait une faille dans le principe même de cette affaire. Ses interlocuteurs souhaitaient la fin des combats, mais ils ne voulaient pas abandonner leurs frères. Pour concilier ces deux exigences, il leur fallait élargir leurs contacts, donc se donner du temps, mais c'était aussi accroître les risques ». Tout laisse néanmoins penser que cette manœuvre de la wilaya IV a considérablement élargi la marge de manœuvre du général de Gaulle et a pesé sur la réponse apportée par le GPRA, qui « constate que la position actuelle du président de la République française, tout en constituant un progrès par rapport à ses positions antérieures, reste cependant éloignée de la sienne. Néanmoins, désireux de mettre fin au conflit et de régler définitivement le problème, le gouvernement provisoire de la République algérienne décide d'envoyer une délégation présidée par M. Ferhat Abbas pour rencontrer le général de Gaulle ».

Si un immense espoir s'empare de la jeunesse métropolitaine, de l'UNR, des partis de gauche et des masses musulmanes, une morne consternation règne dans les groupes de droite et dans les milieux intégrationnistes. Deux jours après l'allocution de De

Gaulle, le FAF (Front de l'Algérie française) se constitue sous la présidence d'un musulman connu pour ses positions intégrationnistes, le bachaga Boualam, député d'Orléansville et vice-président de l'Assemblée nationale. En moins d'une semaine, le FAF regroupe plus de 100 000 adhérents. A Paris, le Comité de Vincennes, réuni à l'instigation de Bidault et Soustelle, représente en quelque sorte le parti de la guerre. Ses membres [1] font le « serment de défendre en toutes circonstances » quatre principes fondamentaux : l'intégrité du territoire national, le refus de l'Algérie algérienne, l'opposition à toute négociation, l'intégration de l'Algérie dans la République.

Deux émissaires du GPRA, Me Ahmed Boumendjel, ancien avocat de Ben Bella, et M. Ben Yahia, viennent préparer « les modalités de voyage » de M. Ferhat Abbas, car pour les Algériens il ne fait aucun doute que la négociation doit être menée au niveau le plus élevé : entre le président de la République française et celui du GPRA. Pour accueillir ces représentants, le gouvernement français a dépêché Roger Moris, secrétaire pour les Affaires algériennes, et le général H. de Gastines. Les pourparlers s'ouvrent le 25 juin à la préfecture de Melun. Les Algériens restent en contact avec leur gouvernement. Malgré la courtoisie dont font preuve chacun des représentants, les divergences sont évidentes. Pour les Français, le cessez-le-feu constitue un préalable au processus d'autodétermination. L'insurrection n'assure aucun droit, sinon celui de discuter de la cessation de cette insurrection. Les Français refusent par conséquent toute discussion sur le référendum d'autodétermination, tant que les combats n'auront pas cessé. Pour le FLN, au contraire, le cessez-le-feu constitue un élément de négociation politique. Les Français font d'autre part savoir qu'ils se réservent de négocier, pas seulement avec le FLN, mais aussi avec les autres tendances existant dans le peuple algérien. Or on sait que le FLN se considère comme son représentant exclusif. Enfin le FLN se voit refuser la possibilité que les membres de la future délégation puissent circuler librement en France, rencontrer Ben Bella et ses compagnons et prendre des contacts avec la presse, tant que les combats n'auraient pas cessé.

---

1. On y rencontre des personnalités politiques venues d'horizons divers : Robert Lacoste, Maurice Bourgès-Maunoury, Albert Bayet, A. Coste-Floret...

Le 29 juin, les pourparlers sont rompus, à la consternation quasi générale. Le 5 juillet, Ferhat Abbas déclare à Tunis que le FLN se doit de « renforcer ses moyens de lutte et son combat armé. L'indépendance ne s'offre pas, elle s'arrache ».

Nouvelle impasse. Qui va désormais céder? Sûrement pas de Gaulle. Les exigences du FLN l'ont exaspéré. Il a même, semble-t-il, poussé ses représentants à brusquer la rupture. Il décide de s'en tenir au programme du 16 septembre 1959. Au cours de l'été et de l'automne, à l'occasion de voyages qui le conduisent en Normandie, en Bretagne, dans le Dauphiné et dans le Sud-Ouest, il réaffirme sa volonté d'appliquer l'autodétermination en Algérie, dès que les attentats auront cessé. Il rejette sur le FLN la responsabilité de la rupture des négociations et fait savoir que la France maintiendra les exigences qu'elle a émises à Melun. Il se prononce toujours pour une Algérie algérienne liée à la France, évoquant à Rouen l'existence d'un État fédéral algérien : « Ce sera une Algérie algérienne, bien entendu. Mais il faudra que toutes les communautés, et en particulier la communauté française, aient leurs places dans ses institutions, ses gouvernants, sa justice, ses Assemblées. » Lors d'une conférence de presse, le 5 septembre, il reprendra les mêmes thèmes, insistant sur le fait qu'il existe « une entité algérienne... une personnalité algérienne ».

Mais comment, dans ces conditions, la situation peut-elle évoluer? Deux solutions sont envisagées : la recherche du cessez-le-feu par tous les moyens ou la mise en place d'institutions nouvelles, permettant de constituer cette « Algérie algérienne », gérée effectivement par les deux communautés, alors que se traînent encore les combats et que le terrorisme fait rage. Le gouvernement opte pour la seconde solution, sans perdre de vue la possibilité de reprendre les pourparlers avec le FLN. C'est dans cet esprit que s'explique le décret du 19 juillet instituant des Commissions d'élus, deux mois après les élections cantonales. Ces commissions composées de députés, de sénateurs, de présidents et de délégués des Conseils généraux, de maires et d'adjoints, de représentants des Chambres de commerce et d'agriculture, auront un rôle consultatif. Le chef de l'État avait annoncé leur création dès le 16 septembre 1959 : « L'an prochain aura lieu l'élection des Conseils généraux, d'où seront tirés par la suite certains grands conseils administratifs, économiques et sociaux qui délibéreront auprès du délégué général du développement de l'Algérie. » Les personnalités choisies sont toutes favorables à la politique gaullienne, ce qui représente évidemment un échec pour les partisans de l'Algérie française qui voient dans l'exercice de cette institution le prélude à l'indépendance. Le FLN manifeste son mécontentement : c'est vouloir faire l'Algérie sans tenir compte de lui. Aussi décide-t-il d'intensifier le terrorisme et de poursuivre au maximum l'internationalisation du conflit. Le mois d'août 1960 est marqué par une série d'attentats particulièrement odieux, commis le plus souvent par des combattants en uniforme, alors que l'organisation avait fait savoir qu'elle comptait respecter les conventions de Genève. Le général de Gaulle se fait longuement l'écho de l'indignation générale, au cours de sa conférence de presse du 5 septembre : « Pour qui me prennent ceux qui imaginent que je pourrais converser avec les chefs de la rébellion, tant que les meurtres continuent, de telle sorte qu'à mesure de ma conversation avec eux, on viendrait peu à peu m'annoncer que de malheureux musulmans ont été égorgés dans des douars d'Algérie ou des faubourgs de la métropole, qu'on a jeté des grenades sur des marchés arabes ou kabyles, qu'on a tiré sur des femmes et des enfants à la baignade sur les plages, qu'on a exécuté des troupiers pris au combat, qu'on les a exécutés sous une parodie de justice et que telle petite fille française a été massacrée dans son lit ? Tant qu'on donne la parole au couteau, on ne peut pas parler de politique. »

Le GPRA maintient officiellement une position hostile à la France. Il veut que le référendum d'autodétermination soit organisé par l'ONU. Le 24 août, Krim Belkacem propose aux pays arabes un plan en vertu duquel il faudrait rompre toute relation avec la France et obtenir que le référendum soit contrôlé par l'ONU. Quelques jours plus tard, Yazid déclare à Tunis que le GPRA considère que « les responsables français ne veulent pas de la négociation », tandis que Chanderli remet au groupe afro-asiatique de New York, à l'ONU, un mémoire selon lequel « le GPRA serait prêt à envoyer ses émissaires en France... si le gouvernement français prenait en considération le véritable sens du terme négociation ». Espère-t-il que l'ONU fera pression sur la France ? Le 28 septembre, Ferhat Abbas se rend à Pékin puis à Moscou. Il reçoit de vifs encouragements. Chou En-lai se félicite de l'échec des pourparlers de Melun qui auraient dû aboutir à une reddition plus ou moins déguisé du FLN. Khrouchtchev se déclare déçu par de Gaulle. Mais si Khrouchtchev et Kossyguine conseillent aux

Algériens d'accepter un référendum contrôlé par l'ONU en présence de l'armée française, Mao redoute la corruption de la révolution algérienne et le partage des intérêts économiques. Néanmoins, jamais le FLN n'a semblé aussi bien soutenu sur le plan diplomatique.

La population musulmane se sent de plus en plus solidaire de lui. Jusqu'aux pourparlers de Melun, il y avait une croyance confuse, selon laquelle une sorte de complicité existait entre de Gaulle et le FLN. Cette idée se dissipe de plus en plus. Un bon nombre d'Algériens étaient à la fois gaullistes et nationalistes; ils ne sont plus que nationalistes. Le crédit du général semble épuisé. L'attentisme musulman risque de tourner à la haine. Le 1er novembre 1960, pour le sixième anniversaire de la révolution algérienne, Ferhat Abbas explique l'attitude du FLN depuis Melun. Rendant le gouvernement français responsable de la rupture des pourparlers, il justifie la poursuite de la guerre : « Nous n'allons pas déposer les armes sur la vague promesse d'une autodétermination dont l'application est confiée à une armée, à une administration et à une police qui en condamnent le principe même. » Il refuse « l'Algérie algérienne » de De Gaulle : « Le libre-choix ne doit pas être limité à la promotion d'un État-algérien-croupion privé de la part de ses attributs essentiels, cloisonné en plusieurs groupements et amputé de sa partie saharienne... L'Algérie pour laquelle le peuple combat, c'est l'Algérie indépendante et pleinement souveraine. » Jean Daniel, qui assiste à Tunis à la manifestation du Néo-Destour organisée à cette occasion, note que « la question algérienne est devenue le thème mondial de méditation anticolonialiste ».

A Alger, les étudiants « Algérie française » manifestent « pour être en communion de pensée avec leurs présidents MM. Lagaillarde et Susini », dont le procès doit s'ouvrir à Paris le 3 novembre devant le tribunal permanent des forces armées. Mais, pour la première fois, étudiants libéraux et étudiants musulmans organisent une manifestation, scandant des slogans tels que « Le fascisme ne passera pas », « Lagaillarde au poteau ». L'inquiétude règne. Les effectifs du FAF augmentent. Il noyaute l'administration, diffuse des tracts appelant au meurtre contre le général de Gaulle, considéré comme le seul obstacle à l'Algérie française. L'armée qui ne peut plus se raccrocher à l'espoir d'une victoire militaire ne sait plus ni où elle va, ni pourquoi elle se bat. Le général Crépin s'est lui aussi converti aux thèses de l'Algérie française. « Dudule a viré sa cuti », dit-on dans les milieux bien informés. Certains officiers se sentent de plus en plus solidaires des activistes.

En métropole, l'extrême droite se rassemble autour de Bidault, de Poujade, de Salan et des colonels Godard, Thomazo et Trinquier; ce dernier entretient d'étroites relations avec le mouvement *Jeune Nation*. Le bruit court que le maréchal Juin et le général Zeller prendraient officiellement position contre la politique gaullienne. On parle de nouveaux complots. On évoque l'idée d'un « putsch ». Au cours du procès des barricades, les avocats des insurgés profitent de la situation pour attaquer le régime. Me Isorni place l'affaire sur le plan de la légalité républicaine, tentant de montrer l'innocence d'accusés qui ont voulu sauver l'Algérie française alors que « l'abandon de la souveraineté française en Algérie est un acte illégal ». Les passions s'attisent.

L'épiscopat français prend ses distances vis-à-vis des éléments intégristes qui considèrent la guerre d'Algérie comme le combat pour les valeurs de la civilisation occidentale.

L'opposition de gauche se durcit, tout obsédée qu'elle est de la montée du fascisme.

Le procès du réseau Jeanson qui s'est ouvert devant le tribunal militaire le 5 septembre 1960, alors que Jeanson lui-même est réfugié en Suisse, donne lieu à de violents affrontements. Sans nier les accusations dont ils font l'objet, les inculpés veulent élargir le débat à l'ensemble du conflit algérien. Un grand nombre de témoins de « moralité » sont cités par la défense, allant de Paul-Henry Teitgen à Jean-Paul Sartre. Le procès dramatise les affrontements idéologiques en métropole. Cent vingt et un intellectuels et artistes publient un manifeste sur « le droit d'insoumission dans la guerre d'Algérie », justifiant la désertion. Ce manifeste, dit Manifeste des 121, entraîne des mesures répressives du gouvernement contre les signataires. Tout en marquant leur opposition à la politique gouvernementale, les partis de gauche critiquent le manifeste. Dès le début d'octobre, l'UNEF a lancé un appel exprimant l'indignation de la jeunesse contre la poursuite « d'une guerre anachronique ». Elle organise [1], le 27 octobre, un immense meeting à la Mutua-

1. Avec la CFTC et la FEN; le PCF et la CGT ont refusé de s'y joindre. Voir sur cette première grande manifestation contre la guerre d'Algérie et l'attitude communiste Ph. Robrieux, *Notre génération communiste*, Laffont, 1977, et H. Hamon et Ph. Rotman, *Les Porteurs de Valises*, Albin Michel, 1979, et Éd. du Seuil, coll. « Points-Histoire », 1982.

lité qui se termine par des affrontements violents avec la police.

Alors que les oppositions s'exaspèrent de part et d'autre, apparemment impassible, le général de Gaulle brise toutes les équivoques le 4 novembre. Le concept d'« Algérie algérienne » restait vague; il le précise de façon déterminante : « Cela veut dire, annonce-t-il, une Algérie émancipée... où les responsabilités seront aux mains des Algériens... une Algérie... qui aura son gouvernement, ses institutions et ses lois... La République algérienne existera un jour... » On ne peut être plus clair. Que fera la France? Cela dépendra des Algériens. De Gaulle souhaite que s'établisse une coopération fructueuse entre les deux États. Néanmoins, si l'Algérie veut la « rupture hostile », aucun acharnement français n'est à redouter : « Nous laisserions l'Algérie à elle-même, tout en prenant, bien entendu, les mesures nécessaires pour sauvegarder d'une part ceux des Algériens qui voudraient rester français, d'autre part nos intérêts. » Mais comment réaliser de tels desseins? Par le recours au référendum d'autodétermination à la fin des combats. Aussi relance-t-il un nouvel appel aux « dirigeants de l'organisation extérieure de la rébellion... qui prétendent ne faire cesser les meurtres que si eux seuls ont fixé avec nous les conditions du futur référendum... comme s'ils étaient la représentation de l'Algérie tout entière! » De Gaulle dénonce donc la représentativité exclusive du GPRA qu'il accuse de vouloir construire une Algérie soviétique.

En fait, la solution du problème algérien repose entre les mains du chef de l'État français, recours suprême. « Il m'appartient d'être, dit-il, quoi qu'il arrive, le garant de l'indépendance et de l'intégrité de la France, ainsi que celui des traités qu'elle a conclus; autrement dit, de son honneur. Si le cours ordinaire des pouvoirs ne suffit pas, il m'appartient de recourir directement au pays par la voie du référendum... »

Alger reçoit l'allocution dans l'abattement le plus total. Le FAF réagit pourtant dès le surlendemain en déclarant solennellement qu'il s'oppose à la création d'une république algérienne. M. Jacomet, secrétaire général de l'Administration en Algérie, démissionne de ses fonctions le 7 novembre, refusant de servir « la République algérienne ». Les partisans de l'Algérie française attendent d'autres démissions qui ne viendront pas. A l'occasion des cérémonies du 11 novembre, Delouvrier est insulté; des heurts violents se produisent entre de jeunes manifestants et les forces de l'ordre. Une centaine de blessés sont à déplorer, surtout du côté des forces de l'ordre. Des tracts hostiles au gouvernement continuent de circuler. Les Algériens ne réagissent pas.

A Paris, si la déclaration du chef de l'État est accueillie avec satisfaction par l'UNR, les partisans de la paix négociée, quelque peu soulagés, ne se privent pourtant pas de critiquer le style du général qui frise la dictature. Les partisans de l'Algérie française vouent de Gaulle aux gémonies. A Madrid, où il s'est installé, Salan déclare aux journalistes qu'il est temps que chacun prenne ses responsabilités. Quant au GPRA, il refuse de croire en la bonne foi de la France « qui cherche à imposer un statut en contradiction formelle avec l'autodétermination ».

De Gaulle refuse une fois de plus la démission de Michel Debré. Éprouvant les rigueurs de l'exercice solitaire du pouvoir, déçu de ne pas voir relever le défi qu'il a lancé le 4 novembre, il décide de se rendre en Algérie au début décembre pour annoncer l'installation d'un exécutif provisoire... Il veut encore convaincre les musulmans de se rallier à lui. Le 16 novembre, un communiqué publié à l'issue du Conseil des ministres annonce que le pays sera consulté par voie de référendum au sujet d'« un projet de loi relatif à l'organisation des pouvoirs publics en Algérie, en attendant l'autodétermination [1] ». Il s'agit d'anticiper sur l'autodétermination en organisant des pouvoirs spécifiquement algériens. De Gaulle essaie de gagner politiquement la guerre. Le 22 novembre, il crée un ministère des Affaires algériennes qu'il confie à Louis Joxe, alors ministre de l'Éducation nationale. Le nouveau titulaire devient ministre d'État et non ministre délégué auprès du Premier ministre, ce qui tend à soustraire en partie à l'autorité de Michel Debré les problèmes algériens. Joxe agira sous la direction effective du président de la République. Delouvrier est remplacé par Jean Morin, préfet de Haute-Garonne, le général Gambiez succédera au général Crépin [2]. C'est à une équipe nouvelle qu'il appartiendra de créer l'Algérie nouvelle. Les journées précédant le voyage présidentiel sont marquées par de vives altercations à l'Assemblée nationale. Un certain nombre de députés réagissent violemment à la déclaration du 4 novembre.

Des précautions infinies ont été prises pour assurer la sécurité

1. En réalité, le référendum peut être considéré comme un acte anticonstitutionnel dans la mesure où il remet en question une partie du territoire national.
2. Cette nomination n'interviendra officiellement qu'en février 1961.

du général pendant son périple algérien. Il évitera Alger et les grandes villes jugées trop dangereuses. Plusieurs attentats entretiennent un climat de tension extrême. Le service d'ordre a été partout renforcé. Plusieurs activistes sont internés. La presse est sérieusement censurée. Le FAF se montre en effet plus virulent que jamais. Il entretient l'agitation pour obliger l'armée à rétablir l'ordre, de manière à tenir de Gaulle à la merci des partisans de l'Algérie française. Un encouragement pour les activistes : Lagaillarde, le héros des barricades de janvier, mis en liberté provisoire depuis quelques jours, s'est enfui en Espagne. On parle de la création d'un GPAF (Gouvernement provisoire de l'Algérie française). Pour l'arrivée du chef de l'État, rendu responsable de tous les maux de l'Algérie, le FAF lance un appel à la grève générale. Le FNF, pourtant dissous, fait circuler un tract invitant les populations à se tenir prêtes au combat. Des manifestations sont prévues dans toute l'Algérie, pour montrer l'opposition populaire à la « République algérienne ».

Le général de Gaulle débarque à Aïn-Témouchent le 9 décembre, accompagné par Louis Joxe. Des Algériens portant des banderoles arborant l'inscription « Vive de Gaulle » font face aux Européens qui scandent rageusement « Algérie française ». Après avoir lancé quelques phrases dénonçant la vanité des slogans, parfaitement calme, de Gaulle, à la stupeur générale, franchit les barrages de sécurité pour prendre le « bain de foule » auquel il est habitué. Les musulmans s'enhardissent à crier « Algérie algérienne ».

A chacune de ses étapes, de Gaulle affronte les mêmes foules divisées et s'adresse aux militaires désemparés. Répétant inlassablement que des liens nouveaux doivent se tisser entre une France nouvelle et une Algérie nouvelle, que « la politique dans l'armée c'est la rupture », essayant de convaincre les Algériens de la nécessité de prendre des responsabilités, il affirme qu'il ne modifiera rien à sa politique algérienne. Rien ne sera changé à son programme, malgré les événements dramatiques qui se déroulent au même moment à Alger et à Oran, rien sinon un retour précipité vers Paris, le mardi 13 au lieu du mercredi 14.

En effet, dès l'arrivée du chef de l'État, Alger puis Oran ont été le théâtre d'incidents violents avant de devenir la proie de véritables émeutes. L'ordre de grève lancé par le FAF a été très largement suivi par les Européens et pratiquement pas respecté par les musulmans. Le 9, de jeunes, très jeunes manifestants s'opposaient aux CRS, puis à la troupe. Le 10, le palais d'Été était assiégé pendant quelques heures par des activistes qui ne furent dispersés que par des grenades lacrymogènes. L'atmosphère est totalement différente de celle du 13 mai ou des barricades. L'émeute a été méthodiquement organisée. Les jeunes manifestants casqués, armés de matraques, de barres de fer, de grenades offensives, ne redoutent ni les coups ni le sang. Face à eux, gendarmes et CRS se montrent résolus. L'affrontement franco-français devient inévitable. Jusque-là, aucune manifestation musulmane. Mais le 11, dès le matin, des centaines, puis des milliers d'Algériens, entonnant *le Chant des maquis* et brandissant le drapeau FLN, déferlent depuis les hauteurs de Diar-el-Mahçoul et de Diar-el-Saada, dévastant tout sur leur passage. Un Européen est tué. Les CRS essaient de contenir cette marée humaine qui se gonfle de minute en minute, mais les Européens ouvrent le feu sur elle. A 15 heures, l'armée, à son tour, tire sur les musulmans, place du Gouvernement-Général, tandis qu'à Bab-el-Oued les combats font rage entre les deux communautés. A Oran, se produisent des heurts tout aussi sanglants. Comme jadis Delouvrier, Jean Morin prêche le calme. Qui peut l'entendre? Encore des morts dans la Casbah le 12, à Bône et à Oran, le 13. Nouveau bilan tragique : 120 victimes dont 112 musulmans. Sans compter les blessés.

Les deux communautés ressentent désormais confusément qu'une étape nouvelle vient d'être franchie. On marche vers une Algérie algérienne, mais laquelle? L'angoisse grandit de part et d'autre. Les ultras ont montré leur force. On prétend même qu'un putsch a échoué *in extremis* [1] mais que tout reste possible face à un certain nombre de militaires activistes. Néanmoins, les partisans inconditionnels de l'Algérie française sont à tout jamais déconsidérés, après ces journées d'émeute. Une partie de l'opinion métropolitaine qui avait eu parfois la tentation de croire aux rêves de fraternisation commence à discerner une réalité différente. Le FLN, pour sa part, vient de démontrer sa formidable emprise sur la population musulmane. Ferhat Abbas lance un appel au peuple

1. Jouhaud aurait été contacté secrètement par des émissaires gaullistes qui lui auraient proposé de regrouper autour de lui les Européens favorables au maintien de l'Algérie française et les musulmans fidèles pour constituer une République française d'Algérie, séparée du reste du pays qu'on aurait laissé aux Algériens. Jouhaud s'était méfié et ne s'était pas résolu à sauter le pas.

dès le 16, engageant les Algériens à faire échec à la politique française qualifiée de « politique d'aveuglement » : « Le gouvernement français se propose d'organiser un prétendu référendum le 8 janvier prochain et de nous imposer un statut? C'est une autre bataille à laquelle vous devez tous vous préparer. Vous serez appelés à faire échec à cette sinistre mascarade. »

Le constat d'échec s'impose donc pour la France. L'idée de l'« Algérie algérienne » soutenue par les Européens et par une troisième force mythique est bien morte. Le recours à la négociation devient inévitable. Il faut donc trouver un arrangement avec le FLN, le mettre au pied du mur. « C'est ce que je ferai après le référendum », déclare le général de Gaulle à Louis Terrenoire. En Conseil des ministres, le chef de l'État insiste sur « la cristallisation » provoquée par son voyage. Aussi se lance-t-il dans la campagne pour le référendum, davantage pour obtenir la caution de sa politique que pour faire prévaloir un système institutionnel nouveau en Algérie. Ce « oui, franc et massif » qu'il réclame aux Français, il l'obtient, le 8 janvier 1961 [1]. S'il médite la signification des abstentions musulmanes, il laisse néanmoins éclater sa satisfaction en déclarant à Louis Terrenoire : « Jusqu'à présent, j'ai fait de nombreux discours; il s'agissait de préparer l'opinion à ce qui doit arriver; maintenant, cela devient sérieux, il faudra se taire car on aura les contacts avec le FLN, on va les entreprendre. »

1. De Gaulle obtient 75,2 % de oui — 24,7 % de non. Mais en Algérie dans les grandes villes en particulier, les musulmans ont suivi les consignes du GPRA; il y eut en Algérie 39 % de oui, 18 % de non et 42 % d'abstentions.

3

Une guerre qui s'éternise

Lorsque de Gaulle décide d'entreprendre de sérieuses négociations, la guerre se traîne depuis plus de six ans. Le FLN est épuisé,
le GPRA divisé. En Algérie, l'impossible réconciliation des deux
communautés rend difficile l'application du plan de Constantine.
L'opinion métropolitaine, désorientée par les prises de position
extrêmes des partisans de l'Algérie française et celles des partisans
de l'Algérie algérienne, aspire à la paix. Les pieds-noirs sont prêts
à tout pour défendre l'Algérie française. Peuvent-ils entraîner avec
eux une armée déchirée par une grave crise interne?

FLN : ultime sursaut.

C'est un GPRA divisé et affaibli par les luttes internes qui reçut
le discours sur l'autodétermination prononcé par le général de Gaulle,
le 16 septembre 1959. Se considérant comme le « garant et le dépositaire » des intérêts du peuple algérien, tenant à s'imposer comme
l'unique interlocuteur de la France, il laissait clairement entendre
que la paix ne pouvait se rétablir qu'avec son concours. Il saisit
clairement, à l'occasion de cette déclaration, que l'Algérie serait
désormais un État. De Gaulle l'admettait. Accepter le principe de
l'autodétermination ne présentait pour le GPRA aucun danger, car
cela ne signifiait en rien l'abandon du principe de l'indépendance.
Le GPRA savait en effet que les masses algériennes ne se pronon-
ceraient jamais pour la francisation, si le scrutin se déroulait librement. Restaient deux solutions : l'association avec la France ou
l'indépendance. « L'association, c'est l'indépendance dans les deux
mois », déclara Ferhat Abbas au journaliste J.-C. Duchemin. *El
Moudjahid* se fit clairement l'écho de cette façon de voir : « Le

FLN et le peuple algérien tout entier n'ont jamais accordé à l'autodétermination des vertus qu'elle n'a pas. Son acceptation ne signifie
nullement que nous avons borné nos objectifs, que nous avons
renoncé, comme certains tentaient de le croire, à l'indépendance...
L'autodétermination est une procédure, sans plus. Son acceptation
par le FLN ne saurait remplacer ou atténuer le combat révolutionnaire pour l'indépendance... Il ne s'est jamais agi de substituer l'incertitude pacifique des urnes à l'incertitude sanglante de la guerre...
Pour le FLN, il n'y a jamais eu qu'une certitude, celle de la lutte, et
qu'une politique, celle de l'indépendance nationale. L'autodétermination sera ce que sera le rapport des forces [1]. » Cependant, au sein
du GPRA s'opposaient les modérés, conduits par Ferhat Abbas,
partisans d'une politique de conciliation avec la France et les
« jusqu'au-boutistes » qui voulaient à tout prix intensifier la lutte
pour arracher l'indépendance. La réponse dilatoire du FLN à la
proposition du chef de l'État français [2], prouvant qu'il ne changeait
rien à ses objectifs essentiels, rendait au GPRA une autorité dont il
avait besoin pour affronter la réunion du CNRA. Il paraissait en
effet capable de gagner la guerre sur le plan diplomatique, alors que
le sort des armes était définitivement compromis sur le terrain. Les
dirigeants de la rébellion s'efforcèrent alors de remonter le moral des
combattants de l'intérieur, leur affirmant que l'offre du général de
Gaulle constituait une victoire dont ils porteraient la responsabilité.
Krim Belkacem déclare en effet aux combattants de l'ALN, le
20 novembre 1959, que « leur lutte avait obligé l'ennemi à parler
d'autodétermination... et que son recul était le fruit de leurs efforts ».
Un nouveau slogan circula bientôt chez les Algériens : « Autodétermination = Indépendance. »

Le GPRA voyait donc sa position raffermie lorsque se réunit à
Tripoli, le 16 décembre 1959, le CNRA dont les premières et dernières délibérations remontaient, on s'en souvient, au mois d'août
1957. Depuis sa constitution, en septembre 1958, le GPRA avait
agi sans aucun contrôle. Ce nouveau CNRA avait été préparé, à
la demande du GPRA, par Krim Belkacem, Boussouf et Ben Tobbal.
Ceux-ci avaient constitué un Comité [3] comprenant les deux chefs

1. *El Moudjahid* n° 61, 16 mars 1960.
2. Voir troisième partie, chap. II, « Un choix décisif : l'autodétermination ».
3. « Comité des dix ».

d'état-major [1], ainsi que les cinq chefs de wilayas [2]. Pendant près de trois mois, ils avaient fixé les grandes lignes de la stratégie de lutte et ils avaient fini par décider de la composition du CNRA qui devait comprendre quarante membres.

Le CNRA siégea à huis clos pendant plus d'un mois (16 décembre 1959-18 janvier 1960). Conçu comme un organe de contrôle par rapport à l'exécutif, il ne se priva pas de critiquer le modérantisme de Ferhat Abbas et de fustiger l'échec militaire de Krim Belkacem. Ben Khedda et Boussouf se montrèrent particulièrement virulents. Néanmoins, Ferhat Abbas, démissionnaire le 24 décembre, était réinvesti le 10 janvier. Cette reconduction dans ses fonctions s'expliquait évidemment par son audience internationale. La composition du nouveau GPRA, quoique les ministres fussent moins nombreux que dans le précédent, marquait un déséquilibre certain en faveur des « libéraux », par l'éviction de Lamine Debaghine et de Ben Khedda. Il répondait à une volonté d'équilibre interne entre « militaires » et « politiques ». Ben Bella et ses compagnons se voyaient confirmés dans leurs fonctions, à titre honorifique. Yazid conservait l'Information, Ahmed Francis les Finances, Abdelhamid Mehri succédait à Ben Khedda aux Affaires sociales et culturelles, Ben Khedda devenait conseiller politique du gouvernement. Boussouf retrouvait les Liaisons générales, et Ben Tobbal l'Intérieur tout en étant chargé en outre de l'armement. Krim Belkacem, tout en demeurant vice-président du GPRA, recevait les Affaires extérieures. L'armée échappait donc au contrôle de Krim, qui voyait donc sanctionner son action passée. Désormais, l'armée devait être dirigée par un Comité interministériel de la guerre (CIG), créé par le CNRA, comprenant Boussouf, Ben Tobbal et Krim Belkacem. Boussouf, du fait de ses responsabilités, allait jouer un rôle prépondérant. Il avait réussi également à faire nommer chef de l'état-major général l'un de ses clients, le colonel Boumedienne. L'état-major général était aussi une nouvelle instance, créée par le CNRA pour assurer une meilleure coordination et l'unité de commandement au sein de l'ALN. La création de l'EMG correspondait également au désir de donner une nouvelle impulsion à la lutte armée pour aborder les négociations avec la France en position de force. Ainsi, Boume-

1. Boumedienne et Mohamed Saïd.
2. Les colonels Lakhdar (wilaya I), Ali Kafi (wilaya II), Briouche (wilaya III), Slimane Dehiles Saddek (wilaya IV), Lotfi (wilaya V).

dienne allait s'employer à constituer sur les frontières une véritable armée [1] qui peu à peu allait se dégager de la tutelle du GPRA et s'imposer à la fois comme force militaire et comme force politique. Outre le remaniement ministériel, le CNRA avait établi deux textes importants inspirés par Ben Khedda. Le premier définissait en 29 articles les « institutions provisoires de l'État algérien », lequel était appelé à devenir une « république démocratique et sociale », une fois l'indépendance acquise. Tant que l'indépendance ne serait pas proclamée, le CNRA, « dépositaire de la souveraineté nationale », détiendrait le pouvoir législatif. Il contrôlerait l'exécutif dont il définirait la politique. Il assurerait la direction suprême de la lutte de libération nationale et devrait se prononcer sur le cessez-le-feu. Il était prévu qu'il tiendrait une session annuelle, mais au cas où les deux tiers de ses membres le demanderaient, une session extraordinire pourrait avoir lieu. L'exécutif était assuré par le GPRA, à la fois chargé de la conduite de la guerre, de la gestion des intérêts de l'État et habileté à mener des négociations.

Le second texte définissait les statuts du FLN, précisait son rôle en tant que parti, ainsi que ses principes d'organisation (centralisme démocratique, direction collégiale) et ses organismes de direction (Congrès national et CNRA). Le FLN s'identifiant à la nation était donc inséparable de l'État. Le CNRA enfin prévoyait un retour au principe de la primauté de l'intérieur sur l'extérieur. Il fallait en effet encourager les wilayas à poursuivre la lutte, même si celle-ci était militairement vouée à l'échec. Le but du FLN était d'obliger le gouvernement français à négocier. Le GPRA se serait mis dans une situation d'infériorité si l'initiative était venue de lui. La continuation de la lutte à outrance s'imposait donc. Or la situation de l'ALN intérieure était inquiétante au début de l'année 1960.

L'organisation politico-administrative (OPA), qui avait pour mission de mobiliser idéologiquement le peuple algérien tout entier, se trouvait pourtant soumise aux militaires détenant un pouvoir absolu sur les populations. Désormais, il s'agissait moins pour elle d'administrer et d'endoctriner que de faire en sorte que la population soutînt la lutte. Le rôle des « rebelles civils » qui collectent les fonds et le ravitaillement, qui recueillent des renseignements,

---

1. En 1960 Boumedienne dispose de 9 200 hommes sur la frontière tunisienne et de 2 000 sur la frontière marocaine. En 1961 il y aura en tout environ 31 000 hommes.

diffusent des mots d'ordre, devient de plus en plus difficile avec l'extension du « quadrillage » établi par l'armée française. Les unités de l'ALN sont de plus en plus fragmentées; les armes et les munitions manquent. L'infrastructure militaire voit son rôle réduit à des fonctions d'intendance. Enfin, les *moussebilines,* auxiliaires vivant en petits groupes, sont trop peu armés pour être réellement efficaces. Ils se spécialisent dans le terrorisme. « Au mois de juillet 1960, l'effectif total des combattants ou assimilés... était de 7 000 à 8 000 pour les unités de l'ALN, 14 000 pour l'ensemble de l'infrastructure militaire... soit 22 000 pour la totalité de l'organisation militaire de l'intérieur [1]. »

La rébellion intérieure souhaite des renforts de l'extérieur. Le GPRA avait imaginé que l'armée des frontières pourrait forcer les barrages. Des tentatives faites en mars, avril et mai se soldèrent par un échec presque complet. Une centaine d'hommes seulement parvinrent à passer en territoire algérien. De ce fait, l'ALN intérieure doit se contenter de harceler les détachements français, dans la mesure de ses possibilités. Le découragement saisit certains combattants. Un état d'esprit hostile au GPRA, rendu responsable de l'isolement et des souffrances des civils et des militaires, favorise des tentatives de rébellion contre son autorité. Ainsi, un fonctionnaire du GPRA à Tunis, Kouara Mabrouk, rentre-t-il à Alger pour déclarer que « la lutte n'a plus aucun sens... que le GPRA a déformé le sens de l'autodétermination... qu'il ne représente que lui-même... mais que le peuple en a marre, que l'ALN en a marre... qu'elle est pour le cessez-le-feu ». Mabrouk fut abattu. C'est dans ce contexte qu'il faut replacer la tentative de Si Salah [2].

Le CNRA et le GPRA avaient fort bien compris, malgré leurs déclarations, qu'en réalité la primauté revenait à l'extérieur et non à l'intérieur pour conduire l'Algérie à l'indépendance. Aussi, le GPRA s'efforce-t-il d'améliorer l'ensemble des organismes de l'extérieur, et d'intensifier son action diplomatique. L'armée extérieure constituée par Boumedienne devient, selon l'expression de Yazid, une « puissance de marchandage ». Les ministères se structurent et leurs attributions se spécialisent. Le ministère de l'Armement et des Liaisons générales (MALG), détenus par Boussouf, joue un

1. Philippe Tripier, *Autopsie de la guerre d'Algérie,* Paris, France-Empire, 1972, p. 427.
2. Voir, troisième partie, chap. II, « Vers l'Algérie algérienne ».

rôle essentiel. Il a trois sièges : Tripoli, Rabat et Tunis. Boussouf fait la navette entre les trois capitales. Non seulement il pourvoit aux achats d'armement et de matériel de guerre, mais il est également chargé du renseignement et des transmissions. Il devient ainsi, avec ses trois cents responsables, le centre nerveux de l'organisation extérieure. Ben Tobbal dispose de deux cents techniciens pour l'Intérieur. Son domaine comprend, comme précédemment, l'Algérie et la métropole. La Fédération de France dépend toujours de lui. Il surveille également les activités des Algériens au Maroc et en Tunisie. Sa police secrète est la rivale de celle de Boussouf. Le ministère des Finances, siégeant au Caire, joue un rôle moins important. Il gère un budget qui s'élève à 200 millions de francs environ, grâce aux collectes (environ 30 millions), mais surtout grâce aux subventions des États amis (Arabie Saoudite, RAU, Irak, Bahrein, Koweit, Qatar, Jordanie, Soudan). Le ministère des Affaires sociales et culturelles dirige un service de santé et un service social au Maroc. Il tente de regrouper sous son égide les organismes d'encadrement des Algériens à l'extérieur, depuis les associations religieuses jusqu'aux syndicats, en passant par les groupes culturels et sportifs. Le ministère de l'Information, constitué autour de Yazid, est animé le plus souvent par Ahmed Boumendjel et Rhéda Malek, le ministre effectuant de longs séjours à New York, pour défendre la cause du FLN. Le ministère des Affaires extérieures, désormais dirigé au Caire par Krim Belkacem secondé par Saad Dahlab [1] et Mabrouk Belhocine [2], détient une place essentielle au sein de l'organisation extérieure. Il dispose de deux cents agents. La plupart de ceux-ci, répartis en trente-huit missions, représentent le FLN dans le monde [3]. Elles détiennent les attributions ordinairement dévolues à des ambassades. La plus importante de toutes est celle de New York, où se trouve Chanderli [4] que vient souvent rejoindre Yazid. Le président Ferhat Abbas n'a en réalité aucun pouvoir de décision

1. Saad Dahlab fut membre du Comité directeur du PPA-MTLD. Il dirigea avec Ben Khedda la plate-forme de la Soummam. Il fut membre du CCE.
2. Avocat. A contribué à la rédaction des statuts du FLN.
3. Il y a 14 missions en Europe. Parmi les pays européens qui acceptent cette mission, le Royaume-Uni, l'Allemagne de l'Ouest, l'Italie, la Suisse, l'Espagne, la Yougoslavie. On compte 7 missions en Afrique, 13 en Asie, 4 en Amérique (États-Unis, Canada, Argentine, Brésil).
4. Chanderli, ancien élève de l'Institut d'études politiques, s'est rallié au FLN en 1956. Depuis 1956, il représente le FLN à New York.

au milieu de ses ministres. Chacune de ses déclarations doit être ratifiée par eux.

Le GPRA observe attentivement la politique française. Au moment des barricades, il prêche la réconciliation entre les deux communautés. « Ne gâchez plus les chances d'une union riche de promesses », dit Ferhat Abbas aux Français d'Algérie, pour essayer de leur prouver que l'indépendance ne signifie pas leur élimination. La « tournée des pototes » du général de Gaulle, en mars 1960, contraint pourtant le GPRA à raidir son attitude, mais le 14 juin, s'ouvre une perspective nouvelle avec la proposition du chef de l'État français. Le GPRA tient absolument à une rencontre « au sommet », voulant ainsi obtenir une reconnaissance de fait du gouvernement français. On sait ce qu'il advint. Les pré-négociations de Melun sont considérées par les Algériens — et peut-être à juste titre — comme une manœuvre des Français pour démontrer la faiblesse de leur représentativité, tout particulièrement au moment de l'affaire Si Salah. Les émissaires du FLN ont eu l'impression que de Gaulle ne leur offrait rien de plus que « la paix des braves ».

Après l'échec de Melun, le GPRA intensifie son activité diplomatique et prépare activement la session de l'ONU. C'est ainsi que l'on voit les représentants du GPRA en Afrique, lors de la conférence d'Addis-Abéba, Ben Khedda en Amérique latine (Venezuela, Chili, Brésil), Ferhat Abbas à Moscou et à Pékin [1]. Au cours de l'automne 1960, l'évolution de la politique intérieure française laisse penser que la négociation avec le FLN est la seule issue possible au conflit. Les émeutes de décembre 1960 prouvent au GPRA le bien-fondé de sa politique. Les résultats du référendum du 8 janvier 1961 constituent une victoire pour le FLN.

« *Le plan de Constantine dans la tourmente* [2]. »

Au début de 1958, l'Algérie présentait les caractères d'un pays sous-développé. Le secteur agricole prédominait et l'industrialisation restait embryonnaire. La faiblesse des investissements s'expliquait en partie par l'absence de pouvoir d'achat des masses.

---

1. Voir troisième partie, chap. ii, « Vers l'Algérie algérienne ».
2. Titre emprunté à une série d'articles consacrés au bilan du plan de Constantine par Gilbert Mathieu dans *le Monde*, 5, 6, 7 octobre 1961.

Quant aux capitaux qui parvenaient à se constituer, ils n'étaient presque jamais réinvestis sur place. La population algérienne, victime de la sous-alimentation, sous-éduquée et souvent sans emploi, croissait néanmoins à un rythme impressionnant, du fait d'une fécondité élevée et d'une mortalité qui baissait depuis deux décennies.

C'est pour transformer cette économie arriérée et pour lutter contre cette dramatique situation sociale que de Gaulle lança le plan de Constantine. Le discours du 3 octobre 1958 donnait les grandes lignes d'un programme de développement de l'Algérie. Il restait à le réaliser concrètement. Ce fut en large partie la tâche à laquelle s'attela Paul Delouvrier avec le concours du Conseil supérieur du plan. Il s'agissait davantage de développer le potentiel économique de l'Algérie que de moderniser les structures existantes. Il fallait à la fois distribuer des terres, augmenter la productivité agricole et créer des industries génératrices d'emplois. Il était également prévu de scolariser l'ensemble de la population algérienne en âge de l'être, de construire des logements, d'égaliser le taux des salaires algériens sur celui des métropolitains et d'intégrer les musulmans à la fonction publique, dans une proportion de 10 % du recrutement.

Delouvrier présente le plan comme un moyen de « tirer de son état de sous-développement la partie de ce pays qui est sous-développée, sans employer ni méthode totalitaire, ni méthode de contrainte, ni méthode qui, au point de vue économique, serait sécessionniste ». Il considère « l'industrialisation de l'Algérie comme une forme de décentralisation métropolitaine ». Ainsi, pour les dirigeants français, le plan permettra « d'amarrer l'Algérie à la France ». Les fonctionnaires comme les représentants des sociétés ayant investi en Algérie insisteront toujours sur le fait que ce plan s'inscrit avant tout dans le cadre d'une économie libérale, afin de faire bénéficier les Algériens des bienfaits du capitalisme moderne. Comme a pu l'écrire Francis Jeanson [1], on a dépensé le plus possible « non pour combattre la misère, mais pour la neutraliser politiquement ». En effet, Yves Le Portz, administrateur de la CEDA (Caisse d'équipement pour le développement de l'Algérie), n'hésite pas à déclarer qu'en Algérie « la nécessité de l'industrialisation est essentiellement d'ordre social. Il s'agit, poursuit-il, de permettre la créa-

---

1. Francis Jeanson, *La Révolution algérienne, problèmes et perspectives*, Feltrinelli, 1962.

tion de ces élites ouvrières et de maîtrise, qui, de plus en plus, sont dans tous les pays la véritable base du développement moderne et... de la démocratie ». Dans une « note concernant la réalisation de la réforme agraire » émanant de la Délégation générale, datée du 25 mai 1960, ne lit-on pas également que « la possession d'une propriété individuelle est un facteur essentiel du progrès personnel et d'élévation dans la hiérarchie sociale. Elle permet le développement d'une élite différenciée de la masse »? Le plan devait donc, selon l'esprit de ses promoteurs, permettre la constitution de cette troisième force, nouvelle élite musulmane permettant à l'Algérie, sinon de rester française, du moins d'entrer en association avec la France. Ce système avait peut-être des chances de se révéler fructueux pour l'Algérie, mais plus sûrement encore pour la France, si l'on pense à l'exploitation des hydrocarbures découverts seulement depuis 1956 au Sahara. Quelle qu'en fût l'issue, la réalisation d'un programme aussi vaste nécessitait des investissements considérables. L'État et les capitaux privés devaient le financer environ pour 50 % chacun. Pour encourager les investissements, les sociétés se virent concéder des avantages considérables. Elles bénéficiaient de primes d'équipement, de primes d'emploi, de bonifications d'intérêts, d'exonération d'impôts pour dix ans sur les bénéfices industriels et commerciaux, ainsi que de la garantie de l'Algérie pour les emprunts contractés. D'autre part, elles étaient sûres d'être approvisionnées en énergie peu coûteuse, grâce à l'utilisation du gaz d'Hassi R'Mel. Enfin, l'État décidait de passer 15 % de ses commandes aux entreprises installées en Algérie, si celles-ci offraient une production susceptible d'intéresser ses marchés.

Dans le cadre du plan, le secteur agricole ne reçoit que 350 milliards sur les 1 900 milliards de centimes investis. Cette constatation ne manque pas de surprendre, lorsqu'on songe que 80 % des Algériens vivent des revenus de la terre, le plus souvent très misérablement, à la limite de la famine, les deux tiers des fellahs ne disposant que de 25 francs par mois [1]. Les terres riches et fertiles, en majeure partie propriétés des colons, donnent certes des rendements satisfaisants. L'augmentation de 20 % de la production agricole enregistrée de 1948 à 1958 ne s'explique que par leur mise en valeur. Le reste des sols, mal arrosés, exposés aux sévices du vent et des pluies

---

1. Maïté Rungis, *Esprit,* janvier 1961, « L'économie algérienne et le plan de Constantine ».

rares mais brutales, ne produisent que des récoltes irrégulières, n'assurant qu'une maigre subsistance à ceux qui les cultivent. L'érosion appauvrit dangereusement les sols, faisant perdre à l'Algérie 40 000 hectares par an, alors que la population augmente de 200 000 habitants chaque année. Le problème de l'eau demeure omniprésent comme dans tous les pays du pourtour de la Méditerranée. Si 7 millions d'hectares sont effectivement cultivés, la surface réellement cultivable se réduit en fait à 2 millions d'hectares. L'Algérie n'a pas de réserves de terres vierges. Bien que la publication du plan de Constantine 61 ait mis l'accent sur la reconquête des sols sur l'érosion, 35 000 hectares seulement sont restaurés chaque année au lieu des 60 000 prévus; 3 000 hectares sont reboisés annuellement tandis que le plan en prévoyait 10 000. Néanmoins, un inventaire des terres a été réalisé en 1960 pour permettre une action de reconquête qui commence dès l'automne de la même année. Le nombre des moniteurs agricoles est nettement insuffisant. En ce qui concerne l'irrigation, le programme a été mieux respecté. Cent mille hectares étaient irrigués en 1958. Ces zones privilégiées où s'étaient installés les grands colons comprenaient essentiellement la vallée de la Mitidja, celle du Chélif et l'Oranie. La construction du barrage de Bou-Namoussa, entrepris en 1960 pour irriguer la plaine de Bône, devait permettre l'utilisation de 200 000 hectares. Le plan envisageait en outre de distribuer 250 000 hectares à 600 000 familles. Il ne s'agissait pas de dons, car les acquéreurs devaient payer en 25 ans 1 500 000 centimes. Si Paul Delouvrier se flatte, en octobre 1959, que 8 centres de réformes agraires se soient installés en Algérie et que 2 500 familles aient reçu un lot de 3 à 10 hectares, les résultats demeureront très inférieurs aux prévisions en 1960 et 1961. Pourtant la CAPER (Caisse pour l'accession à la propriété et à l'exploitation rurale), à la fois organisme de transfert de propriété, mais aussi organisme de mise en valeur de l'agriculture, rachète sans difficulté des terres à des colons pressés de vendre, dans les zones peu sûres. Mais en octobre 1961, si elle a racheté ainsi près de 200 000 hectares, 41 000 hectares seulement sont attribués à 1 800 familles. Certes, l'insécurité militaire a retardé les travaux d'aménagement, mais surtout les acquéreurs ne sont pas légion. Le FLN interdit aux Algériens de prendre possession des terres, refusant de faire participer la population à une réforme agraire dans le système colonial.

Pour l'industrie, les résultats sont plus contrastés. L'industrialisation bénéficie à la base du minerai de fer de l'Ouenza, mais surtout de l'exploitation du gaz et du pétrole sahariens. Le gisement d'Hassi R'Mel découvert en 1956, dont les réserves sont alors estimées à 800 milliards de mètres cubes, est relié par *feeder* à Arzew, proche d'Oran. Une bretelle partant de Relizane conduit le gaz jusqu'à Alger. En 1961, ce gisement a produit 215 millions de mètres cube et 115 000 tonnes de gazoline. Ainsi, la thermie de gaz algérien coûte-t-elle moins chère que celle du gaz métropolitain. Les prospections pétrolières se poursuivent au Sahara. Le gisement d'Hassi-Messaoud, découvert lui aussi en 1956, relié par pipe-line à Bougie, a produit 8,2 millions de tonnes de brut en 1961. Plus au sud, le bassin d'Edjeleh, sur lequel on fonde moins d'espoirs, produit pourtant 6,5 millions de tonnes. Il est relié par oléoduc à Bougie et aussi à la Skirrah en Tunisie. Enfin, le gisement d'Ohanet, découvert en 1960, sans être encore d'une productivité intéressante en 1961 (290 000 tonnes), laisse bien augurer de l'avenir. Au total, le Sahara fournit plus de 15 millions de tonnes de brut en 1961. On mesure donc l'importance de cette région dans les négociations entre la France et le FLN.

Malgré ces atouts, l'industrialisation de l'Algérie connaît un retard certain par rapport aux prévisions du plan. Avant 1958, une quinzaine d'usines s'installaient chaque année. Les avantages proposés aux industriels conduisent 250 entreprises à demander un agrément officiel en 3 ans, mais 210 de ces agréments concernent simplement des extensions d'ateliers. A partir de 1961, le nombre des demandes d'agrément est en chute libre. Les nouvelles installations concernent surtout la métallurgie et les mines. L'expansion de la chimie, du textile et de l'industrie alimentaire reste insuffisante. Si le complexe sidérurgique de Bône est en construction, si l'édification des barrages se poursuit [1], on constate une stagnation générale. La construction à Arzew d'une usine de liquéfaction du gaz saharien par un groupe franco-étranger (Conshstock, SN Repal, Pétroles d'Aquitaine) est différée, le gouvernement britannique ayant demandé au Gas Council de surseoir à ses projets d'achat. Azotal (Air-Liquide-Kuhlman) qui devait créer une usine d'engrais y renonce. Péchiney abandonne le projet de construction d'une usine d'aluminium, Ugine celui d'une fabrique de ferro-alliage. Ainsi, le

---

1. Outre le barrage de Bou-Namoussa, le barrage de Djen-Djen est en service en Kabylie.

gouvernement français se trouve-t-il dans l'obligation de renoncer à construire un port industriel, le Gaz de France à mettre en chantier une seconde usine de liquéfaction du gaz et l'EGA (Électricité Gaz d'Algérie) à créer une centrale thermique. On prévoyait également dans l'Oranie des usines pour traiter le bois et pour transformer les produits de la pêche. Ces projets sont restés lettre morte. La tentative pour décentraliser l'industrie a échoué, les trois quarts des nouvelles installations se sont en effet implantées à proximité des grandes villes ou dans les banlieues côtières. L'insécurité militaire, il est vrai, n'a pas facilité l'établissement des centres industriels, mais c'est surtout l'incertitude politique entraînant la fuite des capitaux et des cadres à partir de 1960 qui a freiné l'expansion. En effet, les secteurs financés par l'État se sont infiniment mieux développés que les autres. A partir de 1960, la part des fonds publics a représenté 61 % des crédits recensés par la Caisse d'équipement. Dans ces conditions, l'industrie n'a donc pas pu fournir la quantité d'emplois escompté : 20 000 seulement ont été créés entre la fin 1958 et la fin 1961. Le sous-emploi persiste dans les villes : un travailleur algérien sur cinq est au chômage. Les salaires augmentent, mais faiblement.

Certaines réalisations du plan offrent pourtant un caractère plus positif. Le logement des Algériens dans les centres urbains s'est effectué de façon relativement satisfaisante. Avant 1958, 20 000 logements étaient mis en chantier chaque année. En 1959, 31 800 sont édifiés; en 1960, 37 000, ce qui représente une avance de 15 000 par rapport au plan. Mais à partir de 1961, de nombreux chantiers sont abandonnés, les souscripteurs ne sont plus assez nombreux. Entre 1958 et 1960 l'industrie du bâtiment et les travaux publics ont dû créer pourtant environ 50 000 emplois. Si le problème du logement est devenu infiniment moins préoccupant dans les villes, la construction des villages ruraux de « regroupés » est loin d'être une réussite totale. En juin 1959, le Conseil du plan avait décidé l'édification de « mille villages » pour les « regroupés ». Si, en décembre 1960, 1 024 villages abritent effectivement 1 million de personnes, ils ne paraissent guère fonctionnels. Les militaires ont choisi les emplacements sans tenir compte de la structure professionnelle de la population, ni de l'emplacement des anciennes mechtas, évitant également de les installer aux croisements des axes de communication, par souci de sécurité.

En ce qui concerne l'intégration des musulmans à la fonction publique, les ambitions du plan ont été réalisées. En trois ans, 8 400 agents musulmans ont été nommés par le délégué général et plus de 10 % des emplois administratifs créés en Algérie ont été pourvus par des Algériens. En métropole, les 10 % n'ont pas été atteints; faute de candidats. Néanmoins, un certain nombre de hauts fonctionnaires [1] algériens appartiennent au corps métropolitain, mais exerceront leurs fonctions en Algérie. Si l'on tient compte des emplois créés dans la fonction publique, on peut estimer que le plan de Constantine a créé approximativement [2] 80 000 à 100 000 emplois, soit le quart de ce qui avait été initialement prévu.

C'est incontestablement dans le domaine de la scolarisation que le plan connut son plus vif succès. Entre novembre 1957 et novembre 1960, le nombre d'élèves dans l'enseignement primaire augmentait de 70 %. Les effectifs musulmans doublaient presque, passant de 486 000 à 839 000, alors que les enfants européens passaient de 139 000 à 145 000. Un net progrès était également sensible dans l'enseignement secondaire, mais si le nombre des élèves musulmans scolarisés passait de 6 345 à 15 000, il restait très inférieur à celui des Européens, lesquels passaient de 51 000 à 72 000. Enfin, dans l'enseignement supérieur, la disparité demeurait choquante. Alors qu'il y avait 4 920 étudiants européens et 530 musulmans inscrits en 1957, on compte 5 740 Européens en 1960 contre 810 Algériens. Augmentation sensible certes mais encore trop faible.

Une opinion lasse de la guerre.

La guerre d'Algérie fait « la une » de tous les quotidiens, de 1958 à 1962. Hebdomadaires et mensuels lui consacrent régulièrement plusieurs pages. D'après les sondages, le conflit algérien est en effet passé au second rang des préoccupations des Français [3] de

1. On compte quatre postes de maîtres des requêtes ou auditeurs au Conseil d'État, trois postes de conseillers ou auditeurs à la Cour des comptes, six postes de préfets, vingt-sept postes de sous-préfets et deux postes d'inspecteurs des Finances.
2. Il est difficile d'avancer des chiffres sûrs. De surcroît, on ne connaît pas le nombre d'emplois créés dans le secteur des « services » (cf. *le Monde*, Gilbert Mathieu, « Le plan de Constantine dans la tourmente », 5, 6, 7 octobre 1961).
3. En 1957, le problème algérien n'était qu'au sixième rang.

métropole, alors qu'il constitue évidemment le problème majeur voire le seul problème des pieds-noirs. Au cours de ces quatre années, tandis que les passions se déchaînent et que l'on assiste à une radicalisation des extrêmes, l'opinion française, attentive aux événements, nullement indifférente aux graves controverses soulevées par la poursuite de la guerre, évolue progressivement, sous l'impulsion de De Gaulle, vers la solution de l'indépendance négociée avec les représentants du FLN.

En juin 1958, 52 % des Français souhaitent l'intégration mais 40 % seulement la croient possible [1]. Ses compatriotes font confiance au général de Gaulle pour trouver une solution équitable, et jamais cette confiance ne lui fera défaut. Les défenseurs les plus acharnés de l'intégration se recrutent dans les milieux socio-professionnels attachés à la présence française en Afrique du Nord et dans les tranches d'âge extrêmes. En effet, ceux qui ont vécu l'apothéose du colonialisme en 1930 et qui ont été élevés dans le respect de l'œuvre française outre-mer ne peuvent admettre la perte de l'empire. Pour quelques jeunes gens de moins de 25 ans, la défense de l'Algérie française devient l'expression d'un *nouveau romantisme*. Ils sont généralement issus des milieux bourgeois. Les sondages montrent en effet que la tendance « Algérie française » s'accroît avec le niveau d'instruction et le niveau social. Pourtant, une partie de cette bourgeoisie intégrationniste pressent déjà que la réalisation de son rêve est difficile, voire impossible. Les jeunes se montrent les plus irréductibles. Au cours des mois qui suivent le retour au pouvoir du général de Gaulle, les partisans de l'Algérie coloniale sont de moins en moins nombreux et le nombre de partisans de la négociation augmente. L'opinion publique prend en effet conscience de l'aide extérieure dont bénéficie le FLN. Elle se rend compte que la pacification n'est qu'un leurre. Au mois de mai 1959, malgré les déclarations optimistes du général Challe, 71 % des Français estiment que la situation a empiré en Algérie et que des négociations sont souhaitables [2]. Aussi les métropolitains approuvent-ils le discours sur l'autodétermination que les pieds-noirs considèrent comme une trahison. Les liens entre les Français des deux rives de la Méditerranée sont de plus en plus ténus. Selon un sondage réalisé

1. Charles-Robert Ageron, *L'Algérie algérienne de Napoléon III à de Gaulle,* Paris, Sindbad, 1980, p. 268.
2. Charles-Robert Ageron, *op. cit.,* p. 270.

en septembre 1959 à Paris, 29 % estiment que la résistance des pieds-noirs doit être brisée, au besoin par la force, 8 % envisagent une possibilité de tractation avec les Français d'Algérie, 13 % songent à leur rapatriement et 34 % ne se prononcent pas [1]. Entre les trois solutions proposées par le général de Gaulle, les Français hésitent : 35 % pensent que l'autonomie de l'Algérie dans le cadre de la communauté serait souhaitable, 23 % croient à la francisation, mais 11 % seulement se prononcent pour la sécession pure et simple [2]. Lorsque de Gaulle lance sa formule d'« Algérie algérienne liée à la France », en mars 1960, 64 % des Français s'y rallient, 10 % s'y opposent, tandis que 26 % ne se prononcent pas. Le mythe de l'Algérie française est bien mort sur les barricades pour la grande majorité des Français. Comme on peut le constater d'après les résultats de ces sondages, l'opinion adhère à la politique du général de Gaulle, qui a su lui faire épouser ses vues. Au début d'avril 1961, 78 % des Français souhaitent l'ouverture de négociations et 57 % sont alors sûrs qu'elles conduiront à l'indépendance [3]. Les grands partis politiques ont eux aussi, dans leur grande majorité, suivi la politique de De Gaulle, même si certains n'ont pas ménagé leurs critiques contre le pouvoir personnel. Le parti communiste, acquis depuis 1956 à l'indépendance algérienne et qui réclamait des négociations avec la rébellion, a considéré l'arrivée du général au pouvoir comme une « aggravation de la guerre », ce qui justifia son « non » au référendum de 1958. Il considérait qu'une solution militaire au conflit était impossible, que l'Algérie était l'enjeu des monopoles et que la guerre qui s'y déroulait favorisait la montée du fascisme en France. On se rappelle qu'il critiqua le discours sur l'autodétermination, pour s'y rallier plus tard [4]. Le PSU [5] a adopté à peu près la même politique que le PC à propos de l'Algérie. Gilles Martinet déclare à ce sujet : « Dans cette bataille, nous nous trouvons du même côté que le PC,

1. *Ibid.*, p. 272.
2. *Ibid.*, p. 273.
3. *Ibid.*, p. 276.
4. Voir ci-dessus chap. II, « Un choix décisif, l'autodétermination ». Il convient également de noter qu'en février 1962, Maurice Thorez se déclare « satisfait de voir le gouvernement en venir à la seule solution raisonnable possible ».
5. Le PSU s'est constitué en 1960. Il est issu de la fusion du parti socialiste autonome, de l'Union de la gauche socialiste et du groupe Tribune du communisme.

nous avons les mêmes objectifs, les mêmes ennemis. » La SFIO en 1958 se montrait hostile à l'intégration, qui ne pouvait pas correspondre aux vœux des populations algériennes, mais elle redoutait l'indépendance qui risquait de déboucher sur un véritable cataclysme. Aussi s'en tenait-elle au triptyque défini par Guy Mollet (cessez-le-feu, élections, négociations avec les représentants de la population algérienne). Elle se rallie à de Gaulle, persuadée qu'il apportera une solution au problème algérien. C'est pourquoi, au sein de la SFIO, le « oui » l'emporte au référendum du 28 septembre 1958. Elle approuve la déclaration du 16 septembre et réclame une double négociation avant le cessez-le-feu; la première avec le FLN, pour discuter de la fin des combats, la seconde avec l'ensemble des représentants algériens, pour assurer les garanties de l'autodétermination. En 1961, elle considérera que la négociation avec le FLN est suffisante. En 1961, elle reprochera au général de Gaulle d'avoir laissé échapper des occasions de paix (à Melun, Évian, Lugrin). Elle jugera sa politique dépourvue de libéralisme à l'égard des masses algériennes et dépourvue d'humanité pour les Français d'Algérie. Guy Mollet déclarera au président de la République : « Le parti est reconnaissant pour l'évolution que vous avez imprimée au problème algérien, mais vous ne faites preuve d'aucune préoccupation humaine. Pour nous, la garantie aux communautés est une chose essentielle. » Le parti radical est resté proche de la SFIO pour la politique algérienne. Rallié à l'autodétermination, il souhaite la négociation avec le GPRA et l'association de l'Algérie à la France. Le MRP souhaite, en 1958, le rétablissement de la paix et la constitution d'une Algérie nouvelle dont le statut serait fixé avec les élus algériens. Il suit la politique du général de Gaulle. Dès mai 1960, il réclame des négociations. En octobre, il souhaite que la France prenne l'initiative de nouveaux pourparlers. Comme de Gaulle, il espère une Algérie associée à la France. A l'UNR, « parti de la fidélité au général de Gaulle », des dissensions graves apparaissent à propos de l'Algérie. Les intégrationnistes sont mis en échec au Congrès de Bordeaux, en novembre 1959. Le même Congrès s'achève par le vote d'une motion accordant la confiance totale du parti à la personne et à l'action du général de Gaulle et exprimant un souhait : celui du cessez-le-feu. En avril 1960, l'UNR prononce l'exclusion de Soustelle. Les gaullistes de gauche de l'UDT adoptent la même position que l'UNR pour la politique algérienne. Notons cependant que ses membres avaient réclamé l'autodétermination avant le discours du 16 septembre 1959. Enfin, les indépendants, farouchement intégrationnistes en 1958, se divisent, comme on le sait, après le discours sur l'autodétermination, Paul Reynaud estimant le bien-fondé de cette procédure.

Il n'existe donc en France ni un parti pro-FLN, ni un véritable parti de l'Algérie française. Pourtant, le FLN a ses partisans et l'Algérie française les siens. Les uns et les autres mènent leur combat. En marge des formations politiques traditionnelles, des groupements se sont constitués. Leurs prises de position, leur action contribuent à passionner une opinion souvent indécise. Quels que soient leur idéologie, leurs buts et leurs méthodes, ils se réclament tous de la désobéissance à l'ordre établi.

La guerre d'Algérie pèse sur la France, épuise sa jeunesse. Les Français contribuent de mauvaise grâce à participer matériellement à l'effort de guerre et se refusent, de plus en plus nombreux, à participer physiquement à ce conflit, dont la justification devient insoutenable en métropole. De nombreux jeunes gens poursuivent leurs études dans le seul espoir d'obtenir le sursis qui leur permettra d'attendre la fin des combats, dont l'issue paraît évidente à tous, sauf aux jeunes exaltés de l'Algérie française. Aussi, les désertions se multiplient-elles, restant toutefois le fait d'une minorité. En avril 1960, la publication d'un ouvrage fait grand bruit. Il s'agit du *Désert à l'aube* de Noël Favrelière, paru aux éditions de Minuit. L'auteur dépeint un jeune appelé qui se refuse à faire une guerre qu'il réprouve. Après avoir mûrement réfléchi, il se décide à déserter. Ayant assumé ses risques, il est conduit à prendre des contacts avec des représentants du FLN et à collaborer avec eux. Noël Favrelière exprime ainsi la crise de conscience qui s'empare des appelés. Il développe dans son essai les thèmes diffusés depuis 1958 par une brochure clandestine publiée sous les auspices de Francis Jeanson : *Vérité pour*. En 1958, *Vérité pour* se contentait d'exprimer un anti-fascisme virulent, plus agressif que celui de *l'Express* et de *France-Observateur*. Mais à partir de 1959, la revue de Jeanson faisait l'apologie de la désertion et invitait ses lecteurs à soutenir activement le FLN, justifiant son action par le fait que la critique du colonialisme devait fatalement conduire à placer ses détracteurs du côté des victimes. Ainsi, des réseaux de soutien au FLN s'étaient-ils constitués, recrutant pêle-mêle des jeunes gens désireux de rester « propres », des chrétiens militants, des syndicalistes, des communistes. Francis Jeanson avait donné naissance au réseau Jeune

Résistance dont plusieurs membres furent arrêtés en février 1960. L'émotion fut vive en métropole. C'était en effet la première fois que l'on révélait officiellement l'existence de réseaux français organisés, dont le but avoué était d'aider le FLN. Le 15 avril, Francis Jeanson, alors recherché par la police, tient une conférence de presse clandestine pour expliquer l'action de son réseau et pour justifier son attitude. Il dénonce la trahison de la gauche socialiste en 1956, qui a poursuivi la guerre au lieu de négocier : « La gauche trichait, elle se cherchait des alibis », dit-il. Dans ces conditions, « il fallait que soient *mis en pratique* — ici ou là et ne fût-ce, tout d'abord, que par quelques individus — les thèmes essentiels dont cette gauche anti-colonialiste ne cessait de se réclamer. En particulier, celui de la solidarité avec les peuples coloniaux en lutte pour leur indépendance. Il fallait que l'honneur soit sauvé quelque part, si modestement que ce fût. Il fallait que soit brisé, en un point quelconque, le cercle de cette atroce complicité, selon laquelle quarante-cinq millions de Français acceptaient de massacrer et de torturer, par personnes interposées, dix millions d'Algériens ». Le journaliste Georges Arnaud, auteur du *Salaire de la peur,* parvient à publier la conférence de presse dans *Paris-Presse.* Texte que le rédacteur en chef, Pierre Charpy, fait précéder d'un chapeau portant la mention « Attention : toxique », en précisant qu'il s'agissait là d'un « document » transmis par un journaliste dont les positions n'étaient pas celles du quotidien. Quelques jours plus tard, Georges Arnaud était arrêté pour refus de délation. Son procès qui s'ouvre le 17 juin devient le procès de la censure. Les témoins pressentis affirment qu'ils auraient agi comme leur confrère, depuis Robert Lazurick, qui défend l'Algérie française dans *l'Aurore,* jusqu'à Claude Estier, rédacteur en chef de *Libération.* Jean-Paul Sartre, Jérôme Lindon, François Maspero, Pierre Vidal-Naquet posent clairement le problème de la liberté de la presse. Les partisans de l'Algérie algérienne s'expriment au grand jour : François Maspero se permet de faire une apologie des « porteurs de valises ». Le cas de Georges Arnaud était largement dépassé [1]. L'opinion française allait ainsi de découverte en découverte.

Le 5 septembre, s'ouvre le procès du réseau Jeanson. Il donne l'occasion aux partisans de l'action directe et illégale de s'expliquer.

---

1. Georges Arnaud fut condamné à deux ans de prison avec sursis.

Les avocats se lancent dans de longues diatribes provocantes à l'égard du pouvoir, pour susciter contre eux des sanctions entraînant les protestations des libéraux, pourtant hostiles au soutien de la rébellion algérienne. Dès le 6 septembre, cent vingt et un intellectuels signent un manifeste sur le « droit à l'insoumission ». Justifiant la rébellion algérienne, ils condamnent la guerre, « l'armée qui entretient ce combat criminel et absurde » et la torture; ils soutiennent l'action des réseaux d'aide au FLN et encouragent les jeunes appelés à la désertion : « N'y a-t-il pas des cas où le refus de servir est un devoir sacré, où la « trahison » signifie le respect courageux du vrai? Et lorsque, par la volonté de ceux qui l'utilisent comme instrument de domination raciste ou idéologique, l'armée s'affirme en état de révolte ouverte ou latente contre les institutions démocratiques, la révolte contre l'armée ne prend-elle pas un sens nouveau? » Parmi les cent vingt et un signataires, on trouve des écrivains (Jean-Paul Sartre, Simone de Beauvoir, Marguerite Duras, André Breton, Françoise Sagan, Nathalie Sarraute, Vercors...), des professeurs (Laurent Schwartz, André Mandouze, Pierre Vidal-Naquet, Michel Crouzet...), des journalistes (Robert Barrat, Jean-François Revel...), des artistes (François Truffaut, Danièle Delorme, Simone Signoret...). De nombreuses personnalités ont signé le Manifeste, plus pour protester contre l'absence de sanctions officielles contre la torture et les tortionnaires, que pour encourager à la désertion. Des sanctions immédiates s'abattent sur les signataires. Laurent Schwartz, qui avait été le professeur de Maurice Audin, est révoqué de son poste de professeur à l'École polytechnique; les pièces de théâtre et les films des auteurs du Manifeste sont interdits... L'opinion s'émeut. « Que le gouvernement ait mis à pied quelques fonctionnaires, on les aurait vite oubliés. Mais que Madame Sagan ne puisse plus venir s'expliquer sur *Château en Suède...,* qu'Alain Resnais... François Truffaut, disparaissent des antennes de radio et de télévision... Tout le monde s'en est aperçu [1]. » Des manifestations de soutien aux « 121 » mobilisent plusieurs milliers de personnes dans toute la France. Les incidents se multiplient au cours du procès de Jeanson, contribuant à informer l'opinion de réalités qu'elle avait jusque-là souvent ignorées. Le 1er octobre, le verdict était rendu : quinze accusés étaient condamnés à dix ans de prison, trois autres à de moindres peines.

1. Madeleine Chapsal, *L'Express,* 6 octobre 1960.

Alors que se déroulaient les audiences du procès Jeanson et que la presse multipliait les informations sur la désertion et l'insoumission, la colère montait dans l'armée, ainsi que chez les partisans de l'Algérie française, pour lesquels la guerre d'Algérie est conçue comme la croisade du monde libre, le FLN représentant le communisme international. Quelques jours après le Manifeste des 121, un contre-manifeste réunissant trois cents signatures de personnalités politiques de droite était publié [1]; il condamnait à la fois les activités subversives et la pratique de la torture. Jean-Marie Domenach dénonce cette « opération-Occident » dans *l'Express* [2] : « Contre les " rebelles " algériens et leurs " complices métropolitains ", la haine se déclenchait difficilement. Contre le communisme, on peut mobiliser du monde : ceux qui ont peur pour leurs biens, pour la religion [...] tous les fascismes ont utilisé le truc [...] Il y a toujours chez nous des gens pour accepter n'importe quoi [...] par peur du communisme et qui accepteront la poursuite de la guerre [...] pourvu qu'ils soient persuadés qu'on les sauve du bolchévisme. »

Le procès des barricades, qui s'ouvrit le 3 novembre 1960, devait être pour les partisans de l'Algérie française le moyen de justifier publiquement leurs thèses. Les ultras de métropole et d'Algérie se regroupaient. Le 15 juin 1960 s'était constitué le Front de l'Algérie française (FAF) inspiré par Jacques Isorni [3], Bernard Lafay et Jean-Louis Tixier-Vignancour. « On ne sauvera pas l'Algérie sans briser le système », prétendaient-ils. Le FAF essayait de regrouper les divers mouvements activistes d'Algérie, entrait en contact avec les officiers, avec les UT regroupées sous la nouvelle appellation de Compagnie de réserve. Il stockait du matériel et se préparait pour un coup de force. Salan, ayant pris sa retraite à Alger, était lui aussi entré en contact avec le FAF. Ne se privant pas de critiquer ouvertement la politique du chef de l'État, il fut rappelé à l'ordre et interdit de séjour en Algérie. Après avoir tenu

1. Parmi les signataires, on relève les noms de Roland Dorgelès, André François-Poncet, du maréchal Juin, d'Henri de Monfreid, Roger Nimier, Pierre Nord, Jules Romains, Michel de Saint-Pierre...
2. Jean-Marie Domenach, *L'Express,* 20 octobre 1960. Un troisième manifeste « pour une paix négociée en Algérie » réunissait les signatures, entre autres, de Roland Barthes, Étiemble, Robert Escarpit, Jacques Le Goff, Edgar Morin, Jacques Prévert...
3. Jacques Isorni et J.-L. Tixier-Vignancour sont avocats des inculpés du procès des barricades.

une conférence de presse dans laquelle il manifestait sa vive opposition au général de Gaulle, il s'enfuit en Espagne. Installé à Madrid, il multiplie les contacts avec les activistes d'extrême droite. Lagaillarde et quelques inculpés du procès des barricades, profitant de leur mise en liberté provisoire, viennent le rejoindre. De Madrid, ils décident de regrouper dans une même organisation le FAF et l'ensemble des mouvements activistes. Selon Lagaillarde, « cette création correspondait à la nécessité de former en Algérie un véritable appareil de combat révolutionnaire, essentiellement civil ». Tous les groupes de choc d'extrême droite devaient s'y intégrer. On lui donnait le nom d'« Organisation Armée Secrète » (OAS).

Une armée déchirée.

Lorsque l'armée d'Algérie se rallie à de Gaulle en mai 1958, son unité demeure intacte malgré les rivalités entre ses chefs, malgré la querelle entre les partisans de la guerre psychologique et les adeptes de la guerre classique. Elle n'a aucun programme politique à proposer, même si quelques officiers d'extrême droite ne cachent pas leur sympathie pour les systèmes autoritaires. Marquée par son échec en Indochine, elle redoute de quitter l'Algérie sous les quolibets et les horions d'une foule hostile. Elle estime qu'elle peut écraser l'ALN sur le terrain, aussi redoute-t-elle les négociations qui risquent de la frustrer de la victoire qu'elle attend. Peu importe, au fond, si cette victoire doit avoir des conséquences durables, c'est-à-dire le maintien définitif de la présence française en Algérie. Ce qui compte pour elle c'est d'imposer sa force à un ennemi difficile à mater (l'armée française en effet n'est guère entraînée à la technique de la guérilla) et que son succès soit officiellement reconnu et sanctionné. L'Algérie représente également pour ces hommes attachés aux traditions le dernier bastion de l'empire, le dernier vestige de la grandeur passée. La lutte pour sa sauvegarde leur a été désignée comme l'ultime combat pour la défense de la civilisation occidentale menacée par le communisme international. Ils y croient.

Aussi en mai 1958, l'armée souhaite-t-elle, avant toute autre chose, infléchir la politique française. L'appel à de Gaulle ne constitue qu'un recours improvisé dans le désarroi car l'armée n'est pas gaulliste. Elle entretient même avec l'homme du 18 juin des rap-

ports assez ambigus. Malgré son évident prestige, de Gaulle apparaît
à la plupart des chefs militaires comme un officier de réserve qui
n'a pas fait de période depuis 1940, connaissant mal les problèmes
coloniaux et qui, de surcroît, n'est pas initié aux subtilités de la
guerre subversive. Le 13 mai n'est pas un pronunciamiento militaire. L'armée, dont les gaullistes avaient besoin pour s'imposer, ne
fut en réalité que l'instrument de la lassitude générale. Néanmoins,
son attitude à l'égard du pouvoir change désormais. Alors qu'elle
était restée jusque-là dans les limites d'une stricte obéissance, elle
vient de voir son indiscipline sanctionnée par un succès, puisqu'elle
contribua largement à l'effondrement de la IVe République. Elle
considère, de ce fait, que le nouveau pouvoir lui doit beaucoup.
Elle ne pourra pas lui témoigner l'obéissance passive qu'on attend
d'elle. Elle ne lui concédera jamais qu'une obéissance réfléchie,
donc révocable. Elle invoquera, à ce propos, un précédent illustre :
celui du 18 juin 1940.

Totalement acquise à l'intégration, elle se croit en mesure de
l'imposer à de Gaulle, s'il avait la tentation de ne pas l'appliquer.
Les officiers supérieurs multiplient les déclarations favorables à
l'Algérie française, comme pour mettre le président du Conseil,
puis le président de la République, devant le fait accompli. En
juin 1958, Massu affirme que « le général de Gaulle doit consentir
à l'intégration car il est arrivé au pouvoir porté par le mouvement
d'Alger, qui est partisan de cette formule [1] »; Salan tient des propos
identiques. Il n'est évidemment pas question de faire ici un recense-
ment des témoignages allant dans ce sens. Ils sont innombrables.
Jamais ces déclarations ne sont démenties ou critiquées par le gouvernement.

A partir de mai 1958, l'armée s'estime davantage engagée en
Algérie. Ses pouvoirs sont accrus. On se rappelle le rôle qu'elle a
joué lors du référendum et lors des élections législatives, ainsi que
les félicitations que lui adressa de Gaulle à ce propos. Sa victoire
politique paraît alors totale. Elle se croit devenue l'arbitre entre
Paris et Alger. Les directives de Challe et le plan qu'il préconise
pour venir à bout de la rébellion, après avoir suscité quelque
méfiance, satisfait pleinement les défenseurs de l'Algérie française,
civils et militaires. Pour Challe, qui peut opérer en champ clos,
puisque la frontière algéro-marocaine et la frontière algéro-tunisienne

1. *Le Monde*, 5 juin 1958.

sont devenues étanches, il faut « casser les unités rebelles », s'implanter dans le djebel, dans les zones interdites où les fellaghas sont réfugiés. C'est dans ce but qu'il crée les commandos de chasse destinés à poursuivre les Katibas dont nous avons déjà parlé [1]. Il considère qu'il faut « aller du facile au plus difficile ». C'est pourquoi, en février 1959, il commence par attaquer l'Oranie dans les monts de Saïda, de Frenda et de l'Ouarsenis oranais. Le général Gambiez, commandant du corps d'armée, poursuit l'action militaire sur la montagne, avec les réserves générales données par Challe. Les combats achevés, il reste sur place. Le commandant en chef estime alors les résultats satisfaisants. Challe poursuit l'offensive, cette fois dans l'Ouarsenis algérois, où les Français ne parviennent pas à venir totalement à bout des bandes rebelles. En juillet, c'est l'attaque des monts du Hodna, lieu de passage entre les Aurès Nementcha et la Kabylie. Les Algériens qui venaient encore de Tunisie s'infiltraient par ce défilé. Challe se déclare satisfait de l'opération, puisqu'il « casse » 50 % des effectifs rebelles en douze jours. C'est à partir du 22 juillet qu'il entreprend l'opération « Jumelles ». Elle consiste à attaquer simultanément la Petite et la Grande Kabylie, vastes forteresses montagneuses, d'accès difficile, avec des villages en nids d'aigle et une population d'environ un million d'habitants ralliés au FLN depuis 1954. La Kabylie constitue, en effet, le plus sûr bastion de l'ALN. La wilaya III est alors dirigée par Mohand Ou El-Hadj, successeur d'Amirouche depuis que ce dernier a été abattu en mars 1959. Les commandos de chasse opèrent avec rapidité et souplesse, s'emparant des villages et rayonnant ensuite dans les zones environnantes. D'autres commandos traquent les hommes des maquis, en particulier celui du commandant Léger avec ses « bleus », véritables agents-doubles qui entretiennent l'angoisse de la trahison dans les rangs de l'ALN et dans les populations. On verra même des villageois refuser de ravitailler les fellaghas, persuadés qu'ils n'ont pas affaire aux leurs, mais aux « bleus » de Léger. Les commandos de Challe rendent la vie impossible en Kabylie, mais Mohand Ou El-Hadj réagit en divisant ses Katibas en groupes moins importants. Ainsi, bien des combattants de l'ALN échappent au « ratissage » de l'armée française. En octobre, Challe se montre pourtant satisfait de

1. Voir troisième partie, chap. I, « A la recherche d'une politique algérienne ».

l'opération; il étend son action vers l'est, sur la wilaya II, de la Soummam à la frontière tunisienne, autre région dominée par le FLN. A la fin d'octobre, il annonce que 3 746 insurgés kabyles ont été mis hors de combat et que le dispositif militaire de l'ALN se trouve réduit à néant en Kabylie. Le FLN lui-même reconnaissait avoir subi des pertes graves. L'opération « Jumelles » représente l'épisode militaire le plus important de la guerre d'Algérie. En réalité, il y eut une certaine disproportion entre les moyens mis en œuvre et les résultats obtenus. Certes, les pertes françaises dépassaient rarement la proportion de deux pour dix. Pour les armes, les Français n'avaient perdu qu'une pièce contre quatre pour les rebelles et Challe pouvait déclarer que le fellagha n'était plus le roi du djebel. Cependant, des bandes rebelles subsistaient. Challe espérait leur reddition. D'autre part, les opérations menées tambour battant plusieurs mois d'affilée avaient entraîné le transfert des populations. Challe voulait en effet priver les rebelles de leur contact avec les habitants des villages qui les nourrissaient, les soignaient et les cachaient. Plusieurs milliers de regroupés furent ainsi littéralement parqués dans des camps qui s'apparentaient le plus souvent à de véritables camps de concentration. Un article publié dans *le Figaro* en juillet 1959 fit éclater le scandale devant l'opinion. Plusieurs journaux envoyèrent leurs reporters mener des enquêtes qui aboutirent à dénoncer l'inhumanité des conditions de vie imposées dans ces camps. Challe refusait pourtant de les supprimer pour des raisons stratégiques. On améliora la situation des regroupés et Delouvrier entreprit la construction des « mille villages ».

L'action de Challe reposait en grande partie sur le « renseignement ». Or le renseignement est rare, la population « n'aide » pas. On considère comme légitime « d'exploiter » les prisonniers. C'est pourquoi, Challe développe le Dispositif opérationnel de protection (DOP) dépendant du Centre de coordination interarmées (CCI). Les DOP fonctionnent en marge de l'armée régulière avec le concours d'officiers spécialisés. Ainsi la torture est-elle largement pratiquée dans toute l'Algérie, dans les petits comme dans les grands centres. Plusieurs officiers du DOP estiment d'ailleurs qu'il faudrait tuer tous ceux qui ont été torturés, pour les empêcher de raconter les sévices qu'ils ont subis. Dans l'application de la torture, on va bien au-delà de la recherche du renseignement. Comment en effet justifier que l'on confie la garde des prisonniers à ceux dont les camarades viennent d'être tués? Pourquoi laisse-t-on des journées entières d'autres prisonniers dans des cages à chiens en plein soleil, pourquoi d'autres encore sont-ils abandonnés dans des réservoirs métalliques? « Ces atrocités qui sont généralisées dans l'armée, sont acceptées, considérées comme normales. Tout le monde en parle ouvertement [1]. » Par comble de paradoxe, l'armée agit toujours comme si elle voulait protéger les populations contre les fellaghas, considérés comme une poignée de terroristes dangereux, aussi bien pour les Européens que pour les Algériens eux-mêmes. La pacification peut-elle avoir un sens dans de telles conditions? Lorsque l'armée s'est assurée la maîtrise d'une région, son âme lui a échappé. « Qu'est-ce que vous pacifiez? Les murs [2]? » demande un musulman à un jeune appelé, lui-même scandalisé par de tels procédés. Les régions dites pacifiées ne le demeurent que tant que les troupes y stationnent. Si elles abandonnent la zone pacifiée, tout est à recommencer. L'ennemi reste vigilant, partout présent, toujours prêt à monter une embuscade, à faire un attentat. L'armée française est perçue par la majorité de la population algérienne comme une armée d'occupation, malgré l'action souvent méritoire des SAS, de l'assistance médicale gratuite, du service de la jeunesse, qui ne disposent pas souvent de moyens nécessaires à leur tâche. Ils servent une cause, ils donnent bonne conscience à la France en Algérie. Les Algériens ne s'y laissent pas prendre.

A l'issue de l'opération « Jumelles », Challe estimait pourtant que la guerre était gagnée sur le terrain. Comme la plupart des officiers, il n'envisageait qu'une solution militaire au conflit, rejetant un règlement politique. Il attendait la reddition des dernières bandes rebelles, persuadé que c'était pour elles la seule issue possible, mésestimant totalement la force du sentiment national algérien. Les services psychologiques avaient tenté diverses manœuvres pour aboutir à ce résultat. L'affaire Azzedine illustre ce type d'opération. Azzedine, commandant de la wilaya IV, fait prisonnier à la fin de 1958, est utilisé par les Services de l'action psychologique pour tenter d'obtenir un cessez-le-feu local. Relâché pour aller contacter ses camarades, il rejoint définitivement le maquis. L'armée fait diffuser, à plusieurs reprises, des tracts signés par des rebelles

1. *Des officiers parlent,* Julliard, 1961, « Interview du lieutenant H. », p. 6-7.
2. *Esprit,* janvier-mars 1961, « La pacification », article anonyme rédigé par un groupe de neuf militaires du contingent dans le Constantinois.

prisonniers pour convaincre leurs compagnons de se rendre. Peine perdue. On comprend pourquoi Challe attacha tant d'intérêt à l'affaire Si Salah. Sa réussite aurait en large partie justifié ses thèses et son action. Il oubliait que les redditions locales n'auraient jamais entraîné la reddition de la totalité de l'ALN. Or c'était cela qui aurait compté. Néanmoins, sous le commandement de Challe, l'armée a l'impression de toucher au but. Elle éprouve le mirage de la victoire tant attendue.

Le discours du 16 septembre 1959 plonge une partie des militaires dans le désarroi. Tout en admettant le principe de l'autodétermination qu'il juge démocratique, Challe se demande comment faire accepter la décision du chef de l'État par ses hommes, car on ne se bat pas pour imposer l'autodétermination. Aussi joue-t-il immédiatement la carte de la francisation, solution qui lui semble la plus proche de l'intégration. On sait que plusieurs officiers ont voulu se convaincre et convaincre leurs subordonnés et la population qu'il s'agissait là d'une manœuvre inventée par de Gaulle en vue de la session de l'ONU. On les laisse parler. Agissaient-ils ainsi pour se rassurer ou pour obliger encore de Gaulle à se rallier à leurs vues? Pourtant, plusieurs officiers comprennent le discours comme il doit être entendu. L'armée est désormais virtuellement divisée. Si beaucoup ressentent les propos du chef de l'État comme une meurtrissure qui les atteint personnellement, seuls les militaires ultras regroupés autour de quelques colonels sont prêts à se révolter contre un pouvoir rendant leur action inefficace et conduisant l'Algérie à l'indépendance. Ils justifient leur future rébellion en considérant de Gaulle comme un traître, puisqu'il remet en question une partie du territoire national; et comme un traître qui risque de les transformer eux-mêmes en parjures. Ils rappelleront sans cesse les serments qu'ils ont prêtés aux musulmans placés sous leur protection, de ne jamais les abandonner. Aussi multiplient-ils les contacts avec les plus chauds partisans de l'Algérie française.

Ils ont généralement des idées erronées sur l'opinion métropolitaine, l'imaginant trop facilement prête à cautionner un nouveau 13 mai. Pour journaux, ils ne lisent que ceux de l'armée et la presse d'Algérie, restée dans son ensemble fidèle à l'Algérie française. Ils exècrent les journalistes libéraux et ignorent superbement ce que J. Soustelle a appelé lors d'un débat parlementaire « les quatre grands de la contre-propagande française » : *le Monde, l'Express, France-Observateur* et *Témoignage chrétien.* Les yeux résolument fermés sur les réalités métropolitaines, ils veulent se persuader que les masses ne suivent pas de Gaulle, tout en dénonçant, paradoxalement, « l'esprit d'abandon de la métropole ». Séjournant rarement en France, ils entretiennent avec leurs familles des relations qui contribuent souvent à les maintenir dans l'erreur. Les officiers, en effet, sont souvent issus de familles de notables, dont le préjugé antigaulliste est entretenu par la fidélité vichyste. C'est évidemment dans ces milieux que se recrutent au mieux les plus violents adversaires de la politique algérienne du chef de l'État. Certains, comme Argoud, se prétendent « révolutionnaires », rêvent d'appliquer une certaine forme de socialisme à la France comme à l'Algérie, mais ce « socialisme » s'apparente plus au socialisme fasciste qu'à l'idéologie de Marx ou de Jaurès.

Ces officiers ultras ne constituent qu'une minorité au sein de l'armée. Mais il s'agit d'une minorité voyante et active, particulièrement bien représentée dans la 10e DP, devenue depuis « la bataille d'Alger » une véritable armée dans l'armée. Les ordres des chefs doivent être avalisés par leurs subordonnés avant d'être exécutés. Le mythe « para » est alors à son apogée, soigneusement entretenu par les parachutistes eux-mêmes et une presse complaisante, en mal de héros protecteurs. Avec le sentiment d'appartenir à une race supérieure, le « para » fait partie désormais d'une véritable secte dans l'armée, qui compte ses rites, ses légendes et ses tabous. Une hiérarchie officieuse y distingue les « bérets verts », paras de la Légion, où l'on trouve beaucoup d'Allemands, d'Espagnols, de Hongrois; les « bérets rouges », paras coloniaux — les uns et les autres infiniment plus considérés que les « bérets bleus », paras métropolitains sans gloire. Au sein de l'armée, ils ont des privilèges à la mesure de leurs mérites : une solde plus élevée, un avancement plus rapide, des décorations plus nombreuses. Entre eux, ils évoquent la glorieuse saga des paras, exaltent la gloire de leur unité et parlent un jargon commun. Ils ont adopté des hymnes allemands, comme *Lily Marlène* ou *Alli Allo*. Les « dix commandements du para », affichés dans toutes les chambrées, entretiennent le culte d'une aristocratie combattante. Ils ont jusqu'à leur propre prière, au dieu des paras, auquel ils demandent « la tourmente et la bagarre... définitivement ». Devant affronter la peur, depuis leur stage de formation, ils cultivent soigneusement leur image virile; méprisent du même coup l'image inverse de l'homme-femme par excellence, le politicien, voué au caquetage et à l'inaction. Le para s'y oppose et le déteste d'autant plus qu'il rend responsable l'homme politique des humiliations qu'il a subies en Indochine et de celles dont il est menacé en Algérie. Lorsqu'ils ont défilé sur les Champs-Élysées, le 14 Juillet 1958, les « hommes-léopards » ont ressenti les acclamations de la foule comme la justification de leurs actes. Ils ne veulent pas retomber dans la honte d'une nouvelle reculade avec l'autodétermination. Cette guerre qu'il fait aux rebelles, le para la mène aussi contre les intellectuels progressistes, organisateurs de la défaite. Il se montre fier de son ignorance, puisqu'on s'est ingénié à lui expliquer que les subtilités intellectuelles conduisent un pays à la décadence. Le communisme est un aspect de cette décadence, et non des moindres. Or son idéal consiste à sauver ce qui reste de l'empire de la mainmise du communisme international.

Mais la 10e DP n'est pas l'armée tout entière. Les paras sont souvent détestés par le reste de l'armée, auquel ils ne cachent pas leur mépris. Pourtant, les officiers activistes sont persuadés qu'elle n'attend qu'un signe pour se soulever. De Gaulle, pour sa part, conçoit l'armée comme un organisme technique. Il refuse l'armée politique. « L'armée qui n'a jamais rien compris à la politique continue de n'y rien comprendre; après l'affaire Dreyfus et Vichy, elle veut faire l'Algérie française », se plaît-il à dire. Tout en lui adressant des félicitations, il essaie de lui préciser que son rôle est strictement militaire, que le problème algérien n'est pas le seul auquel la France se trouve confronté, que d'autres tâches lui sont promises à l'avenir.

L'affaire des barricades place les militaires face à leurs responsabilités. Les colonels activistes pèsent de tout leur poids pour entraîner Challe dans la sédition et, avec lui, l'ensemble de l'armée. Sérieusement ébranlé par ses colonels, Challe se contente d'affirmer que « l'armée se bat pour que l'Algérie reste définitivement française ». Il emploie le procédé habituel : essayer de mettre de Gaulle dans une situation irréversible pour le convaincre de changer l'orientation de sa politique. Les colonels croient triompher lorsqu'ils s'adressent directement à Debré. Mais ils ont surestimé leur force. Par son discours du 29 janvier, de Gaulle sauve provisoirement l'unité de l'armée. François Mitterrand donne, quelques jours plus tard, une claire analyse de la situation[1]. En juin 1958, « l'armée, les ultras et de Gaulle ont renversé ensemble la IVe République.

---

1. *L'Express,* 25 février 1960.

L'un a reçu la France en apanage, les autres l'Algérie »... En janvier 1960, « de Gaulle décida de dire non à Ortiz et oui à l'armée. Mais l'armée, qui préfère de Gaulle à Ortiz, préfère l'Algérie française à de Gaulle ». Après le discours du 29 janvier, « dès qu'elle eut obtenu les garanties qu'elle désirait sur le cessez-le-feu et les délais et conditions du référendum, elle abandonna sans regret les insurgés d'Alger ».

De Gaulle, prisonnier de ses promesses à l'armée, la rappelle pourtant à la discipline. Désormais, aucun chef militaire ne tentera plus de le persuader de pratiquer l'intégration. Crépin qui succède à Challe, Gambiez, puis Ailleret, n'exalteront plus l'Algérie française dans les déclarations qu'ils adresseront à leurs hommes. Ils se contenteront de les féliciter pour les opérations menées contre les rebelles. Ils iront même jusqu'à exalter le sens de la « stricte discipline ». Le langage change, mais les anciennes instructions de Challe restent toujours en vigueur. Les divisions s'accentuent entre les « colonels » et le reste de l'armée. Un certain nombre d'officiers supérieurs appartenant au cadre de réserve, et non des moindres (Salan, Jouhaud, Zeller, Guillaume, Monsabert, Valluy, sans oublier le maréchal Juin), les soutiennent. Dans leur entourage se constitue, avec l'appui des députés François Valentin et Alain de Lacoste-Lareymondie, le groupe « Armée-Nation » qui dispose, en outre, des services du directeur de l'information à la Défense nationale et qui bénéficie de sympathies dans l'entourage du Premier ministre. Ce groupe, qui a ses correspondants dans chaque corps d'armée, diffuse des brochures dans lesquelles de Gaulle est ouvertement accusé de trahison, son pouvoir taxé d'illégitimité, ce qui entraîne à la désobéissance : devoir « sacré »!

En Algérie, les opérations se poursuivent. Les bandes rebelles sont traquées et la pacification va son train. L'armée, débarrassée de ses éléments activistes les plus notoires, reste persuadée que la victoire militaire est toujours possible. Elle n'admettra pas de négociations politiques avec le FLN. D'innombrables avertissements venus des états-majors d'Algérie et des services de Défense nationale sont transmis au général Ély et au ministre des Armées. On peut légitimement penser que de Gaulle a tenu compte de ces informations en ne poussant pas plus avant les négociations de Melun. Il mesure le danger que représente cette armée si la victoire lui échappe. Mais au cours de l'été 1960 l'état d'esprit se transforme. Les officiers d'Algérie sont en effet très impressionnés par les événements d'Afrique [1]. Les témoignages de ceux qui reviennent de Dakar et de Bamako leur prouvent que le communisme est aux portes de l'Afrique et que toute solution d'association mène à l'indépendance. D'autre part, le développement, en France, des mouvements de résistance à la guerre d'Algérie achève de les exaspérer. C'est le moment où Crépin, commandant en chef, « vire sa cuti ». La plupart des officiers se sentent de plus en plus solidaires de l'Algérie française.

Avec le discours du 4 novembre, qui évoque l'existence d'une « République algérienne », la rupture est consommée. Les militaires activistes organisent la rébellion. Quelques officiers sont désormais prêts à renverser le régime. Comparant la France à la Rome impériale face aux Barbares, un colonel interviewé dans *l'Express* par Jules Roy [2] révèle clairement l'état d'esprit des militaires activistes : « Il faut se battre à Paris... il faut convaincre, lutter contre les influences extérieures, le poids de la vie internationale... Les barricades ont été pour nous un signe de résistance à la défaite... Nous étions à l'époque un groupe plus lucide que les autres. Ce groupe s'est considérablement étendu... Nous avons la conviction que le destin de la France se joue en Algérie... Si rien ne change, la France va succomber. Nous voulons arrêter la décadence de l'Occident, la marche du communisme. De Gaulle conduit la France à la ruine. » Et cette nouvelle Jeanne d'Arc en treillis de comparer la France à une désespérée qui va se noyer. Comment la sauver? En l'assommant bien entendu.

De tels propos n'ont cours que chez les activistes, car la majorité des officiers, tristement résignée, admet les négociations avec le GPRA, autant par raison que par lassitude. Lors du référendum du 8 janvier 1961, les militaires activistes votent « non » pour sauver l'Algérie française, tandis que l'armée fait officiellement voter « oui » au nom du maintien de la présence française. Alors que l'on évoque à plusieurs reprises l'idée d'un putsch au cours de l'automne 1960, personne ne songe aux réactions du contingent, cette « main-d'œuvre saisonnière » vouée à la plus stricte obéissance, ces « culs de plomb » méprisés par les militaires d'active comme par les pieds-noirs. En vérité, le contingent qui passe vingt-sept mois sous les

---

1. Le Mali et le Congo ont accédé à l'indépendance.
2. *L'Express,* 3 novembre 1960, le colonel interviewé est peut-être Argoud.

drapeaux est infiniment plus lucide que les cadres de l'armée. Il ne croit plus en cette guerre absurde. Il connaît les problèmes de la métropole. Lorsqu'il met le pied sur le sol d'Algérie, il est oppressé par un milieu écrasant, où tout est complexe. C'est généralement son premier contact avec un pays sous-développé. Sa sensibilité s'émeut tout d'abord devant la misère musulmane, puis elle se lasse assez vite. On lui inculque le mythe de l'Arabe paresseux, la haine du fellagha qui commet des attentats abominables devant lesquels il est difficile de garder son sang-froid. Il a peur, mesure l'inutilité des combats dont il éprouve l'atrocité. Enfin, il découvre avec horreur les méthodes employées par l'armée française. Il n'a qu'une idée en tête : la « quille ». En attendant, il faut garder le moral. Or le contingent représente près de 90 % des effectifs de l'armée d'Algérie employés au « quadrillage ». Comment peut-il réagir en cas de coup de force?

4

Vers l'indépendance

Le putsch des généraux.

Personne ne s'était mépris sur le sens du « oui franc et massif » au référendum du 8 janvier 1961. Il signifiait *oui* à la négociation, *oui* à la paix en Algérie. Si les Français de la métropole avaient délégué leurs pouvoirs à de Gaulle pour mettre fin à un conflit meurtrier et sans issue, les Français d'Algérie pressentaient l'accélération d'un processus d'abandon qu'ils voulaient à tout prix éviter. Quant au GPRA, il comprenait que l'heure des pourparlers avait sonné. Aussi faisait-il savoir, dès le 16 janvier, qu'il était prêt à renouer le dialogue.

Des contacts secrets avaient été pris entre la France et le FLN depuis la fin décembre grâce à l'intermédiaire du diplomate suisse Olivier Long. Claude Chayet, collaborateur de Louis Joxe, s'était entretenu avec les émissaires du FLN. Aucune information n'avait pourtant été divulguée. L'attente allait-elle être déçue? L'espoir renaît lorsque de Gaulle fait savoir qu'il rencontrera Bourguiba, dont on mesure l'influence sur les chefs de la rébellion et dont on sait la hâte de voir réaliser une paix négociée. Le chef de l'État français semble désormais décidé à faire aboutir des pourparlers. Le 18 février, il remet des instructions écrites à Georges Pompidou et à Bruno de Leusse qui s'apprêtent à rencontrer en Suisse MM. Boulahrouf et Boumendjel. Il leur enjoint de « s'informer des objectifs à long terme du FLN », de savoir quelles seraient les relations futures entre la France et l'Algérie nouvelle. Les Français doivent se déclarer prêts à discuter des conditions de l'association, mais ils peuvent assurer aux représentants du FLN que la France ne s'opposera en aucune manière à l'indépendance, si tel est le vœu des Algériens. Toutefois, dans cette éventualité, des garanties sont exigées pour les ressortissants français. En outre, la France tient à conserver la base de Mers el-Kébir et le Sahara. Sur ce dernier point, le général de Gaulle estime que des accords ultérieurs pourraient être conclus avec les États riverains. Enfin, Bruno de Leusse et Georges Pompidou doivent réaffirmer que les négociations officielles ne commenceront que lorsque les violences auront cessé.

Par deux fois, les Français rencontrent les Algériens, à Lucerne le 20 février et à Neuchâtel le 5 mars. Les contacts s'avèrent difficiles. Les hommes du FLN observent une prudente réserve, refusent de s'engager, laissent parler les Français. Redoutent-ils d'avoir à faire des concessions, ou bien obéissent-ils à une stratégie tout orientale qui ne tient pas compte du facteur temps? Ils réussissent néanmoins à créer un sentiment de malaise chez leurs interlocuteurs, malaise qui sera ressenti par presque tous les négociateurs français appelés à régler le problème algérien. Sans avoir participé directement à ces rencontres, Bernard Tricot évoque le désarroi de ses collègues : « Dites-nous vos intentions, insistaient les envoyés du général de Gaulle. Les réponses étaient évasives et s'il advenait qu'un émissaire algérien se soit un peu découvert, on le trouvait, à la réunion suivante plus réservé que jamais. Ce n'est pas à dire qu'il gardait le silence, mais il le meublait de déclarations de principe et de retours sur le passé. »

Si les émissaires français constatent, non sans soulagement, le réel désir de paix éprouvé par leurs adversaires, ils s'aperçoivent néanmoins très vite que les conversations n'aboutiront que dans la mesure où la France acceptera certaines concessions. En effet, le FLN ne veut discuter que des conditions de l'autodétermination, remettant le règlement des autres problèmes à des négociations ultérieures qui se feraient directement entre les deux gouvernements. Il se refuse à évoquer des garanties pour les Français d'Algérie. Il ne reconnaît pas la souveraineté française sur le Sahara. Il n'admet pas le principe du cessez-le-feu lors de l'ouverture des négociations. Le cessez-le-feu ne devrait intervenir qu'après le conclusion des accords. Or, de Gaulle a toujours posé le principe du cessez-le-feu en préalable à toute négociation. C'est pourtant lui qui cède, au début mars. Les Algériens en effet refusaient le principe d'une conférence, au cours de laquelle les militaires des deux parties se seraient mis d'accord pour une trêve. Sentant l'adversaire irréductible, le chef de l'État lui fait savoir qu'il est favorable à l'ouverture d'une conversation officielle entre deux délégations « comportant une confrontation de leurs vues d'avenir par les responsables et sans qu'aucun préalable ne soit soulevé de part et d'autre ». C'était donc renoncer à la condition du cessez-le-feu, qui devenait ainsi un objet de négociation, comme le voulaient les Algériens.

Tandis que ces liens fragiles se tissent entre les deux parties, les entretiens de Gaulle-Bourguiba se déroulent le 27 février à Rambouillet. Le président français les qualifie de « cordiaux et satisfaisants », malgré les difficultés survenues à propos de l'évacuation de Bizerte. A l'issue de cette rencontre, un communiqué précise que « la question algérienne a été évoquée largement à la lumière des récents développements et dans la perspective de l'avenir de l'Afrique du Nord. Le général de Gaulle et le président Bourguiba ont été d'accord pour constater les possibilités et l'espoir qui existent désormais d'une solution rapide ».

Quelques heures plus tard, le 1er mars, à Rabat, à l'occasion des obsèques de Mohamed V brusquement décédé, Bourguiba rencontre le nouveau souverain marocain, Hassan II, ainsi que Ferhat Abbas accompagné de Ben Tobbal et de Krim Belkacem. Ils publient un communiqué affirmant que « les trois chefs de délégation estiment qu'aucun obstacle ne devrait s'opposer à l'ouverture de négociations directes entre le GPRA et le gouvernement français dans le cadre de la décolonisation totale. Ils ont constaté leur parfait accord quant aux moyens propres à la réalisation de l'indépendance de l'Algérie »... On peut remarquer la prudence du communiqué. L'emploi du conditionnel suscite quelque émotion. Mais n'oublions pas qu'à cette date, de Gaulle n'avait pas encore accordé la concession capitale concernant le cessez-le-feu. D'autre part, il semble évident que l'idée d'association n'effleure pas les dirigeants maghrébins. L'Algérie doit être indépendante.

Les entretiens de Rambouillet, la conférence tripartite de Rabat alimentent les commentaires des journalistes qui ont eu vent des contacts engagés par Georges Pompidou et Bruno de Leusse. Si le contenu des entretiens reste secret, leur existence ne fait plus aucun doute. Le silence officiel est rompu le 15 mars, à l'issue du Conseil des ministres : « Le Conseil a confirmé son désir de voir s'engager, par l'organe d'une délégation officielle, les pourparlers concernant les conditions de l'autodétermination des populations algériennes ainsi que les problèmes qui s'y rattachent. » Le lendemain, le GPRA confirme la nouvelle. Les pourparlers officiels doivent s'engager le 7 avril à Évian. Mais, à la surprise générale, le 31 mars, le FLN renonce à rencontrer les délégués français, après que Louis Joxe a annoncé qu'il consulterait aussi les représentants du MNA considérés par le FLN comme les « valets du colonialisme ».

Nouvelle impasse, qui s'inscrit dans un contexte particulièrement préoccupant, en Algérie même. En effet, si les opérations militaires connaissent un ralentissement certain, excepté dans les Aurès, le terrorisme fait rage. Loin d'envisager de cesser les hostilités, le FLN multiplie les attentats depuis le début de l'année. Il s'en prend même aux religieux et au corps médical : un aumônier et des secouristes sont assassinés près de Médéa, sept militaires et trois civils trouvent la mort dans un café attaqué à la mitraillette à Miliana, un obus piégé explose près de Djelfa, faisant treize victimes, sept autres personnes succombent à Tizi-Ouzou... Les blessés se comptent par dizaines. L'infernal engrenage de la violence se met en marche. Les Européens vivent dans la terreur de la négociation qui conduira inévitablement à l'indépendance. Pour eux, cela signifie au mieux une situation d'infériorité dans l'Algérie nouvelle, au pire le massacre. Pour éviter l'apocalypse, une seule solution : la violence, n'importe quelle violence, quitte même à créer en Algérie une situation chaotique de type congolais. Tous les Européens sont armés. Il leur est facile de fomenter des attentats contre des personnalités officielles, contre des libéraux. Des maquis peuvent se constituer. Mais surtout, ils rêvent de voir l'armée « basculer » de leur côté. En attendant, la jeune OAS, qui tend à regrouper tous les anciens mouvements activistes, dépose des bombes au plastic qui atteignent surtout des musulmans. Pas de morts. Mais le 25 janvier 1961, l'avocat libéral Pierre Popie [1], qui avait osé déclarer « l'Algérie française est morte » et qui allait faire des révélations au procès des barricades, concernant certaines activités peu glorieuses de Lagaillarde, est poignardé. Ce meurtre inaugure la longue série des crimes de l'OAS. La métropole est touchée, elle aussi; des charges de plastic explosent au domicile de François Mitterrand, à la Bourse de Paris, dans un bar de Montmartre. Encore des bombes à Alger, destinées aux gaullistes, aux libéraux et au consulat des États-Unis. Le 31 mars, le maire d'Évian est victime d'un attentat. Le 10 avril, un tract circule à Alger : « L'OAS frappe où elle veut, quand elle veut. » Les membres de l'organisation revendiquent la paternité de multiples attentats commis les jours précédents, précisant qu'il ne s'agissait là que de coups de semonce. Le plastic est utilisé comme

1. Pierre Popie était président de la Fédération MRP d'Alger.

arme d'intimidation. L'OAS invite les policiers et les CRS à « saboter les ordres du pouvoir infâme, à transmettre de faux renseignements et à organiser des réseaux de résistance en attendant l'heure de soulèvement ». Elle s'acharne à s'opposer par tous les moyens aux négociations : « Aucune menace, aucune répression, rien ne brisera la volonté des patriotes. L'Algérie sera sauvée et elle sera française! »

Cette vague de terreur se voit encouragée par les déclarations des élus tels que Marc Lauriol ou Philippe Marçais, qui ne se privent pas de critiquer violemment la politique gouvernementale. Les conclusions du troisième colloque de Vincennes justifient ces crimes en accusant le pouvoir d'abandon et en affirmant que « l'essentiel est de ne pas le prolonger... mais d'y mettre un terme ».

Pendant ce temps, les militaires activistes rongent leur frein. Plusieurs officiers sont désormais convaincus que seul un soulèvement peut infléchir la politique du chef de l'État. Les colonels des « barricades », mutés en métropole depuis les événements de janvier 1960, constituent des noyaux de « résistance ». Argoud et Broizat dressent la liste des régiments qui « marcheraient » en cas de putsch. Ils prennent des contacts chez les militaires comme chez les civils. Argoud pense que seule « une épreuve de force peut arrêter le processus pour conserver l'Algérie à la France ». Godard, Lacheroy, Gardes, Blignières et Vaudrey partagent ses vues. Chaque groupe a son équipe, se croit sûr de ses civils, prenant souvent pour argent comptant des manifestations de sympathie purement platoniques. Les colonels rêvent d'une réédition du 13 mai. Mais il faut un chef capable d'entraîner l'armée dans la sédition. Pourquoi pas Massu? Le grognard se récuse. On revient plusieurs fois à la charge. En vain. Une morne déception envahit les colonels. Pas question de faire appel à Salan, exilé en Espagne depuis la fin d'octobre 1960. Il se pose certes comme le chef de l'opposition à la politique gaullienne, mais il n'a pas laissé le souvenir d'un commandant en chef efficace, et, surtout, on redoute son ambition politique. Personne ne suivrait le général Faure, cet incurable comploteur. Il se porte pourtant candidat à la direction d'un soulèvement. Le 30 janvier 1961, il propose à Lacheroy, Blignières et Château-Jobert une opération dans les quarante-huit heures à venir. Sans autre forme de préparation!... On ne peut songer au général Jouhaud qui vient de donner sa démission, ni au général Zeller. Ils manquent d'envergure. Pourtant, eux aussi s'agitent. Assurément, l'homme idéal, ce serait Challe. Commandant en chef des forces centre-Europe depuis son limogeage en mars 1960, il vient lui aussi de démissionner pour manifester son désaccord avec le gouvernement. Il entretient naturellement des relations étroites avec les milieux métropolitains de l'Algérie française. Comme un certain nombre de ses collègues, il est persuadé que l'Algérie indépendante sera la proie du communisme et qu'il est donc indispensable de la laisser subsister dans un cadre français pour la survie de l'Occident. A deux reprises, il essaie de montrer au général Norstad, commandant suprême allié, l'importance de l'Algérie dans la stratégie atlantique. Il est poliment écouté. Challe pense que la victoire militaire totale est facile à obtenir. Une affaire de trois mois, estime-t-il. Les colonels, alors pratiquement résolus à tenter le coup sans le képi d'un général, assiègent Challe sans relâche. Celui-ci se récuse tout d'abord. Il propose toutefois un plan qu'il évoquera dans ses Mémoires : « Il fallait que quelque chose se produise en Algérie avant que le gouvernement français et le GPRA soient en tête à tête à Évian. A partir de ce moment en effet la partie serait perdue en Algérie pour la France, car l'enjeu étant la population et rien d'autre, cette population irait automatiquement vers les vainqueurs politiques. Deuxièmement, compte tenu des mutations opérées dans les commandements militaires en Algérie et de l'affaiblissement subséquent de la volonté de rester et de vaincre, l'armée ne devait pas être mise devant un choix trop difficile. Il fallait donc assez rapidement l'obliger à choisir l'Algérie française, tout en l'y poussant par la bande. » Aussi suggère-t-il « une espèce de résistance passive » en Algérie. Plan aberrant pour les colonels qui parviennent à faire admettre leurs propres projets à leur ancien chef : s'emparer du pouvoir à Alger, poursuivre la guerre à outrance et offrir une Algérie pacifiée à la France. Un coup de force est-il prévu en métropole? Les généraux le nieront toujours au cours du procès. Challe semblait espérer que de Gaulle serait contraint de changer totalement sa politique, ou bien d'abandonner le pouvoir. Il est pourtant prévu que des activistes métropolitains se joignent aux militaires ralliés à Challe pour marcher sur les points stratégiques de la capitale. Ce que l'on appellera « le complot de Paris » ne semble pourtant pas particulièrement bien organisé. Prévoit-on un débarquement de parachutistes sur la métropole? Rien ne permet de l'affirmer ni de l'infirmer.

Avant de donner son accord définitif aux colonels, Challe attend encore la conférence de presse du général de Gaulle prévue pour le

11 avril. Les paroles du chef de l'État confirment les craintes des conjurés. En effet, de Gaulle envisage clairement cette fois le désengagement : « L'Algérie nous coûte plus cher qu'elle ne nous rapporte » et « les responsabilités que la France [y] porte... constituent pour elle des hypothèques militaires et diplomatiques... La décolonisation est notre intérêt et par conséquent notre politique », proclame-t-il. La France ne se maintiendra donc de l'autre côté de la Méditerranée, que si les Algériens le souhaitent. La netteté de ces propos balaie le mythe d'une troisième force. Les discours plus modérés que prononcera le chef de l'État les jours suivants, au cours d'un voyage dans le Sud-Ouest, ne changeront rien aux résolutions des futurs putschistes. Challe se décide alors à franchir le Rubicon. Il mène désormais bon train les préparatifs du putsch.

C'est au 1er REP que reviendra la tâche d'investir Alger le 21 avril. Les conjurés ne veulent entendre que des nouvelles optimistes. On leur laisse espérer des ralliements massifs. On prétend convaincre les attentistes et l'on sait surtout que « l'armée ne tire pas sur l'armée ». Challe se propose de mobiliser huit classes d'« Algériens de toutes communautés » pour mener rapidement à bien l'offensive finale contre le FLN, en libérant le contingent aux dates prévues. Il ne tient pas compte de l'avertissement du commandant Robin [1] selon lequel le contingent ne suivrait pas. Il apprendra trop tard que le commandant Coustau [2], interrogé pour lui par Marc Lauriol, déclarait que 2 % seulement des effectifs le suivraient. Il ignorera que le colonel de Boissieu avait rédigé une longue synthèse pessimiste concernant son éventuelle prise de pouvoir. Enfin Challe et ses comparses mésestiment totalement les risques qu'ils encourent en se coupant de la métropole, comme cela paraît vraisemblable. Zeller reconnaîtra au cours de son procès qu'il « n'avait aucune idée du volume des stocks ». Ils n'avaient pas eu le temps « de préparer le moindre projet quant aux possibilités de durer en Algérie [3] ». Sur le plan diplomatique, les conjurés espèrent pouvoir compter sur l'aide du Portugal, de l'Amérique du Sud, de l'Afrique du Sud et peut-être d'Israël [4]. Le bruit courra que l'appui des Américains leur était acquis. Cette folle rumeur sera démentie

1. Commandant du groupement de commandos parachutistes de réserve.
2. Sous-chef d'état-major « opérations » du commandant en chef.
3. Ils auraient pu tenir environ deux mois pour le carburant et la nourriture.
4. Déposition du général Héritier au cours du procès Challe.

par les faits [1]. En ce qui concerne la métropole, Challe et ses amis manifestent le même optimisme inconscient : « Nous avons en France de nombreux amis... nous espérons que l'opinion publique comprendra notre point de vue et s'y ralliera; nous estimons que le gouvernement ne peut pas ne pas comprendre le sens profond de notre action et modifier sa politique », estiment-ils. Les rôles sont distribués. Challe est commandant en chef, Zeller s'occupera du contrôle des services de la Délégation générale et de l'intendance. Quant à Jouhaud, le pied-noir, il est chargé des contacts avec la population.

Avec la complicité du général Nicot [2], Challe, Zeller et Broizat s'envolent pour l'Algérie le 20 avril dans la soirée. Jouhaud est déjà sur place. La date du putsch vient d'être retardée de vingt-quatre heures. Challe et Zeller ne l'apprennent qu'à leur arrivée sur le sol algérien. Ils ont devant eux une journée de repos.

Cachés dans le sous-sol de la villa des Tagarins, Challe et Zeller attendent l'heure H. Ils récapitulent brièvement les données du plan et mettent la dernière main au texte des proclamations qu'ils liront le lendemain, si l'opération réussit. Le vendredi 21, le commandant Saint-Marc donne l'ordre au 1er REP de marcher depuis Zeralda jusqu'à Alger. L'opération est prévue pour minuit. Les hommes avertis de la mission qu'on leur confie se rallient tous à la sédition. Mais la nouvelle s'ébruite. Le délégué général est averti. Il prévient aussitôt le général Gambiez qui n'a encore rien remarqué d'anormal. Des coups de téléphone inquiets s'échangent entre Jean Morin, le ministre de l'Intérieur et les différents chefs militaires d'Algérie. Quelques informations alarmantes contraignent le général Gambiez à prendre sa jeep pour se rendre compte lui-même de la situation. Il espère encore pouvoir étouffer l'affaire à temps. Comme il le redoutait, il voit dévaler sur la route les camions de parachutistes se dirigeant vers Alger à quatre-vingts kilomètres à l'heure. Les barrages de CRS et de gendarmes ont cédé. Sympathie ou lassitude? Courageusement, celui qu'on surnomme « Nimbus » dans l'armée française fonce vers la colonne, place sa voiture en

---

1. Challe était lié avec des généraux américains qui partageaient la même hantise du communisme que lui. Il ne reçut pourtant aucune promesse d'intervention. L'ambassadeur des États-Unis déclara à de Gaulle que les troupes américaines, stationnées en France, tireraient sur les factieux s'il y avait une tentative de débarquement en métropole.
2. Major général de l'armée de l'air.

travers de la route, interpelle un lieutenant conduisant un convoi :
« Fonce, fonce dessus; passe dessus », hurle le voisin du lieutenant.
Celui-ci répond pourtant qu'il rejoint Challe et Zeller. Gambiez le
met aux arrêts. « Si c'est comme cela, je ferai mes arrêts dans ma
voiture », riposte-t-il en contournant la jeep du commandant en
chef[1]. Et il poursuit sa route. Gambiez pressent l'étendue du
désastre. Il dévale en trombe jusqu'à Alger où déjà, silencieusement
sur leurs semelles de caoutchouc, les paras commencent à investir la
ville. Gambiez atteint les grilles du Gouvernement général devant
lesquelles il s'arc-boute, faisant de sa chétive personne le rempart
symbolique de la légalité. Sourds au torrent d'imprécations qu'il
lance contre eux, les « bérets verts » le capturent. Le Gouvernement
général est pris. Des ombres furtives escaladent les murs du palais
d'Été où se reposent Jean Morin et sa famille, ainsi que le ministre
des Travaux publics, Robert Buron, de passage à Alger. La résidence du délégué général tombe aux mains des paras. Les habitants
sont gardés à vue. Le préfet de police Jeannin est fait prisonnier, la
préfecture occupée. A la caserne Pélissier, où le général Vézinet,
commandant du corps d'armée d'Alger, vient d'apprendre qu'il y
a des mouvements de troupes anormaux dans Alger, les « hommes-
léopards » font irruption avant qu'il n'ait eu le temps de prendre la
moindre décision. Vézinet est ceinturé, prisonnier lui aussi. L'aéro-
drome de Maison-Blanche est occupé, la radio tombe aux mains de
la sédition, malgré l'opposition d'un jeune maréchal des logis qu'on
abat froidement d'une rafale de mitraillette. Les télécommunications
avec la métropole sont coupées. Les points stratégiques d'Alger
cèdent les uns après les autres. Les CRS n'ont pas opposé de
résistance. A trois heures, la ville blanche est aux mains de Challe,
de Jouhaud et de Zeller installés au quartier Rignot, siège de l'état-
major interarmées. L'OAS occupe le commissariat central, l'hôtel
de ville, et s'empare du dépôt d'armes. Elle installe son PC boulevard Laferrière et s'empresse d'ouvrir les portes des prisons où
sont détenus les siens. Les assassins de Me Popie et un bon nombre
de leurs partisans retrouvent ainsi la liberté.

L'alerte a cependant été donnée à Paris par Robert Buron et
Jean Morin qui sont parvenus à joindre un Michel Debré « un peu
nerveux, partagé entre la surprise, l'exaspération et la volonté

1. Ces paroles sont celles que Gambiez rapporta dans sa déposition au
procès Salan (mai 1962).

de se montrer calme ». De Gaulle, qui avait passé en compagnie de Léopold Senghor et de son épouse la soirée à la Comédie-Française, où l'on donnait *Britannicus,* est réveillé en pleine nuit, vu la gravité de la situation. On donne l'ordre aux super-préfets de mettre en état d'alerte les compagnies de gendarmerie, les escadrons de gendarmes mobiles et les compagnies républicaines de sécurité. La police est sur les dents.

Dès 6 heures 20, le samedi 22, un premier communiqué est diffusé : « L'indiscipline de certains chefs et de certaines troupes a abouti ce matin à Alger à placer les pouvoirs civils et militaires dans l'impossibilité d'exercer leur commandement. La situation dans le reste de l'Algérie est calme. Le gouvernement a pris cette nuit les mesures nécessaires qui seront publiées dans le courant de la journée. »

Stupeur en métropole, stupeur d'autant plus grande que le jeudi précédent le ministre des Armées avait affirmé qu'« il était alors exclu que l'armée sorte de la discipline ».

Alger s'éveille aux accents de la *Marche des Africains* interdite sur les ondes depuis plusieurs mois. Étonnement! A 6 heures 30, cette annonce de France V rebaptisée « Radio-France » par les mutins : « l'armée s'est assurée du contrôle du territoire algéro-saharien ». Suit la proclamation de Challe qui s'adresse à l'armée : « Je suis à Alger avec les généraux Zeller et Jouhaud et en liaison avec le général Salan, pour tenir notre serment; le serment de l'armée de garder l'Algérie pour que nos morts ne soient pas morts pour rien. Un gouvernement d'abandon s'apprête à livrer les départements d'Algérie à la rébellion. Voulez-vous que Mers el-Kébir et Alger soient demain des bases soviétiques? Je sais quels sont votre courage, votre fierté, votre discipline. L'armée ne faillira pas à sa mission et les ordres que je vous donnerai n'auront pas d'autre but. » Challe place donc son action dans le cadre de la lutte pour la défense de l'Occident et invite les militaires à la désobéissance.

Le triumvirat impose sa loi. Alger pavoise. Mais l'armée d'Algérie se ralliera-t-elle au putsch? Les généraux connaissent bien vite leurs premières déceptions. A Oran, le général de Pouilly refuse de se joindre à Challe malgré les pressions qu'il subit. Bien vite débordé par les éléments extrémistes d'Oran, il préfère se replier sur Tlemcen avec le superpréfet Gey, tandis que Challe envoie le colonel Argoud suivi par le général Gardy, avec trois compagnies de la Légion venues de Sidi-Bel-Abbès. A Constantine, le général

Gouraud revient sur le ralliement qu'il avait promis à l'aube et télégraphie aux commandants de zone de rester fidèles au gouvernement. De Constantine, seul le 1er RCP fait mouvement vers Alger. On ne fera rien pour le retenir. Que feront les onze régiments de parachutistes du Constantinois? Comment réagiront les régiments de réserves générales? A Sidi-Bel-Abbès, malgré les ordres de Challe, le général Perrotat n'est pas arrêté. La marine refuse de collaborer avec les mutins. L'amiral Querville a quitté Alger tandis que les paras ont investi l'amirauté. Si le général Bigot, chef de l'armée de l'air, a annoncé son ralliement, les officiers sont partagés : la plupart sont hostiles au coup de force. Quant au contingent, c'est lui qui réagit le plus rapidement. Pour les soldats, le putsch signifie le prolongement de la guerre, la rupture avec la métropole, leur patrie où leurs familles les attendent; c'est la hantise de la guerre civile en Algérie et en France. Très rapidement, des « noyaux résistants » se constituent. Les officiers hostiles au putsch sont acclamés. Les soldats refusent d'exécuter les ordres des « challistes ». Beaucoup d'officiers attentistes restent singulièrement discrets, voire introuvables au cours de ces journées. Les soldats, pendus à l'écoute des transistors, sont prêts à réagir à la moindre injonction du gouvernement légal.

A Paris, l'état d'urgence a été décrété. Les préfets peuvent faire procéder à des arrestations sans qu'il y ait intervention de la justice. La police peut garder à vue les suspects pendant 15 jours. Un beau coup de filet est réalisé avenue Kléber dans la matinée : l'état-major du complot de Paris se retrouve sous les verrous. On a mis la main aussi sur une mystérieuse serviette qui donne un état précis du « plan Godard » expliquant comment la capitale devait être investie par trois colonnes ayant chacune un objectif précis. La première venant d'Auxerre devait, en passant par l'est de Paris, aboutir à la préfecture de police. La deuxième, arrivant d'Orléans, aurait pris l'Assemblée nationale et Matignon. La troisième, partie de Rambouillet, se serait emparée de l'Élysée et du ministère de l'Intérieur. Ces colonnes devaient être composées de militaires et d'activistes civils. L'ordre de mobilisation avait été annulé la veille.

Pour avoir une idée plus nette de ce qui se passe de l'autre côté de la Méditerranée et surtout pour montrer que le pouvoir légal demeurait en place, de Gaulle, dès le matin, envoie en Algérie Joxe et le général Olié, chef d'état-major de la Défense nationale;

dans le même temps, il a nommé le général Arfouilloux à la place du général Vézinet, arrêté quelques heures plus tôt. Arfouilloux tient l'Algérois. A 17 heures, de Gaulle réunit un Conseil des ministres au cours duquel il laisse tomber cette phrase sibylline, non dépourvue d'humour : « Ce qui est grave messieurs, dans cette affaire, c'est qu'elle n'est pas sérieuse. » Le chef de l'État est persuadé que les généraux rebelles courent à un échec rapide. « Ils s'empêtreront », ne cesse-t-il de répéter.

Le monde politique ne partage pas l'apparent optimisme du général. L'UNR et le MRP accordent leur soutien sans réticence au chef de l'État, mais les indépendants ne se prononcent pas et le cœur d'un bon nombre d'entre eux bat plutôt à l'heure d'Alger qu'à celle de Paris. Dans les partis de gauche, si la SFIO soutient de Gaulle, elle estime néanmoins nécessaire de mobiliser les travailleurs pour riposter à l'agression fasciste « en ajoutant toutefois qu'il convient d'empêcher » toute exploitation de l'insurrection à des fins qui ne sauraient se confondre avec la défense démocratique. Le parti communiste, qui n'a jamais cessé de reprocher au régime ses origines « fascistes », appelle par la voie de Maurice Thorez à la formation de « nombreux et larges comités anti-fascistes qui animeront la lutte du peuple entier ». Aussi propose-t-il l'union des partis démocratiques « pour organiser une riposte commune immédiate au coup de force des factieux d'Alger ». Seul, le PSU lui répondra favorablement. En attendant, le PC mobilise les cadres de la région parisienne et constitue des comités de vigilance. Le ministre du Travail, P. Bacon, estime pour sa part que l'on pourrait faire appel aux syndicats.

L'opinion internationale condamne unanimement le coup de force. Le samedi soir, le pouvoir légal tient solidement en métropole. Après une tournée d'inspection qui les a conduits, au prix de mille difficultés, de Tlemcen à Constantine, Joxe et Olié regagnent normalement Paris. La limite de la sédition ne dépasse pas la ville d'Alger et la plaine de la Mitidja. Challe ne dispose à Alger que du 1er REP et du 1er RCP ainsi que du 27e dragons, où les harkis sont assez nombreux. Oran, vers laquelle se dirigent le 14e et le 18e RCP, ralliés eux aussi, est également aux mains des séditieux.

Le dimanche matin, Alger, pavoisée, s'éveille dans la joie. Challe diffuse un communiqué de victoire parfaitement mensonger : « Hier nous n'étions rien, dit-il, le général Olié faisait son inspection. Aujourd'hui, nous tenons la plus grande partie de l'Algérie... le général Olié est en fuite. » « Radio-France » donne ensuite une liste inexacte des régiments ralliés au putsch. L'optimisme règne.

Mais le triumvirat s'inquiète de l'attitude des généraux Pouilly et Gouraud. On dépêche Zeller auprès de Gouraud. Après trois heures de discussions orageuses, il obtient un acte de soumission à Challe. De Tlemcen, Pouilly exhorte les Oranais à obéir au gouvernement légal. D'une manière générale, les officiers essaient d'éviter l'affrontement entre challistes et loyalistes. Quant au contingent, il attend les ordres de Paris, plus angoissé mais plus résolu encore que la veille.

A 13 heures, le général Salan qui a quitté l'Espagne, grâce à l'appui de Seraño Suner, beau-frère du « caudillo », atterrit à Alger. « Le Mandarin » est accompagné de son aide de camp, le capitaine Ferrandi, et de Jean-Jacques Susini. Salan aurait été averti du putsch par la radio. Sa présence à Alger cause quelque trouble au sein du triumvirat qui espérait bien se passer de lui. En effet, « le Mandarin » apparaît avant tout comme un « politique ». Challe qui avait vécu le 13 mai en France estimait que la IVe République s'était brisée contre l'unité de l'armée, tandis que Salan qui était à Alger avait bien vu que c'était la foule qui avait entraîné l'armée. Il risque donc de vouloir engager la population civile aux côtés des putschistes, alors que Challe se méfie de la foule, déteste les aventuriers et veut que l'affaire reste purement militaire. Salan pense que l'armée doit se sentir plébiscitée par la foule. Or, justement, la présence de Salan à Alger est ressentie comme une victoire pour les pieds-noirs. « Radio-France » proclame que « la jeunesse de la France dit non au repli sénile de l'Hexagone », et invite les musulmans « à se rallier autour de l'armée française dans un esprit de fraternité ». Ceux-ci ne bougent pas. La veille, quelques Algériens avaient scandé timidement « Algérie algérienne ». La situation est trop explosive pour tenter la moindre contre-manifestation. Un bruit court avec persistance : Challe aurait l'appui des Américains. L'agence *United Press* déclare que celui-ci a bien demandé à Kennedy de « sauver la Méditerranée de la domination communiste ». Mais surtout, on entend parler d'un débarquement de parachutistes en métropole.

A Paris, la situation semble plus tendue que la veille. Deux bombes au plastic ont explosé dans la matinée, l'une à Orly, faisant un mort, l'autre à la gare de Lyon. Michel Debré réunit un Conseil des ministres : en cas d'attaque aéroportée faudra-t-il ou non tirer?

se demandent avec angoisse les ministres. Dans quelle mesure peut-on compter sur l'armée, en France? On sait que le général Nicot, major général de l'armée de l'air, a facilité le départ de Challe. La cause des factieux risque d'entraîner des sympathies. Jusqu'où le réseau de complicités s'étend-il? Et surtout, jusqu'où risque-t-il de s'étendre si une menace de débarquement pèse sur la France? Le Conseil des ministres met au point un système d'avertissement pour éviter de tirer trop vite sur tout avion suspect. Debré est résolu à ouvrir le feu si aucune autre issue n'est possible.

L'entourage du général se méfie désormais de tous les services officiels qu'il convient de doubler. J. Foccart et M. Melnik s'y emploient, faisant placer des informateurs aux abords des casernes parisiennes, rassemblant des dossiers d'officiers, recherchant les hommes sûrs que l'on placerait aux points stratégiques. On presse de Gaulle de prendre la parole. Malgré l'humeur sombre qu'il affiche depuis le matin, le général semble bien le seul à juger lucidement des événements. Le rapport de Joxe et d'Olié l'inquiète, néanmoins. Le chef de l'État incarne la légitimité et il le sait. Après avoir consulté le Premier ministre, les présidents des Assemblées et le Conseil constitutionnel, il décide d'appliquer, pour la première fois, l'article 16 de la constitution, qui lui donne pratiquement tous les pouvoirs. Il en informera la nation le soir même. Il faut affoler les insurgés et éviter à tout prix un coup d'État militaire, sans pour cela recourir aux forces populaires organisées, ce qui serait pour le parti communiste et les syndicats l'occasion rêvée de faire pression sur le pouvoir, voire de s'en emparer. Le chef de l'État compte polariser autour de sa personne toutes les forces nationales de résistance. Pour y parvenir, il ne lui reste que la magie du verbe.

A 20 heures, revêtu de l'uniforme de général de brigade, ferme, résolu, le regard impérieux, le chef de l'État apparaît sur les écrans de télévision : « Un pouvoir insurrectionnel s'est établi en Algérie par un pronunciamiento militaire... Ce pouvoir a une apparence : un quarteron de généraux en retraite. Il a une réalité : un groupe d'officiers partisans ambitieux et fanatiques. Ce groupe et ce quarteron possèdent un savoir-faire expéditif et limité. Mais ils ne voient et ne comprennent la nation et le monde que déformés à travers leur frénésie. Leur entreprise conduit tout droit à un désastre national. » Le général ne compose pas, les mots résonnent, le ton est brutal. « Au nom de la France, j'ordonne que tous les moyens, je dis tous les moyens, soient employés pour barrer partout la route à ces hommes-là, en attendant de les réduire. J'interdis à tout Français, et d'abord à tout soldat, d'exécuter aucun de leurs ordres... » « Françaises, Français! Aidez-moi », conclut-il. Rien de pathétique dans cet appel. Un ordre gaullien qui porte en lui tout le mythe de l'épopée de la Résistance. Ce discours-combat, où la puissance des mots triomphe, entraîne tout un peuple et retourne l'opinion d'une large partie de l'armée.

Si cette allocution rassure la métropole, elle clarifie la situation dans l'armée. Comme le 29 janvier 1960, officiers, sous-officiers et hommes de troupe sont placés face aux réalités nées de la rébellion. Le « quarteron » ressent immédiatement le danger que représente pour lui la force d'un tel message. Il regrette alors de ne pas avoir fait « brouiller » son émission. Trop tard. Dans les casernes, en effet, on s'est arraché les transistors; on s'est mis à l'écoute de Radio-Monte-Carlo, puisque « Radio-France » ne retransmettait pas le discours. Chez les appelés, on respire. Le contingent voit légitimer sa résistance à certains supérieurs challistes. Il sait désormais comment il doit agir. Quant aux officiers attentistes, ils entendent encore retentir la promesse du chef de l'État : « L'avenir des usurpateurs ne doit être que celui que leur destine la rigueur des lois. »

Néanmoins, à Paris, la crainte d'un débarquement se fait de plus en plus vive. Le souvenir du plan Résurrection est présent dans toutes les mémoires. Chaban-Delmas, président de l'Assemblée nationale, convainc de Gaulle et Debré d'envoyer massivement les Français sur les aérodromes pour empêcher les éléments séditieux d'accomplir leur mission. Debré s'affole quelque peu. A minuit moins le quart, les émissions de télévision sont brusquement interrompues; la mine défaite, mal rasé, le Premier ministre apparaît sur le petit écran. Son attitude contraste avec le calme olympien de de Gaulle, quelques heures plus tôt : « Des renseignements nombreux, précis et concordants permettent au gouvernement de penser que les auteurs du coup d'État d'Alger envisagent à très brève échéance une action de surprise sur la métropole, en particulier sur la région parisienne », annonce-t-il, visiblement en proie à une vive émotion. « Les vols et les atterrissages sont interdits sur tous les aérodromes de la région parisienne à partir de minuit, poursuit-il. Dès que les sirènes retentiront, allez-y à pied ou en voiture, pour convaincre les soldats trompés de leur lourde erreur. Il faut que le bon sens vienne de l'âme populaire. » Quelques instants plus tard, le ministre de l'Intérieur demande qu'on signale aux gendarmeries les plus proches « tout atterrissage ou décollage d'appareil ».

Pour ceux qui se sont attardés devant leur poste de télévision, c'est la stupeur, l'angoisse ou l'aventure. Environ quatre cents personnes se retrouvent en quelques minutes place Beauvau, qui devient le centre de « Résistance ». On reconnaît parmi eux d'anciens résistants, des représentants des grands corps d'État, des députés, des artistes : Charles Hernu, Georges Suffert, Alain Savary, Achille Peretti, Joël Le Tac, Jean-Claude Servan-Schreiber, bien d'autres encore. Tout Paris est là avec une bonne partie du Tout-Paris avide d'émotions fortes. Roger Frey arpente nerveusement la cour Pierre-Brossolette et harangue les volontaires. André Malraux, la mèche en bataille, prophétise que la France va vivre une nouvelle nuit historique. On distribue brodequins et treillis à ceux qui veulent constituer des groupes de défense civile et de soutien au général de Gaulle... mais pas d'armes. Une douzaine de chars Sherman et des half-tracks qui stationnaient au pont de Saint-Cloud reçoivent l'ordre de s'installer dans le centre de Paris entre le Grand-Palais et la Chambre des députés. Leurs canons pointeront bientôt vers le ciel. Les autobus sont réquisitionnés pour former des barrages. Des projecteurs éclairent un ciel serein. Alerte à 4 h 50. « Ils arrivent! »... « Ils arrivent! » Fausse alerte. On « les » attend encore... Ils ne viendront pas. Tout ce beau monde, un peu déçu tout de même, se disperse dans les bistrots du coin pour prendre tranquillement son café-crème et son croissant, comme les fêtards au lendemain d'une nuit un peu folle.

Lyon aussi a vécu sa nuit d'attente. Des camions avaient été disposés sur la piste d'atterrissage de Bron. A Toulouse, la police et la gendarmerie n'ont pas cessé de surveiller les aérodromes. Rien.

Le « quarteron » fait des gorges chaudes au récit de cette nuit épique. Dans une allocution qu'il adresse aux populations dès le lundi matin, Challe parle surtout « d'intensifier la lutte contre la rébellion » et de « sauvegarder la métropole du danger communiste ».

Pourtant, malgré leur apparente assurance, les généraux rebelles pressentent depuis la veille que la partie est perdue pour eux. Aucun nouveau ralliement. Le contingent n'exécute aucune décision challiste. Les soldats viennent de vivre une nuit de cauchemar. L'appel de Debré, qui leur a fait croire à l'imminence d'un débarquement dont ils risquaient d'être les complices forcés, a failli provoquer des gestes désespérés. A Constantine, plusieurs appelés se sont emparés des dépôts d'armes. Ils les auraient mis en batterie contre les paras si quelques officiers, appelés eux aussi, n'étaient pas intervenus. Des soldats se sont emparés de ronéos pour reproduire le texte du discours de De Gaulle. Des listes de soutien au chef de l'État portant des centaines puis des milliers de signatures circulent de régiment en régiment. Ce contingent, autrefois si malléable, considéré par les chefs comme une main-d'œuvre saisonnière, apparaît d'un seul coup comme une force méconnue, capable d'opposition. Sans lui, rien n'est possible. En effet, il ne faut pas oublier que la moitié des officiers et que la moitié des sous-officiers en font partie. Il est vain que Challe lui promette sa libération aux dates prévues, et libère de fait les appelés dont le service s'achève au cours de ce week-end historique.

La marine est restée loyaliste. Plusieurs avions, parmi lesquels de nombreux appareils de transport qui auraient pu servir à un débarquement, s'envolent vers la métropole. Même les officiers « Algérie française », qui attendaient encore avant de se prononcer, font désormais tout ce qui est en leur pouvoir pour montrer qu'ils n'ont aucun lien avec la sédition.

Seule la population pied-noir croit au succès du « quarteron ». Elle est prête à s'engager à fond. Salan le souhaite et Challe continue de s'y opposer. Les généraux appellent pourtant cette foule algéroise au Forum à la fin de l'après-midi du lundi pour se faire acclamer. Challe a dû se rendre aux arguments de Salan qui est longuement applaudi : « Nous resterons jusqu'au bout, jusqu'à la victoire que l'on vous a promise, et cette fois nous la réaliserons », dit-il. Challe, Zeller et Jouhaud prononcent eux aussi quelques paroles tout aussi lourdes de sens. Jouhaud fait l'éloge de l'OAS. A Paris, grève générale d'une heure organisée par les syndicats. Des messages de soutien au général de Gaulle affluent de toutes parts.

En Algérie, la situation pourrit. Des tracts gaullistes tels que celui-ci circulent parmi les appelés : « Appelés du contingent, paras ou non, on vous abuse. Vos officiers mal informés... veulent vous dresser contre la métropole et votre patrie. Prenez vos responsabilités. Un seul chef : le général de Gaulle. » Le mardi, à 7 h 15, le ministre des Armées enjoint l'aviation de rejoindre le territoire métropolitain et s'efforce de rassurer les troupes : « Si vos officiers ont cessé d'être fidèles au gouvernement et à la France, ils ont cessé d'être vos chefs. Prenez alors les ordres du plus ancien de vos officiers restés fidèles. » La flotte de Toulon appareille vers Mers el-Kébir.

La sédition s'effondre partout. Challe, qui avait pensé garder Alger et la Mitidja avec le fol espoir de « tenir », renonce à ce projet insensé et préfère se rendre. Les quatre généraux apparaissent une dernière fois au balcon du Gouvernement général, le mardi, tard dans la soirée, après qu'un appel eut été lancé à la population d'Alger. Le micro ne fonctionne plus. Challe lève les bras, en signe d'adieu et d'impuissance, tandis que mobiles et blindés prennent position au-dessous de l'immeuble. La foule hébétée ne peut croire que son rêve se brise. Elle en a bien vite la confirmation en entendant une voix essoufflée crier dans les micros : « Algérois, tous au Forum, Algérois tous au Forum!... il y a trahison! il ne faut pas que la trahison l'emporte! » Quelques instants plus tard, une autre voix annonce : « Ici France V, nous reprenons le cours normal de nos émissions. »

Le putsch s'effondrait. Challe se rendait. Zeller allait bientôt le suivre. Les autres préféraient entrer dans la clandestinité. Les paras regagnaient le camp de Zéralda en chantant « Non, je ne regrette rien... ». L'unité de l'armée était brisée. Les ultras croyaient pouvoir compter indéfiniment sur l'armée, sur la passivité des appelés qui devaient obéir et sur les masses européennes. Il ne restait plus que cette force ultime, évidemment sous-exploitée par les généraux putschistes. L'OAS allait s'en servir.

De difficiles négociations de paix.

Si les métropolitains ressentent un vif soulagement après l'effondrement du putsch, les Français d'Algérie restent prostrés pendant quelques jours, dans un état d'abattement proche du désespoir. L'armée n'avait pas « basculé », les putschistes étaient restés isolés, même si, dans leur for intérieur, la plupart des officiers avaient approuvé leur tentative, aussi maladroite que désespérée. Les pieds-noirs sont prêts désormais à cautionner n'importe quel mouvement leur promettant de conserver l'Algérie à la France, fût-ce au prix de toutes les violences. Aussi deviennent-ils massivement complices de l'OAS, qui saura bien vite exploiter leur traumatisme et la déception qu'ils ont éprouvée de ne pas participer directement à l'entreprise de Challe. Des tracts les invitent bientôt au combat contre

ce que l'on ne tardera pas à appeler « les forces d'occupation »,
autrement dit l'armée française et tout particulièrement le contingent,
rendu responsable de l'échec des généraux : « Un soldat tué, la
victoire approche... », proclame l'un de ces écrits. Il n'en faut pas
davantage pour ranimer les cœurs de cette population en proie
à la panique et prête à réagir aux mots d'ordre les plus fous. Elle se
reprend à espérer parce qu'une poignée d'officiers en rupture de
ban, jouissant de la complicité de quelques aventuriers, s'érigent
en défenseurs de mythes produits par leur imagination. Grâce à
Martel, célèbre colon activiste, surnommé le « Christ de la Mitidja »,
connu pour son catholicisme militant et inquisiteur, Salan trouve
refuge dans les fermes. Le seul général pied-noir du putsch,
Jouhaud, rejoint Oran au prix de mille difficultés. Les colonels
Gardes et Godard se cachent dans la région d'Alger, tandis qu'Argoud parvient à gagner l'Espagne. Les autres se terrent là où ils
peuvent. Mécontents d'avoir été tenus à l'écart pendant les journées
du putsch, les dirigeants de l'OAS ont pourtant pris en charge les
militaires en cavale. Au milieu d'eux, l'éternel étudiant Susini, froid
doctrinaire de la révolution nationale, joue un rôle de premier plan.
Ils réorganisaient ensemble l'armée secrète, de manière à en faire un
véritable instrument de combat. Les militaires déserteurs lui four-
nissent ses cadres.

Pour les adeptes de la « guerre psychologique », comme les
ex-colonels qui coiffent désormais l'OAS, les théories de Mao, qui
avaient complètement échoué contre le FLN, allaient devenir d'une
redoutable efficacité avec les pieds-noirs. On se souvient que l'un
des points essentiels consiste à gagner les masses populaires, au sein
desquelles l'armée doit se mouvoir « comme un poisson dans
l'eau ». Godard crée un Comité supérieur de l'OAS (CSOAS) présidé par Salan, duquel dépendent trois branches : l'ORO (Organisation, renseignement, opération) que Godard se réserve, l'OM
(Organisation des masses) confiée à Gardes, l'ancien chef de l'action
psychologique, et l'APP (Action psychologique et propagande)
partagée entre Susini et l'ex-général Gardy. Le rôle de l'OM est
capital. Il s'agit de « mettre la population en condition », de façon
qu'elle se trouve entièrement soumise à l'organisation. Ainsi, chaque
quartier est-il bientôt divisé en îlots, avec un chef d'îlot transmettant
des consignes et établissant des liaisons avec les responsables d'immeubles. De cette façon, les villes, et Alger la première, passent intégralement sous le contrôle de l'OAS. Cet encadrement se double

d'un second système qui embrigade les individus sur le plan professionnel. En quelques semaines, chaque pied-noir devient, sans même s'en rendre compte, l'un des rouages de l'organigramme Godard.

Aussi voit-on bien des gens applaudir — de bonne foi — à d'odieux attentats, parce qu'ils auront été commis par des Français. On les voit abriter des hommes de main, cacher des fuyards, conspuer le contingent, diffuser des mots d'ordre, verser des fonds à l'OAS et traiter de « collaborateurs » les représentants de cette France dans laquelle ils rêvent pourtant de voir l'Algérie intégrée. Personne ne viendra à bout de leur détermination : ni les représentants de l'Église, ni ceux de l'État. Malgré un appel lancé en faveur de la « grève des messes », assorti d'une réconfortante assurance (« Dieu vous pardonnera »), les fidèles, encore nombreux dans les églises, rendent inaudible la lettre pastorale du libéral Mgr Duval, en couvrant sa lecture de quintes de toux et de bruits de chaises.

Les mesures de remise en ordre décidées par le gouvernement achèvent d'angoisser les Européens. Dès les derniers jours d'avril, des mandats d'arrestation sont lancés contre les généraux et les officiers ayant participé au putsch. Un haut tribunal militaire est constitué pour juger les coupables. Plusieurs militaires sont relevés de leurs fonctions. Le 1er REP est dissous. Des commissaires de police sont suspendus, les quotidiens d'Algérie interdits, à l'exception du *Journal d'Alger*. Le conseil municipal du Grand Alger est supprimé. Les civils font l'objet de perquisitions systématiques. On récupère des armes; la liste des arrestations s'allonge quotidiennement. Huit compagnies de CRS viennent en renfort à Alger. La chasse contre l'OAS commence [1]. Enfin, le couvre-feu est fixé à 21 heures. Les pieds-noirs répondent à cette dernière mesure par le déclenchement d'assourdissants « concerts de casseroles ».

Mais qui a tenté d'expliquer à cette population, anesthésiée depuis des années par la presse intégrationniste et la propagande de l'armée, l'évolution inéluctable vers la décolonisation? De Gaulle n'aime pas ces turbulents Français d'Algérie qui constituent un obstacle majeur à sa politique. Il les traite avec morgue, ne parvient

---

1. Louis Joxe rendra compte de l'épuration effectuée depuis la reddition de Challe, lors du Conseil des ministres du 3 mai : on dénombre alors deux cent vingt officiers relevés de leur commandement et deux cent cinquante fonctionnaires de leurs fonctions.

jamais à trouver les mots qui leur feraient peut-être admettre l'inévitable. On s'en rend compte tout particulièrement le 8 mai, lorsque
le chef d'État annonce la reprise des pourparlers avec le FLN.
« Il nous faut régler l'affaire algérienne », lance-t-il résolument. Mais
quel sera le sort des pieds-noirs si les Algériens optent pour l'indépendance? Le regroupement que prévoit le président de la République, laissant supposer la partition de l'Algérie, n'est qu'une solution provisoire. Elle ne peut les satisfaire. Comment leur demander
alors de « renoncer aux mythes périmés et aux agitations absurdes
d'où ne sortent que des malheurs et de tourner leur courage et leur
capacité vers la grande œuvre à accomplir »?

Ce que l'on retient de l'allocution du 8 mai, c'est la ferme volonté
du chef de l'État d'en finir avec le problème algérien. L'annonce de
l'ouverture de négociations à Évian provoque une recrudescence du
terrorisme FLN. Pourtant, durant les journées du putsch et celles
qui l'ont suivi, le FLN avait gardé son calme, pressentant que cet
affrontement entre Français ne pouvait que le servir. Comment
comprendre cette nouvelle flambée de violence à la veille de l'ouverture des négociations? Désir d'affirmer la force du mouvement?
Volonté d'intimider l'adversaire?

L'OAS n'est pas en reste. Elle veut retourner l'opinion en sa
faveur, persuadée que les pourparlers d'Évian ne peuvent aboutir.
Plusieurs dizaines de bombes au plastic explosent entre le 8 et le
19 mai.

Cependant, le 20 mai, alors qu'Alger résonne encore des détona-
tions du « festival de plastic » organisé la veille et qui se poursuit sur
le mode mineur le jour même, les délégués français et ceux du FLN
se rencontrent officiellement dans la paisible ville d'eau des bords
du Léman. Rencontre historique, où l'on voit deux mondes s'affronter : celui des bureaux feutrés du Quai d'Orsay, des diplomates
rompus aux rites des rencontres internationales et aux négociations
de style classique, face aux hommes du djebel, plus habitués à la
guérilla qu'aux joutes oratoires, redoutant par-dessus tout d'être
bernés par l'adversaire. Le subtil Louis Joxe au profil de médaille
antique dirige la délégation française, qui comprend, entre autres, le
conseiller d'État Roland Cadet, Bernard Tricot et Bruno de Leusse [1].

---

1. Bernard Tricot est conseiller technique à la présence de la République. Bruno de Leusse est directeur des affaires politiques au ministère
des Affaires algériennes.

Krim Belkacem, ancien sous-officier de l'armée française, vice-président et ministre des Affaires étrangères du GPRA, conduit la délégation du FLN. « Ses mains faites pour les armes semblent être embarrassées par la serviette de cuir », remarque Jules Roy. Il est accompagné d'Ahmed Francis, ministre des Affaires économiques, de Mohammed Ben Yahia directeur du cabinet de Ferhat Abbas, de Tayeb Boulahrouf, de Me Ahmed Boumendjel, de Saad Dahlab et des commandants Mendjel et Slimane.

Pour faciliter la détente entre les deux parties, la France a décidé d'appliquer une trêve unilatérale d'un mois, persuadée que les Algériens se sentiraient ainsi obligés d'arrêter momentanément les hostilités. La décision est d'autant plus mal accueillie par les militaires français que l'ALN intensifie la lutte de peur de se voir imposer ainsi un cessez-le-feu. Le malaise de l'armée ira grandissant, tandis que l'OAS aura beau jeu de dire qu'on demande des sacrifices inutiles. En France même, des mesures de faveur sont accordées à Ben Bella et à ses compagnons, qui se trouvent désormais assignés à résidence surveillée au château de Turquant. Enfin six mille prisonniers algériens sont libérés.

Malgré ces mesures qui manifestent la bonne foi du gouvernement français, les premiers contacts entre les deux délégations se révèlent difficiles. Les Algériens se méfient systématiquement de toutes les initiatives françaises. La trêve unilatérale leur apparaît avant tout comme un piège. Ils s'en tiennent farouchement aux décisions de la Soummam, refusant le cessez-le-feu, tant que les questions politiques ne seraient pas résolues et que la nation algérienne ne serait pas reconnue indivisible, indépendante et souveraine. Les Français de leur côté voudraient obtenir le cessez-le-feu dans les plus brefs délais.

A l'issue des premiers jours d'entretien, Louis Joxe évoque au cours d'une conférence de presse la cohabitation des deux communautés dans une Algérie nouvelle. Le dialogue s'amorce enfin. Les Algériens finissent par admettre le principe de l'autodétermination, malgré la profonde méfiance qu'ils éprouvent à l'égard de l'administration française et surtout de l'armée dont ils ne toléreront la présence qu'à la condition qu'elle ne se mêlera pas du référendum. Il est convenu qu'un exécutif provisoire se constituera pour administrer et préparer l'Algérie nouvelle entre la signature de l'accord et le référendum. Bernard Tricot dira plus tard qu'il convenait avant tout « d'assurer des transitions qui donneraient ses

chances au maintien d'une influence française ». Mais Algériens
et Français qui envisagent désormais, pour l'avenir, une coopération entre les deux États, se heurtent alors à deux problèmes
graves : celui du Sahara et celui du sort de la minorité européenne.

Soucieux de préserver des intérêts considérables pour leur avenir
économique, les Français estiment que les territoires sahariens ne
font pas partie de l'Algérie et que, par conséquent, les populations
du Sahara ne doivent pas être soumises au référendum d'autodétermination. Les Algériens soutiennent la thèse contraire. Aucun
accord ne semble possible.

Le sort de la minorité française en Algérie entraîne bien des discussions. Louis Joxe demande pour ses compatriotes la double
nationalité, la reconnaissance de leurs droits (statut personnel,
liberté religieuse, enseignement de leur choix, une place dans les
assemblées élues, des garanties juridictionnelles). Après s'être
tout d'abord heurtée au refus catégorique de Krim Belkacem, la
délégation française se voit offrir, par les Algériens, une seule
nationalité pour les Français, celle de leur choix, et la reconnaissance des biens « légitimement acquis ».

Devant l'intransigeance de ses interlocuteurs, Louis Joxe préfère
ajourner les discussions, le 13 juin. Les Algériens rejettent la responsabilité de la rupture sur les Français, que Krim Belkacem
estime beaucoup plus préoccupés par l'avenir des deux pays que par
l'indépendance de l'Algérie. « Le gouvernement algérien ne conclura
d'accord d'association ou de coopération qu'après avoir accédé à
l'indépendance », déclare-t-il, après avoir affirmé que les Algériens
« n'étaient pas démunis de programme politique ».

Du côté français, c'est une nouvelle déception pour les partisans
de la paix. Pierre Mendès France laisse entendre que c'est une
manœuvre dilatoire de De Gaulle : avec le temps, le FLN s'épuisera,
l'armée et les ultras se résigneront. Peut-être le chef de l'État
pense-t-il constituer un exécutif provisoire sans le FLN.

Pendant les entretiens d'Évian, le terrorisme du FLN et celui de
l'OAS font rage, à Alger comme à Oran. Du 21 mai au 8 juin, le
FLN est responsable de cent trente-trois morts, parmi lesquels se
trouvent dix-sept Européens. Le Nord-Constantinois s'agite. Des
heurts violents se produisent entre manifestants pro-FLN et forces
de l'ordre. Durant cette même période, l'OAS dépose des bombes au
plastic : cent cinquante-cinq explosions font deux morts et des

dégâts matériels. Elle a assassiné le commissaire Gavoury chargé d'enquêter sur ses activités. L'ajournement des pourparlers l'encourage dans la violence. Il s'agit pour ses chefs d'entraîner les masses dans une nouvelle action insurrectionnelle afin de contraindre l'armée à choisir son camp, c'est-à-dire à « basculer » du côté de l'OAS. Des affrontements dramatiques entre musulmans et Européens ensanglantent Oran. Un tract appelle « les patriotes d'Algérie à ne plus se considérer comme " abandonnés ", car la résistance à de Gaulle se développe dans toute la France »... « Intensifiez votre action afin de hâter la victoire », leur est-il dit clairement. En effet, une OAS métropolitaine se constitue, qui rencontre la sympathie des milieux politiques acquis à la cause de l'Algérie française. Mais ses attentats soulèvent l'indignation générale.

A Paris, les débats consacrés à l'Algérie sont particulièrement houleux (28, 29 juin). Michel Debré, rendant le FLN responsable du retard apporté aux négociations, évoque la solution du partage de l'Algérie, bruyamment désapprouvée par la droite comme par la gauche. De Gaulle reprend ce thème de la partition au cours du voyage qu'il effectue dans l'Est (28 juin au 1er juillet), en précisant toutefois que « ce n'est pas la solution souhaitable ». Le vœu du général consiste à « substituer aux anciens rapports de la France et de l'Algérie des rapports entre deux pays souverains et indépendants, mais associés dans toute la mesure où cela est possible ». Encore et toujours la même idée d'association, dont le général ne se départira qu'à regret.

De ces discours, le FLN ne retient que la menace de partition. Il prévoit une double action : une grève générale le 1er juillet et « une journée nationale contre la partition », le 5 juillet, date anniversaire de la prise d'Alger en 1830. L'ampleur des manifestations musulmanes suffit, à elle seule, à prouver à qui voudrait encore en douter l'audience du FLN sur l'ensemble de la population algérienne. Par milliers, les musulmans descendent dans les rues; des villages sont attaqués, les forces de l'ordre ripostent. Le bilan s'élève à près de cent morts.

Malgré le terrorisme, malgré les heurts entre les communautés, les contacts sont maintenus avec le FLN. Le 17 juillet, la reprise des pourparlers est annoncée, cinq jours après que de Gaulle eut semblé renoncer à la partition et chanté les bienfaits de la décolonisation. La France « est bien décidée à ne plus engouffrer à fonds perdus en Algérie... ses efforts, ses hommes, son argent », a-t-il

320 La guerre d'Algérie sous la Ve République

dit. Néanmoins, l'association demeure toujours la solution préférée du chef de l'État.

C'est dans une atmosphère tendue que les représentants du gouvernement français et ceux du FLN se retrouvent, au château de Lugrin cette fois. Les entretiens secrets qui ont précédé la nouvelle rencontre n'ont pas permis de faire évoluer la situation. On a décidé de part et d'autre de ne pas adopter d'ordre du jour. Néanmoins, la discussion s'engage immédiatement sur la méthode de travail. A Louis Joxe, qui propose la constitution de quatre commissions chargées chacune de régler un problème particulier, avant que l'on en discute en séance plénière, Krim Belkacem oppose un refus. Il souhaite des séances plénières avec un ordre du jour qui place en priorité la question du Sahara. Après d'interminables discussions, les Français finissent par céder, mais le problème du Sahara conduit chacun des deux adversaires à rester sur ses positions. Les Algériens demandent, le 28 juillet, le renvoi *sine die* de la conférence. Déception générale — excepté chez les Français d'Algérie.

Bernard Tricot attribue en partie l'échec de Lugrin au « déphasage » existant entre les deux parties qui ne voulaient pas aller au-delà des concessions qu'elles avaient pu s'accorder. Néanmoins, les négociateurs algériens se montrent plus réservés encore, du fait de l'affaire de Bizerte, et parce que les conflits internes au sein du FLN deviennent de plus en plus manifestes.

En effet, le 6 juillet, Bourguiba avait exigé que la France retirât ses troupes de la base de Bizerte et reconnût la frontière tuniso-saharienne. La France n'ayant pas obtempéré, le président tunisien avait fait attaquer la base. La réponse de la France ne s'était pas fait attendre : 7 000 parachutistes débarquaient. Pendant trois jours la bataille fit rage : 700 morts tunisiens, 1 200 blessés, 24 morts du côté français. Les relations étaient rompues pour un an entre les deux États. De Gaulle avait perdu un allié qui pouvait éventuellement modérer les exigences du FLN. Il devait renoncer aussi à toute éventualité d'internationalisation du Sahara à laquelle il songeait pour éviter la mainmise exclusive des Algériens sur le pétrole. Enfin, la France se voyait condamnée à l'ONU.

L'affaire de Bizerte encourage en sein du FLN les partisans d'une radicalisation de la guerre. Le CNRA, réuni à Tripoli du 9 au 27 août, témoigne de profondes tensions entre les combattants de l'intérieur, véritablement révolutionnaires et partisans d'une guerre à outrance, et ceux de l'extérieur suspectés « d'embourgeoiser » la révolution et d'être prêts à « coopérer » avec la France. Les décisions du CNRA prouvent que la tendance « dure » l'emporte. Ferhat Abbas est évincé du GPRA. Ben Khedda le remplace à la présidence. Saad Dahlab devient ministre des Affaires étrangères à la place de Krim Belkacem qui reste vice-président et reçoit, en raison de son prestige de maquisard, le portefeuille de l'Intérieur. Ben Tobbal abandonne de ce fait l'Intérieur et devient ministre d'État. Ahmed Francis, ministre des Finances depuis 1958, et Abdelhamid Mehri, ministre des Affaires sociales, sont évincés.

Le « limogeage » de Ferhat Abbas, populaire dans les milieux algériens et considéré comme un interlocuteur valable sur le plan international, ne manque pas de surprendre l'opinion mondiale. L'arrivée au pouvoir de Ben Khedda, leader de l'aile gauche du FLN, connu pour ses tendances marxistes et pour l'intérêt qu'il porte au système chinois et à l'expérience yougoslave, laisse entendre que le nouveau gouvernement sera encore plus intraitable que le précédent. L'Algérie, l'indépendance acquise, devrait s'acheminer vers un régime de tendance socialiste. Le premier communiqué du nouveau gouvernement maintient les exigences algériennes concernant l'intégrité du territoire et refuse à priori toute idée d'association avec la France.

La reprise du dialogue est-elle alors possible entre Français et Algériens? De Gaulle le souhaite, de toute évidence, comme en témoignent ses propos, lors de sa conférence de presse du 5 septembre. Il réaffirme nettement que la France a rejeté toute idée de domination coloniale et reconnaît l'appartenance du Sahara à l'Algérie. Concession capitale, qui s'assortit cependant d'une obligation pour les Algériens, celle de coopérer avec la France. Au cas où l'Algérie ferait complètement sécession, les Français se maintiendraient au Sahara.

Si la métropole entend avec satisfaction les déclarations du chef de l'État, les Français d'Algérie crient à l'abandon, bien que de Gaulle ait également évoqué le regroupement des populations européennes en cas de rupture. On attend la réponse du FLN. Le 15 septembre, M. Ben Khedda, après avoir exalté la révolution et envisagé l'avenir socialiste de l'Algérie, aborde le règlement négocié du conflit. Il invite le président de la République française à préciser ses intentions et se déclare prêt à une « coopération fructueuse, dans l'intérêt des peuples algérien et français ». Au cours de son allocution télévisée du 2 octobre, de Gaulle ne répond pas directement au chef du GPRA; il se contente simplement de réitérer sa volonté de reprendre les négociations interrompues et de fustiger les « tenants du système d'autrefois », tout en insistant sur les droits des Européens installés en Algérie. Le 24 octobre, à Tunis, M. Ben Khedda prononce un discours dans lequel il se demande si l'autodétermination n'est pas une procédure dépassée, puisque l'on sait déjà que l'Algérie sera indépendante. Aussi propose-t-il une négociation en deux parties. Dans un premier temps, on fixerait la date de l'indépendance et on discuterait des modalités du cessez-le-feu. Dans un second temps, on établirait les nouvelles bases des relations franco-algériennes, tout en précisant les garanties accordées aux Français d'Algérie. Le 27 octobre, Louis Joxe tient une conférence de presse. Le ministre de l'Algérie n'admet pas la suppression de la procédure du référendum d'autodétermination, qui reste le fondement de la politique française par rapport à l'Algérie. Il se déclare prêt néanmoins à engager de nouveaux pourparlers. En outre, il insiste sur les garanties qui doivent être accordées aux Européens. Les Français recherchent un « règlement global » au conflit.

Encore une fois, des contacts secrets sont renoués. Dès le mois d'octobre, Bruno de Leusse et Claude Chayet rencontrent près de Bâle Saad Dahlab et Ben Yahia. Les discussions se poursuivent à Genève et les deux parties en arrivent au mois de décembre à échanger des notes écrites.

Alors que le dénouement semble proche, jamais les deux communautés ne se sont heurtées en Algérie avec une telle violence. Depuis le début de l'été, l'OAS utilise les méthodes de guerre subversive. Elle a largement dépassé le stade de l'intimidation. Le plastic n'est plus seulement utilisé pour frapper l'opinion : il devient l'instrument d'un « terrorisme systématique ». Les commandos de l'organisation s'attaquent en juillet et en août aux commerçants musulmans, en septembre aux fonctionnaires de l'administration fiscale, de la police, de l'enseignement. L'OAS s'en prend même aux officiers accusés de libéralisme. Son emprise sur les masses populaires se renforce. Ne les a-t-elle pas contraintes, sous la menace, de rester sur place pendant l'été? Le but essentiel de Salan demeure encore le maintien de l'« Algérie française ». Il songe à prendre le pouvoir avec le concours de la population : « Sans fixer la date, l'action que nous devons déclencher ne saurait tarder », écrit-il à Godard. « Cette action, je la conçois à base foule » |*sic*|, poursuit-il, « c'est la foule, la grande foule, qui donne un sens à notre révolte et arrivera à ébranler le service d'ordre. Les groupes armés d'action seront employés pour s'emparer, le moment opportun, des points stratégiques... je conçois le mouvement de foule par une exaltation de ses sentiments, grâce à une action psychologique adaptée et par une structure à base d'UT qui [...] guideront, dans chaque quartier, les manifestations de façon à [...] disperser dans le Grand Alger le service d'ordre [1] ». En attendant le moment de l'insurrection, la violence apparaît comme le seul recours. Les excès restent impunis. L'OAS fait la loi. L'administration n'est plus qu'une façade. Ses rouages ne fonctionnent plus, 90 % des petits fonctionnaires étant des complices passifs ou actifs. Des « chasses à l'Arabe » précèdent le terrorisme du FLN, lui aussi particulièrement meurtrier, ou lui répondent. La haine pour de Gaulle, surnommé la « Grande Zohra », est entretenue par la presse clandestine de l'OAS, qui inonde les boîtes aux lettres. Elle développe le mythe d'une nouvelle résistance où Salan est assimilé au de Gaulle de 1940, de Gaulle à Pétain, le contingent à l'armée d'occupation, les gendarmes aux SS. On se plaît à dénoncer la « Gestapo gaulliste », le « Gauleiter Morin » et à traiter les libéraux de « collabos ». On fustige la presse métropolitaine, on maintient les Européens dans l'idée de la toute-puissance de l'organisation et de la faiblesse du pouvoir gaullien. Les émissions pirates, devenues quotidiennes, mobilisent les familles entières autour des postes de télévision. On leur diffuse les mots d'ordre. On les invite à participer à des manifestations telles que la « journée des casseroles », la « journée des oriflammes » ou la « journée des embouteillages » (23, 25 et 28 septembre). On les maintient dans la complicité ou le silence par les menaces : l'OAS promet la mort ou tout au moins de sérieuses représailles aux responsables d'une arrestation.

Lorsqu'ils apprennent que de Gaulle a échappé à un attentat, le 9 septembre, à Pont-sur-Seine, les Français d'Algérie ne cachent pas leur déception. L'élimination du chef de l'État, considéré comme le seul obstacle à l'Algérie française, fait partie de leurs fantasmes. L'attentat a-t-il été ordonné par Salan? L'ex-général se défend d'en avoir été l'instigateur, mais l'OAS, qui désigne de Gaulle comme l'allié du FLN, met tout en œuvre pour l'abattre.

Au cours du mois de septembre, Salan accorde des interviews à

1. Lettre de Salan à Godard du 16 juin 1961, citée dans *OAS parle*, p. 33.

des journalistes étrangers. Il adresse des lettres aux parlementaires, aux maires, aux évêques de la métropole, essayant de définir l'OAS comme un mouvement républicain qui s'oppose à une dictature, celle de De Gaulle. Son programme est inexistant; quant à son plan d'action, il reste toujours aussi vague : « empêcher si possible le succès des négociations... obtenir le renversement du système et maintenir les masses populaires prêtes à agir ».

En métropole, l'OAS se développe, attirant dans ses rangs de jeunes bourgeois exaltés, lycéens ou étudiants, aux côtés de militaires déserteurs et de tueurs professionnels. L'OAS « frappe » dans toute la France, soulevant la réprobation générale. Les mouvements de gauche s'unissent pour dénoncer le « fascisme ». Ils organisent plusieurs manifestations de protestation (18 novembre, 29 novembre, 6 décembre, 19 décembre). L'OAS obtient pourtant quelques succès. Le 9 novembre, à l'instigation du député François Valentin, quatre-vingts parlementaires [1] votent à la Chambre ce que l'on appellera l'amendement Salan, qui prévoyait la mobilisation sous les drapeaux de huit classes de jeunes gens en Algérie, selon le vœu de l'ex-général. Il s'agissait de montrer à quel point les dirigeants de l'OAS étaient soucieux des problèmes de défense nationale et conscients de l'effort de la métropole. Bien que l'amendement soit rejeté, le fait que quatre-vingts députés aient pu participer à ce vote semble légitimer le mouvement. Certains parlementaires vont même jusqu'à réclamer la représentation de l'OAS lors des négociations de paix. Sous la présidence de Georges Bidault, qui passe ainsi « d'une résistance à l'autre », le Comité de Vincennes, au cours d'une séance agitée à la Mutualité, fait acclamer l'OAS et le nom de Salan, le 16 novembre.

Jusqu'alors les pouvoirs publics ont réagi mollement, comme pour minimiser le danger. Les arrestations n'ont véritablement commencé en métropole qu'après l'attentat de Pont-sur-Seine. Les mesures de répression ont bien davantage frappé les Algériens vivant en France. En effet, le 4 octobre, le couvre-feu leur ayant été imposé à 20 heures, ceux-ci décident de riposter en organisant une manifestation. Le 17 octobre, trente mille Algériens défilent pacifiquement dans Paris. La police procède à près de quinze mille arrestations et plus d'une centaine d'Algériens sont tués. Les nombreux blessés ont presque tous le cuir chevelu fendu et les mains brisées. « Comment la police accomplit-elle sa mission et comment lui

---

1. Parmi eux se trouvent G. Bidault, J.-M. Le Pen, R. Vinciguerra.

a-t-on tracé sa mission? » s'indigne le député Claudius-Petit à la Chambre des députés. « La bête hideuse du racisme est lâchée » poursuit-il. Le ministre de l'Intérieur, Roger Frey, répond qu'« il n'a pas le moindre commencement d'une ombre de preuve des accusations portées contre la police ». Le préfet de police, Maurice Papon, déclare devant le conseil municipal : « La police parisienne a fait ce qu'elle devait faire. » Gaston Defferre demande au Sénat une commission d'enquête [1]. Seuls certains journaux et périodiques, bravant les saisies, font état de la vérité [2]. Les autres donnent une version des faits pour le moins édulcorée.

A partir de novembre, plusieurs mesures sont prises contre l'OAS. Des brigades spéciales sont envoyées en Algérie pour lutter contre ses activités. Il s'agit des fameuses « barbouzes » qui peupleront les cauchemars des commandos et ceux de leurs complices. Le Comité de Vincennes est dissous. Enfin, le 6 décembre, le Conseil des ministres décrète la dissolution de l'OAS, en application de la loi sur les ligues factieuses.

Néanmoins, à la fin de l'année 1961, l'OAS règne toujours en Algérie et multiplie ses forfaits en métropole, affaiblissant évidemment le gouvernement français, au moment où celui-ci veut s'engager sur la voie de la négociation. Dans son allocution du 29 décembre, le président de la République réaffirme sa volonté de voir le conflit prendre fin. En attendant, il annonce le rappel de deux divisions pour le début de 1962 et propose la coopération française au futur État algérien souverain et indépendant.

Au début de l'année, une folie meurtrière saisit l'OAS, à Alger. On dénombre une vingtaine de morts chaque jour. La terreur s'installe. Les Européens n'osent plus quitter leur domicile. Les enfants ne vont plus à l'école. Les musulmans se terrent chez eux. Les haines s'accusent entre les deux communautés. Oran devient le

1. Gaston Defferre disposait encore en 1981 d'un dossier complet sur l'affaire. Selon toute vraisemblance, la police était infiltrée par des éléments appartenant au réseau Dides, réseau d'extrême droite favorable à l'OAS.

2. Si *le Monde* reste prudent, *Libération, France-Observateur, l'Express, Témoignages et documents, Vérité-Liberté, le Monde libertaire* donnent une relation assez précise des faits. On trouvera également des renseignements dans les numéros de novembre et décembre 1961 d'*Esprit* et des *Temps modernes*. Un film, *Octobre à Paris*, a été tourné sur le sujet. Il n'a jamais obtenu le visa de censure (cf. *les Nouvelles littéraires*, 23 octobre 1980).

théâtre de scènes chaque jour plus atroces, opposant Européens et musulmans. L'OAS sous les ordres de Jouhaud est maîtresse de la ville. Ses commandos y font la loi. Outre ses crimes quotidiens, ils lui assurent la réussite d'un fabuleux hold-up, celui de la Banque d'Algérie. Montant du butin : 2 milliards de centimes!

L'OAS oriente de plus en plus son action vers la métropole. Elle s'en prend aux communistes [1]. Elle souhaite les isoler et rallier ainsi le plus de partisans possible. Quelques lycéens et étudiants déposent des charges de plastic. Les réactions de l'opinion se font de plus en plus vives. Le 14 janvier, un appel signé par cent anciens membres de la Résistance, des communistes aux gaullistes, appelle à « agir contre les factieux ». Plusieurs organisations clandestines, constituées en marge des partis et des syndicats, sont décidées à « répondre à la violence par la violence ». Mais les attentats continuent : une trentaine de « plasticages » à Paris en huit jours, une explosion au Quai d'Orsay, qui fait un mort et douze blessés. L'explosion d'une charge de plastic au domicile d'André Malraux atteint une petite fille de quatre ans qui restera aveugle. Le général de Gaulle élève la voix dans une allocution prononcée le 5 février; il condamne les « Français indignes qui se sont lancés dans des entreprises subversives et criminelles ». Mais s'il prend la parole, c'est surtout pour annoncer une paix prochaine en Algérie sans donner toutefois la moindre précision concernant les négociations. Il réitère les souhaits exprimés le 29 décembre et parle de l'indépendance comme d'un fait acquis. L'opinion métropolitaine est satisfaite, de l'extrême gauche au centre droit. Les Européens d'Algérie remâchent leur amertume. L'OAS poursuit ses violences. Aussi, à l'appel de plusieurs syndicats (CGT, CFTC, FEN, UNEF), du PC et du PSU, une manifestation anti-OAS se déroule à la Bastille le 8 février, malgré l'interdiction gouvernementale. Scandant « OAS assassins », une foule évaluée à dix mille personnes se heurte aux forces de l'ordre qui s'acharnent contre les manifestants. On relèvera, au métro Charonne, neuf morts dont trois femmes et un enfant [2] ainsi que cent cinquante blessés. Les obsèques des victimes, le

---

1. Le 3 janvier, à Alger, M. Locussol, ancien membre du parti communiste en Algérie, était assassiné. Le 4, le siège du PCF à Paris était attaqué à la mitraillette.

2. Le journaliste Jacques Derogy finit par démasquer les auteurs de ce massacre. Il s'agissait d'une section de la 3e compagnie du 3e district stationné porte de la Villette. Un des responsables avait été mêlé à la grande

13 février, sont suivies par plusieurs centaines de milliers de Parisiens arborant des banderoles hostiles à l'OAS.

C'est dans ce climat tragique que se rencontrent, le 11 février 1962, les représentants du gouvernement français et ceux du FLN. Pour déjouer la curiosité des journalistes, on a choisi un lieu de réunion particulièrement discret : le chalet du Yéti, qui abrite ordinairement pour les week-ends les familles des fonctionnaires des Ponts et Chaussées, au village des Rousses, proche de la frontière Suisse. Louis Joxe, Robert Buron, Jean de Broglie accompagnés par Bruno de Leusse, Claude Chayet, Roland Billecart et le général de Camas retrouvent la délégation algérienne composée de Saad Dahlab, Krim Belkacem, Ben Tobbal, Rhéda Malek, Yazid, Ben Yahia et Mostefaï.

Avant de quitter ses représentants, de Gaulle leur a adressé ses dernières consignes « dans le style qui lui est propre », selon Robert Buron. « Réussissez ou échouez, leur dit-il, mais surtout ne laissez pas la négociation se prolonger indéfiniment... Ne vous attachez pas au détail. Il y a le possible et l'impossible [1]. » De Gaulle se montre prêt à bien des concessions. Il paraît beaucoup plus préoccupé par l'avenir des relations économiques franco-algériennes que par le sort des pieds-noirs.

Lors de la première rencontre, les Algériens se montrent particulièrement tendus et méfiants. Ils ont peur d'être « joués » par les Français. Ils s'entretiennent pourtant du « retour à la paix dans la perspective d'une association étroite dans l'avenir entre la France et l'Algérie sur la base de l'autodétermination [2] ». D'un côté comme de l'autre, on est prêt cette fois à négocier la paix, mais les discussions, quoique courtoises, s'avèrent assez âpres. Les points les plus controversés : le problème saharien, les garanties à accorder aux Européens, l'organisation de l'exécutif provisoire pendant la période transitoire, le maintien de l'ordre et le sort des prisonniers algériens. Les Français se heurtent à la « tchicaya » algérienne. Les Algériens peuvent « discuter indéfiniment sur la diversité des interprétations possibles dont la clarté paraîtrait évidente à tout Occidental [3] »,

---

ratonade d'octobre 1961. Aucune sanction ne fut prise. L'affaire fut définitivement classée par la justice en octobre 1966.

1. Robert Buron, *Carnets politiques de la guerre d'Algérie*, Plon, 1965, p. 187.

2. Déclaration télévisée de Louis Joxe le 19 février.

3. R. Buron, *op. cit.*, p. 228.

remarque Robert Buron. Il confie par téléphone au général de Gaulle, qui suit la progression des pourparlers, que « l'une des grandes difficultés, c'est que leurs catégories intellectuelles diffèrent fondamentalement des nôtres ». De Gaulle adresse ses dernières recommandations à ses ministres, le 17 février : « L'essentiel est d'aboutir à un accord comportant le cessez-le-feu puis l'autodétermination, du moment que cet accord n'entraîne pas de bouleversements soudains dans les conditions actuelles relatives aux intérêts matériels et politiques des Européens, à la présence militaire française en Algérie, aux conditions pratiques dans lesquelles s'opère sur place l'exploitation du pétrole et celle du gaz, enfin aux rapports économiques, techniques et culturels entre l'Algérie et la métropole. C'est cet aboutissement... qu'il faut réaliser aujourd'hui [1]. »

Après huit jours de « marchandage », on aboutit finalement à un compromis. Entre le cessez-le-feu et le référendum d'autodétermination, coexisteront un haut-commissaire représentant la France et un Exécutif provisoire algérien comprenant huit Algériens et trois Français. La force locale, placée sous l'autorité de l'Exécutif provisoire, comprendra soixante mille hommes. Le FLN en avait exigé quatre-vingt mille et les Français en proposaient initialement quarante mille. Les troupes françaises seront réduites à quatre-vingt mille hommes en un an et évacuées dans un délai de trois ans. Les Français voulaient à priori évacuer en cinq ans, tandis que le FLN exigeait leur départ, un an après le référendum. La base de Mers el-Kébir sera conservée par les Français pendant quinze ans, alors qu'ils en réclamaient la jouissance pour vingt-cinq ans, et les bases sahariennes pour cinq ans. Les Français d'Algérie se prononceront pour la nationalité de leur choix après la conclusion du cessez-le-feu. Ils pourront jouir de toutes les libertés (liberté politique, libre transfert des biens, représentativité garantie dans les assemblées, liberté syndicale, etc.). Enfin, la coopération est clairement envisagée entre les deux États. Est-elle seulement possible ? Robert Buron en doute déjà. En effet, même avec l'aide de la France, l'Algérie ne peut être qu'un pays sous-développé. Si les futurs dirigeants l'engagent dans un système libéral à l'occidentale, l'une des deux communautés restera plus favorisée que l'autre. Si au contraire, comme il est alors vraisemblable, l'Algérie s'engage sur la voie du socialisme, les accords seront rapidement remis en cause.

1. R. Buron, *op. cit.*, p. 228-229.

Néanmoins, les textes établis aux Rousses sont acceptés par le Conseil des ministres à Paris et par le CNRA à Tripoli. Les négociations définitives peuvent s'ouvrir le 7 mars à Évian, à l'hôtel du Parc, alors que la situation continue de s'aggraver en Algérie, où l'OAS redouble ses violences, auxquelles répondent aussi cruellement les Algériens.

Ce déchaînement d'horreurs hypothèque lourdement les pourparlers, mais de toute évidence, les deux délégations ont hâte de parvenir à un cessez-le-feu. Personne ne songe sérieusement à remettre en cause les résultats des Rousses. Aussi, huit jours de discussions suffisent-ils à régler l'ensemble des problèmes. Les représentants du FLN se montrent particulièrement préoccupés par l'organisation de la période transitoire. Ils auraient souhaité voir les Français renoncer pratiquement à tous les pouvoirs pendant ce laps de temps. Ils redoutent en effet le laxisme des autorités françaises par rapport à l'OAS et craignent également qu'on ne fasse surgir cette troisième force pour l'utiliser contre eux. Les Français ne cèdent pas.

Le 18 mars, à vingt heures, le général de Gaulle annonce la conclusion des accords d'Évian, tandis que M. Ben Khedda annonce le cessez-le-feu sur les antennes des radios de Tunis, Rabat, Tanger, Tripoli et du Caire.

En vertu de ces accords, le cessez-le-feu doit intervenir le 19 mars à midi. Les combattants et les détenus politiques seront libérés dans les vingt jours à venir. L'armée française reste en Algérie jusqu'au scrutin d'autodétermination. Les forces françaises se maintiendront pendant trois ans encore. L'ALN doit se « stabiliser à l'intérieur ». Une commission mixte de cessez-le-feu sera constituée.

En attendant le scrutin d'autodétermination, la souveraineté française est maintenue en Algérie. Elle s'exercera par le truchement d'un haut-commissaire, dépositaire des pouvoirs de la République, assisté par le général commandant supérieur en Algérie. Un Exécutif provisoire sera créé, d'autre part. Il comprendra douze membres nommés par le gouvernement français (neuf musulmans et trois Européens). Cet Exécutif provisoire disposera de services administratifs et d'une force de l'ordre ne comprenant aucun membre de l'ALN ou du FLN.

A une date fixée sur proposition de l'Exécutif provisoire, les citoyens d'Algérie « s'autodétermineront ». S'ils choisissent l'association avec la France, l'Algérie indépendante et souveraine garantira la sécurité des personnes et des biens, respectera les particularismes. Les Français d'Algérie ne seront pas privés de la nationalité française, à moins qu'ils n'en fassent la demande. Ils disposent de trois ans pour choisir la nationalité algérienne. Dans ce cas, ils ne perdent pas pour autant la nationalité française. Ceux qui ne voudraient pas devenir algériens deviendraient, ainsi que les Français de France, des étrangers privilégiés. Leurs droits seront garantis. Les Français qui rentreront en France bénéficieront des mesures d'aide aux rapatriés.

Sur le plan économique, l'Algérie reste dans la zone franc. La France s'engage à poursuivre l'aide prévue par le plan de Constantine. Les biens des Européens d'Algérie sont considérés comme acquis. En cas de spoliation, ils devront recevoir une indemnisation. Les intérêts de la France au Sahara sont maintenus comme prévu pour une durée de cinq ans. La France conservera la base de Mers el-Kébir pendant quinze ans.

La présence française se maintiendra également sur le plan culturel et technique. Les fonctionnaires en place passeront sous le régime de la coopération technique, à moins qu'ils ne préfèrent rentrer en France dans le cadre de la fonction publique française.

La guerre s'achevait. Français et Algériens pouvaient échanger des poignées de main symboliques, mais Broglie et Buron mesuraient la fragilité de ces accords. « J'ai pour ma part conscience d'avoir fait mon devoir au sens plein du mot, mais je n'en éprouve aucune satisfaction véritable », note Robert Buron. « Certes, il fallait en finir! poursuit-il. Dans le climat d'horreur qui se généralise à Alger et à Oran, il était nécessaire de tout faire pour utiliser la faible chance — mais la seule chance — que constitue la conclusion des pourparlers [1]. »

Une fin de guerre dramatique.

Le 19 mars à midi, le cessez-le-feu est proclamé. Accueilli avec une relative indifférence par la métropole, avec soulagement par les Algériens, il déchaîne la folie meurtrière de l'OAS. Ses dirigeants avaient bien compris qu'il était inéluctable, mais ils voulaient rendre impossible son application, animés par le criminel espoir d'entraîner l'armée à prendre parti si des affrontements généralisés survenaient

1. R. Buron, *op. cit.*, p. 265.

entre les deux communautés. Dans ce cas, il aurait évidemment fallu revoir les accords d'Évian.

Pressentant l'issue du conflit dès le 23 février, Salan avait rédigé une instruction capitale, dite instruction 29, qui commençait par cette phrase volontairement dramatique : « L'irréversible est sur le point d'être commis. » L'ex-général y développait un plan d'insurrection. Souhaitant « rester maître des événements », voulant même « les provoquer », il écartait « à priori toute idée défensive au profit d'une offensive généralisée ». Il estimait pouvoir disposer de la population, de l'armée et des maquis. Un optimisme démesuré lui faisait croire que certaines unités étaient prêtes à entrer dans la dissidence. C'est sur elles qu'il comptait pour encadrer les maquis qui restaient encore à constituer, afin de créer des zones insurrectionnelles dans les campagnes. Dans les villes, la participation de la population européenne lui semblait tout acquise. Considérée tout simplement comme un « outil valable », grâce aux efforts de structuration et de propagande déployés depuis plusieurs mois, elle devait être employée « en tant qu'armée dans un premier temps et en tant que masse et marée humaine dans un temps final, en vue d'exploiter les modifications de la manœuvre adverse ». Au moment où l'insurrection se déclencherait, il faudrait « ouvrir le feu sur les unités de gendarmerie mobile et les CRS » et « utiliser tous les moyens de la rue ». Les « commandos action traditionnels » seraient les fers de lance de l'opération, mais la « population armée » devrait y participer aussi. Enfin, « sur ordre des commandements régionaux, la foule serait poussée dans les rues à partir du moment où la situation aurait évolué dans un sens suffisamment favorable ».

Avant de mettre ce plan en application, l'OAS avait perpétré frénétiquement ses crimes. Lors de la réouverture des pourparlers d'Évian, elle déclenchait l'opération « Rock and roll » : 120 explosions en quelques heures, plusieurs assassinats dont celui de six fonctionnaires d'un centre social à el-Bihar. Parmi eux, l'écrivain kabyle Mouloud Feraoun qui écrivait quatre semaines plus tôt dans son *Journal* : « La guerre en Algérie se termine. Paix à ceux qui sont morts. Paix à ceux qui vont survivre. Cesse la terreur, vive la liberté [1]. »

---

1. L'OAS prétendra que Mouloud Feraoun a été tué par erreur. En fait elle obéissait aux injonctions de ses chefs de s'attaquer « aux personnalités intellectuelles musulmanes qui sont un support essentiel de la rébellion ».

Le 19 mars donc, l'heure de la paix devient pour l'Algérie celle de l'apocalypse. « Le cessez-le-feu de M. de Gaulle n'est pas celui de l'OAS. » En effet, Salan donne « l'ordre de commencer immédiatement le harcèlement des villes contre les forces ennemies », c'est-à-dire les CRS et les gendarmes mobiles. Une consigne de grève générale est imposée aux Européens. Les officiers reçoivent un ultimatum expirant le 22 mars, les invitant à se rallier à l'OAS, au risque d'être considérés comme « au service d'un État étranger ».

La population désemparée respecte rigoureusement la grève. Alger retient son souffle. Pas un café, pas un magasin ouvert. Seuls quelques jeunes gens descendent lacérer les affiches collées sur ordre du gouvernement, représentant un enfant musulman et un enfant européen souriant à l'avenir, avec l'inscription : « Pour nos enfants, la paix en Algérie. » Les jeunes activistes écrivent à leur tour : « Aux armes, citoyens OAS. » Les quartiers musulmans restent calmes. Des camions militaires sillonnent les rues en lançant des appels : « Ne répondez pas aux provocations. » Bientôt, des tracts affirment aux Européens que les « garanties » obtenues par les négociateurs français ne seront jamais respectées, que leur sort est plus précaire que jamais et qu'ils doivent soutenir l'OAS, seul garant de leur avenir.

Les violences de redoubler : A Alger, un obus au mortier lancé contre les musulmans fait 24 morts; à Oran, une fusillade éclate entre militaires et Européens : 10 morts; le 21, encore 11 attentats contre des musulmans. Pendant la nuit du 22 au 23, des commandos OAS attaquent les gendarmes mobiles; encore 3 morts. Mais au cours de la même nuit, une autre opération est montée par l'OAS. L'ultimatum accordé par Salan expire. L'armée doit choisir. L'OAS décide de faire de Bab el-Oued une zone insurrectionnelle. Des commandos s'installent aux points stratégiques avec la complicité des habitants. A 8 heures, une première patrouille est encerclée. Les soldats se laissent désarmer. L'OAS triomphe. A 10 heures, un camion militaire est attaqué. Cette fois, les soldats, des appelés du contingent, refusent de donner leurs armes. Le commando tire : 6 soldats s'écroulent, mortellement atteints. Le commando déguerpit. La nouvelle du massacre fait le tour de la ville. Le commandant en chef, le général Ailleret, prend l'affaire en main avec le soutien massif de l'ensemble des troupes. Les jeunes gens du contingent, qui rêvaient de la « quille » et de la paix, ne pensent plus qu'à venger leurs camarades. Ainsi commence « la bataille de Bab el-Oued », qui met aux prises l'armée, les gendarmes mobiles, contre les commandos de l'OAS, sérieusement épaulés par les habitants du quartier. On tire du haut des toits, des fenêtres des immeubles. L'armée envoie les chars. Des avions de chasse lâchent quelques rockets. La bataille prend fin dans la soirée. Les forces de l'ordre comptent 15 morts et 70 blessés. Parmi les civils, probablement une vingtaine de morts et environ 80 blessés. Pendant « la bataille », les forces de l'OAS sont parvenues à se replier, abandonnant les habitants de Bab el-Oued qui vont supporter, seuls, les mesures de répression. Le quartier est encerclé, les immeubles passés au peigne fin, la population victime, cette fois, des violences des forces de l'ordre. Plus de 3 000 personnes arrêtées. Avec ses 60 000 habitants, Bab el-Oued devient symbole du martyre pied-noir. Cet épisode a été un grave échec pour l'OAS, qui songe alors à une nouvelle démonstration : organiser une manifestation populaire au monument aux morts, le 26 mars, à 15 heures, suivi par un défilé vers Bab el-Oued. Le préfet de police, Vitalis Cros interdit la manifestation. Christian Fouchet, nommé haut-commissaire de France en Algérie, vient d'arriver. Il adjure les pieds-noirs de ne pas suivre les consignes de l'OAS : « Ceux qui vous disent que votre avenir est de vous insurger contre la République, de protéger les assassins et de tirer sur des gendarmes et des soldats français sont des fous et des criminels... » Peine perdue. Les organisateurs de la manifestation savent pourtant que l'on a donné l'ordre aux soldats de tirer au moindre accrochage.

L'OAS prend la responsabilité de tous les drames qui risquent de se produire. Veut-elle cette fois encore convaincre l'armée et l'entraîner à ses côtés avec le concours des forces populaires algéroises? Recherche-t-elle un succès symbolique? Essaie-t-elle de profiter d'un désastre pour crier au martyre?

Le 26, à 14 heures, les premiers manifestants venus pacifiquement, souvent en famille, armés de leurs seuls drapeaux, affluent vers le centre d'Alger. Ils franchissent les premiers cordons de police et les barrages de soldats. Aux fenêtres, encore des drapeaux tricolores, retenus par des bandeaux de crêpe; 14 h 40, la foule qui a considérablement grossi franchit de nouveaux barrages; 14 h 50, brutalement la fusillade éclate rue d'Isly. D'où partent les premiers coups? Selon les témoins, ils sont tirés depuis les toits sur le service d'ordre, lequel mitraille alors sans ménagement cette foule désarmée, prise au piège. Les corps s'abattent dans les hurlements. Le sang ruisselle sur la chaussée. On s'époumone : « Halte au feu! » Les rafales ne se calment que dix minutes plus tard. On relève 46 cadavres. La rue est livrée aux ambulances. Les Européens, à peine revenus de la stupeur horrifiée où les a plongés le drame de la rue d'Isly, rendent les musulmans responsables de la tuerie. Pour eux, seuls des provocateurs du FLN peuvent avoir organisé pareil carnage. La fusillade achevée, ils « font justice » à Belcourt : 10 musulmans sont assassinés sur-le-champ.

L'affaire de Bab el-Oued et la fusillade de la rue d'Isly constituent deux échecs considérables pour l'OAS. Pourtant, Salan échafaude encore un plan avec l'ex-colonel Gardes. Abandonnant le vieux mythe de l'Algérie française, il songe cette fois à une partition du pays. Il compte sur l'Oranie, où l'OAS est solidement implantée et demeure puissante, malgré l'arrestation de Jouhaud[1]. Il espère rallier à sa cause des bandes MNA qui se trouvent non loin d'Alger, à Baba-Ali. Une région peut être gagnée également, celle de l'Ouarsenis où le bachaga Boualam, vieil ami de la France, compte de nombreuses troupes. Le 29 mars, Gardes implore son ralliement des heures durant, mais en vain. Le bachaga reste loyaliste. Le lendemain, plusieurs déserteurs ralliés à l'OAS sont arrêtés.

Les commandos restent suffisamment nombreux pour poursuivre leurs violences, dirigées essentiellement contre les musulmans. Ils tentent de provoquer des affrontements définitifs entre les deux communautés, afin d'entraîner l'armée dans leur camp. Aussi s'en prennent-ils indistinctement à toutes les catégories socio-professionnelles : c'est l'assassinat de 9 Algériens à la clinique de Beau-Fraisier dans la banlieue d'Alger, le bombardement de Belcourt, le massacre des marchands de quatre-saisons, l'assassinat des fleuristes, des femmes de ménage. L'OAS a lancé le mot d'ordre de « chasse aux musulmans ». Aussi, les Algériens désertent-ils les quartiers qu'ils partageaient encore avec les Européens. Une ségrégation de fait s'établit. Les musulmans abandonnent leur travail : les postes, les transports, la voirie ne fonctionnent plus. Les entreprises ferment. L'Algérie se fige dans la peur. Les pieds-noirs, depuis le massacre de la rue d'Isly, se rendent compte que l'OAS, loin de défendre leurs intérêts, les a conduits à leur perte. Ils n'écoutent plus ses consignes, trop préoccupés par un seul espoir : leur survie. Aussi achètent-ils des valises que les Algériens se mettent à vendre à chaque coin de rue. Entre la valise et le cercueil, les

---

1. Jouhaud a été arrêté le 25 mars.

pieds-noirs choisissent résolument la valise. L'OAS leur avait pourtant interdit de quitter l'Algérie. Ils avaient résisté... le plus longtemps possible. Maintenant, ils quittent leur appartement sur la pointe des pieds, par crainte des représailles, laissant souvent du linge sécher aux fenêtres pour faire croire à un simple départ en promenade. Et ils s'en vont grossir la foule innombrable de déracinés en attente de l'avion ou du bateau qui les conduira n'importe où, vers l'inconnu... La France..., l'Espagne..., Israël... Dans leur fureur, les hommes de l'OAS leur lancent d'ultimes menaces : « Si vous partez, nous vous punirons sur la personne de tel ou tel de vos parents ou de vos amis. » Ils incendient les rares camions de déménagement. Ils viennent jusqu'au port, armés de jets d'eau, inonder les bagages de ceux qui se résignent à l'exil, désespérés.

Alors que les Français d'Algérie prennent le chemin de l'exil et que l'OAS poursuit inexorablement ses forfaits, Algériens et Français s'efforcent de respecter loyalement les clauses des accords d'Évian. Dès le 18 mars, Ben Bella et ses compagnons ont été libérés. Ils ont rejoint « leurs frères » à Dar el-Salam, au Maroc. Ainsi, le GPRA peut-il délibérer enfin au complet. A Paris, Christian Fouchet est nommé haut-commissaire de France en Algérie et Abderrhamane Farès reçoit la présidence de l'Exécutif provisoire. Dès le 24 mars, Christian Fouchet accompagné par Bernard Tricot [1] s'est rendu à Rocher-Noir. On a vu que, dès son arrivée, le nouveau délégué de la France s'est adressé à la population européenne, pour l'adjurer de se désolidariser de l'OAS. Le 30 mars, Abderrhamane Farès, débarquant à son tour, a tenu, lui aussi, à lancer un message à la population. Il a demandé aux Algériens de « continuer à dompter leurs nerfs » et incité les Européens, « victimes de certains milieux politiques français », à se réconcilier avec les musulmans. Ni l'un ni l'autre ne sont entendus, au moment où l'Exécutif se met au travail [2].

Sur les douze membres qui composent ce nouvel organisme, on trouve quatre Algériens modérés qui n'ont jamais adhéré au FLN (Abderrhamane Farès, l'ancien président de l'Assemblée algé-

---

1. B. Tricot est nommé délégué permanent du haut-commissaire.
2. En réalité, c'est le décret du 6 avril 1962 qui constitue officiellement l'Exécutif provisoire mais sa composition est connue dès le 24 mars. Son activité commence le 27 mars.

rienne, Mohamed Cheikh, délégué à l'Agriculture, Abdel Kader el-Hassar, délégué à l'Ordre public, Mohamed Bayoud, délégué aux Affaires culturelles), cinq Algériens FLN (Chawki Mostéfaï délégué aux Affaires générales, Belaïd Abdesselam délégué aux Affaires économiques, Abderrazak Chentouf aux Affaires administratives, Hadj Boumédienne Hamidou aux Affaires sociales et Mohammed Ben Teftifa aux Postes). Trois Français les assistent : Roger Roth, député UNR, maire de Philippeville, auteur d'un ouvrage sur *la Réforme des pouvoirs publics en Algérie,* devient vice-président; Charles Koening, maire libéral de Saïda, membre du comité de soutien à l'action du général de Gaulle, est délégué aux Travaux publics; Jean Mannoni, ancien vice-président de l'Assemblée algérienne, libéral lui aussi, est délégué aux Affaires financières. On voit donc que le FLN contrôle l'Intérieur et l'Économie, tandis que l'ordre public est assuré par un Algérien non FLN. Les Européens se voient confier les Affaires financières. Il leur appartient à tous de permettre l'organisation du référendum d'autodétermination, de jeter les bases de la future coopération franco-algérienne, de résoudre les problèmes de la vie quotidienne et de tenter de réconcilier les deux communautés.

L'Exécutif provisoire doit travailler en étroite collaboration avec le haut-commissaire de France, leurs attributions respectives étant étroitement liées [1]. En effet, le haut-commissaire est « responsable du maintien de l'ordre en dernier ressort, en accord avec l'Exécutif provisoire », et conserve la haute-main sur l'armée, les relations extérieures, la justice, la monnaie et l'administration.

En France, le référendum du 8 avril 1962, auquel les Européens d'Algérie n'ont pas été invités à participer, s'affirme comme un succès éclatant pour la politique du général de Gaulle : les accords d'Évian ont été ratifiés par 90,7 % des suffrages exprimés. Le 14 avril, Michel Debré a remis sa démission au général de Gaulle qui, cette fois, l'a acceptée. Georges Pompidou s'apprête à lui succéder.

Cependant, les violences de l'OAS parviennent à paralyser presque totalement les nouveaux pouvoirs en place. Mais le 7 avril, le chef des commandos delta, l'invincible Degueldre est arrêté; le 20 avril, c'est le tour de Salan qui se faisait passer pour un paisible inspecteur de l'enseignement primaire. Quoiqu'il ait désigné Bidault

1. En vertu du décret du 19 mars 1962.

pour lui succéder à la tête de l'OAS, c'est en réalité Jean-Jacques Susini qui assumera ces fonctions. Celui-ci, professant le mépris le plus profond à l'égard de la métropole « décadente », a depuis longtemps abandonné le mythe de l'Algérie française. Il avait déjà convaincu Salan de la nécessité de la partition. Il rêve alors d'une « israélisation ». Avec lui, les attentats se succèdent, semant l'horreur et la désolation. Le 21 avril, deux commandos OAS attaquent les forces de l'ordre à Alger : 2 morts. Le 23, l'OAS mitraille plusieurs groupes d'Algériens; le 25, une voiture piégée explose place du Gouvernement à Alger; le 26, nouvelles fusillades à Alger et à Oran. Le 2 mai, une voiture piégée explose dans le port d'Alger, entraînant la mort de 62 Algériens; on relève 110 blessés, algériens eux aussi. Certains jours on dénombre un attentat tous les quarts d'heure.

Rocher-Noir semble coupé du reste du monde. Devant ce déchaînement de violence, le 11 mai, Christian Fouchet prend un certain nombre de mesures d'urgence. Il dissout l'Association générale des étudiants d'Algérie, accusée de venir en aide à la subversion. Une cinquantaine de fonctionnaires « sympathisants » de l'OAS sont révoqués. Plusieurs internements administratifs sont décidés. Six commissariats d'Alger sont désormais tenus par les gendarmes. Des perquisitions sérieuses sont effectuées chez les Européens. L'Exécutif provisoire décide de recruter 6 000 policiers auxiliaires.

Louis Joxe rencontre Saad Dahlab en Suisse (10 au 14 mai); ce dernier réclame l'épuration de l'administration algérienne, « véritable citadelle de l'OAS ». Il demande également au ministre français de hâter la relaxation des prisonniers algériens encore détenus en France et l'ouverture des frontières algéro-tunisienne et algéro-marocaine, pour permettre aux réfugiés de regagner leur pays. Saad Dahlab affirme que le GPRA est prêt à respecter les accords d'Évian. La France accède à ses demandes, d'autant plus rapidement que l'OAS crée une situation telle que la masse algérienne est prête à réagir violemment. Azzedine est parvenu à reconstituer la zone autonome d'Alger et, le lundi 14 mai, les hommes du FLN ont violemment riposté contre l'OAS. Les Algériens mitraillent plusieurs zones de la banlieue d'Alger : 19 morts dont 17 Européens. Azzedine prétend qu'il s'agit là d'un « avertissement à l'autorité française et à l'Exécutif provisoire ». Le FLN enlève, torture et achève plusieurs Européens. L'OAS riposte et les tueries continuent. Réprouvant les actes de violence d'où qu'ils viennent, le docteur Mostefaï affirme que « l'état d'énervement, d'exaspération, qui est l'objectif essentiel de l'OAS, n'atteindra jamais un point de rupture tel que les accords d'Évian soient remis en cause ».

Les chefs de l'OAS voient bien que la partie est perdue. L'organisation a beau interdire de nouveau aux pieds-noirs de quitter l'Algérie, jeter des grenades sur les commissariats où l'on délivre les papiers nécessaires au départ, 100 000 personnes quittent l'Algérie au mois de mai, indifférentes à tout, même au verdict du procès Salan [1]. L'armée maintient la sécurité sur les aérodromes. La population abandonnant massivement l'Algérie, l'OAS se trouve privée de son principal soutien. Quel peut être désormais son but? L'abandon de la lutte? Pas dans l'immédiat. Pour Susini, il s'agit désormais de laisser l'Algérie aux Algériens, telle qu'elle était en 1830. Aussi adopte-t-il résolument la tactique de la « terre brûlée »; cela suppose la destruction de toute l'infrastructure économique et administrative du pays. Et l'Algérie de s'embraser.

L'Exécutif provisoire, conscient de la gravité de cette action, se montre prêt à négocier avec l'organisation. Le 18 mai, des contacts sont établis entre Susini et Farès. Pour Susini l'Algérie française était, on le sait, depuis longtemps dépassée, la partition aussi; quant à la politique de la « terre brûlée », il reconnaissait qu'elle ne profitait à personne. Elle se montrait néanmoins... payante, puisqu'on voulait bien traiter avec lui. A la différence des militaires, Susini ne manifeste aucune ambition métropolitaine. Il se flatterait d'être reconnu par le FLN comme un interlocuteur valable, estimant que les révolutionnaires peuvent parler d'égal à égal. Aussi demande-t-il l'amnistie pour les siens, la participation européenne à la force locale, et une organisation mixte de la police et de l'administration. Enfin, il dépose une ébauche de constitution « algéro-européenne » assurant aux Français d'Algérie le droit de veto dans les assemblées qui se créeraient.

Farès transmet ses propositions au FLN. Les contacts sont maintenus entre Susini et l'Exécutif provisoire grâce à Jacques Chevallier, l'ancien maire libéral d'Alger. Susini fait diffuser une émission pirate incitant les Européens à attendre les résultats de négociations peut-être favorables : « La paix ne peut survenir sur cette terre qu'à la condition que tous ceux qui considèrent l'Afrique

---

1. Salan est condamné à la détention criminelle à perpétuité par le haut tribunal militaire.

comme leur véritable patrie se mettent d'accord entre eux... Le dialogue avec la France ne signifie plus rien, parce que la France s'en va. Le véritable dialogue, celui d'où naîtra l'Algérie nouvelle, est le dialogue entre les hommes de bonne volonté qui savent qu'on n'emporte pas sa patrie à la semelle de ses souliers et que la véritable patrie, c'est celle des pères. Si, par malheur, un tel dialogue ne s'établissait pas, toute la communauté européenne abandonnerait l'Algérie, après avoir détruit tout ce qu'en cent trente ans elle a bâti au prix de son sang et de sa sueur. Alors, l'Algérie sombrerait dans le chaos et il n'y aurait plus d'avenir pour elle. En revanche, l'entente entre les forces politiques qui se partagent l'Algérie, à l'exclusion du gouvernement français et de ses hommes de paille, est seule capable de ramener la fraternité et la paix et de faire de l'Algérie la première puissance de l'Afrique »...

L'Union des travailleurs français d'Algérie lance un appel à la réconciliation. Les libéraux s'expriment à nouveau au grand jour. Le 30 mai, Susini ordonne aux commandos de cesser leurs activités. Il accorde la trêve que demande Farès en préalable à la poursuite des négociations.

Les pourparlers reprennent dans la villa de J. Chevallier entre les deux parties. De sa prison, Jouhaud, condamné à mort [1], adjure les siens d'abandonner la lutte : « Il faut chercher avec nos ennemis d'hier un terrain d'entente qui permette à tous les Français de continuer à vivre sur leur terre natale en toute dignité. Il importe que l'action de l'OAS cesse au plus tôt, c'est son chef qui le demande à ceux qui se sont spontanément mis sous ses ordres. »

Les négociations traînent. Les membres de l'Exécutif provisoire doivent recevoir des directives du GPRA à Tunis. Ils n'emmèneront pas de représentants européens avec eux. Susini décide de rompre la trêve le 7 juin : La bibliothèque de l'université d'Alger, l'Institut d'études politiques, la mairie, sont la proie des flammes. Mais le même jour, Jean Sarradet, chef des commandos de la région d'Alger-Sahel abandonne le combat.

Le 16 juin, enfin, Susini accepte les propositions du docteur Mostefaï qui sont rendues publiques le lendemain. Le leader algérien invite les Européens à rester : « Faisons en sorte qu'à la faveur de notre réconciliation aujourd'hui, la paix soit définitivement retrouvée avant le 1er juillet... » Susini fait connaître la nature de l'accord

---

1. Il sera grâcié par le président de la République.

conclu avec les Algériens. Curieux accord en vérité, qui ne change rien à ceux d'Évian. Il permet seulement aux Européens de participer à la force locale. Aucun volontaire ne se présentera. Susini invite pourtant les siens à « construire l'avenir algérien ». L'OAS d'Alger met fin aux combats, mais celle d'Oran et celle de Bône les poursuivent encore pendant une semaine.

L'appel de Salan, le 19 juin, sera sans effet sur eux. Pourtant, le 26 juin l'ex-colonel Dufour donne « l'ordre d'interrompre les destructions qui... pourraient aggraver le calvaire de ceux qui attendent avec angoisse le moment de s'embarquer ». Gardy, Godard, Vaudrey, Dufour partent rejoindre le CNR de Georges Bidault qui fusionnera avec l'OAS-Algérie, afin de mener « le combat pour la rénovation de la France ».

Alors que l'OAS mettait fin aux combats, la campagne électorale pour le référendum d'autodétermination s'était ouverte. La commission de contrôle avait agréé plusieurs formations politiques en vue de la consultation, fixée au 1ᵉʳ juillet : le FLN, le parti communiste algérien, les fédérations SFIO d'Algérie, le PSU, le mouvement pour la coopération, le comité Blida-Mitidja pour le soutien des accords d'Évian et le comité pour l'Algérie nouvelle. Aucun « parti européen » n'était parvenu à se constituer. L'OAS avait pourtant songé comme le FLN à se transformer en parti. Pendant quelques jours, il fut question de fonder le RUAC (Rassemblement pour l'unité de l'Algérie par la coopération), mais le FLN s'y opposa formellement en déclarant : « Pas de parti raciste en Algérie. » Le parti du peuple algérien, issu du MNA, fut lui aussi interdit. Tous les groupements agréés invitent à voter « oui » à l'indépendance algérienne [1]. A titre personnel, Susini lance sur les ondes un nouvel appel à la réconciliation, demandant aux Français « de répondre oui à l'Algérie du courage, du progrès et de la fraternité ». Au nom du Mouvement pour la coopération, Jules Roy déclare de son côté aux Européens : « Restez! Je vous dis de rester, comme Susini qui aurait pu me faire descendre il y a deux mois, parce que j'étais un de ses ennemis... L'Algérie est notre pays... Ensemble, FLN, OAS, chrétiens, musulmans, israélites, construisons cette Algérie nouvelle. Que le sang versé soit le ciment de ce pays... »

---

1. La question posée était : « Voulez-vous que l'Algérie devienne un État indépendant, coopérant avec la France dans les conditions définies par la déclaration du 19 mars 1962? »

Le dimanche 1er juillet, les électeurs se pressent, nombreux, dans les bureaux de vote. On est surpris par l'affluence des Européens. Ils obéissent à Susini ou aux leaders libéraux, désireux à coup sûr d'assurer leur sécurité dans l'avenir. Le dimanche soir, avant même la proclamation des résultats, les Algériens laissent exploser leur joie, tandis que les Européens se terrent chez eux.

L'Algérie était indépendante [1].

1. Les résultats du référendum, rendus publics le 3 juillet, donnent 91,23 % de « oui » par rapport aux inscrits et 99,72 % par rapport aux suffrages exprimés. Le général de Gaulle reconnaissait aussitôt l'indépendance de l'Algérie, qui était solennellement proclamée ce même jour, 3 juillet 1962.

Le bilan d'une guerre

Vingt années après la fin des hostilités, la guerre d'Algérie continue de poser à l'historien différents problèmes d'appréciation et d'interprétation. Le premier, apparemment insoluble, est celui de son coût. Le nombre des pertes humaines n'a jamais pu être établi avec précision et ne pourra l'être sans doute jamais. Si le dénombrement est à peu près établi pour les forces militaires françaises et la population européenne d'Algérie [1], les pertes de la population musulmane sont sujettes à d'amples fluctuations. Entre le million de morts avancé par le FLN et les 141 000 combattants tués reconnus par les autorités françaises, la marge est considérable. Le premier chiffre est évidemment excessif, mais le second ne prend en compte ni les blessés décédés, ni surtout les victimes anonymes des ratissages et des déplacements de populations. Si l'on ajoute les victimes musulmanes, civiles et militaires, du FLN et celles des horribles règlements de compte qui ensanglantèrent l'Algérie durant l'été 1962, un chiffre compris entre 300 000 et 400 000 morts paraît de l'ordre du possible [2].

Le coût financier de la guerre est tout aussi difficile à évaluer, compte tenu de la dispersion budgétaire des crédits et surtout de l'indétermination des critères de calcul. Faut-il en effet prendre en considération les seules dépenses militaires engagées entre 1954 et 1962, ou y ajouter les diverses contributions du Trésor français au budget algérien et à la modernisation économique de l'Algérie [3]? Il n'y a pas davantage de raison d'exclure la prise en charge finan-

---

1. 27 500 militaires tués, 65 000 blessés ou accidentés et un millier de disparus. Pour les civils européens, on a recensé 2 800 tués et 800 disparus.
2. Cf. la mise au point de G. Pervillé, in *L'Histoire*, nº 53, mai 1983.
3. Le plan de Constantine a représenté un financement de l'ordre de 2,5 milliards de francs nouveaux.

cière du million de rapatriés [1] et les dépenses prévues au titre de la loi d'indemnisation de juillet 1970. Pour la seule durée du conflit, les évaluations les plus diverses ont été retenues, allant de 27 à 50 milliards de francs, soit 10 à 18 % du produit intérieur brut de l'année 1961 [2]. Le coût budgétaire du conflit est au reste impuissant à rendre compte de la totalité de ses effets négatifs sur l'économie française : déséquilibre accru des échanges et pertes en devises, tensions inflationnistes persistantes et croissance ralentie. Il est certain qu'entre 1954 et 1962, la France a accumulé un retard important par rapport à ses voisins immédiats qui, n'assumant pas un tel fardeau de dépenses improductives, ont connu des prix plus stables, une croissance plus soutenue et des exportations plus compétitives. Autant de handicaps partiellement compensés, il est vrai, par le coup de fouet démographique et économique qu'a pu constituer l'arrivée en métropole d'une population européenne active et entreprenante, qui est parvenue, non sans heurts et non sans drames, à une insertion satisfaisante dans la société française [3].

Le conflit algérien continue de poser également de délicats problèmes d'interprétation politique, au premier rang desquels celui de la longueur et de l'intensité de la guerre. Celles-ci étonnent aujourd'hui, comme elles n'ont cessé de choquer en leur temps les observateurs étrangers pour qui l'Algérie n'était, à tout prendre, qu'un épisode parmi d'autres du processus normal de la décolonisation. Les réponses ne sont pas simples et doivent prendre en compte la nature très différente des deux régimes qui ont assumé le conflit. S'il est clair que le terrorisme perpétré sous des formes souvent odieuses par le FLN et l'existence d'une communauté européenne anciennement implantée en Algérie, et que rien ne commandait d'abandonner, ont obligé dès 1954 les autorités françaises à un minimum de vigilance, le personnel politique de la IVe République a fait preuve, à de rares exceptions près, d'une cécité et d'un manque de courage évidents. En niant obstinément la légitimité du nationalisme algérien et la représentativité du FLN, en sous-estimant les effets politiques de la guerre de libération, en maintenant intacte l'influence du lobby algérien, les gouvernements successifs se sont prêtés à toutes les démis-

1. Évaluée à 7,2 milliards entre 1962 et 1965.
2. Étude de Gilbert Mathieu, in *Le Monde* du 20 mars 1962.
3. Il n'en va pas de même pour les 70 000 harkis qui parvinrent à gagner la France en 1962 et qui constituent, avec leur famille, une population isolée et assistée de 450 000 personnes.

sions. Au nom d'une conception erronée de l'intérêt national, ils se sont accrochés à une guerre dont ils ne maîtrisaient pas la conduite et ont laissé passer les occasions d'un dialogue pouvant déboucher sur une issue honorable. A trois reprises au moins, au début de 1955 lors de l'arrivée de Jacques Soustelle, au début de 1956 lors de l'avènement du Front républicain, et durant l'été de la même année lors des contacts de Belgrade et de Rome, la reconnaissance, inévitable, de l'indépendance algérienne aurait pu être assortie de solides garanties. La France aurait alors cédé moins que ce qu'elle a dû consentir en 1962.

En 1958, le contexte institutionnel et politique est modifié mais le problème reste entier. Après avoir un moment misé sur l'écrasement de la rébellion (plan Challe) et sur une perpétuation de l'Algérie française dans un cadre économique rénové (plan de Constantine), le général de Gaulle s'est convaincu dès 1959 de l'inéluctabilité de l'indépendance par l'autodétermination du peuple algérien, solution à laquelle ses réflexions antérieures l'avaient du reste préparé. Mais plus que les exigences parfois déraisonnables de ses interlocuteurs algériens, l'intrusion politique de l'armée vint tout compliquer. En s'estimant investie d'une mission de salut public et en plaçant l'Algérie au centre d'une dialectique simpliste de l'honneur et de l'abandon, l'armée n'a pas seulement outrepassé ses droits, elle a inutilement attisé les haines entre Français et retardé, moins par la désobéissance ouverte (qui fut le fait d'une minorité) que par la menace permanente de l'insubordination, l'issue négociée du conflit. Après cela, l'OAS s'est engouffrée dans la brèche et s'est employée à créer l'irréparable. Faut-il s'étonner dès lors que la guerre d'Algérie, de l'attentat du Petit-Clamart à l'élection présidentielle de 1965, ait continué de peser si lourdement sur le climat politique français?

L'intensité du drame algérien conduit naturellement à se demander si une autre issue était possible. Plus précisément, le droit légitime du peuple algérien à former une nation indépendante, et celui, non moins légitime, d'un million d'Européens à demeurer sur un sol qu'ils avaient fécondé, pouvaient-ils s'accorder et déboucher sur une construction viable? Tel était bien le pari des accords d'Évian, qui reposaient sur un double postulat : le maintien d'une forte minorité française en Algérie et l'établissement à Alger d'un pouvoir libéral garant des droits et des biens de cette minorité. Ce pari était-il perdu d'avance? On l'a dit, et avant même que l'encre soit sèche, ces accords apparaissaient à beaucoup comme l'habillage juridique décent d'une entreprise de liquidation. En tout état de cause, la folie meurtrière de l'OAS, en forçant à l'exode la quasi-totalité des pieds-noirs, rendait caduc le premier volet du pari, tandis que la radicalisation rapide de la jeune République algérienne, les confiscations qu'elle multipliait et son orientation socialiste, obligeaient à penser en termes entièrement nouveaux la défense des intérêts français. Mais même sans ces deux impondérables, l'idée d'une coexistence pacifique et harmonieuse des deux communautés dans le cadre d'une Algérie indépendante, relève d'un bel optimisme. Sans faire nécessairement référence à des situations dont l'analogie est plus ou moins fallacieuse (cas israélo-palestinien, cas rhodésien...), une telle coexistence aurait supposé chez les uns un renversement complet des représentations et des comportements façonnés par un siècle d'emprise coloniale, chez les autres une domination des instincts de vengeance avivés par huit années d'une guerre atroce. Entreprise hautement improbable de part et d'autre, surhumaine sans doute, ce qui légitime, au moins partiellement, la solution du départ comme la seule possible dans le contexte de 1962. Tout au plus peut-on estimer que, dans les grandes villes au moins, un nombre supérieur d'Européens auraient pu, sans dommage pour eux, rester à leur place. Une véritable coexistence des deux communautés n'était pas en soi impossible, mais aurait dû prendre corps un siècle plus tôt, sur la base d'autres principes et avec d'autres méthodes. Les bradeurs de l'Algérie française n'ont été ni le parti communiste ni les porteurs de valise, ni Mendès France ni le général de Gaulle, car rien ne pouvait empêcher, à l'heure de Bandoeng et du panarabisme, le peuple algérien de prendre en main sa destinée. Les vrais responsables de l'impossible Algérie franco-musulmane sont ceux qui un siècle durant, à Alger et à Paris, ont sciemment différé toute réforme du statut colonial d'un peuple. Du moins ne sont-ils pas parvenus à obérer toute chance de coopération et de réconciliation entre l'État algérien et la France.

Glossaire biographique[1]

Abbane Ramdane Né en 1920 en Kabylie dans une famille très pauvre. Bachelier, il devient secrétaire-adjoint de la commune mixte de Château-dun-du-Rhumel. Membre du PPA et du MTLD, mais non de l'OS, il est arrêté en 1950 et libéré en février 1955 après une longue grève de la faim. Il rejoint le FLN et s'impose d'emblée, au titre de conseiller politique de la zone algéroise, comme une personnalité exceptionnelle. Volontaire, parfois brutal et expéditif, il mène à bien le ralliement au Front de l'UDMA et du PCA. L'apogée de son influence coïncide avec le Congrès de la Soummam, la ligne politique et les institutions qui en découlent. Mais il sort affaibli et isolé de l'échec de la bataille d'Alger. Son intransigeance ayant suscité contre lui des haines tenaces, surtout parmi les colonels de l'ALN, il est assassiné au Maroc en décembre 1957.

Abbas (Ferhat) Né en 1899 à Taher dans le Constantinois. Fils de caïd, il fait des études de pharmacie et s'établit à Sétif. Conseiller municipal et délégué financier, il participe activement dans les années trente au mouvement Jeune Algérien. Engagé volontaire en 1939, il s'éloigne pendant la guerre des positions assimilationnistes et rédige en 1943 le Manifeste du peuple algérien. Arrêté quelque temps au lendemain des troubles de mai 1945, il fonde l'UDMA, est élu à la seconde Assemblée constituante (1946) puis à l'Assemblée algérienne (1948). Nationaliste modéré, déçu par l'immobilisme politique de Jacques Soustelle, il se rallie au FLN et gagne Le Caire en avril 1956. Membre du CNRA et du second CCE (1957), il préside la GPRA de septembre 1958 à août 1961. Élu, au lendemain de l'indépendance, président de l'Assemblée constituante, il démissionne en août 1963 pour protester contre le rôle excessif que s'arroge le FLN dans la préparation de la constitution. Exclu du parti, il est mis en résidence surveillée et libéré en 1965. S'est retiré de la vie politique.

Aït Ahmed (Hocine) Né en 1924, il est le fils d'un caïd kabyle. Il mène de front une activité politique précoce et d'excellentes études qui feront de lui l'un des hommes les plus cultivés du FLN. Membre de l'OS, il parvient à se réfugier au Caire en 1951 où il retrouve son beau-frère Mohammed Khider. Membre de la délégation extérieure du FLN, il participe à la Conférence de Bandoeng et séjourne à New York. Il est arrêté le 22 octobre 1956 avec les trois autres chefs historiques. Libéré en 1962, il est élu à

---

1. Les limites de ce livre obligeant les auteurs à une sévère sélection, il a été jugé préférable de ne retenir que des personnalités algériennes, moins connues du public.

l'Assemblée constituante mais il entre en conflit avec Ben Bella. Il crée un parti d'opposition, le Front des forces socialistes, et forme un maquis en Kabylie. Arrêté en 1964, il s'évade en 1966. En exil en Europe.

Amirouche (colonel) Commerçant installé en Oranie, il revient très tôt combattre dans sa Kabylie natale où il accède rapidement, grâce à la protection de Krim Belkacem, à de hautes responsabilités. A la tête de wilaya III, il fait preuve d'une grande dureté et décime ses maquis qu'il croit infestés de traîtres. Meurt en mars 1959.

Belkacem Krim Né en 1922 en Grande Kabylie. Engagé dans les chantiers de jeunesse, puis dans l'armée, il devient après la guerre secrétaire auxiliaire de la commune mixte de Dra-El-Mizan. Accusé sans preuve du meurtre d'un garde forestier, il prend le maquis en 1947 où il est peu à peu rejoint par une poignée de hors-la-loi sur lesquels il exerce un grand ascendant. Rallié au CRUA malgré de vieilles sympathies messalistes, et chef historique du FLN, il dirige de 1954 à 1956 la zone de Kabylie et entre au CCE au lendemain du Congrès de la Soummam. Il domine le FLN et l'ALN en 1958-1959 comme vice-président du GPRA et ministre des Forces armées. Son rôle militaire décline par la suite mais il est déterminant dans la conduite des négociations avec la France. Au moment de l'indépendance, il tente de s'opposer à Ben Bella (groupe de Tizi-Ouzou), puis abandonne la vie politique et voyage en Europe pour ses affaires. Assassiné à Francfort en 1970 dans de mystérieuses conditions.

Bellounis (Mohammed) Militant très actif du PPA, il reste fidèle à Messali lors de la crise du MTLD et reçoit en 1955 la charge d'implanter les maquis du MNA. Le massacre de Melouza par l'ALN (28 mai 1957) l'incite à se tourner vers l'armée française et à rechercher son aide dans sa lutte contre le FLN. Devenu « général » de l'Armée nationale du peuple Algérien, il entre assez vite en conflit avec les autorités françaises. Devenu plus gênant qu'utile, il est tué en juillet 1958.

Ben Bella (Ahmed) Né en 1919 à Marnia, en Oranie, dans une famille de commerçants. Adjudant-chef de l'armée française, plusieurs fois cité, et à ce titre considéré comme « un bon Arabe », il entre néanmoins au PPA après la guerre et joue un rôle essentiel dans l'OS dont il fut le dernier dirigeant. Arrêté en 1950, il s'évade en 1952, vit clandestinement en France puis gagne Le Caire où il rejoint Mohammed Khider et Aït Ahmed. Chef historique du FLN, il est très influencé par la personnalité et la politique du colonel Nasser dont il obtient la confiance et l'appui, ce qui lui vaut l'hostilité de nombreux dirigeants du FLN, en particulier de l'intérieur. Arrêté le 22 octobre 1956, il est libéré en 1962 et entre immédiatement en conflit avec le GPRA. Retiré à Tlemcen avec l'état-major de l'armée du front ouest, il s'impose comme chef du gouvernement grâce aux troupes du colonel Boumedienne. Devenu président de la République en septembre 1963, il est renversé par son « dauphin » le 19 juin 1965. Incarcéré et tenu au secret, sans avoir jamais été jugé, il est libéré en 1980 par le président Chadli.

Ben Boulaïd (Mostefa) Né en 1917 à Arris (Aurès) dans une famille de petite paysannerie, il devient meunier puis exploite une ligne d'autocars. Membre du PPA-MTLD et de l'OS, il est désigné à la veille de l'insurrection comme responsable de la zone des Aurès. Arrêté en février 1955 à la frontière tuniso-libyenne, il s'évade en novembre, mais trouve la mort en mars 1956, victime d'un colis piégé parachuté sur son maquis.

Ben Khedda (Ben Youssef) Né en 1920, il milite dans les rangs des scouts algériens puis des étudiants musulmans. Établi comme pharmacien, il entre très jeune à la direction du MTLD, mais en rupture avec Messali Hadj, il organise en 1954 la tendance « centraliste ». Arrêté au lendemain de l'insurrection, libéré en avril 1955, il rejoint immédiatement le FLN. Remarqué par Abbane Ramdane, il entre au CCE et devient responsable politique de la ZAA. Il quitte Alger en mars 1957 et gagne Tunis. Il ne figure pas dans le second CCE mais devient ministre des Affaires sociales dans le premier GPRA et président du GPRA en août 1961. Politique lucide, partisan résolu d'une révolution sociale, sa carrière tourne court au lendemain de l'indépendance pour être entré en conflit avec certains éléments de l'ALN. En disgrâce jusqu'en 1976.

Ben M'Hidi (Larbi) Né en 1923 dans le Constantinois, membre du PPA et de l'OS, il participe au CRUA et à la fondation du FLN. Premier responsable de la zone oranaise, il devient, après le Congrès de la Soummam, responsable militaire de la ZAA. Arrêté le 25 février 1957 par les parachutistes, il est assassiné peu après.

Ben Tobbal (Lakhdar) Né en 1923 à Mila (Constantinois) dans une famille de paysans pauvres. Militant du PPA et de l'OS, il participe au CRUA et à la fondation du FLN (comité des 22). Adjoint de Zighout Youssef à la tête de la zone du Nord-Constantinois, il le remplace en septembre 1956 comme colonel de la wilaya II. Militaire avant tout, il est membre du second CCE, ministre de l'Intérieur des deux premiers GPRA et ministre d'État dans la troisième. Négociateur aux Rousses et à Évian. A dirigé la Société nationale de sidérurgie après 1965.

Ben Yahia (Mohammed Sedik) Né en 1932 à Alger où il conduit des études de droit. Président de l'UGEMA, il rejoint le FLN en 1956. Il monte très vite dans les instances dirigeantes du Front, participe aux contacts de Melun, puis aux négociations finales. Actuel ministre des Affaires étrangères de l'Algérie.

Bitat (Rabah) Né en 1926 dans le Constantinois, dans une famille très pauvre. Membre du PPA et de l'OS, condamné à mort par contumace, il participe au CRUA et devient le premier responsable du FLN pour l'Algérois. Arrêté le 23 mars 1955, il ne sera libéré qu'en 1962. Membre du bureau politique du FLN, il a occupé plusieurs postes de responsabilité depuis l'indépendance, dont le ministère des Transports. Il a épousé Zohra Drif, l'ancienne collaboratrice de Yacef Saadi pendant la bataille d'Alger.

Boudiaf (Mohammed) Né en 1919 dans le Sud-Constantinois, il devient employé des contributions et adjudant dans l'armée française. Membre du PPA et de l'OS, puis responsable du MTLD à Paris, il est l'un des principaux fondateurs du CRUA et du FLN. Doué d'un remarquable sens politique et administratif, il assure à partir du 1er novembre 1954 la liaison entre l'Algérie et la délégation extérieure. Capturé le 22 octobre 1956, il dirige indirectement, de prison, la Fédération de France du FLN. Libéré en 1962, il entre rapidement en conflit avec Ben Bella et organise un mouvement d'opposition, le parti de la révolution socialiste. En exil en France.

Boumedienne (Houari)   De son vrai nom Mohammed Brahim Boukarouba, né officiellement en 1932 (selon d'autres sources en 1925) près de Guelma dans une famille paysanne du Constantinois. Étudie à l'école coranique, puis à la Zitouna de Tunis et à la prestigieuse université al-Azhar du Caire. Il s'introduit clandestinement en Oranie en février 1955 et succède en 1957 à Boussouf à la tête de la wilaya V. Ayant remarquablement réussi à la direction du COM-Ouest, il est promu chef d'état-major de l'ALN en mars 1960. Ouvertement hostile aux hommes politiques du GPRA, il est limogé le 30 juin 1962 par Ben Khedda. Il rejoint alors Ben Bella à Tlemcem et l'impose, grâce aux unités de l'ALN, comme chef du gouvernement. Entré en conflit avec lui, il l'élimine en juin 1965 par un coup d'État militaire. Chef de l'État algérien jusqu'à sa mort le 27 décembre 1978.

Boumendjel (Ahmed)   Né en 1906, fils d'instituteur, il fait des études de droit. Avocat, il plaide pour Messali Hadj en 1939. Très proche de Ferhat Abbas, il est après la guerre secrétaire général de l'UDMA et conseiller de l'Union française. Membre du CNRA à partir de 1957, il participe aux contacts de Melun et à la première conférence d'Évian. Son frère Ali Boumendjel est mort en mars 1957, très probablement à la suite des tortures qu'il a subies.

Boussouf (Abdelhafid)   Né en 1926 dans le Constantinois, dans une famille de petits notables. Membre du PPA-MTLD et de l'OS, il participe au CRUA et à la fondation du FLN (comité des 22). Après le Congrès de la Soummam, il succède à Ben M'Hidi à la tête de la wilaya V. Membre du second CCE (1957), il est ministre des Liaisons générales, des Communications et de l'Armement dans les différents GPRA. Unanimement reconnu comme l'un des meilleurs organisateurs de l'ALN, il fut politiquement un « dur » qui ne répugnait pas aux méthodes expéditives. Retiré de la vie politique et de l'armée après l'indépendance, il s'était reconverti dans les affaires. Mort le 31 décembre 1980.

Chadli (Bendjedid)   Né dans une famille de paysannerie aisée du Constantinois, près de Bône, il gagne le maquis en 1955 et gravit les divers échelons de la hiérarchie militaire. Membre du Conseil de la Révolution depuis 1975, il est désigné comme successeur de Boumedienne aux fonctions de président de la République algérienne en 1979.

Dahlab (Saad)   Né en 1910 dans le Sud-Algérois. Militant du MTLD, il opte, comme Ben Khedda auquel il est très lié, pour la tendance centraliste. Rallié au FLN, il entre au CCE en 1956 et suit en 1957 Ben Khedda dans sa disgrâce, mais revient au premier plan dans le troisième GPRA où il siège comme ministre des Affaires étrangères. Associé de très près à tous les contacts secrets et à toutes les négociations avec la France.

Debaghine (Lamine)   Né en 1917 à Cherchell où son père tient un restaurant. Étudiant en médecine, il adhère au PPA et parvient à échapper à la police lors des événements de 1945. Élu député à l'Assemblée nationale en 1946, il entre en conflit avec la direction du MTLD dont il est exclu en 1949. Retiré de la vie politique, il décline l'offre qui lui est faite en 1954 par les fondateurs du CRUA de prendre la tête du FLN. Mais il le rejoint en 1955 et est désigné en octobre comme chef de la délégation extérieure. Ministre des Affaires étrangères dans le premier GPRA, il est ensuite écarté des postes de responsabilité.

Didouche (Mourad) Né à Alger en 1922 dans un milieu aisé. Il participe activement avec Boudiaf à la fondation du CRUA dont il alimente les caisses. Désigné en 1954 au commandement de la zone du Nord-Constantinois, il meurt en janvier 1955 au cours d'une attaque à Condé-Smendou.

Fanon (Frantz) Médecin psychiatre d'origine antillaise, il s'est très tôt tourné vers le combat anticolonialiste. Installé à Alger, il soutient la cause du FLN en écrivant dans *El Moudjahid* et en représentant le GPRA à Accra en 1960. Dans *l'An V de la révolution algérienne* (1959), il a exalté la spontanéité nationale et révolutionnaire des masses algériennes. Mort en 1961.

Farès (Abderrhamane) Né en 1911 dans une modeste famille de Kabylie, il conduit des études de droit à Alger et devient le premier notaire musulman. Délégué financier puis membre de l'Assemblée algérienne (dont il est président en 1953). Signataire de la motion des « 61 » après les événements du 20 août 1955, il s'installe en France en 1956. Sans adhérer au FLN, il lui apporte une aide juridique et matérielle tout en menant campagne pour un règlement négocié du conflit. Arrêté en novembre 1961 pour collusion avec le FLN, il est libéré après la signature des accords d'Évian et devient président de l'Exécutif provisoire. Il s'est retiré de la vie politique.

Francis (Ahmed) Né en 1912 en Oranie, docteur en médecine, il suit de très près la trajectoire politique de Ferhat Abbas qui le conduit des AML à l'UDMA puis au FLN en 1956. Ministre des Finances dans les deux premiers GPRA, il déploie également une importante activité diplomatique. Un moment ministre des Finances sous Ben Bella après l'indépendance.

Khider (Mohammed) Né en 1912 à Biskra (Constantinois) dans une famille très pauvre. Exerce différents métiers et adhère à l'Étoile nord-africaine puis au PPA. Élu député MTLD à l'Assemblée nationale en 1946, il soutient secrètement l'OS et participe à l'attaque de la poste d'Oran en avril 1949. Sans attendre la fin de la législature, il gagne Le Caire en 1951 où il prend la tête de la représentation du MTLD. Membre de la délégation extérieure du FLN, il participe en 1956 aux conversations avec les émissaires du gouvernement français. Arrêté le 22 octobre 1956, il est libéré en 1962 et devient quelque temps secrétaire général du bureau politique du FLN. Assassiné à Madrid en 1967.

Mahsas (Ahmed) Très lié à Ben Bella avec lequel il s'est évadé de la prison de Blida en 1952. Hostile à Abbane Ramdane, il tente à la fin de 1956 un soulèvement « benbelliste » contre le CCE en s'appuyant sur la wilaya I. Après l'indépendance, il a été ministre de l'Agriculture de 1963 à 1967. Vit depuis en exil.

Mehri (Abdelhamid) Né en 1925 dans le Constantinois. Issu d'une famille très pauvre, il parvient à mener d'excellentes études d'arabe littéraire. Militant du MTLD, il opte en 1954 pour la tendance centraliste. Arrêté au lendemain de l'insurrection, puis libéré, il rejoint le FLN qui l'envoie comme représentant à Damas. Ministre des Affaires nord-africaines dans le premier GPRA. Après l'indépendance, il a été secrétaire général du ministère de l'Enseignement secondaire de 1965 à 1976. Ambassadeur en France depuis 1983.

Messali Hadj (Ahmed) Né à Tlemcen en 1898. Émigré en France, il adhère à l'Étoile nord-africaine, mouvement révolutionnaire algérien contrôlé par le PCF, et en prend la direction en 1928. Après s'être détaché du communisme, il fonde le PPA en 1937 dont il axe la revendication sur l'indépendance nationale. Condamné à un exil à peu près permanent, il fonde en novembre 1946 le MTLD tout en maintenant le PPA, dissous, dans la clandestinité. Oscillant entre le légalisme et l'action directe, entretenant autour de lui un véritable culte de la personnalité, il est de plus en plus contesté et ne peut empêcher en 1954 l'éclatement du MTLD. En réplique à la création du FLN, il fonde le MNA en décembre 1954. Mais malgré de solides positions initiales, celui-ci se heurte à la vigoureuse et victorieuse réaction du FLN qui parvient à l'éliminer presque totalement. Exclu du règlement du conflit en 1962, Messali obtient en 1965 la nationalité algérienne, mais reste condamné à l'exil. Il est mort en France le 3 juin 1974.

Ouamrane (Omar) Né en 1919 en Grande Kabylie. Sergent de l'armée française, il est cassé de son grade en 1945 et condamné à mort. Il prend le maquis en 1946 où il rejoint son ami Krim Belkacem, dont il devient l'adjoint, en 1954, à la tête de la zone de Kabylie. Chef de la wilaya IV après le Congrès de la Soummam, c'est avant tout un militaire mais qui sait se montrer un politique réaliste. Membre du CNRA depuis sa fondation, il est nommé délégué du GPRA à Ankara en 1960.

Oussedik (Omar) Né en 1923 à Michelet en Kabylie. Membre du PPA dès l'âge de 19 ans. Responsable politique de l'ALN, il remplit pendant la guerre d'Algérie diverses missions en Chine et à Conakry. Après l'indépendance, il a mené une brillante carrière diplomatique.

Saadi (Yacef) Garçon boulanger dans la Casbah et grand amateur de football, militant du MTLD, il se rallie au FLN en 1955. Doué d'un sens inné de l'organisation clandestine, il est nommé en 1956 chef de la branche militaire de la ZAA. Il joue un rôle essentiel dans la bataille d'Alger jusqu'à sa capture par les parachutistes en mai 1957. Condamné à mort et gracié, il a été libéré en 1962 et a épousé Djamila Bouhired.

Yazid (M'Hammed) Né à Blida en 1923, fils d'officier, il fait des études supérieures poussées. Responsable de la fédération du MTLD, il entre en conflit avec Messali et opte pour la tendance centraliste. Présent au Caire le 1er novembre 1954, il se rallie au FLN et va mettre, à Bandoeng et surtout à New York, ses grands talents de diplomate à son service. Ministre de l'Information dans les trois GPRA successifs, il participe aux négociations des Rousses et à la seconde conférence d'Évian. Député de 1962 à 1965 puis ambassadeur.

Zighout (Youssef) Forgeron à Condé-Smendou, dans le Constantinois. Membre du PPA et de l'OS, membre du CRUA et fondateur du FLN (Comité des 22), il est nommé en 1954 adjoint de Mourad Didouche à la tête de la zone du Nord-Constantinois. Il lui succède en 1955 et joue un rôle décisif dans la préparation de la journée d'émeutes du 20 août. Tué en 1956, peu après le Congrès de la Soummam qui l'avait confirmé à la tête de la wilaya II.

Chronologie sommaire

	21 mai	Chute du gouvernement Mollet.
	30 sept.	Chute du gouvernement Bourgès-Maunoury à propos de la loi-cadre.
	29 nov.	Vote de la loi-cadre.
1958	*8 fév.*	Bombardement de Sakhiet.
	25 févr.	Robert Murphy arrive à Paris pour sa mission « bons offices ».
	15 avril	Chute du gouvernement Gaillard.
	13 mai	Création à Alger d'un Comité de salut public présidé par le général Massu.
	14 mai	Pierre Pflimlin est investi. Massu lance un appel à de Gaulle.
	16 mai	« Fraternisations ».
	4 juin	De Gaulle à Alger : « Je vous ai compris. »
	19 sept.	Formation du GPRA.
	28 sept.	Référendum constitutionnel.
	3 oct.	Discours de Constantine.
	23 oct.	De Gaulle offre « la paix des braves ».
	23-30 nov.	Élections législatives : succès de l'UNR.
	19 déc.	Arrivée de Challe et Delouvrier à Alger.
1959	*début août*	Première « tournée des popotes ».
	16 sept.	Discours sur l'autodétermination.
	16 déc.	Réunion du CNRA à Tripoli.
1960	*24 janv.* *1er févr.*	Semaine des barricades.
	24 févr.	Découverte du réseau Jeanson.
	3-5 mars	Deuxième « tournée des popotes ». De Gaulle parle de l'« Algérie algérienne ».
	10 juin	Si Salah est reçu à l'Élysée.
	14 juin	De Gaulle propose aux chefs de l'insurrection de négocier.
	25-29 juin	Échec des pourparlers de Melun.
	5 sept.	Ouverture du procès Jeanson. Manifeste des 121 sur le droit à l'insoumission.
	3 nov.	Début du procès des barricades.
	4 nov.	De Gaulle évoque l'existence d'une « République algérienne ».
	22 nov.	Louis Joxe est nommé ministre des Affaires algériennes.
	24 nov.	Jean Morin remplace Paul Delouvrier.
	9-13 déc.	Voyage de De Gaulle en Algérie : manifestations violentes des Européens. Première manifestation de masse organisée à Alger par le FLN.
1961	*8 janv.*	Référendum sur la politique algérienne du général de Gaulle.
	févr.	Constitution de l'OAS.
	17 mars	Annonce de pourparlers entre la France et le FLN.
	11 avril	Conférence de presse de De Gaulle. Il parle d'un « État algérien souverain ».

	22-25 avril	Putsch des généraux.
	20 mai	Ouverture des négociations d'Évian.
	13 juin	Suspension des négociations.
	20-28 juil.	Conférence de Lugrin : échec.
	9-28 août	Réunion du CNRA à Tripoli. Ben Khedda devient président du GPRA.
	17 oct.	Manifestation des Algériens à Paris.
	6 déc.	Journée anti-OAS en France.
1962	*janv.-mars*	L'OAS multiplie les attentats en France et en Algérie.
	8 févr.	Manifestation anti-OAS à Paris : huit morts au métro Charonne.
	10-19 févr.	Rencontre des Rousses.
	7-18 mars	Deuxième conférence d'Évian.
	18 mars	Signature des accords d'Évian.
	19 mars	Le cessez-le-feu est proclamé.
	26 mars	Fusillade de la rue d'Isly.
	29 mars	Mise en place de l'Exécutif provisoire.
	8 avril	Référendum ratifiant les accords d'Évian.
	avril-mai	L'OAS multiplie les violences.
	17 juin	Accord FLN-OAS.
	1er juil.	Référendum sur l'autodétermination en Algérie.
	3 juil.	Proclamation de l'indépendance algérienne.

Orientation bibliographique

INSTRUMENTS DE TRAVAIL ET SOURCES

L'Annuaire de l'Afrique du Nord, éd. du CNRS.

Dejeux (J.), *Essai de bibliographie algérienne, 1ᵉʳ janvier 1954 – 30 juin 1962* (Lectures d'une guerre), ESNA, Cahiers nord-africains, 92, octobre-novembre 1962.

L'Année politique, années 1954 à 1962, Paris, PUF.

Les grands quotidiens de métropole et d'Algérie.

Hebdomadaires et revues.

I. OUVRAGES GÉNÉRAUX

1. Avant 1954.

Julien (Ch.-A.) et Ageron (Ch.-R.), *Histoire de l'Algérie contemporaine,* Paris, PUF, 1964 et 1969, 2 vol.
Fondamental.

Ageron (Ch.-R.), *Histoire de l'Algérie contemporaine, 1830-1970,* Paris, PUF, 1970.
Un « Que sais-je » très dense.

Meynier (G.), *L'Algérie révélée,* Genève, Droz, 1981.

Julien (Ch.-A.), *L'Afrique du Nord en marche, nationalisme musulman et souveraineté française,* Paris, Julliard, 1972.

Le Tourneau (R.), *Évolution politique de l'Afrique du Nord musulmane, 1920-1961,* Paris, A. Colin, 1962.
Deux classiques, très utiles pour la compréhension du contexte maghrébin.

Ageron (Ch.-R.), « Les troubles du Nord-Constantinois en mai 1945 : une tentative insurrectionnelle? » *Vingtième Siècle,* n° 4, oct. 1984.

Martin (Cl.), *Histoire de l'Algérie française,* Paris, R. Laffont, 1979.

Aron (Robert), *Les Origines de la guerre d'Algérie*, Paris, Fayard, 1962.

Nouschi (A.), *La Naissance du nationalisme algérien (1914-1954)*, Paris, Minuit, 1962.
Trois solides dossiers.

2. Sur la guerre d'Algérie.

Auteurs français.

Alleg (H.) (sous la direction de), *La Guerre d'Algérie*, Paris, Temps actuels, 1981, 3 vol.
Ouvrage d'une orthodoxie communiste un peu voyante mais d'une qualité documentaire remarquable.

Courrière (Y.), *La Guerre d'Algérie*, Paris, Fayard, 1968-1969, 5 vol.
Une somme qui tient plus du journalisme que de l'histoire, mais qui repose sur une information orale très précieuse.

Paillat (Cl.), *Vingt Ans qui déchirèrent la France*, t. II, *La Liquidation, 1954-1962*, Paris, R. Laffont, 1972.
Du journalisme bien informé mais partisan.

Tripier (Ph.), *Autopsie de la guerre d'Algérie*, Paris, France-Empire, 1972.
D'une orientation très « Algérie française » mais bien informé et intelligemment présenté.

Histoire de la guerre d'Algérie suivie d'une Histoire de l'OAS, *La Nef*, 4e trimestre 1962, Cahier trimestriel, n°s 12-13.
Un recueil d'articles d'une grande valeur.

Étienne (B.), *Les Européens d'Algérie et l'Indépendance algérienne*, Paris, éd. du CNRS, 1968.
Fondamental.

Auteurs étrangers.

Traduits en langue française

Behr (Ed.), *Dramatique Algérie*, traduit de l'anglais par Michel Deutsch, Paris, Stock, 1962.
Bonne synthèse.

Horne (A.), *Histoire de la guerre d'Algérie*, traduit de l'anglais par Y. du Guerny et P. Bourdrel, Paris, Albin Michel, 1980.
Inégal. De bonnes vues d'ensemble mais contient beaucoup d'erreurs de détail.

Non traduits

Andrews (William G.), *French Politics and Algeria – The Process of Policy Formation, 1954-1962*, New York, Appleton-Century-Crofts, 1962.

Elsenhans (H.), *Frankreichs Algerienkrieg*, München, C. Hauser, 1974.
Une étude de la politique française en Algérie plus qu'une histoire de la guerre, mais cet ouvrage repose sur une information considérable et mériterait d'être traduit.

O'Ballance (Ed.), *The Algerian Insurrection, 1954-1962*, London, Faber and Faber, 1967.

Smith (T.), *The French Stake in Algeria : 1954-1962*, London, Cornell University Press, 1978.

Talbott (J.), *The War without a Name : France in Algérie, 1954-1962*, London, Faber and Faber, 1981.

3. Sur le FLN.

Bedjaoui (M.), *La Révolution algérienne et le Droit*, Bruxelles, éd. de l'Association internationale des juristes démocrates, 1961.
Le point de vue d'un juriste.

Bromberger (S.), *Les Rebelles algériens*, Paris, Plon, 1958.
Première étude d'ensemble sur le FLN. Aujourd'hui dépassé.

Chikh (S.), *L'Algérie en armes ou le temps des certitudes*, Paris, Economica, 1981; édition d'une thèse de doctorat de science politique de l'université de Grenoble, *La Révolution algérienne, projet et action, 1954-1962*, dactylographie, 1975.
Étude très fouillée.

Duchemin (J. -C.), *Histoire du FLN*, Paris, La Table Ronde, 1962.
Superficiel.

Favrod (Ch. -H.), *Le FLN et l'Algérie*, Paris, Plon, 1962.
Travail décousu, mais intéressant, d'un journaliste suisse.

Harbi (M.), *Le FLN, mirages et réalités, des origines à la prise du pouvoir, 1945-1962*, Paris, éd. Jeune Afrique, 1980.
Fondamental. Contribution souvent critique, mais exhaustive, d'un intellectuel algérien qui travailla dans les services diplomatiques du FLN.

Harbi (M.), *Les Archives de la révolution algérienne*, Paris, éd. Jeune Afrique, 1981.
Très utile complément de l'ouvrage précédent.

Mandouze (A.), *La Révolution algérienne par les textes,* Paris, Maspero, 1961.
Présentation décousue. Fut utile en son temps.

Quandt (W.), *Revolution and Political Leadership, Algeria 1954-1968,* Cambridge (Mass.), MIT Press, 1969.

Teguia (M.), *L'Algérie en guerre,* Alger, Office de publications universitaires.
Une histoire vivante de l'ALN, écrite par un ancien officier de la wilaya IV.

Quelques biographies.

Francos (A.) et Serini (J.-P.), *Un Algérien nommé Boumedienne,* Paris, Stock, 1976.

Hamdani (A.), *Le Lion des Djebels – Krim Belkacem,* Paris, Balland, 1973.

Lacouture (J.), « Ferhat Abbas », in *Cinq Hommes et la France,* Paris, Seuil, 1961.

Merle (R.), *Ahmed Ben Bella,* Paris, Gallimard, 1965.

Stora (B.), *Messali Hadj, 1898-1974,* Paris, Le Sycomore, 1982.

II. ASPECTS PARTICULIERS

1. Sur les différentes phases de la guerre.

De 1954 à 1958.

Pour le contexte général

Rioux (J.-P.), *La France de la Quatrième République,* Paris, Seuil, coll. « Points Histoire », 2 vol., 1980 et 1983.

La Gorce (P.-M. de), *Apogée et Mort de la Quatrième République,* Paris, Grasset, 1979.

Grosser (A.), *La Quatrième République et sa politique extérieure,* Paris, A. Colin, 1961.

Et sur un ton plus personnel

Winock (M.), *La République se meurt, Chronique 1956-1958,* Paris, Seuil, 1978.

Les premières années de la guerre sont encore pauvrement traité...
On trouvera des indications dans

Jeanson (F.), *L'Algérie hors la loi*, Paris, Seuil, 1955.

Lacouture (J.), *Pierre Mendès France*, Paris, Seuil, 1981.

Pour la bataille d'Alger

Massu (J., général), *La Vraie Bataille d'Alger*, Paris, Plon, 1971.

Paris de Bollardière (J., général), *Bataille d'Alger, Bataille de l'homme*, Paris, Desclée de Brouwer, 1972.
Deux ouvrages d'inspiration très différente.

De 1958 à 1962.

Pour l'ensemble de la période

Dunand (F.), *L'Indépendance de l'Algérie. Décision politique sous la Vᵉ République (1958-1962)*, Berne, éd. Peter Lang, 1977.

Viansson-Ponté (P.), *Histoire de la République gaullienne. La fin d'une époque, mai 1958-juillet 1962*, Paris, Fayard, 1970.

Sur le 13 mai

Bromberger (M. et S.), *Les 13 Complots du 13 mai*, Paris, Fayard, 1959.

Ferniot (J.), *De Gaulle et le 13 mai*, Paris, Plon, 1965.
D'une qualité supérieure au précédent.

Sur le général de Gaulle et l'Algérie

Gaulle (Ch. de), *Discours et Messages*, Paris, Plon, 1970.

Gaulle (Ch. de), *Mémoires d'espoir : le renouveau, 1958-1962*, Paris, Plon, 1970.

Ageron (Ch.-R.), « De Gaulle et l'Algérie algérienne », in *L'Algérie algérienne de Napoléon III à de Gaulle*, Paris, Sindbad, 1980.

Lacouture (J.), *De Gaulle*, Paris, Seuil, 1965.

Touchard (J.), *Le Gaullisme*, Paris, Seuil, coll. « Points Histoire », 1978.

Sur l'affaire des barricades

Bromberger (M. et S.), Elgey (G.), Chauvel (J.-F.), *Barricades et Colonels, 24 janvier 1960*, Paris, Fayard, 1960.

Euloge (A.) et Molinier (A.), *L'Envers des barricades, vingt mois d'insurrection à Alger*, Paris, Plon, 1960.

Sur le putsch des généraux

Azeau (H.), *Révolte militaire, Alger, 22 avril 1961*, Paris, Plon, 1961.

Fauvet (J.) et Planchais (J.), *La Fronde des généraux*, Paris, Arthaud, 1961.

Le Procès des généraux Challe et Zeller, Paris, Nouvelles Éditions Polias, 1962.
   Documents irremplaçables.

Sur l'OAS

OAS parle, Paris, Julliard, coll. « Archives », 1964.

La Gorce (P. -M. de), « Histoire de l'OAS en Algérie », in *La Nef, op. cit.*

Lancelot (M. -Th.), *L'Organisation armée secrète*, Paris, Centre d'étude de la vie politique française, 1963, 2 vol.

Morland, Barangé, Martinez, *Histoire de l'organisation de l'armée secrète*, Paris, Julliard, 1964.

Carreras (F.), *L'Accord FLN-OAS, des négociations secrètes au cessez-le-feu*, Paris, R. Laffont, 1967.

Procès d'Edmond Jouhaud, Paris, Albin Michel, 1962.

Procès du général Raoul Salan, sténographie complète des audiences, Paris, Nouvelles Éditions Latines, 1962.

2. Sur les divers aspects de la guerre.

Sur l'armée.

Girardet (R.), *La Crise militaire française 1945-1962*, Paris, A. Colin, 1964.

La Gorce (P. -M. de), *La République et son armée*, Paris, Fayard, 1963.

Planchais (J.), *Le Malaise de l'armée*, Paris, Plon, 1958.
   Trois ouvrages fondamentaux auxquels on ajoutera pour le contingent :

Bergot (E.), *La Guerre des appelés en Algérie*, Paris, Presses de la Cité, 1980.

Vittori (J. -P.), *Nous les appelés d'Algérie*, Paris, Stock, 1977.

Et pour un type d'unités particulièrement mêlées au conflit

Perrault (G.), *Les Parachutistes*, Paris, Seuil, 1961.

Sur la pacification.

Le Mire (H.), *Histoire militaire de la guerre d'Algérie,* Paris, Albin Michel, 1982.
Vue d'ensemble utile mais trop partiale, due à un officier de l'entourage du général Massu.

Tripier (Ph.), *op. cit.*

Jacquin (général H.), *La Guerre secrète en Algérie,* Paris, Olivier Orban, 1977.
Révèle des aspects peu connus de la guerre.

Déon (M.), *L'Armée d'Algérie et la Pacification,* Paris, Plon, 1959.
Essai intelligent et sensible d'un écrivain « de droite », mais partiel et partial.

Garanger (M.), *La Guerre d'Algérie vue par un appelé du contingent,* Paris, Seuil, 1984.
Un recueil de photographies admirables, parfois d'une rare puissance d'évocation.

Sur la torture.

Alleg (H.), *La Question,* Paris, Minuit, 1958.

Vidal-Naquet (P.), *La Raison d'État,* Paris, Minuit, 1962.

Vidal-Naquet (P.), *La Torture dans la République,* Paris, Minuit, 1972.

Vidal-Naquet (P.), *L'Affaire Audin,* Paris, Minuit, 1958.

Sur l'internationalisation du problème algérien.

Mameri (K.), *les Nations unies face à la question algérienne, 1954-1962,* Alger, SNED, 1967.

Pervillé (G.), « L'insertion internationale du FLN algérien », *Relations internationales,* n° 31, 1982.

Oppermann (Th.), *Le Problème algérien,* traduit de l'allemand par J. Lecerf, Paris, Maspero, 1961.
Malgré beaucoup d'erreurs de détail, concernant surtout le FLN, cette étude reste utile grâce à un important dépouillement de la presse étrangère.

Sur les problèmes économiques.

Elsenhans (H.), *op. cit.*

Jeanson (F.), *La Révolution algérienne, problèmes et perspectives,* Milan, Feltrinelli, 1962.

Vaucher (G.), *Le Plan de Constantine et la République algérienne de demain,* Neuchâtel, La Baconnière, 1961.

Sur les réactions de l'opinion.

Girardet (R.), *L'Idée coloniale en France de 1871 à 1962,* Paris, La Table Ronde, 1972.
Un bon chapitre sur l'Algérie.

Leconte (D.), *Les Pieds-Noirs,* Paris, Seuil, 1980.
Excellente synthèse.

Nozière (A.), *L'Algérie, les Chrétiens dans la guerre,* Paris, éd. CANA, 1979.

Moneta (J.), *Le PCF et la Question coloniale 1920-1965,* Paris, Maspero, 1971.

Sivan (E.), *Communisme et Nationalisme en Algérie (1920-1962),* Paris, Presses de la FNSP, 1976.

Jeanson (H.), *Notre guerre,* Paris, Minuit, 1960.

Le Procès du réseau Jeanson, présenté par M. Péju, Paris, Maspero, 1961.

Hamon (H.) et Rotman (P.), *Les Porteurs de valises : la résistance française à la guerre d'Algérie,* Paris, Albin Michel, 1979; Seuil, coll. « Points Histoire », 1982.
Fondamental.

Cahen (J.) et Pouteau (M.), *Una resistenza incompiuta. La guerra d'Algeria e gli anticolonialisti francesi (1954-1962),* Milan, Il Saggiatore, 1964, 2 vol.

III. MÉMOIRES, TÉMOIGNAGES ET ESSAIS

1. Mémoires et témoignages.

Les acteurs français du drame algérien se sont montrés d'une grande prolixité, mais rares sont ceux qui ont échappé au besoin de l'autojustification. Parmi bien d'autres titres on retiendra :

Parmi les civils.

Buron (R.), *Carnets politiques de la guerre d'Algérie,* Paris, Plon, 1965.
Le journal bien venu d'un négociateur des Rousses et d'Évian.

Chevallier (J.), *Nous algériens*, Paris, Calmann-Lévy, 1958.

Fouchet (Ch.) *Mémoires d'hier et de demain : au service du général de Gaulle*, Paris, Plon, 1971.

Lagaillarde (P.), *On a triché avec l'honneur*, Paris, La Table Ronde, 1960.

Ortiz (J.), *Mes combats*, La Pensée moderne, 1964.

Sérigny (A. de), *Échos d'Alger*, Paris, Presses de la Cité, 1964.

Servan-Schreiber (J.-J.), *Lieutenant en Algérie*, Paris, Julliard, 1957.

Soustelle (J.), *Aimée et Souffrante Algérie*, Paris, Plon, 1956.

Soustelle (J.), *L'Espérance trahie, 1958-1961*, Paris, éd. de l'Alma, 1962.

Terrenoire (L.), *De Gaulle et l'Algérie. Témoignage pour l'histoire*, Paris, Fayard, 1964.

Tricot (B.), *Les Sentiers de la paix en Algérie (1958-1962)*, Paris, Plon, 1972.
   Ouvrage important, d'une personnalité proche du général de Gaulle.

Parmi les militaires.

Argoud (A.), *La Décadence, l'Imposture et la Tragédie*, Paris, Fayard, 1974.

Barberot (R.), *Malaventure en Algérie*, Paris, Plon, 1957.

Bigeard (M.), *Pour une parcelle de gloire*, Paris, Plon, 1975.

Challe (M.), *Notre révolte*, Paris, Presses de la Cité, 1968.

Ély (P.), *Mémoires*, t. II. *Suez – Le 13 mai*, Paris, Plon, 1969.

Jouhaud (Ed.), *O mon pays perdu!*, Paris, Fayard, 1969.

Salan (R.), *Mémoires : fin d'un empire*, t. III : « Algérie française », t. IV, « Algérie, de Gaulle et moi », Paris, Presses de la Cité, 1972-1974.

Les témoignages des acteurs algériens parus en France sont moins nombreux. On retiendra :

Abbas (Ferhat), *Autopsie d'une guerre*, Paris, Garnier, 1981.
   Plaidoyer pour une Algérie franco-musulmane; sympathique mais décevant car l'auteur ne livre pas, et de loin, tout ce qu'il sait.

Azzedine (C.), *On nous appelait fellaghas*, Paris, Stock, 1976.
   Rend bien compte de la vie de l'ALN dans les maquis.

Azzedine (C.), *Et Alger ne brûla pas*, Paris, Stock, 1980.
   D'un intérêt moindre.

Bencherif (Ahmed), *L'Aurore des Mechtas, quelques épisodes de la guerre d'Algérie,* Alger, SNED, 1969.

Lebjaoui (M.), *Vérités sur la révolution algérienne,* Paris, Gallimard, 1970.

Farès (A.), *La Cruelle Vérité : l'Algérie de 1945 à l'indépendance,* Paris, Plon, 1982.

Feraoun (Mouloud), *Journal, 1955-1962,* Paris, Seuil, 1962.
Méditation tragique du grand écrivain kabyle.

2. Essais divers.

Aron (Raymond), *La Tragédie algérienne,* Paris, Plon, 1957.

Aron (Raymond), *L'Algérie et la République,* Paris, Plon, 1958.

Camus (A.), *Chroniques algériennes (1939-1958),* Paris, Gallimard, 1958.

Fanon (F.), *L'An V de la révolution algérienne : Sociologie d'une révolution,* Paris, Maspero, 1959.

Favrelière (N.), *Le Déserteur,* Paris, Éditions et Publications premières, 1973.

Michelet (Ed.), *Contre la guerre civile,* Paris, Plon, 1957.

Nora (P.), *Les Français d'Algérie,* Paris, Julliard, 1961.

Peyrefitte (A.), *Faut-il partager l'Algérie?,* Paris, Plon, 1961.

Roy (J.), *La Guerre d'Algérie,* Paris, Julliard, 1960.

Theis (L.) et Ratte (Ph.), *La Guerre d'Algérie ou le Temps des méprises,* Tours, Mame, 1974.

Tillion (G.), *L'Algérie en 1957,* Paris, Minuit, 1957.

Tillion (G.), *Les Ennemis complémentaires,* Paris, Minuit, 1960.

Index

Table

CET OUVRAGE A ÉTÉ COMPOSÉ ET ACHEVÉ D'IMPRIMER
PAR L'IMPRIMERIE FLOCH À MAYENNE (10-84)
D.L. 1er TRIMESTRE 1982. N° 6100-3 (22304)

Collection Points

SERIE HISTOIRE

Nouvelle histoire de la France contemporaine